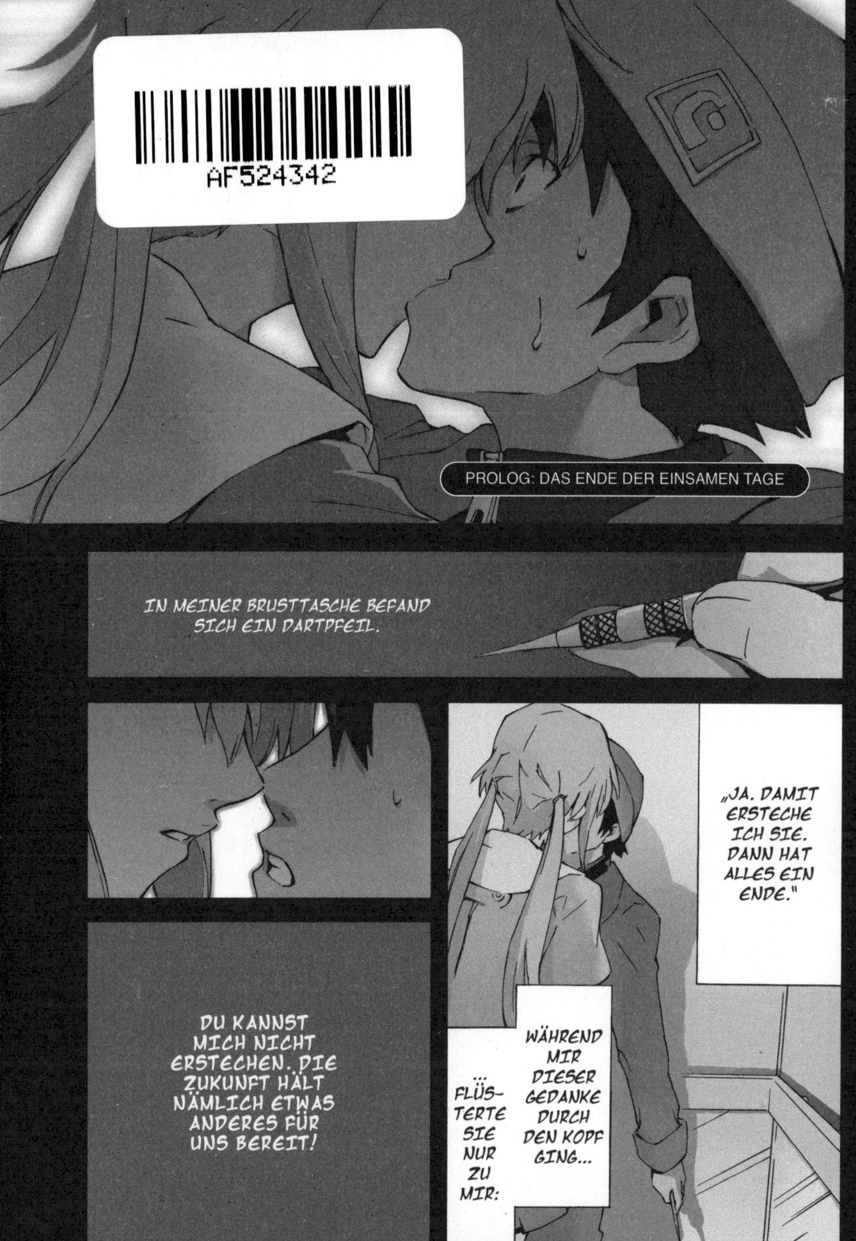

AF524342
PROLOG: DAS ENDE DER EINSAMEN TAGE
IN MEINER BRUSTTASCHE BEFAND SICH EIN DARTPFEIL.
„JA. DAMIT ERSTECHE ICH SIE. DANN HAT ALLES EIN ENDE."
WÄHREND MIR DIESER GEDANKE DURCH DEN KOPF GING...
... FLÜSTERTE SIE NUR ZU MIR:
DU KANNST MICH NICHT ERSTECHEN. DIE ZUKUNFT HÄLT NÄMLICH ETWAS ANDERES FÜR UNS BEREIT!

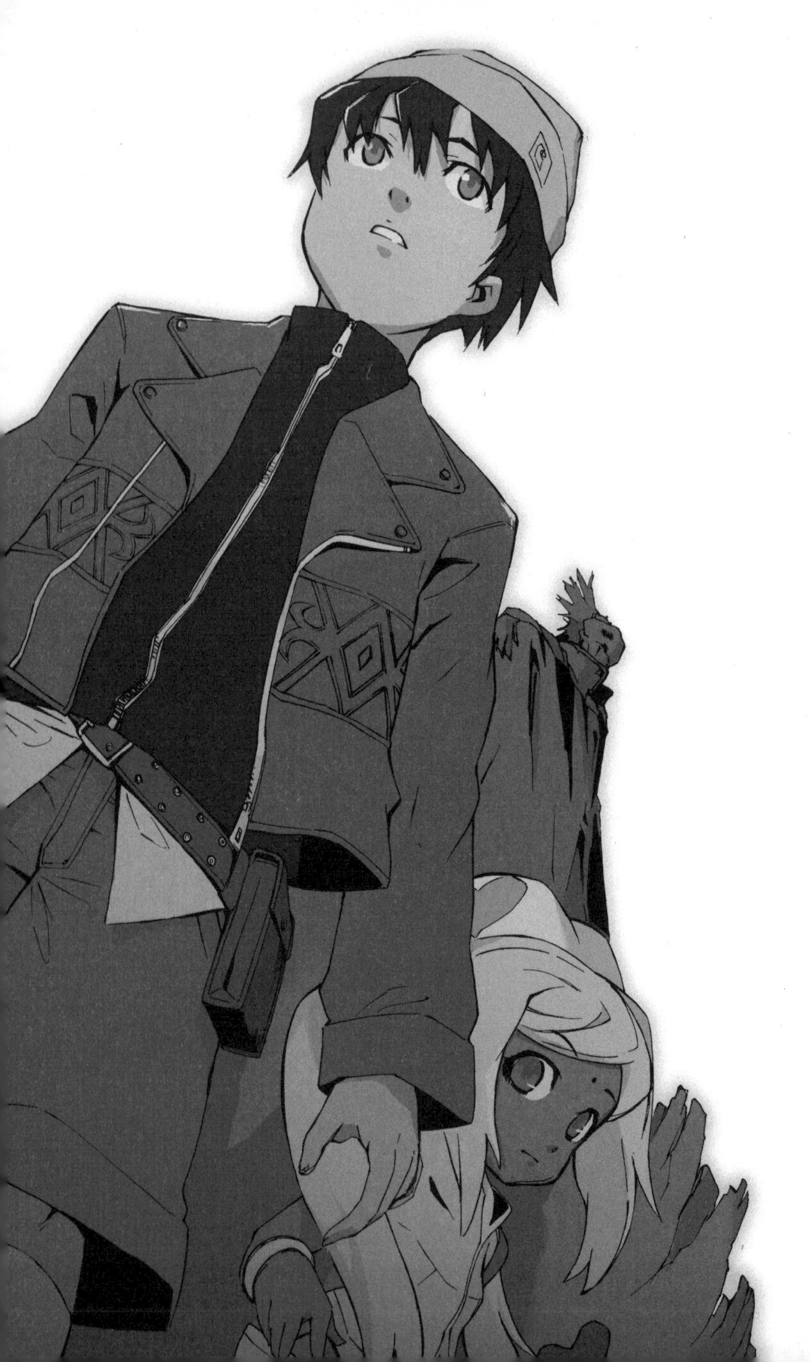

Sakae Esuno

# MIRAI NIKKI

1

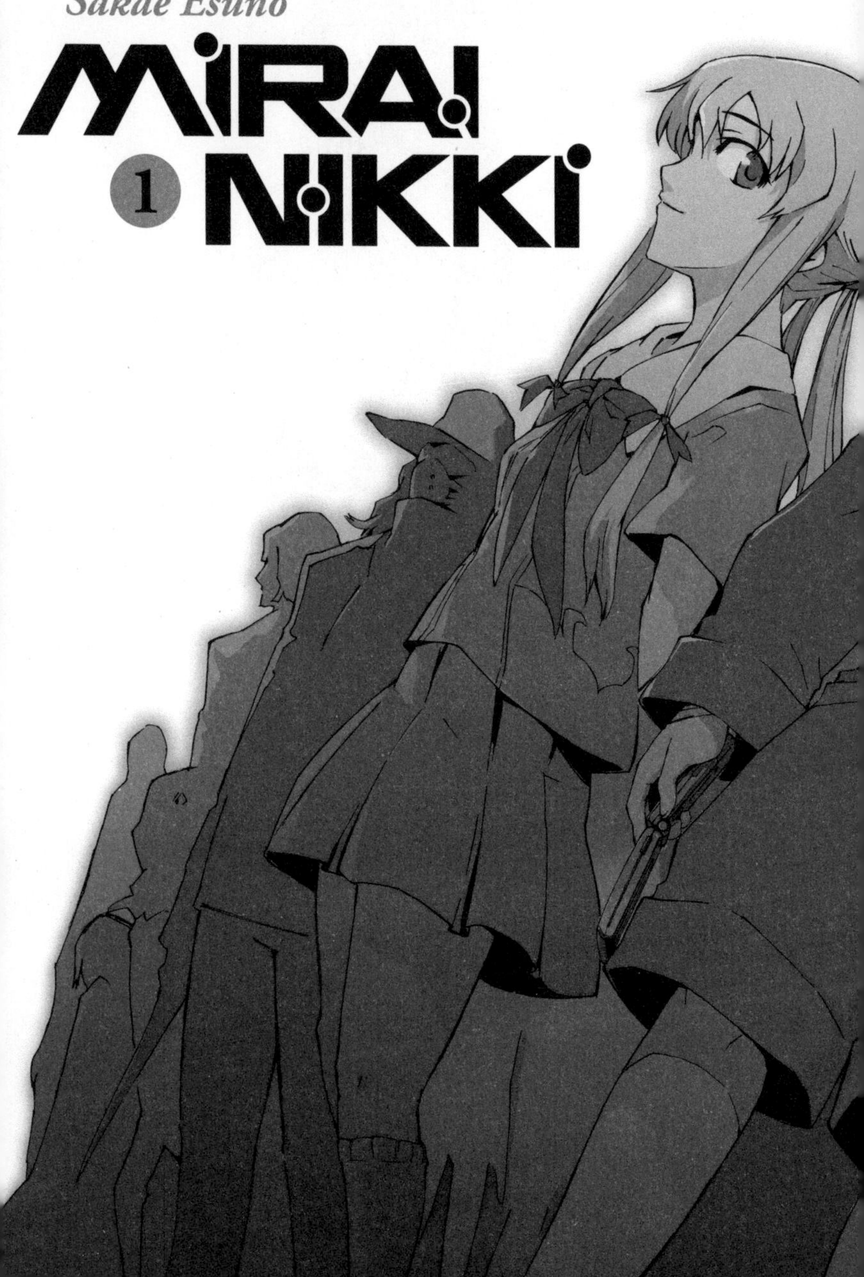

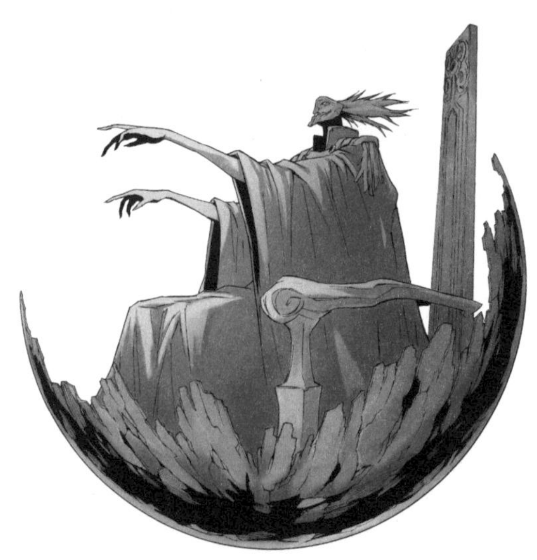

# INHALT

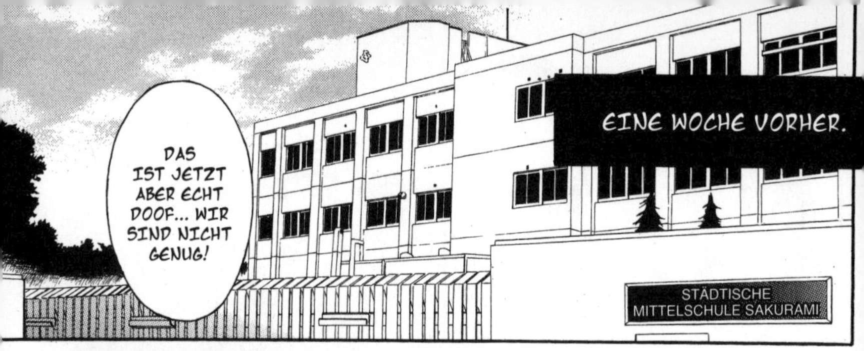


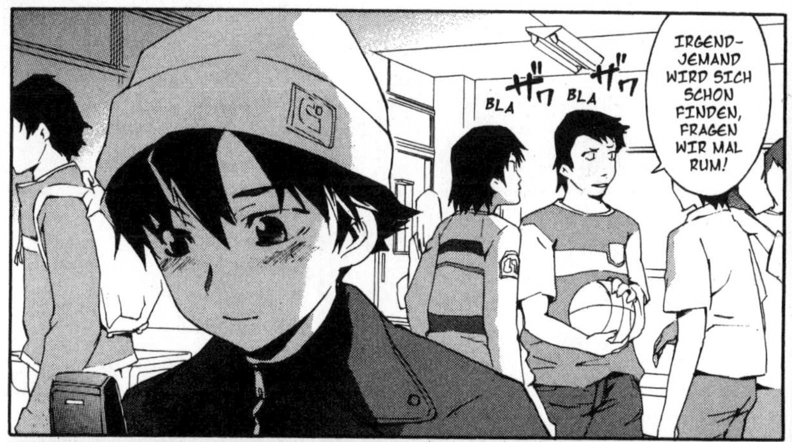


21.04.20XX, 15:30 – KLASSENZIMMER DER 2B, MITTELSTUFE

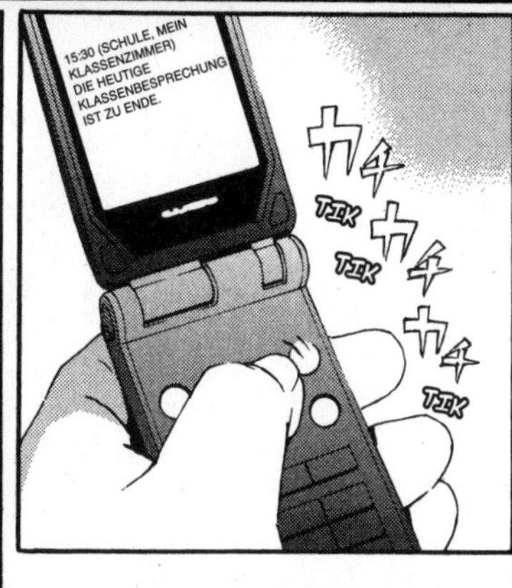


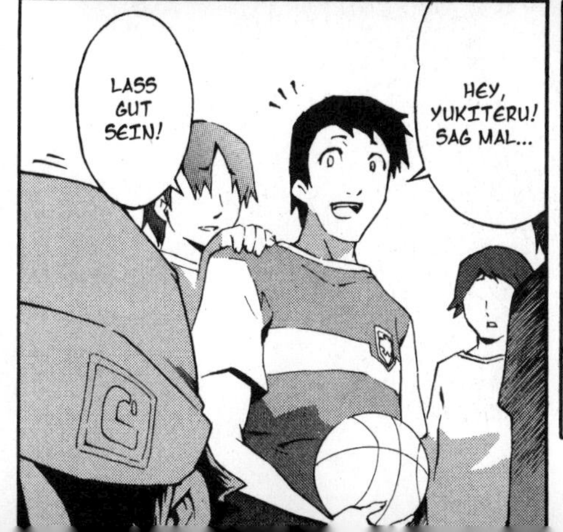

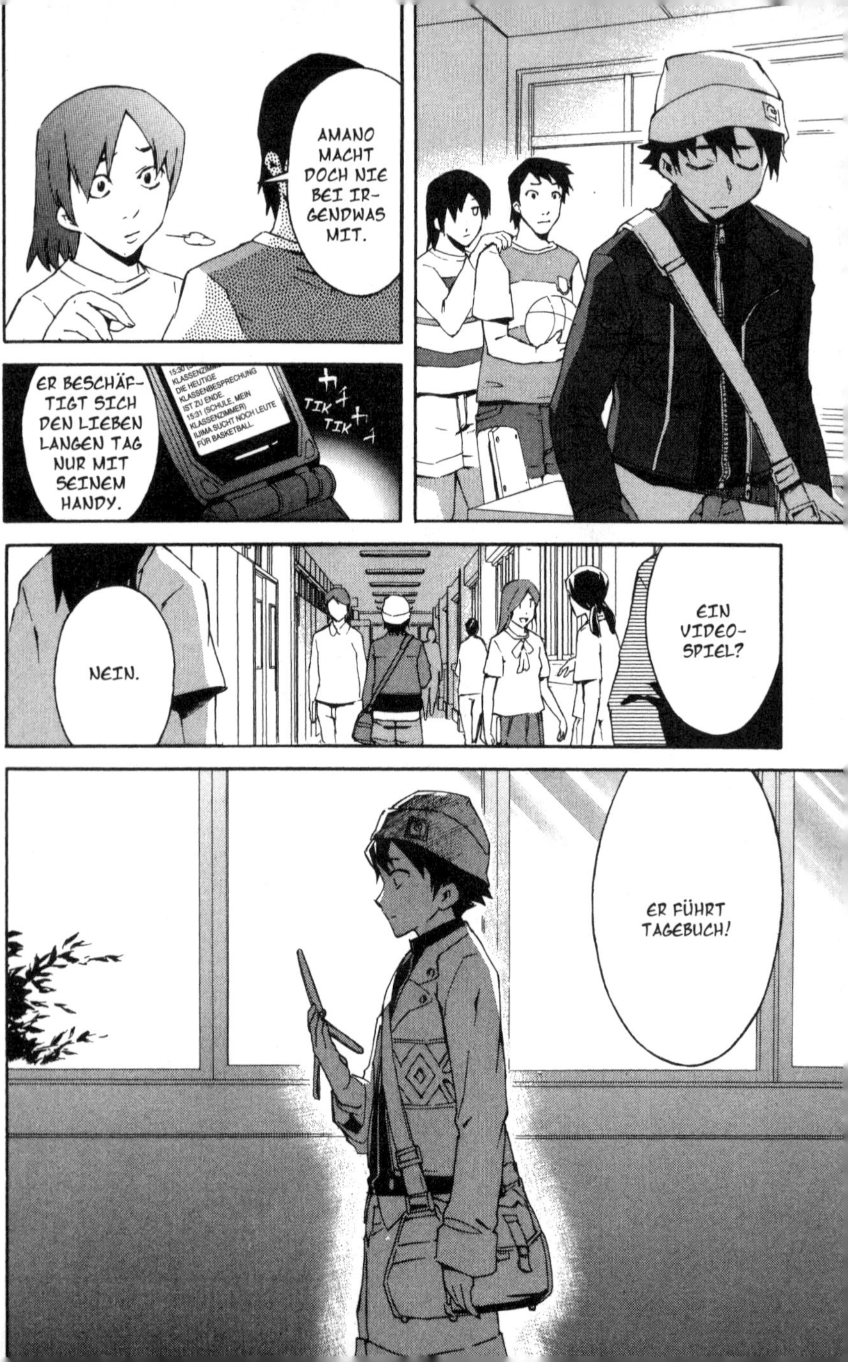

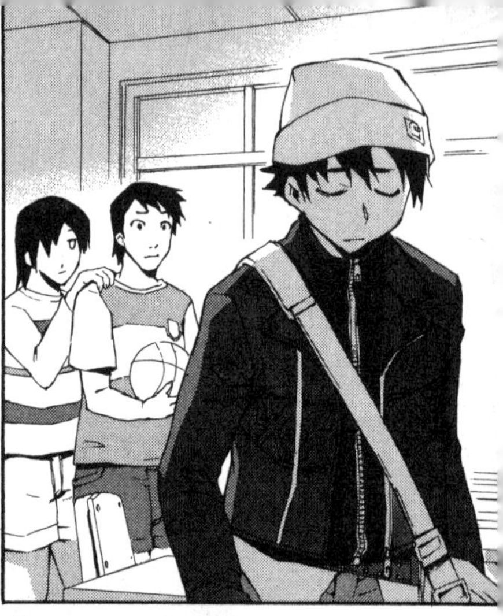

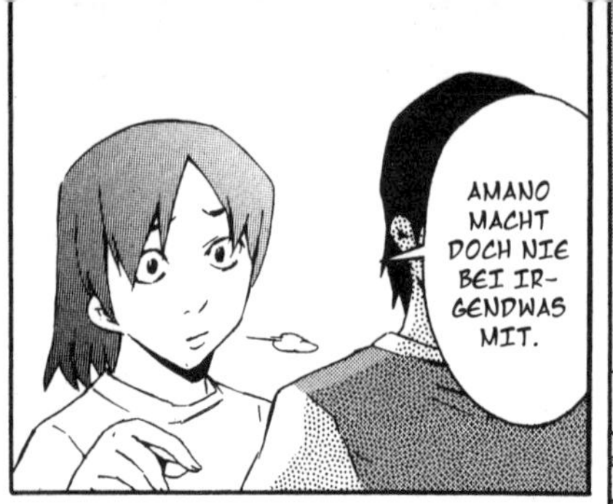


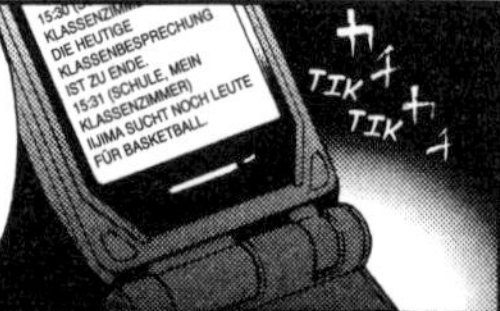


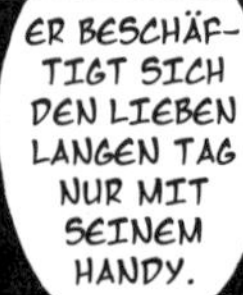


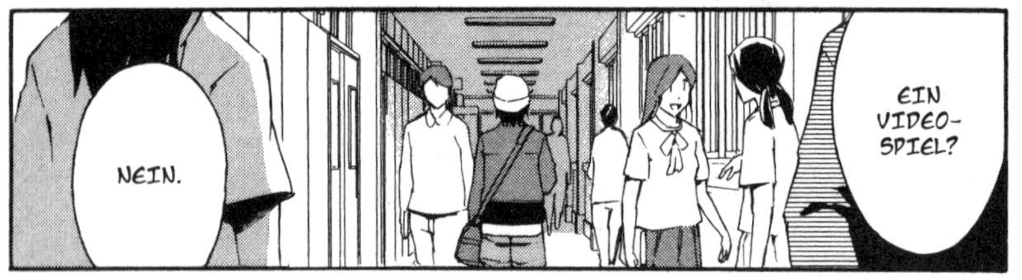


ER FÜHRT TAGEBUCH!

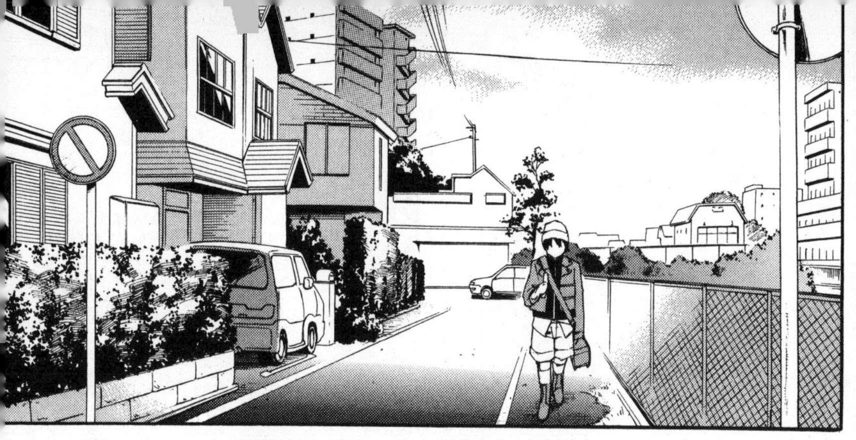

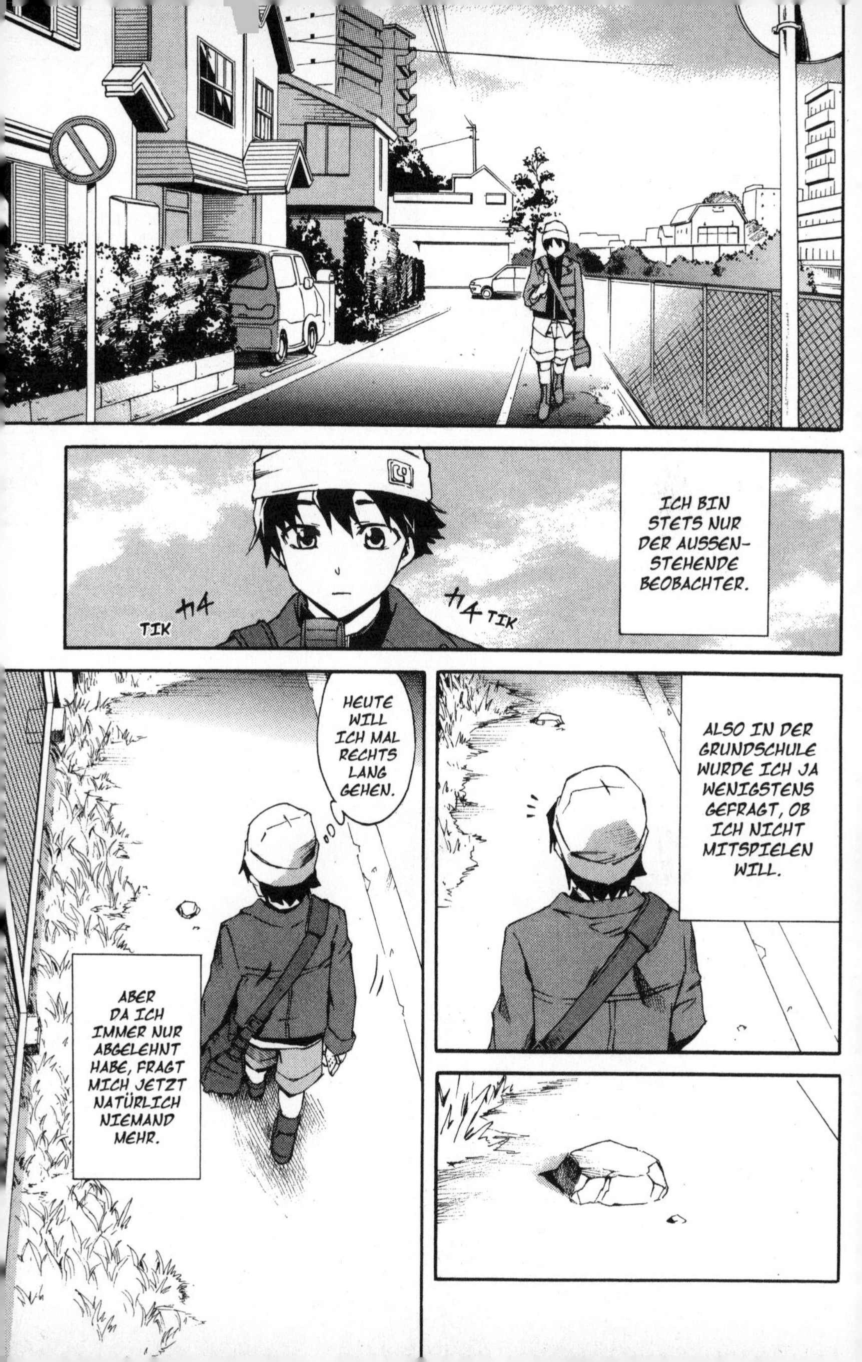

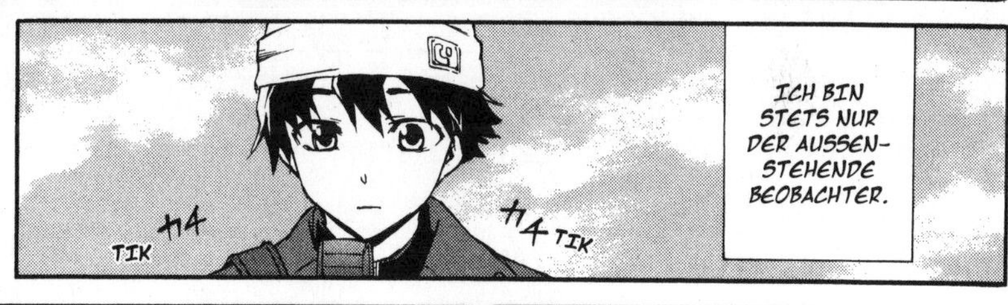


ALSO IN DER GRUNDSCHULE WURDE ICH JA WENIGSTENS GEFRAGT, OB ICH NICHT MITSPIELEN WILL.

HEUTE WILL ICH MAL RECHTS LANG GEHEN.

ABER DA ICH IMMER NUR ABGELEHNT HABE, FRAGT MICH JETZT NATÜRLICH NIEMAND MEHR.

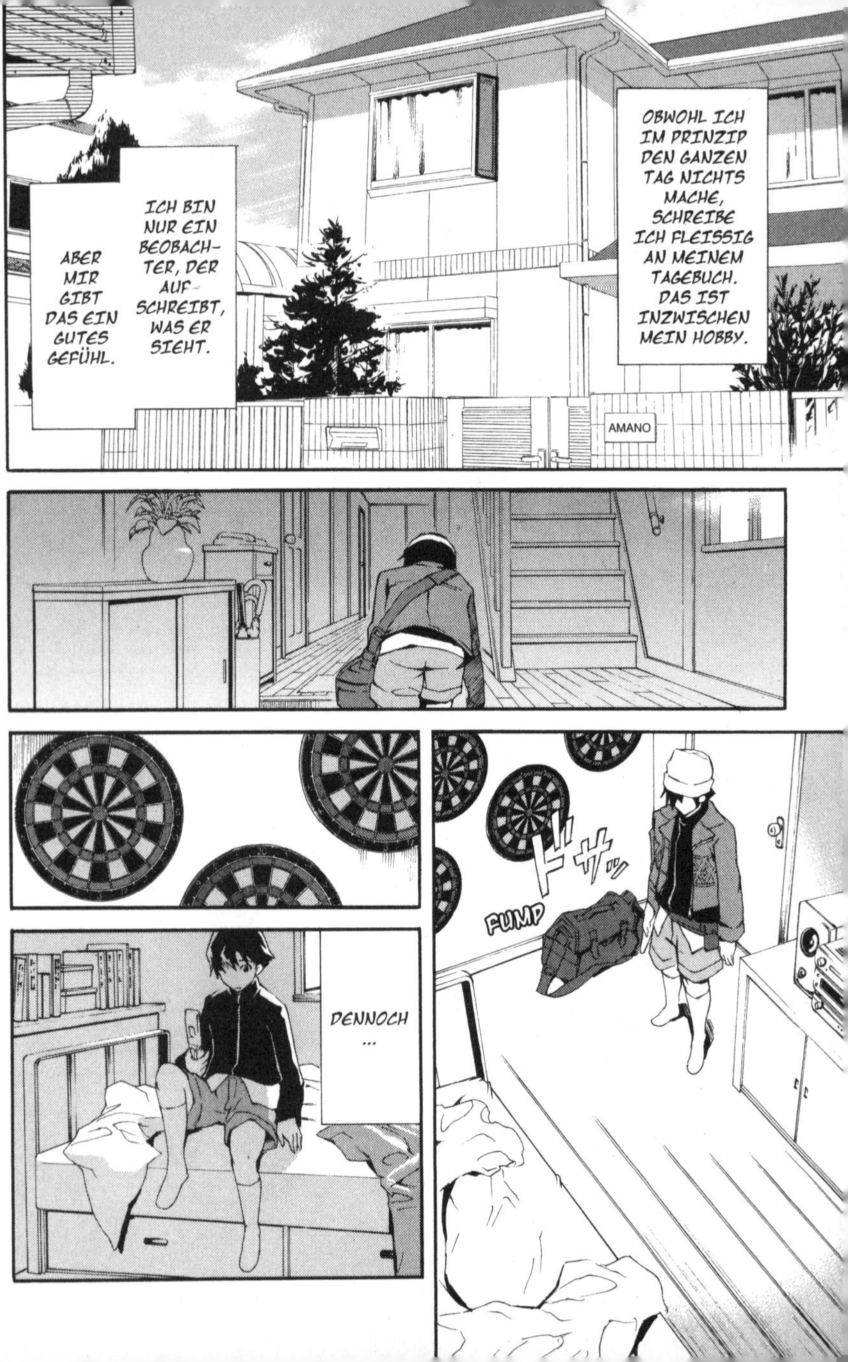

OBWOHL ICH IM PRINZIP DEN GANZEN TAG NICHTS MACHE, SCHREIBE ICH FLEISSIG AN MEINEM TAGEBUCH. DAS IST INZWISCHEN MEIN HOBBY.

ICH BIN NUR EIN BEOBACHTER, DER AUFSCHREIBT, WAS ER SIEHT.

ABER MIR GIBT DAS EIN GUTES GEFÜHL.

AMANO

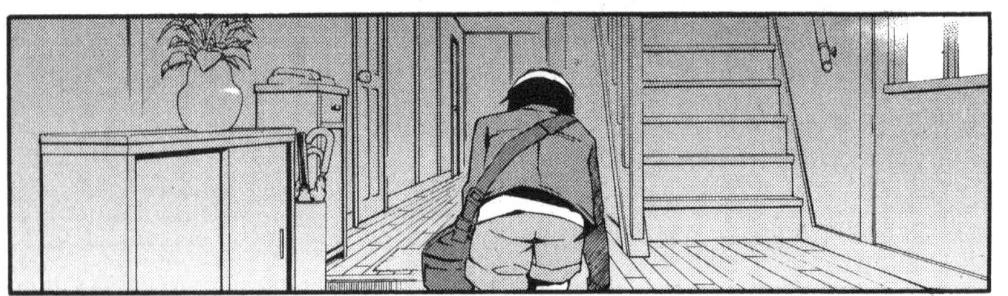

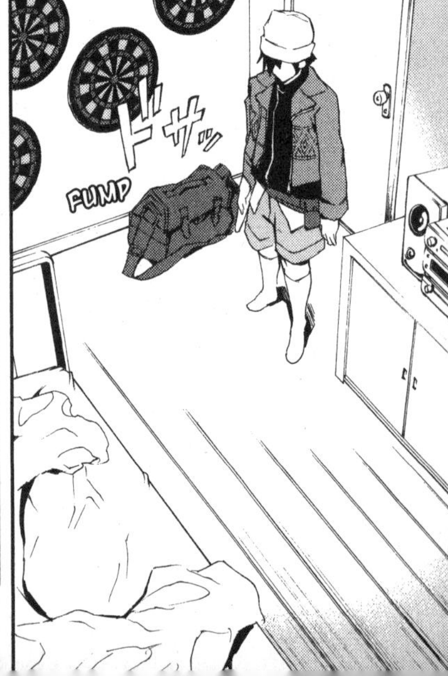


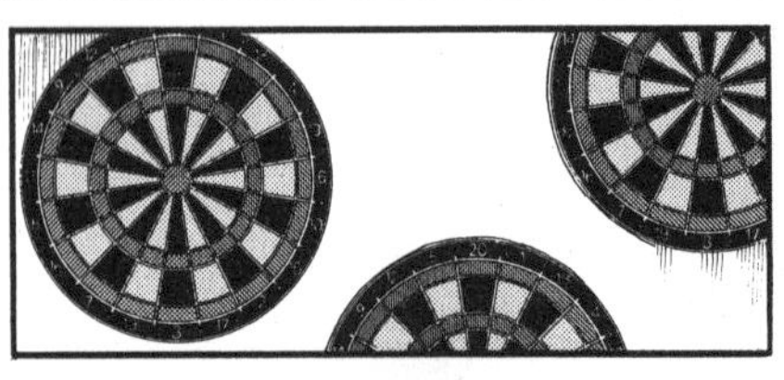

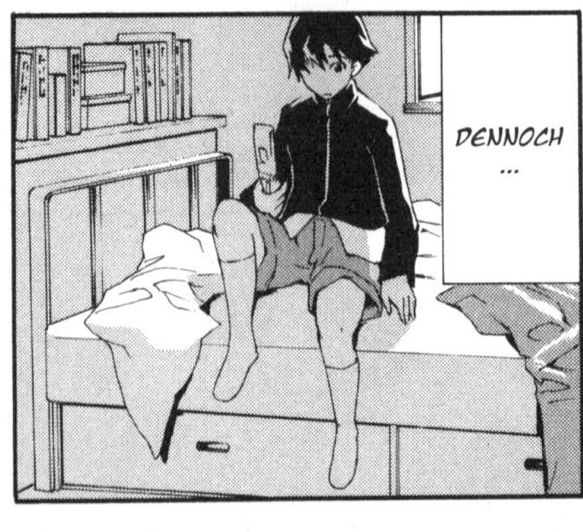

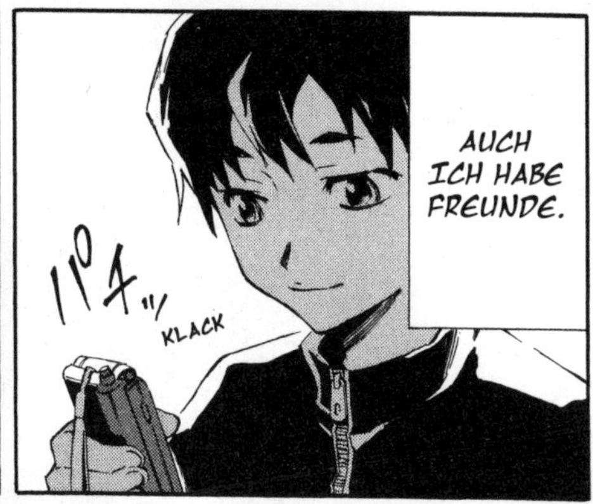
AUCH ICH HABE FREUNDE.
KLACK

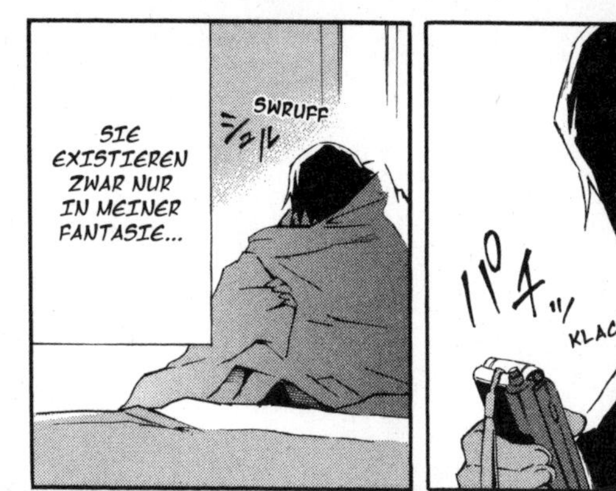
SWRUFF
SIE EXISTIEREN ZWAR NUR IN MEINER FANTASIE...

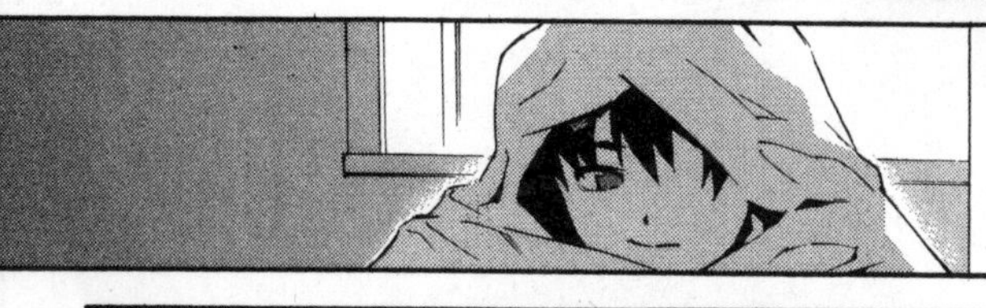
... ABER ES SIND DEFINITIV MEINE FREUNDE.

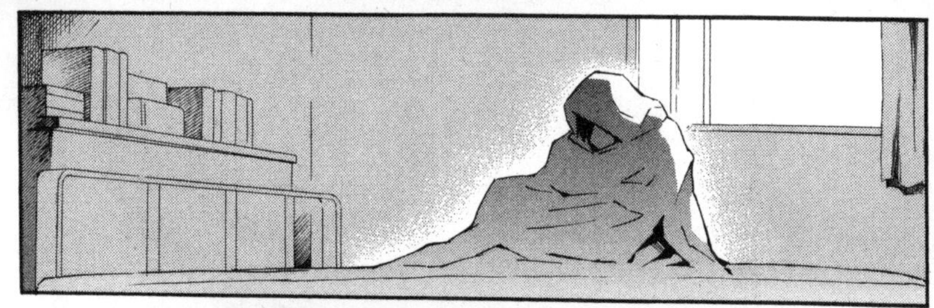

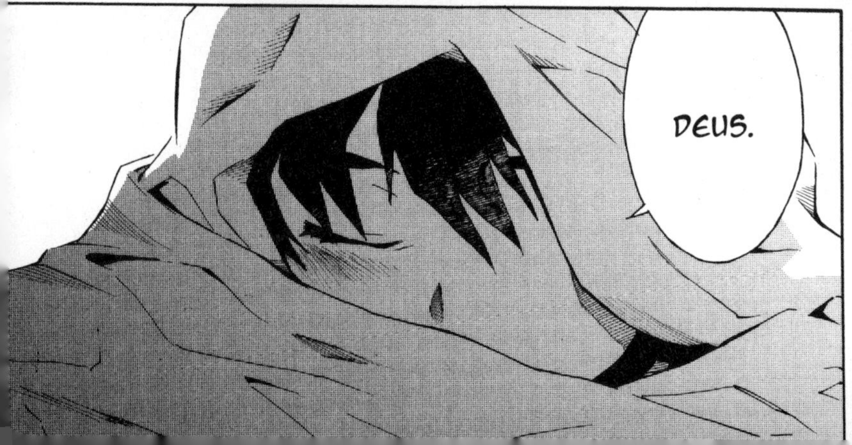
DEUS.

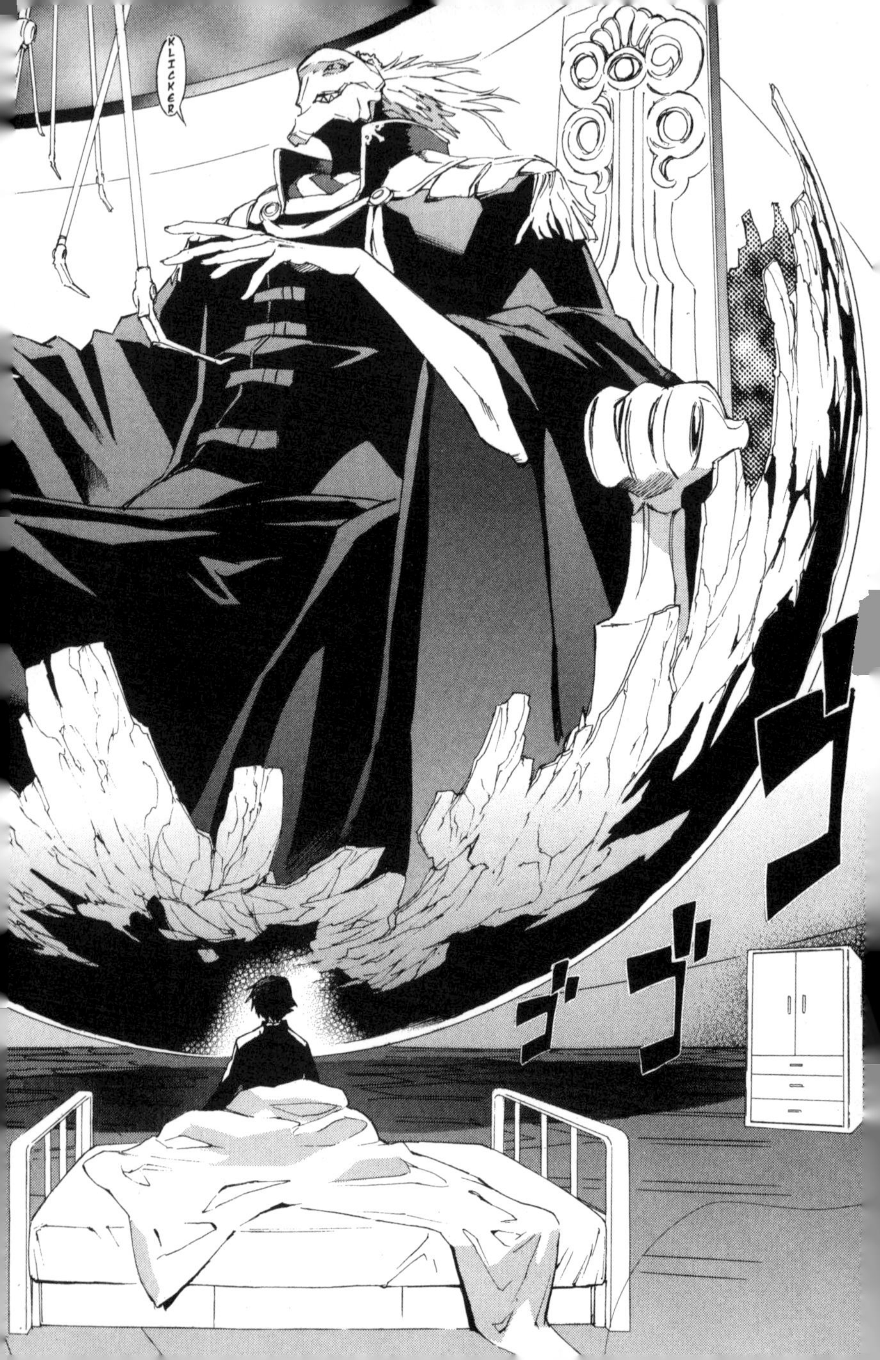
KLICKER
ゴゴゴ

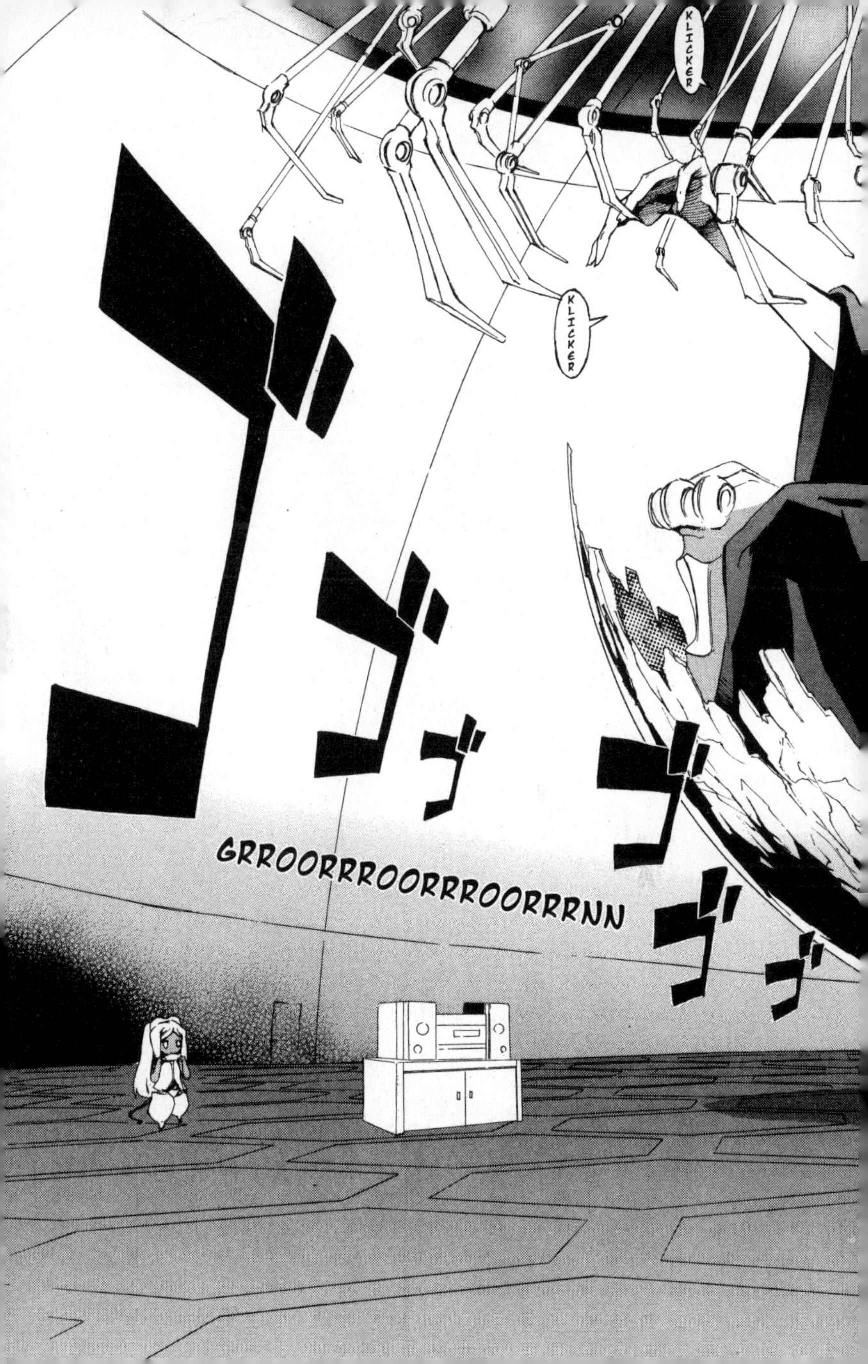
KLICKER
KLICKER
ゴゴゴゴゴゴ
GRROORRROORRROORRRRNN

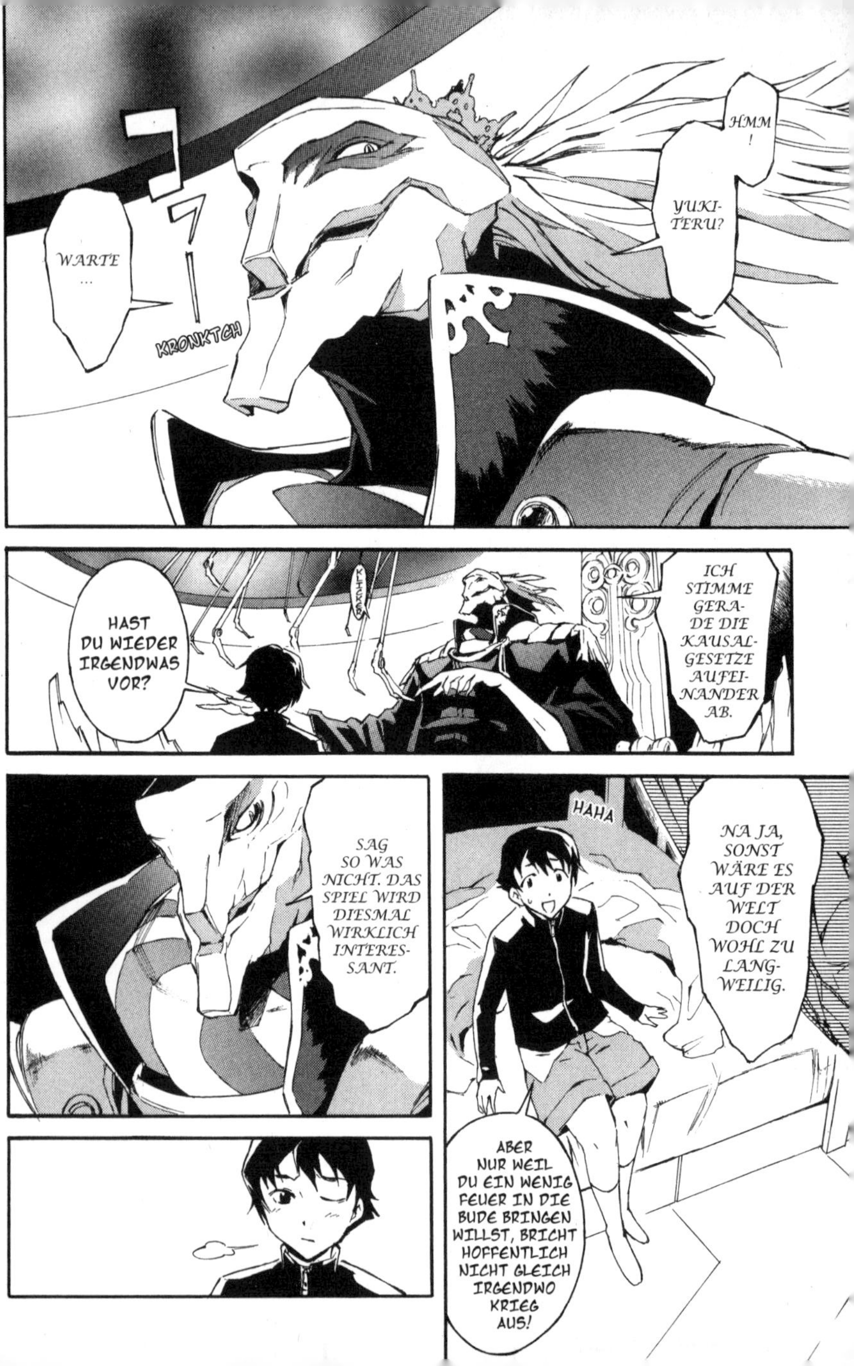

HMM!
YUKITERU?
WARTE ...
KRONKTCH

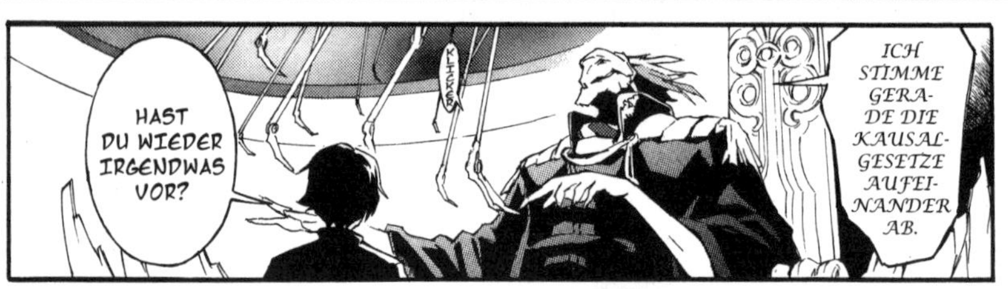
ICH STIMME GERADE DIE KAUSALGESETZE AUFEINANDER AB.
KLICKER
HAST DU WIEDER IRGENDWAS VOR?

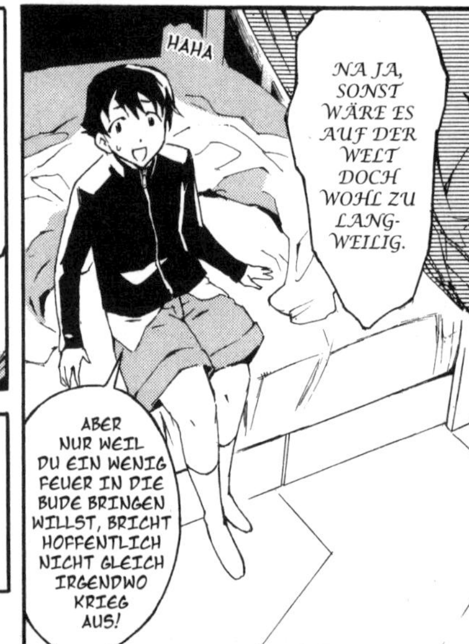
HAHA
NA JA, SONST WÄRE ES AUF DER WELT DOCH WOHL ZU LANGWEILIG.
ABER NUR WEIL DU EIN WENIG FEUER IN DIE BUDE BRINGEN WILLST, BRICHT HOFFENTLICH NICHT GLEICH IRGENDWO KRIEG AUS!

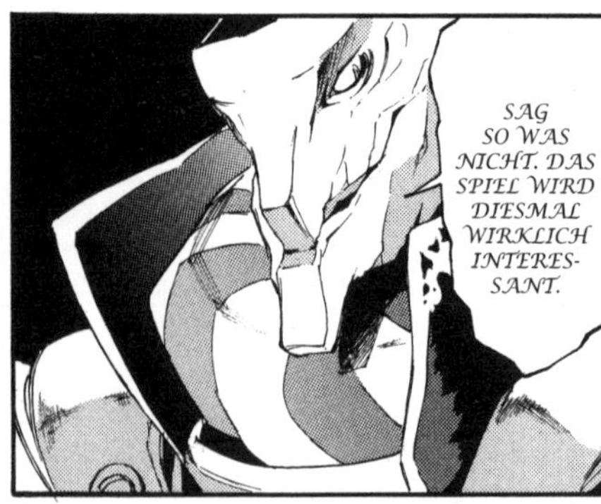
SAG SO WAS NICHT. DAS SPIEL WIRD DIESMAL WIRKLICH INTERESSANT.

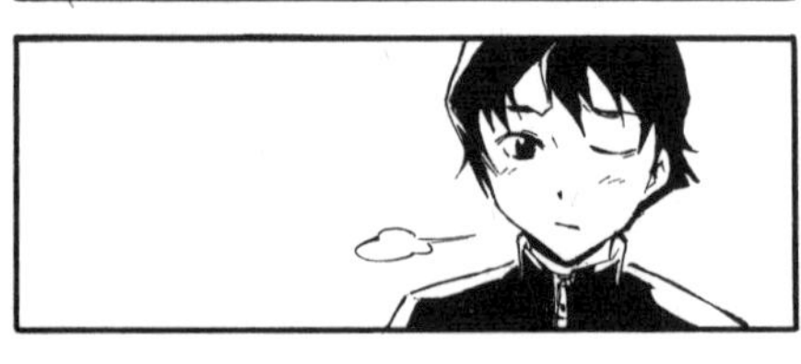

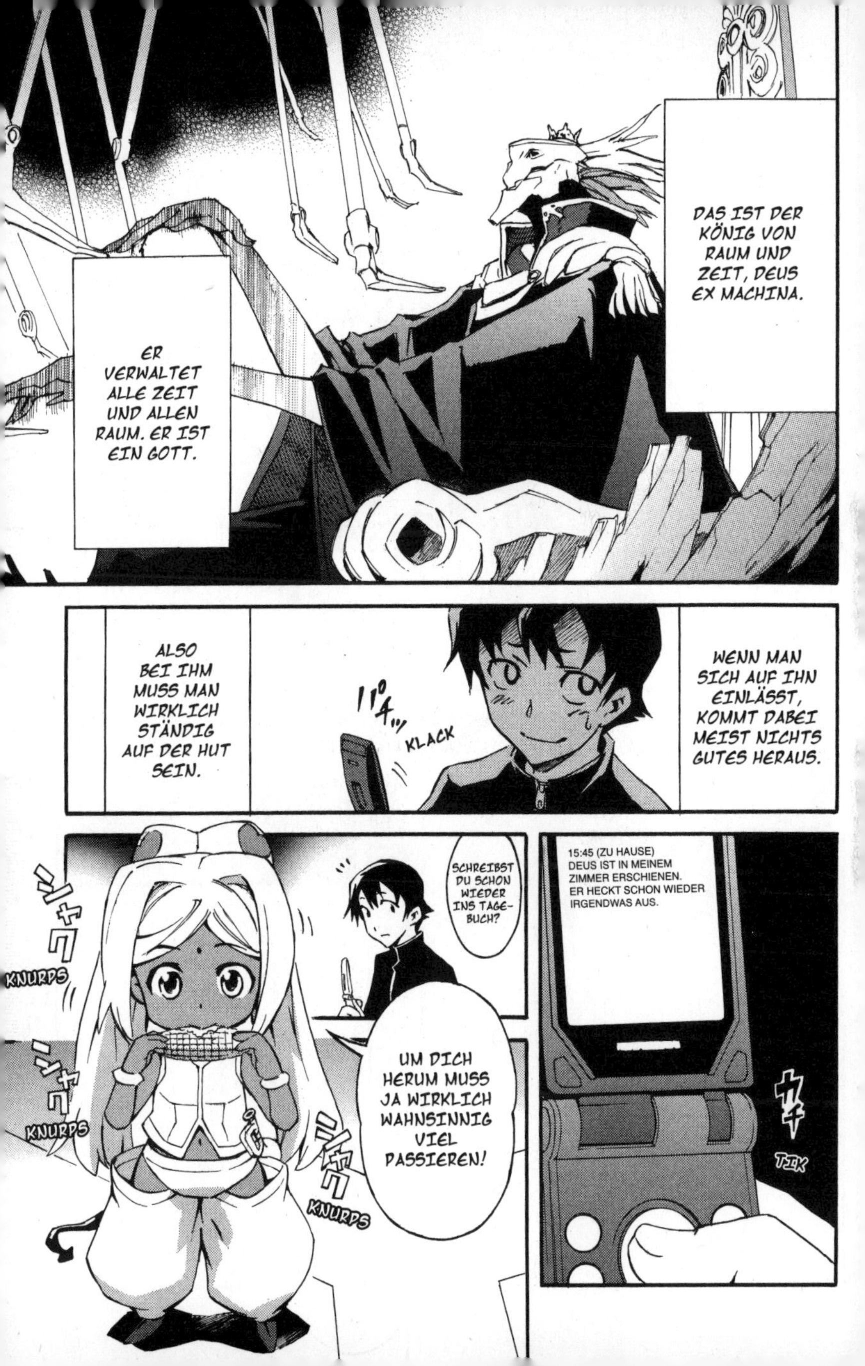

DAS IST DER KÖNIG VON RAUM UND ZEIT, DEUS EX MACHINA.

ER VERWALTET ALLE ZEIT UND ALLEN RAUM. ER IST EIN GOTT.

WENN MAN SICH AUF IHN EINLÄSST, KOMMT DABEI MEIST NICHTS GUTES HERAUS.

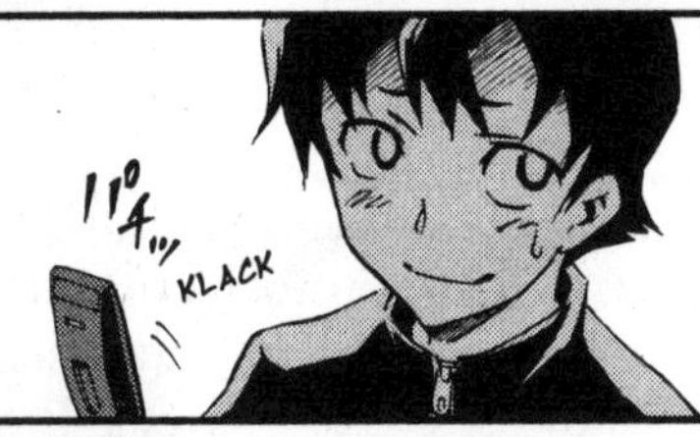


ALSO BEI IHM MUSS MAN WIRKLICH STÄNDIG AUF DER HUT SEIN.

15:45 (ZU HAUSE)
DEUS IST IN MEINEM ZIMMER ERSCHIENEN.
ER HECKT SCHON WIEDER IRGENDWAS AUS.

TIK

SCHREIBST DU SCHON WIEDER INS TAGEBUCH?

UM DICH HERUM MUSS JA WIRKLICH WAHNSINNIG VIEL PASSIEREN!

KNURPS

KNURPS

KNURPS

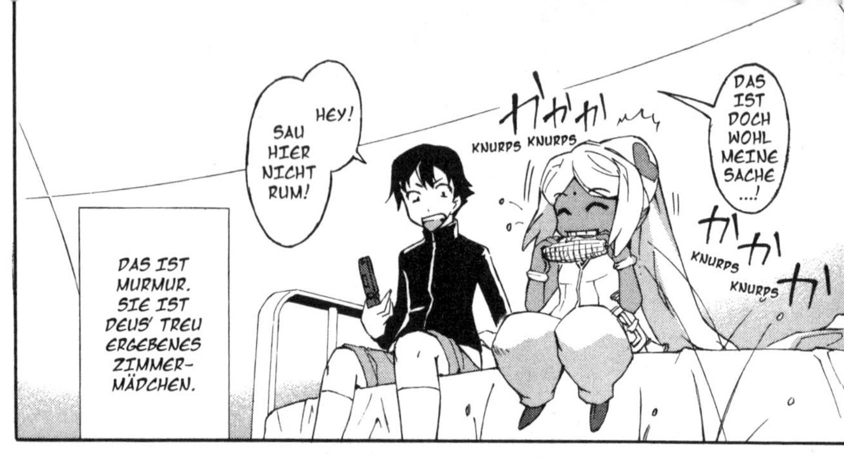
DAS IST DOCH WOHL MEINE SACHE ...!
KNURPS KNURPS
KNURPS
KNURPS
HEY! SAU HIER NICHT RUM!
DAS IST MURMUR. SIE IST DEUS' TREU ERGEBENES ZIMMERMÄDCHEN.

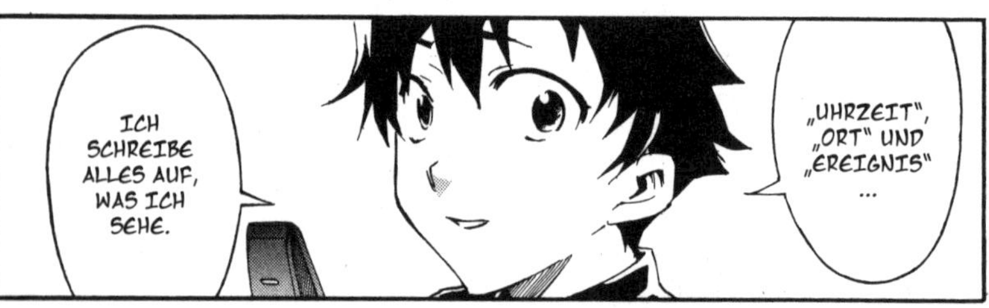
„UHRZEIT", „ORT" UND „EREIGNIS" ...
ICH SCHREIBE ALLES AUF, WAS ICH SEHE.

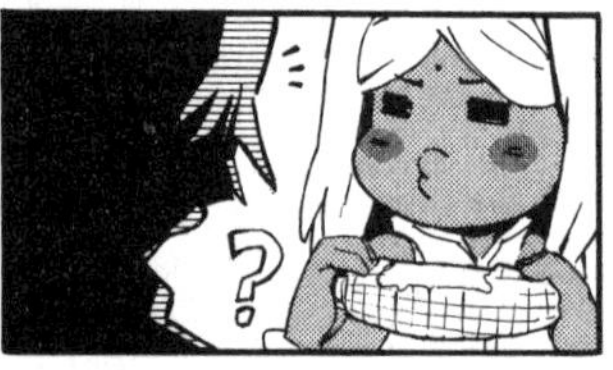
?

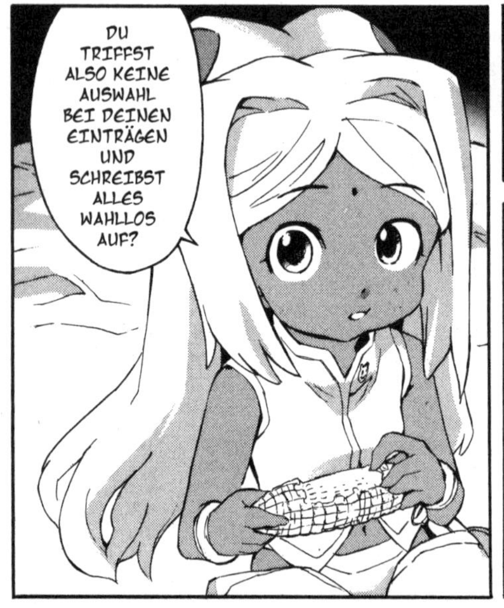
DU TRIFFST ALSO KEINE AUSWAHL BEI DEINEN EINTRÄGEN UND SCHREIBST ALLES WAHLLOS AUF?

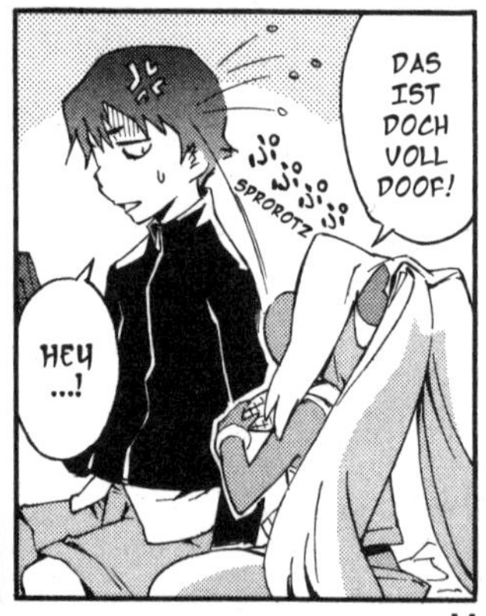
DAS IST DOCH VOLL DOOF!
SPROROTZ
HEY ...!

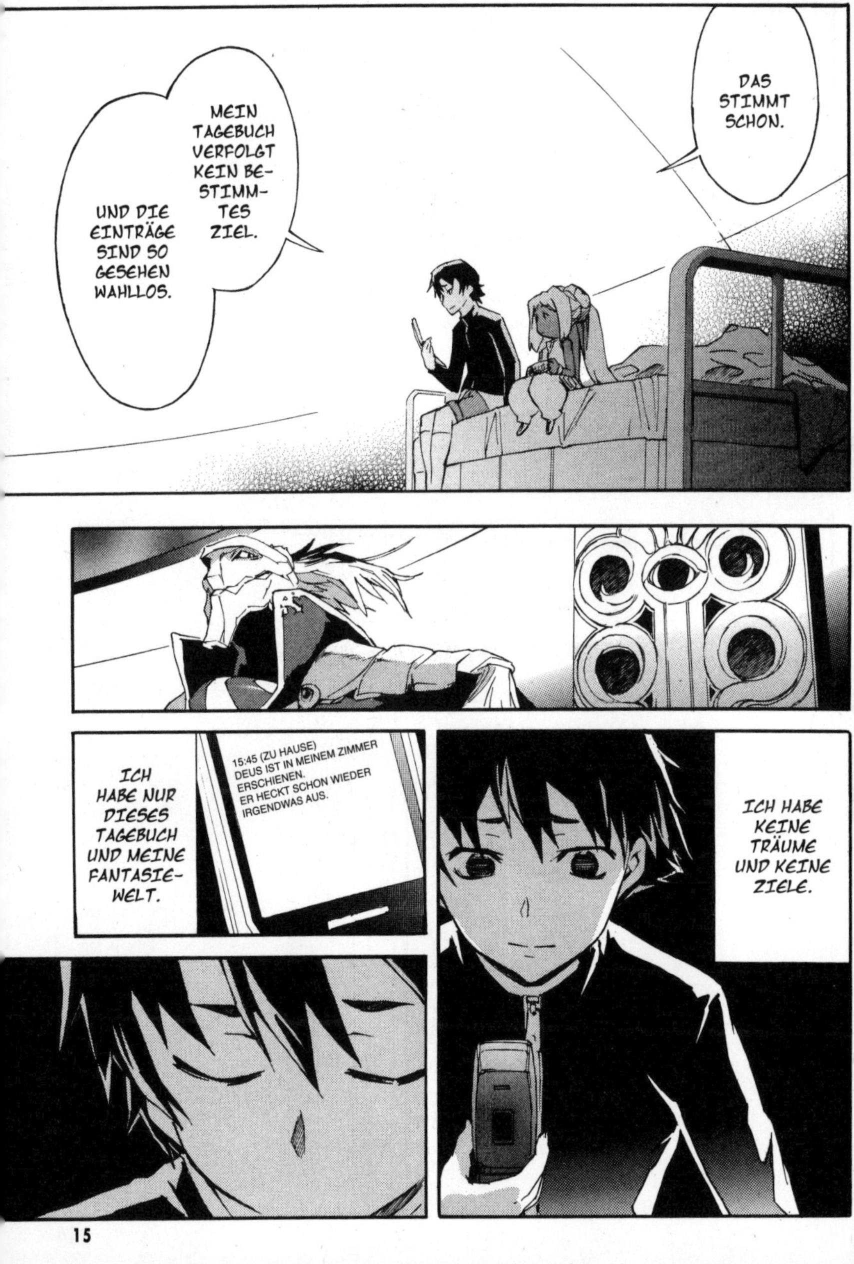

DAS STIMMT SCHON.

MEIN TAGEBUCH VERFOLGT KEIN BESTIMMTES ZIEL.

UND DIE EINTRÄGE SIND SO GESEHEN WAHLLOS.

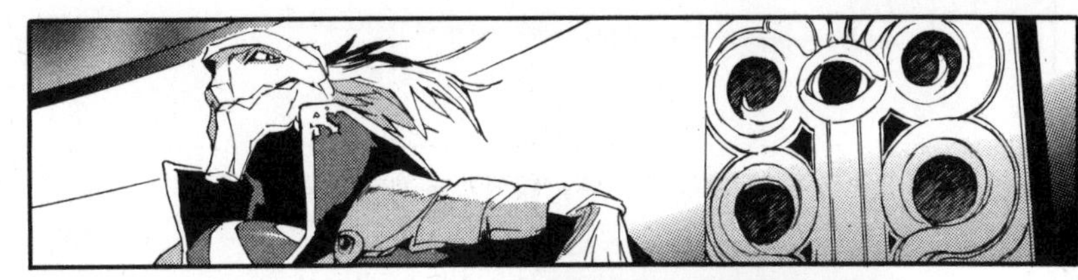

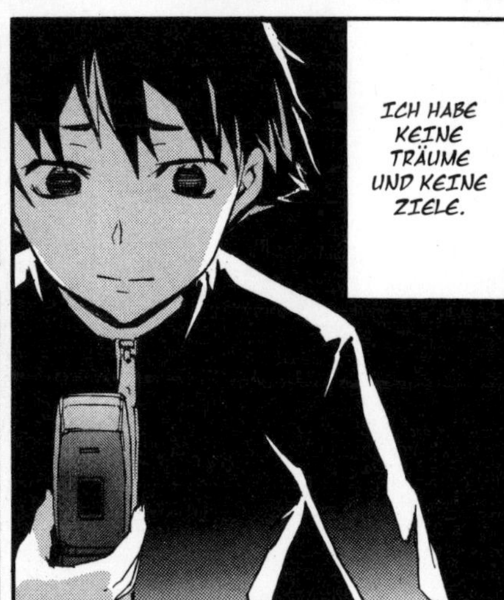


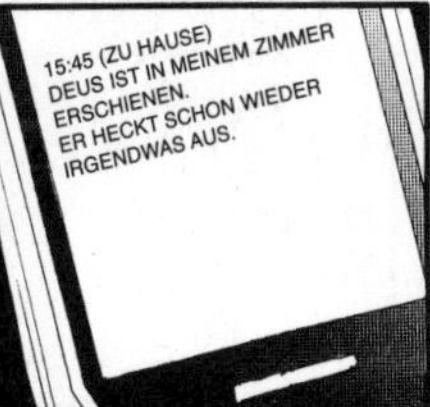


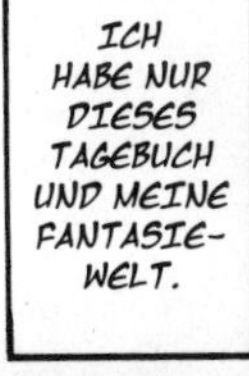


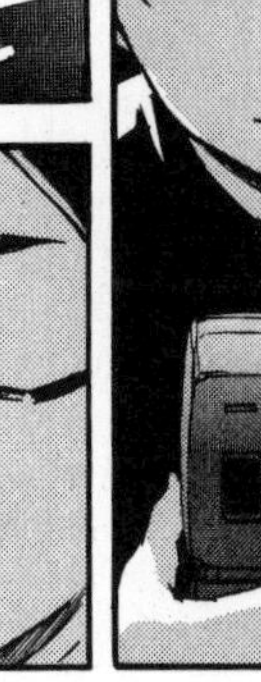

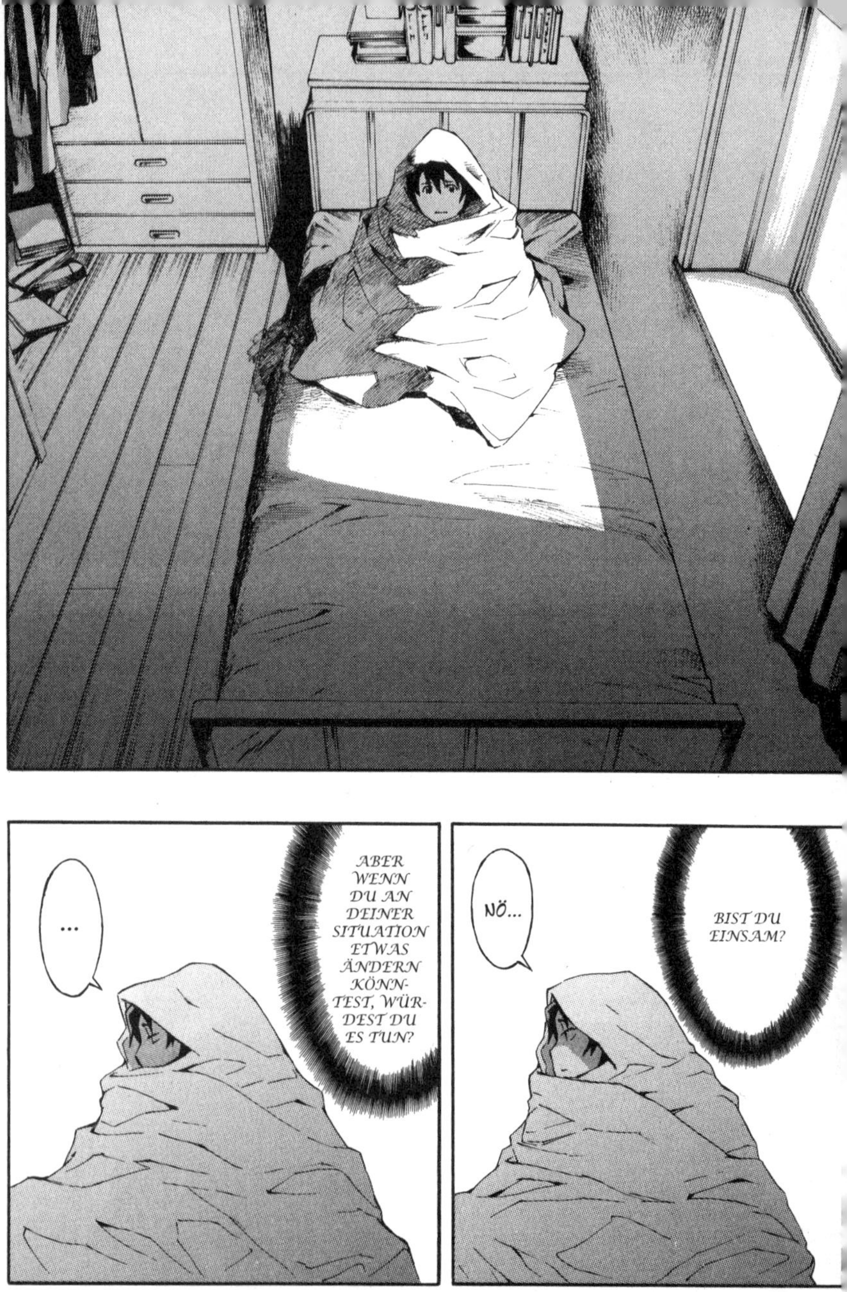

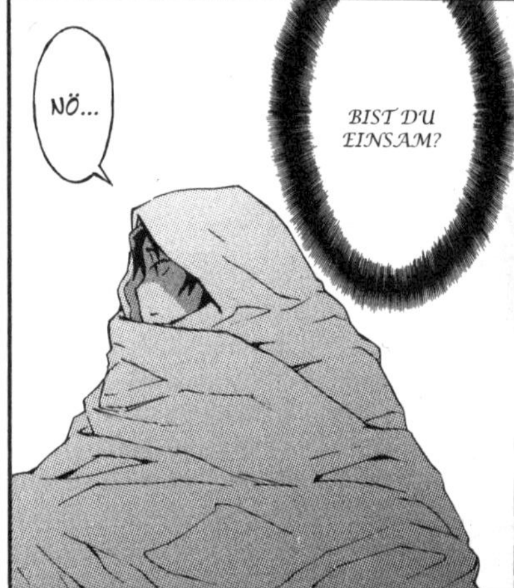
BIST DU EINSAM?
NÖ...

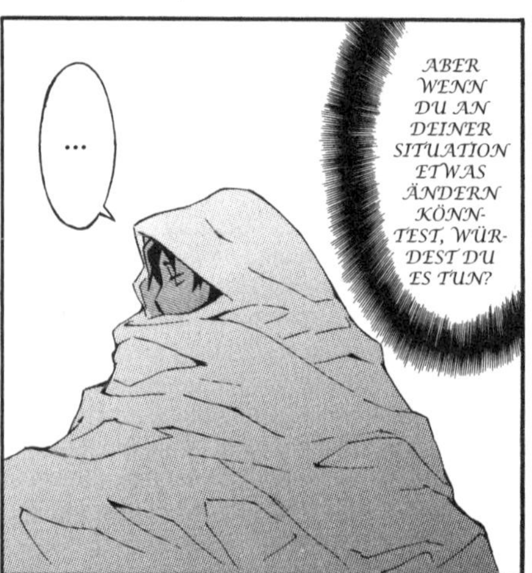
ABER WENN DU AN DEINER SITUATION ETWAS ÄNDERN KÖNNTEST, WÜRDEST DU ES TUN?
...

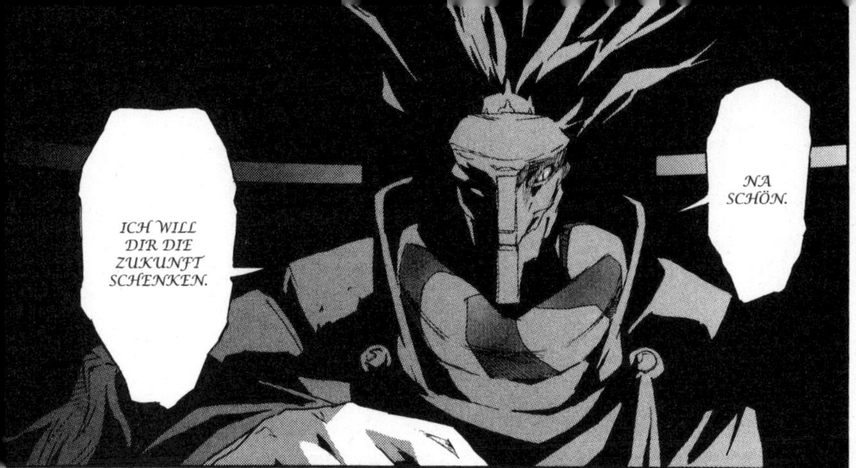
NA SCHÖN.
ICH WILL DIR DIE ZUKUNFT SCHENKEN.

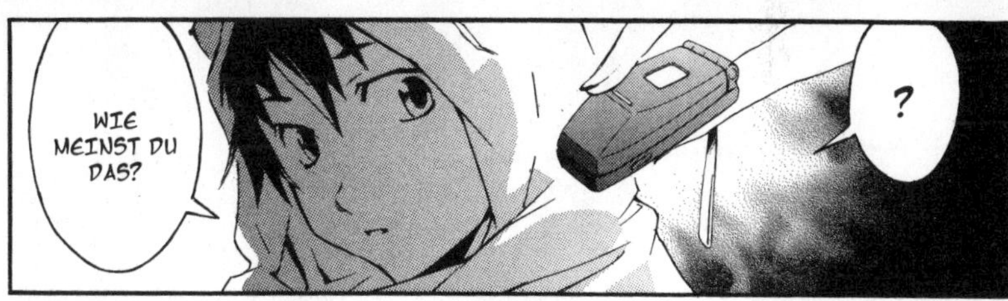
?
WIE MEINST DU DAS?

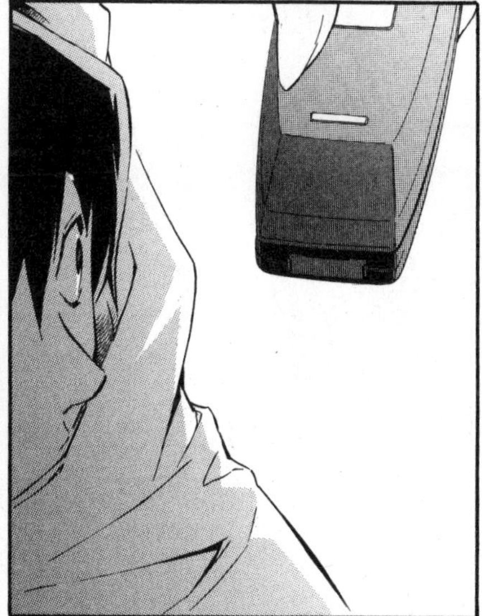

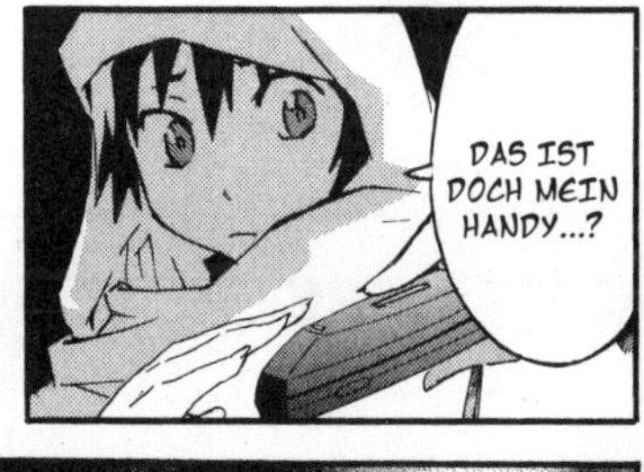
DAS IST DOCH MEIN HANDY...?

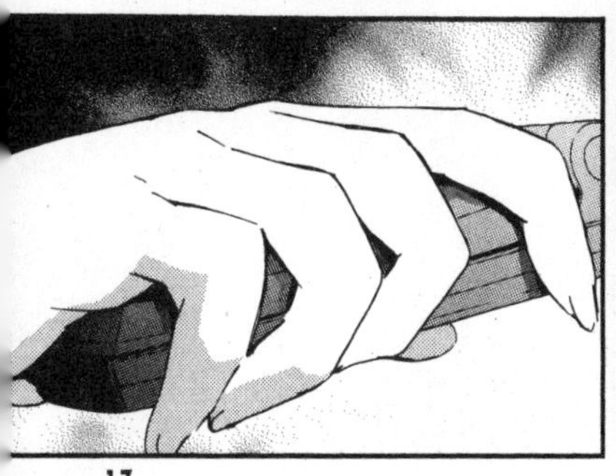

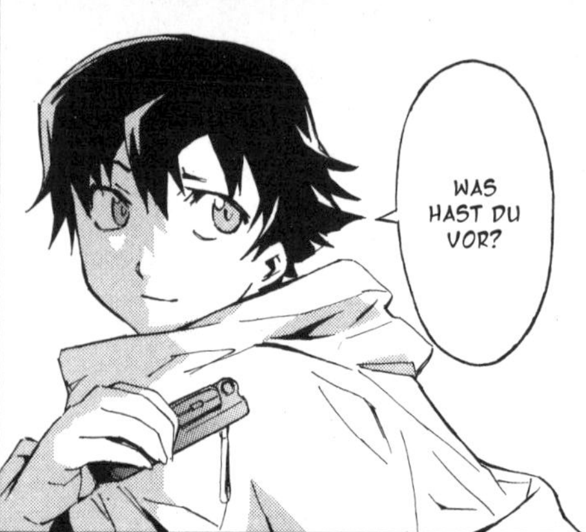
WAS HAST DU VOR?

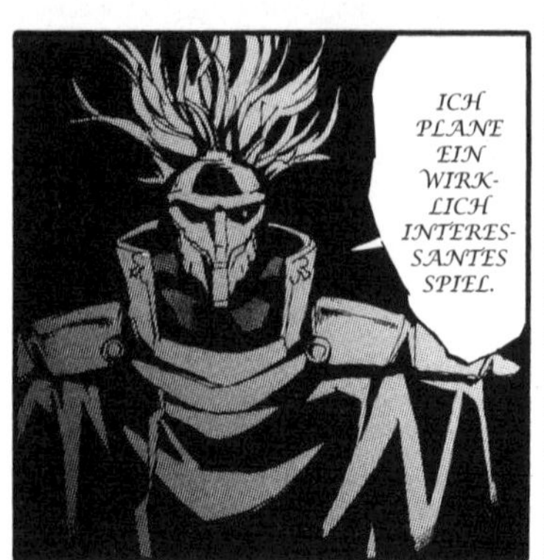
ICH PLANE EIN WIRK-LICH INTERES-SANTES SPIEL.

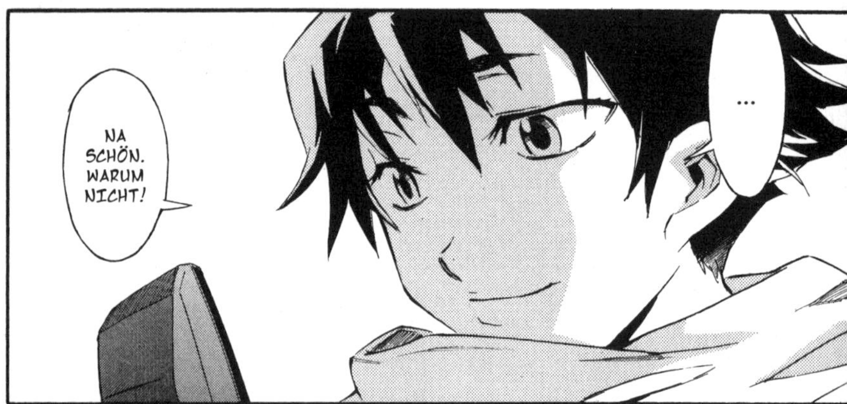
...
NA SCHÖN. WARUM NICHT!

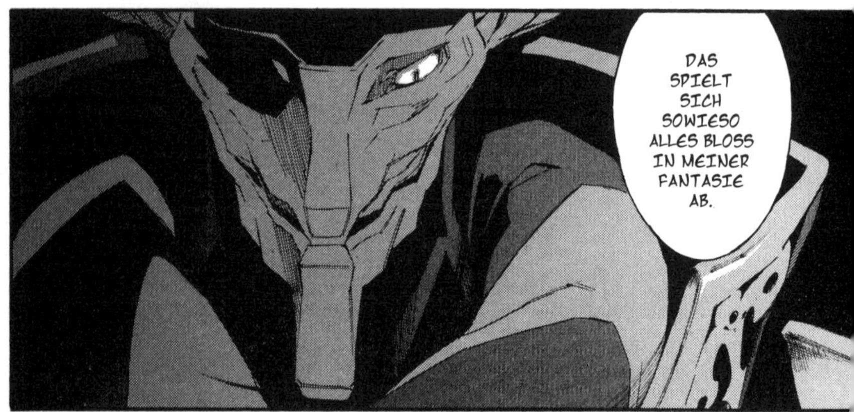
DAS SPIELT SICH SOWIESO ALLES BLOSS IN MEINER FANTASIE AB.

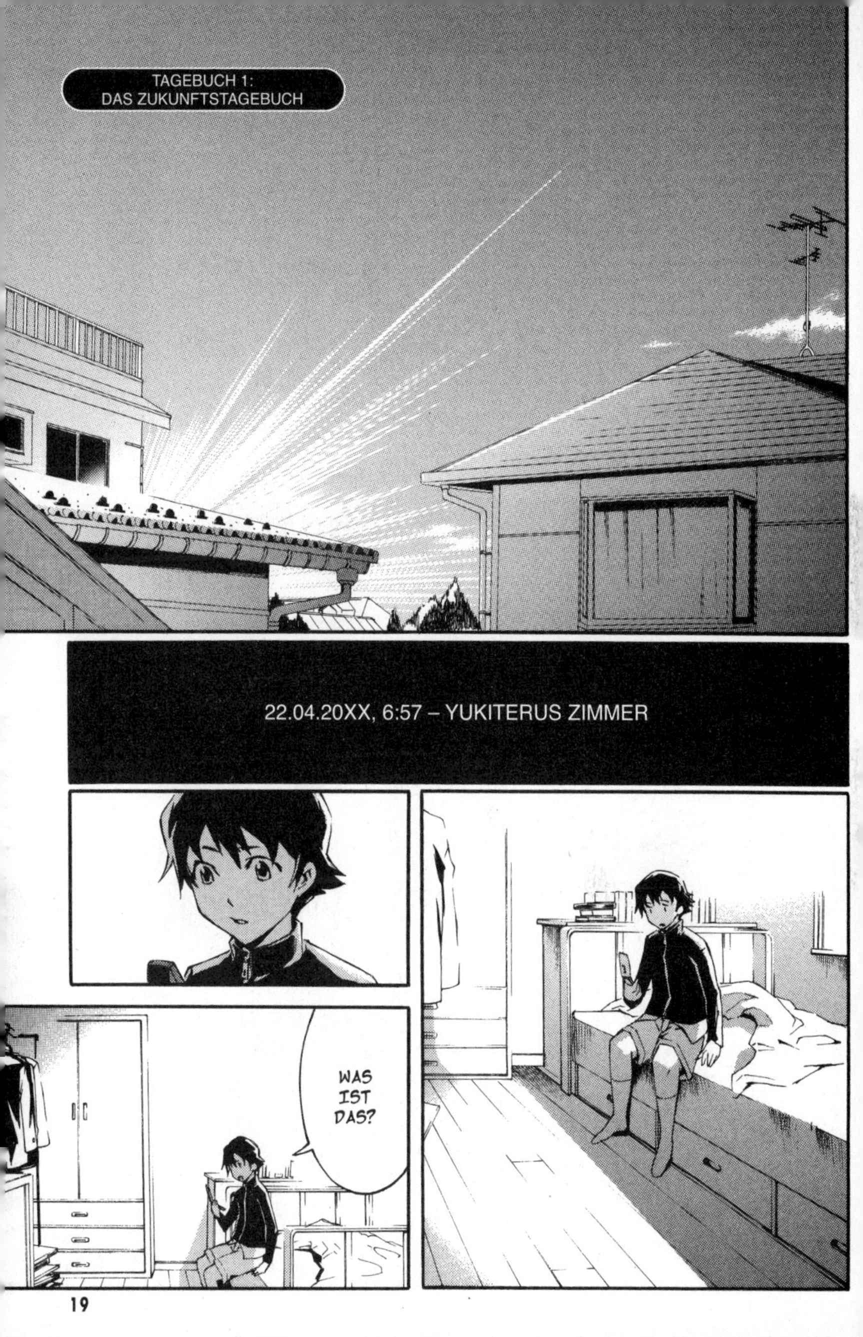

TAGEBUCH 1:
DAS ZUKUNFTSTAGEBUCH

22.04.20XX, 6:57 – YUKITERUS ZIMMER

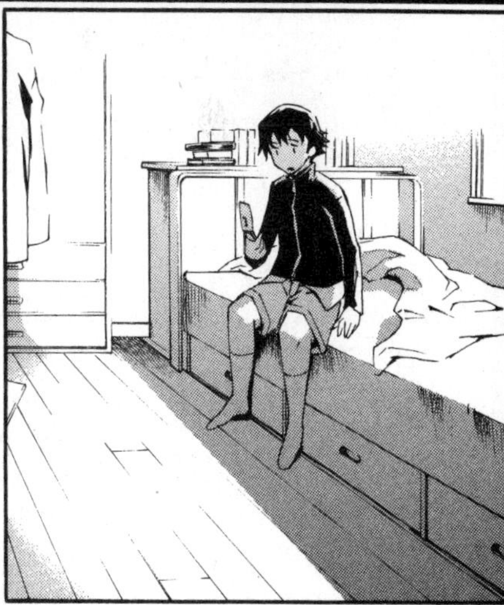

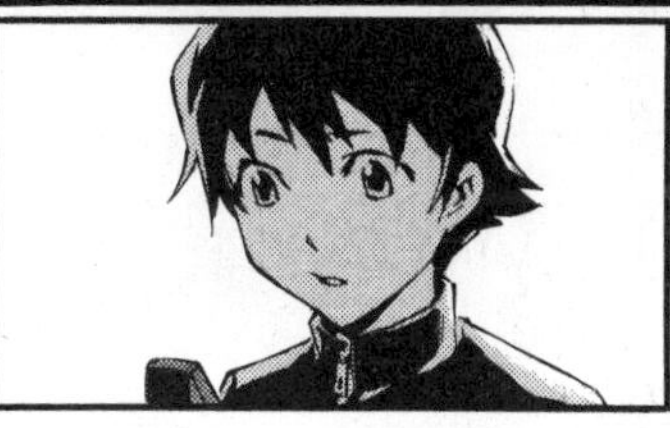

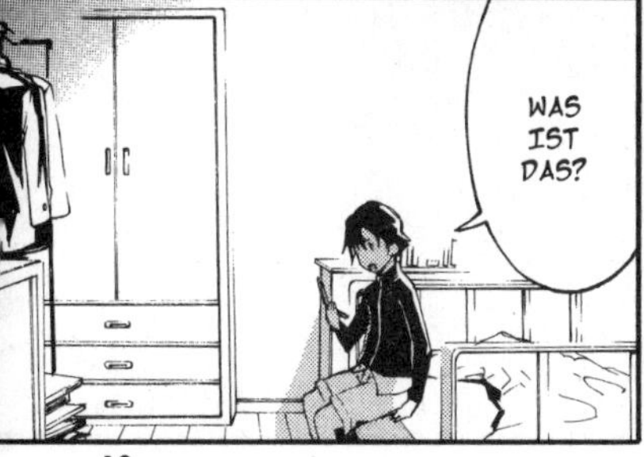

22.04
6:59 (MEIN ZIMMER)
HEUTE MORGEN HABE ICH EIN DOUBLE BULLSEYE GEWORFEN.
7:05 (ZU HAUSE, KÜCHE)
IM FERNSEHEN BERICHTEN SIE ÜBER DEN IRREN SERIENMÖRDER, DER NICHT WEIT WEG VON HIER WILLKÜRLICH LEUTE ANGREIFT. UND DER TÄTER SOLL AUF DER FLUCHT AUSGERECHNET ÜBER DAS GELÄNDE MEINER SCHULE GELAUFEN SEIN!
7:45 (AUF DEM SCHULWEG)

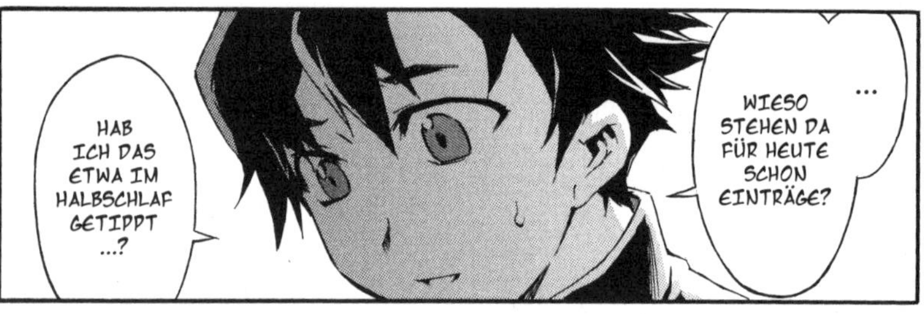


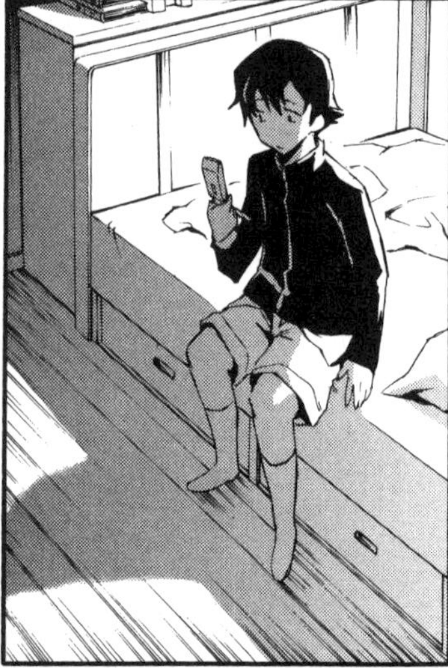

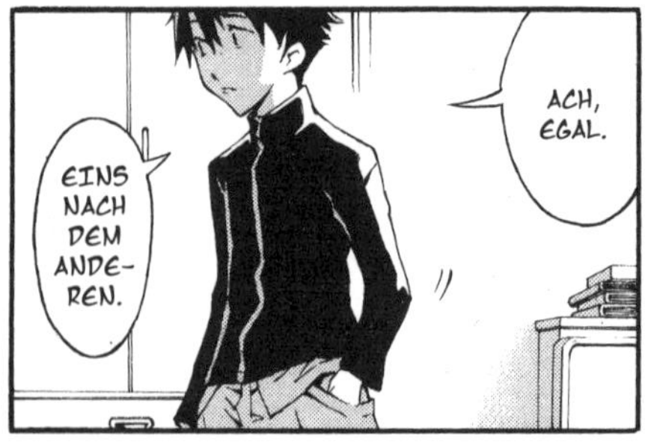


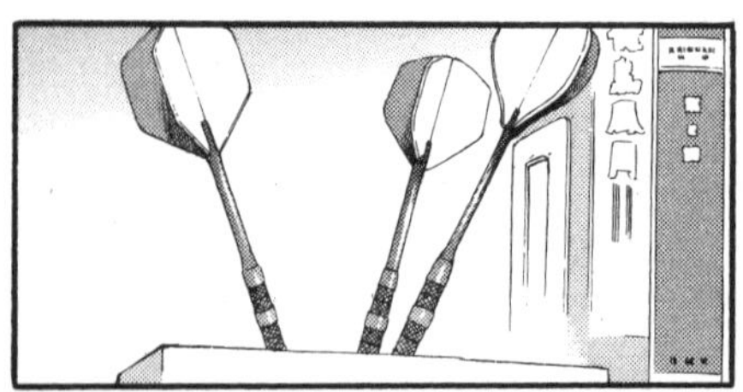

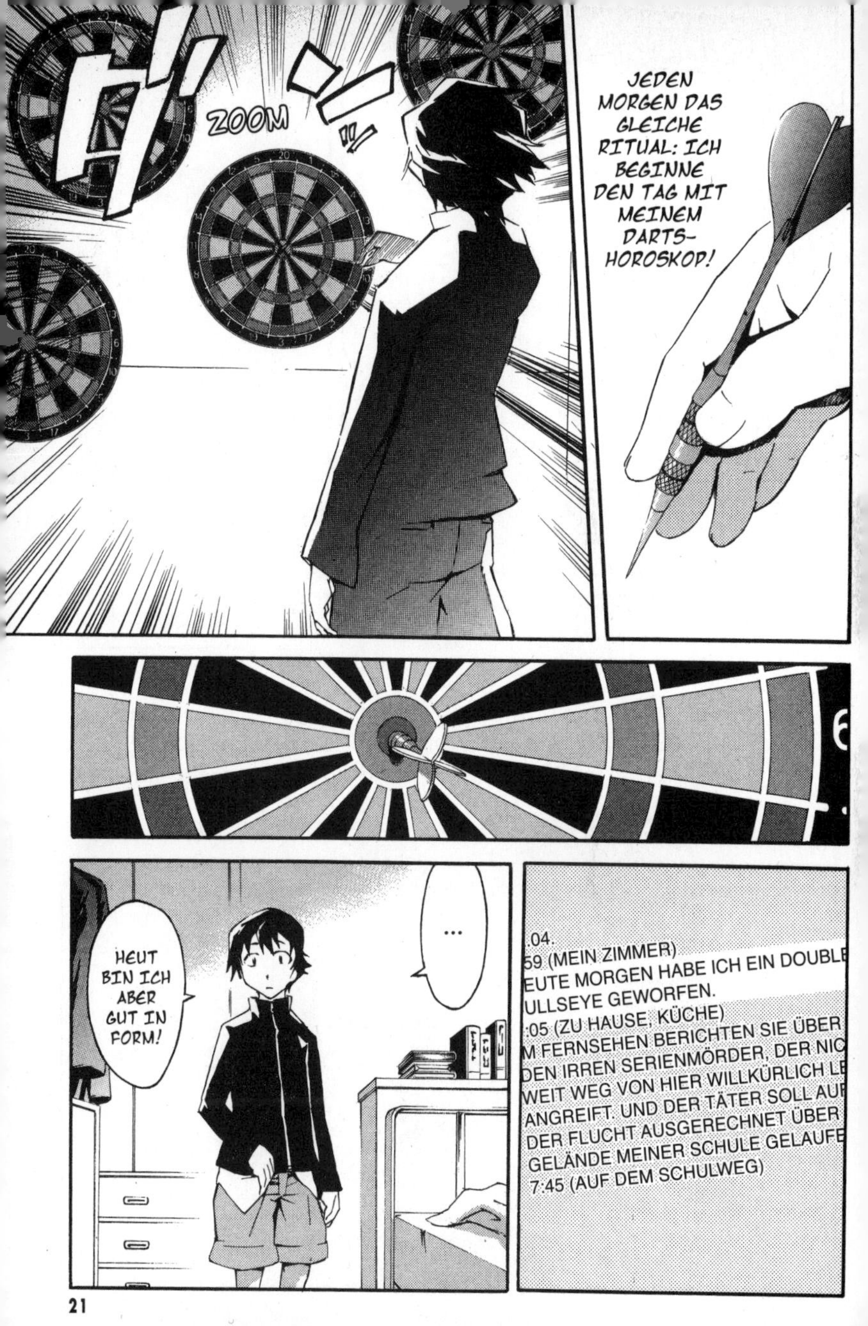

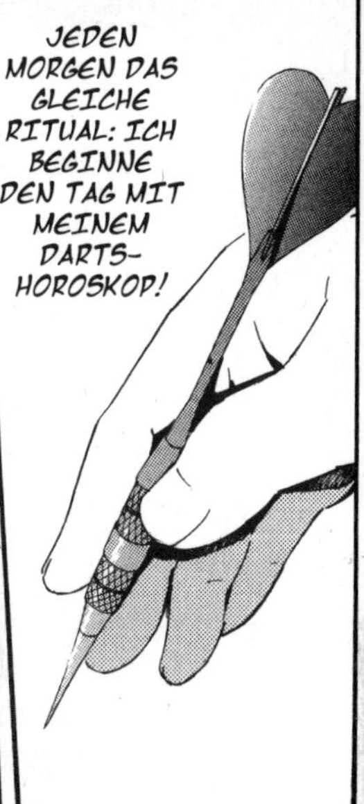


ZOOM

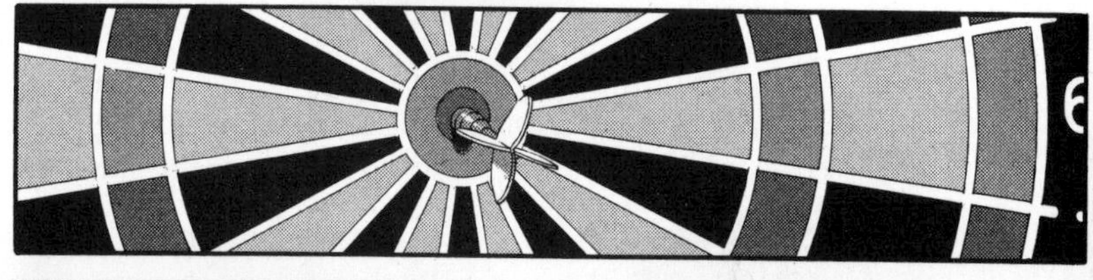

.04.
59 (MEIN ZIMMER)
EUTE MORGEN HABE ICH EIN DOUBLE
ULLSEYE GEWORFEN.
:05 (ZU HAUSE, KÜCHE)
M FERNSEHEN BERICHTEN SIE ÜBER
DEN IRREN SERIENMÖRDER, DER NIC
WEIT WEG VON HIER WILLKÜRLICH LE
ANGREIFT. UND DER TÄTER SOLL AUF
DER FLUCHT AUSGERECHNET ÜBER
GELÄNDE MEINER SCHULE GELAUFE
7:45 (AUF DEM SCHULWEG)

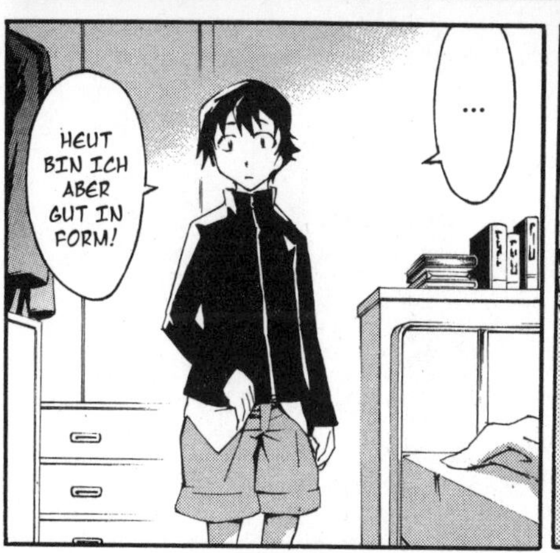

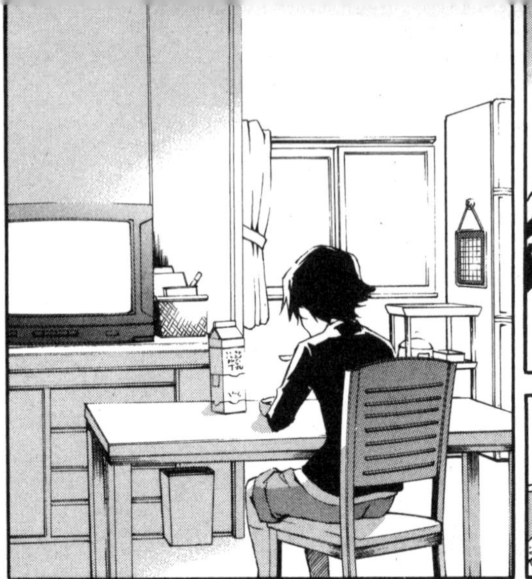

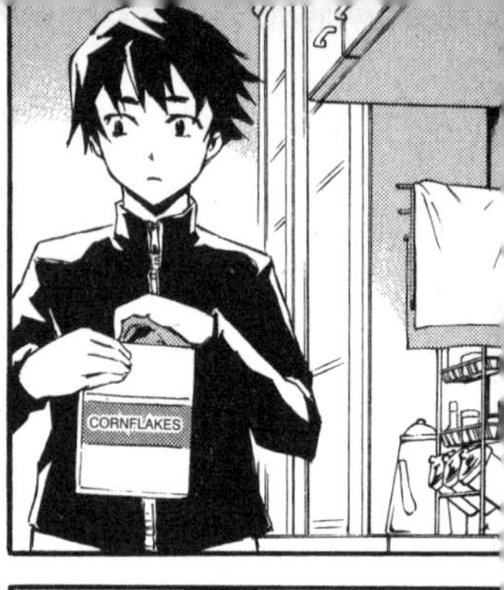
CORNFLAKES

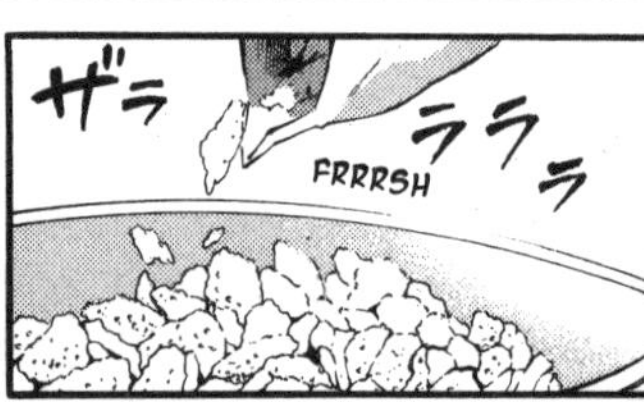
ザラ
ラララ
FRRRSH

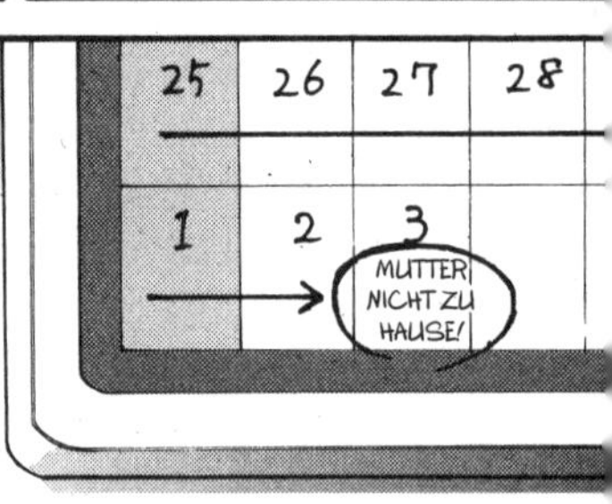
25
26
27
28
1
2
3
MUTTER NICHT ZU HAUSE!

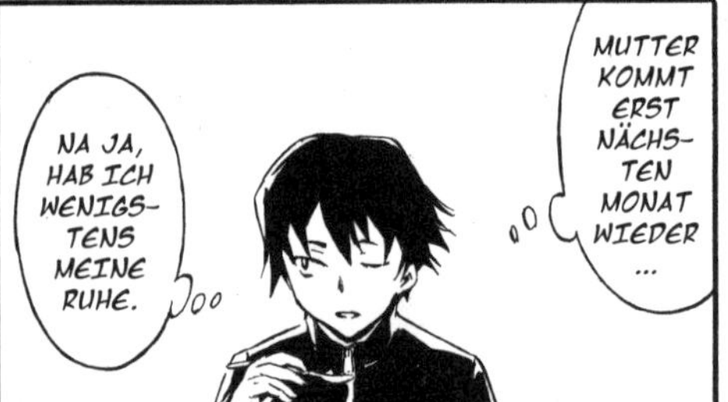
MUTTER KOMMT ERST NÄCHSTEN MONAT WIEDER ...
NA JA, HAB ICH WENIGSTENS MEINE RUHE.

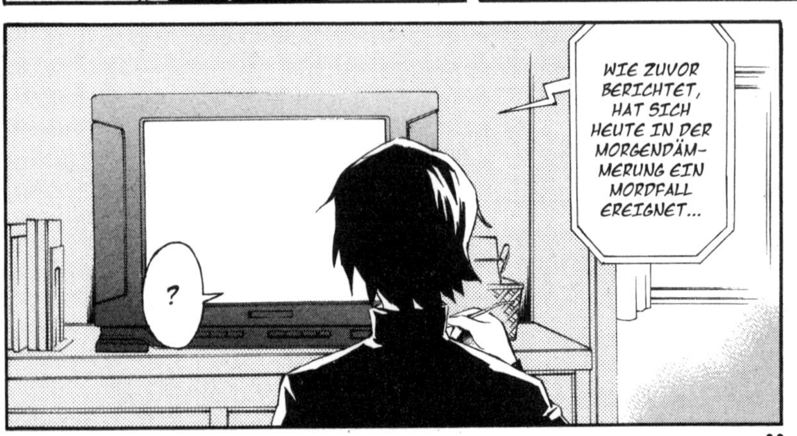
WIE ZUVOR BERICHTET, HAT SICH HEUTE IN DER MORGENDÄMMERUNG EIN MORDFALL EREIGNET...
?

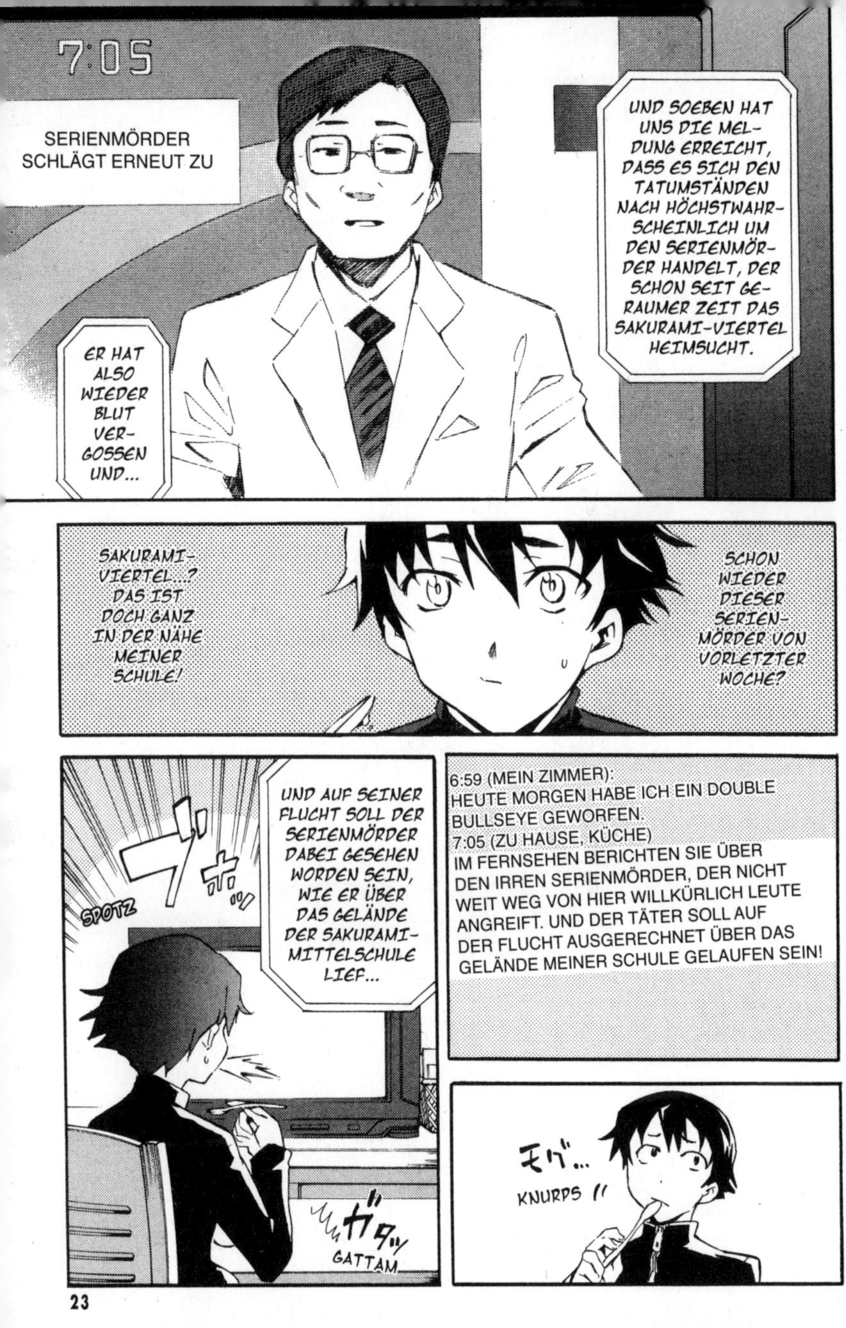

7:05

SERIENMÖRDER SCHLÄGT ERNEUT ZU

UND SOEBEN HAT UNS DIE MELDUNG ERREICHT, DASS ES SICH DEN TATUMSTÄNDEN NACH HÖCHSTWAHRSCHEINLICH UM DEN SERIENMÖRDER HANDELT, DER SCHON SEIT GERAUMER ZEIT DAS SAKURAMI-VIERTEL HEIMSUCHT.

ER HAT ALSO WIEDER BLUT VERGOSSEN UND...

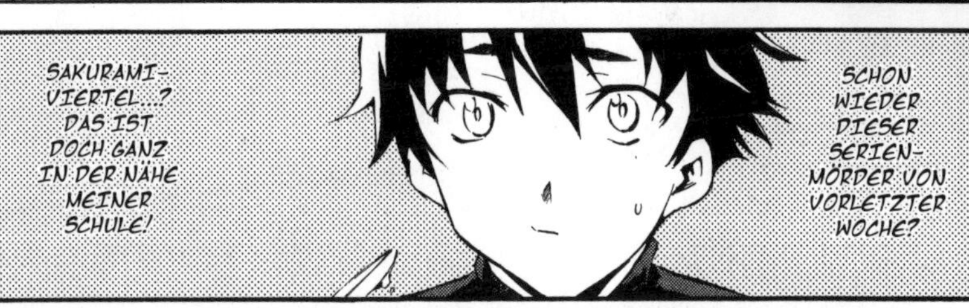


6:59 (MEIN ZIMMER):
HEUTE MORGEN HABE ICH EIN DOUBLE BULLSEYE GEWORFEN.
7:05 (ZU HAUSE, KÜCHE)
IM FERNSEHEN BERICHTEN SIE ÜBER DEN IRREN SERIENMÖRDER, DER NICHT WEIT WEG VON HIER WILLKÜRLICH LEUTE ANGREIFT. UND DER TÄTER SOLL AUF DER FLUCHT AUSGERECHNET ÜBER DAS GELÄNDE MEINER SCHULE GELAUFEN SEIN!

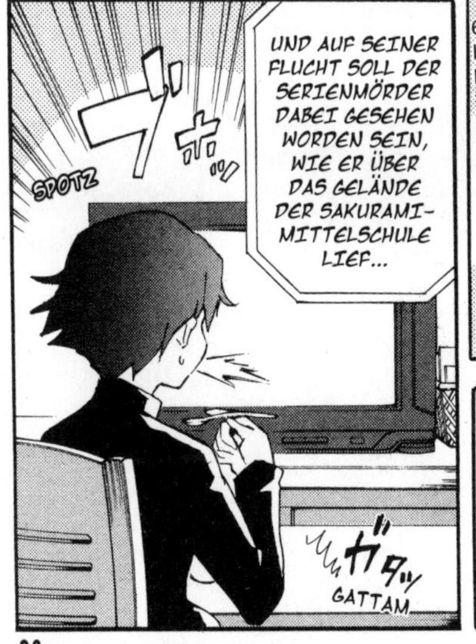


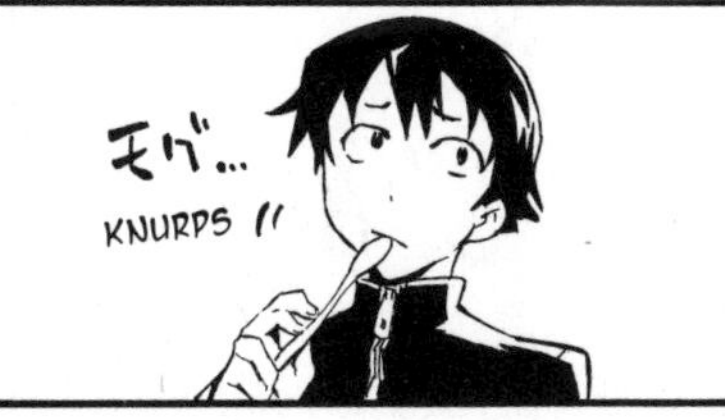

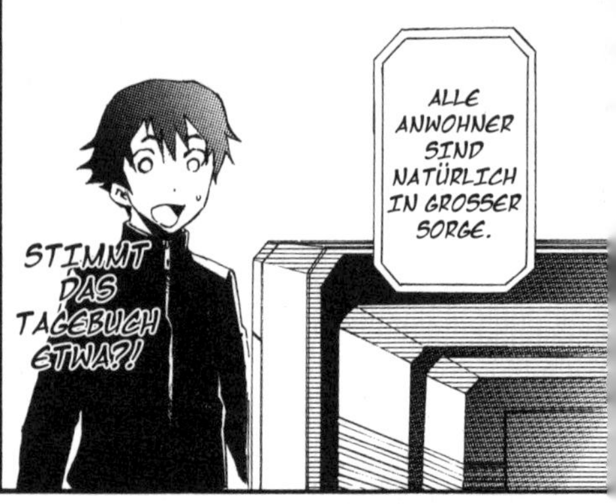


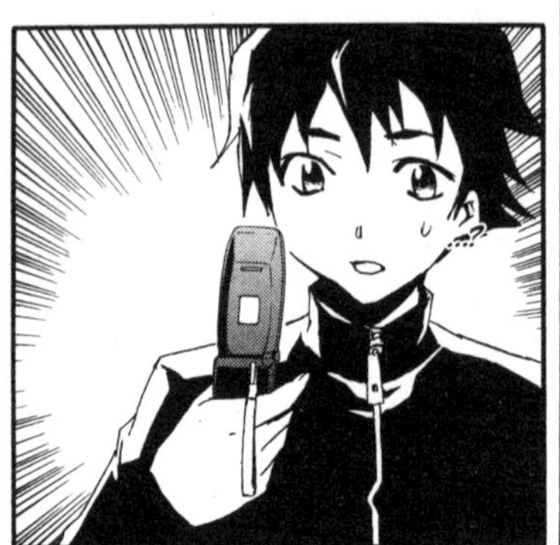

7:45 (AUF DEM SCHULWEG)
AUF DEM SCHULWEG SEHE ICH KOSAKA UND SHIRAISHI. IST ÄUSSERST SELTEN, DASS WIR MAL ZUR SELBEN ZEIT UNTERWEGS SIND.
9:30 (SCHULE, MEIN KLASSENZIMMER)

22.04.20XX, 7:42 – AUF DEM SCHULWEG

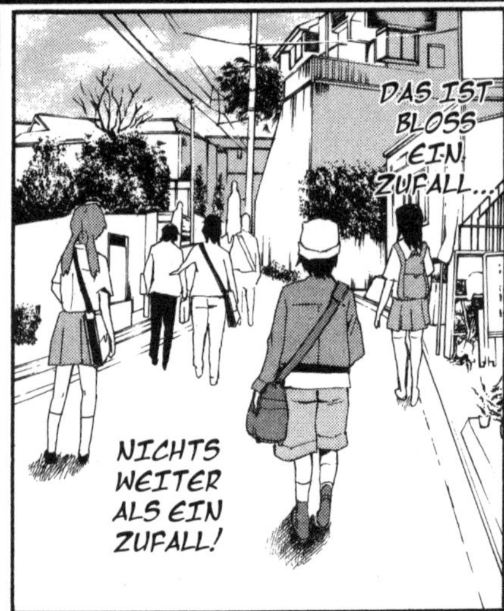


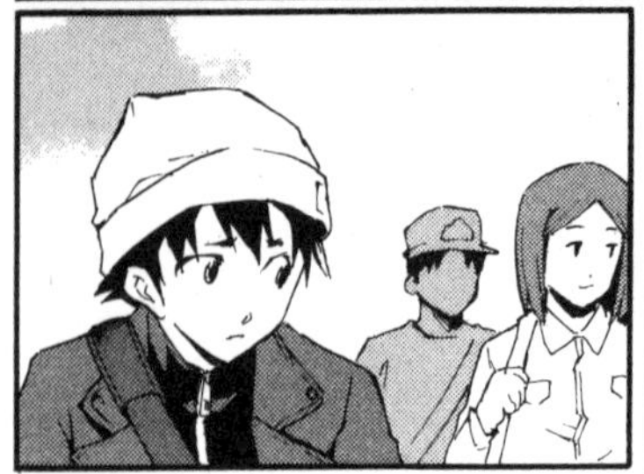

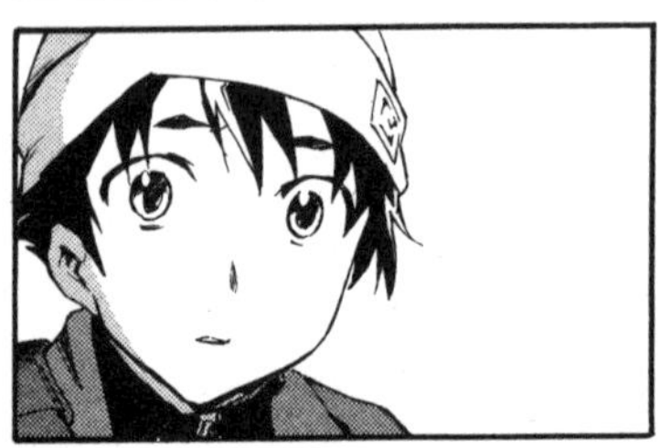

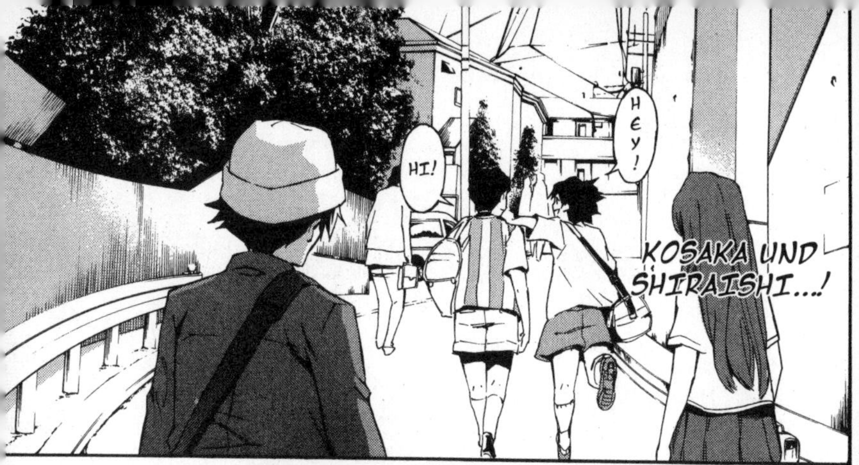


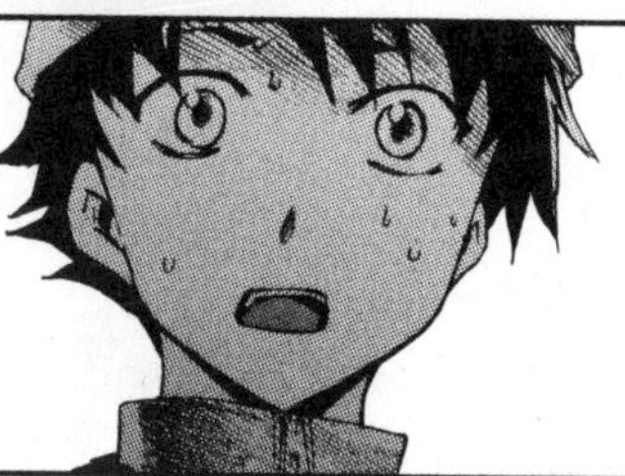


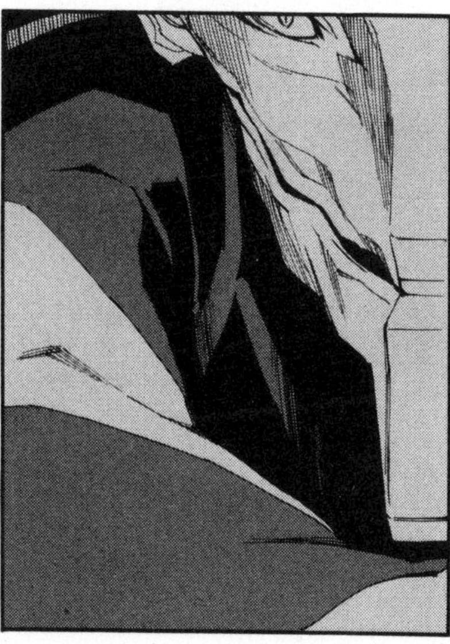

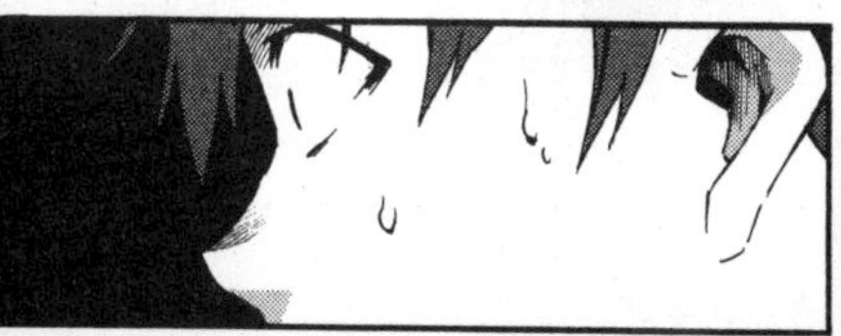

9:30 (SCHULE, MEIN KLASSENZIMMER)
IN MATHE GIBT ES HEUTE EINEN TEST!

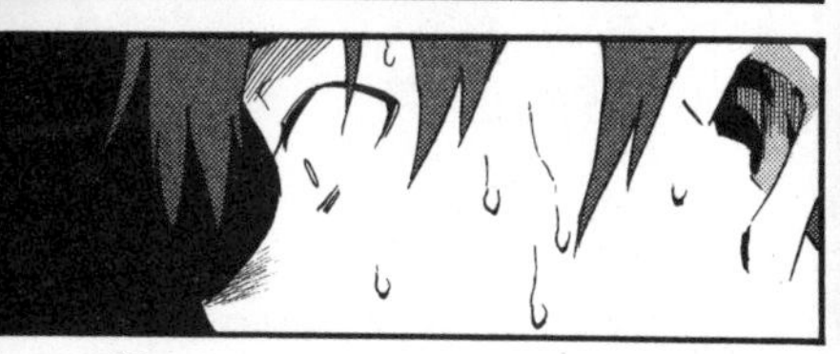

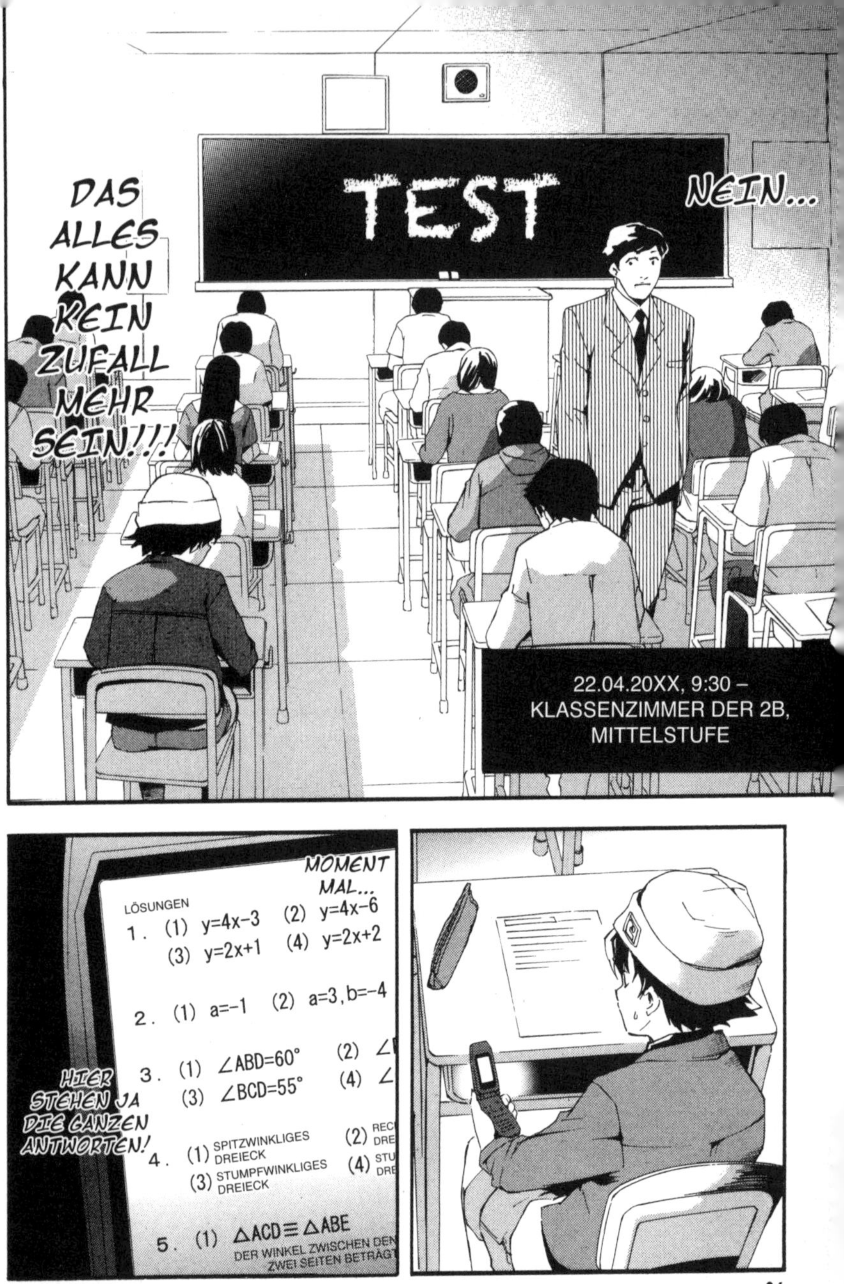

TEST

NEIN...

DAS ALLES KANN KEIN ZUFALL MEHR SEIN!!!

22.04.20XX, 9:30 –
KLASSENZIMMER DER 2B,
MITTELSTUFE

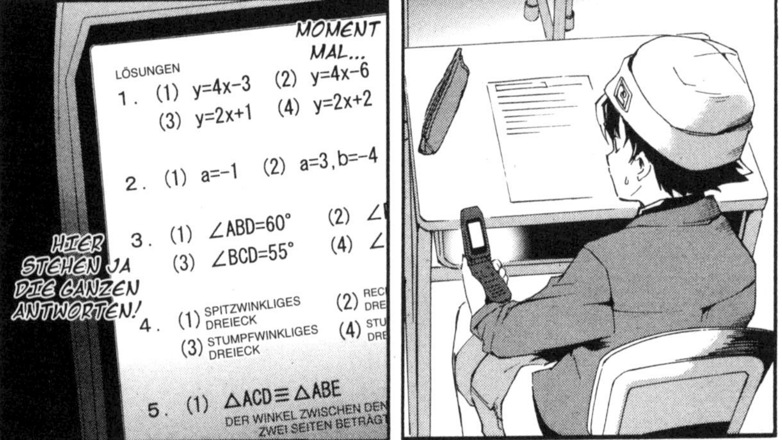

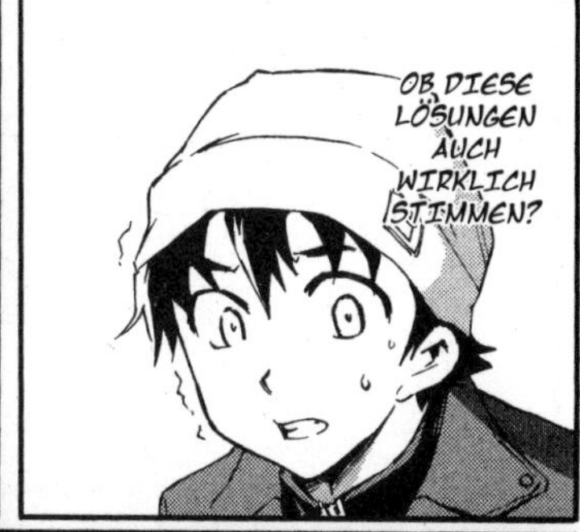


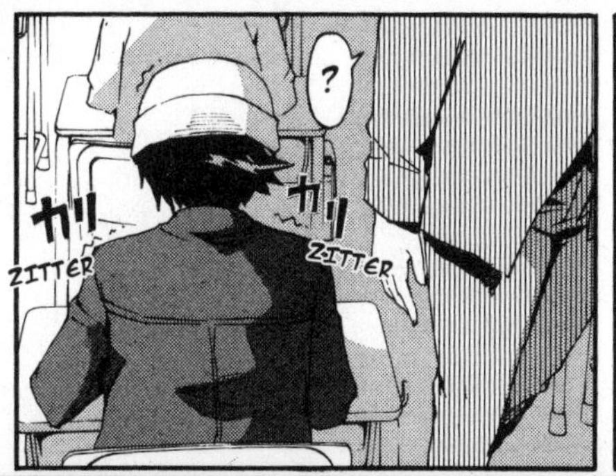


22.04.20XX, 12:32 – KLASSENZIMMER
DER 2B, MITTELSTUFE, MITTAGSPAUSE

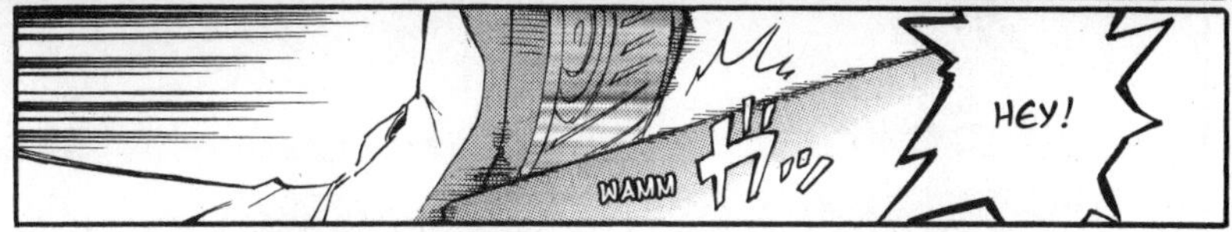


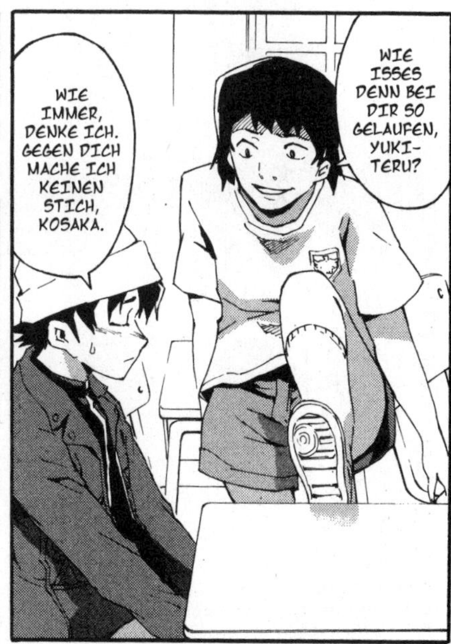


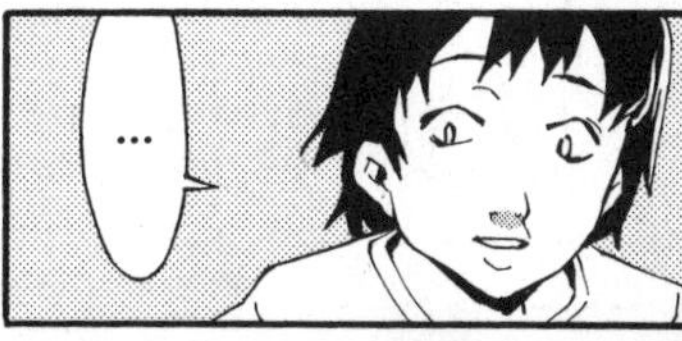


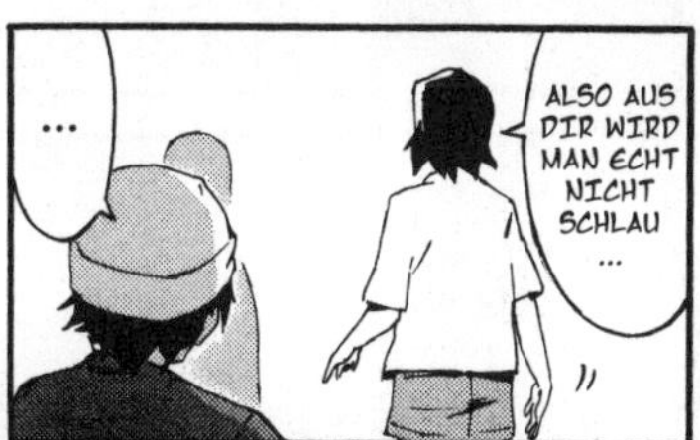


12:32 (SCHULE, MEIN KLASSENZIMMER) IN DER MITTAGSPAUSE HAT KOSAKA WIEDER EINE HÄMISCHE BEMERKUNG GEMACHT.

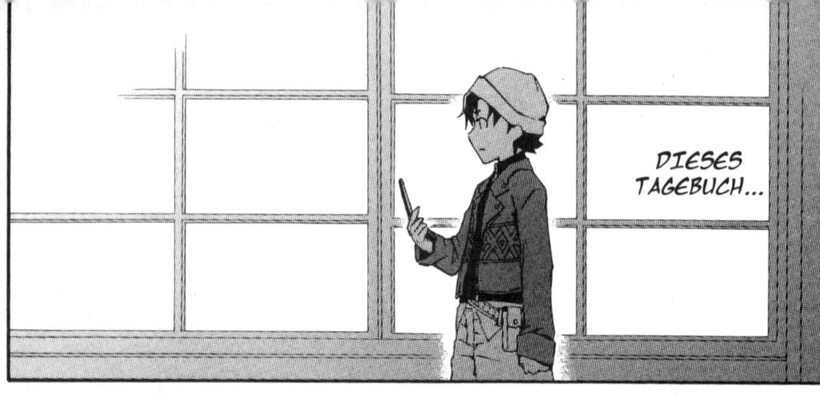


14:05 (SCHULE, HAUSARBEITSUNTERRICHT)
SATONAKA HAT SICH IN DEN FINGER GESCHNITTEN UND MUSS INS SANITÄTSZIMMER.

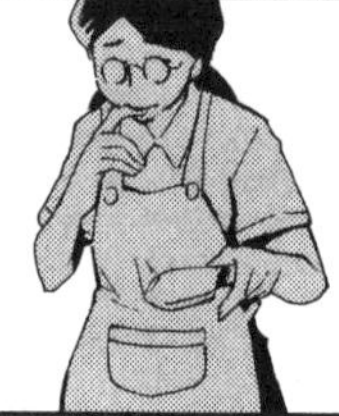

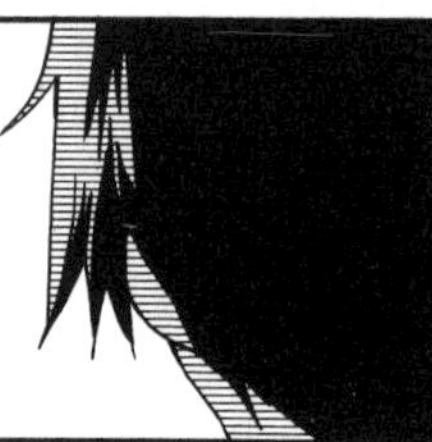

16:12 (AUF DEM NACHHAUSEWEG)
IN DER NÄHE DER SCHULE HABEN POLIZEIBEAMTE FRAGEN GESTELLT. ES GING UM DEN SERIENMÖRDER, ÜBER DEN HEUTE MORGEN IM FERNSEHEN BERICHTET WURDE.

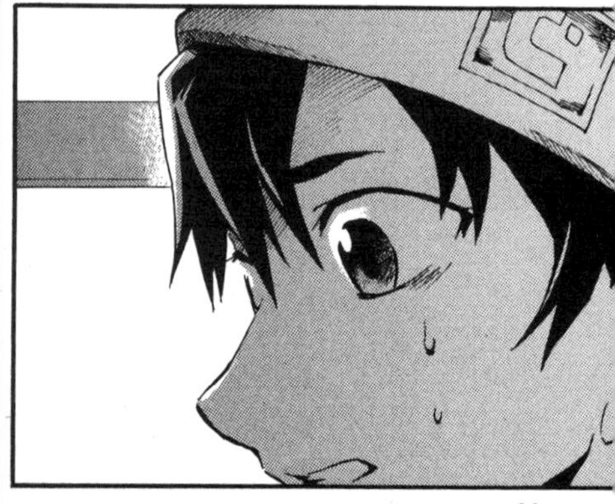

DAS IST ....!!

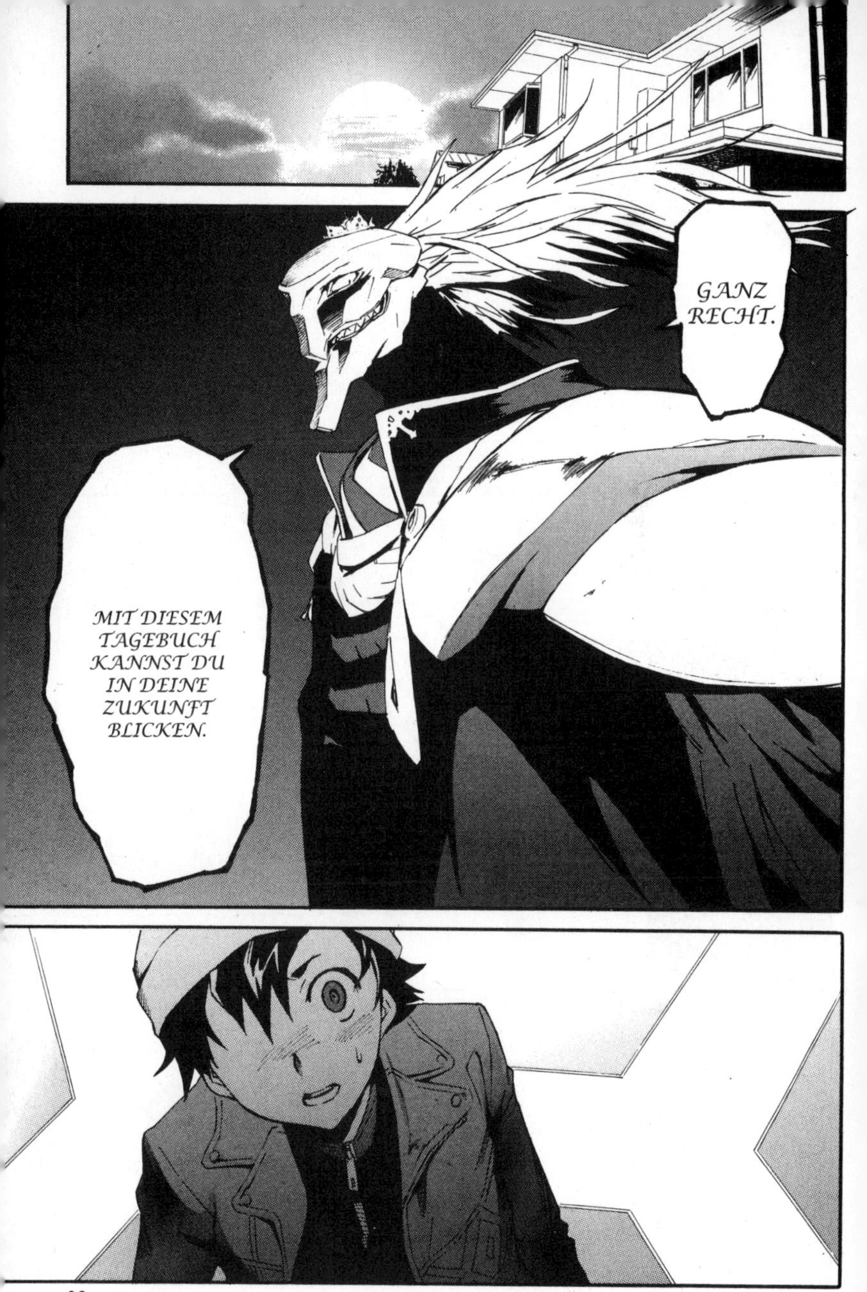

GANZ RECHT.

MIT DIESEM TAGEBUCH KANNST DU IN DEINE ZUKUNFT BLICKEN.

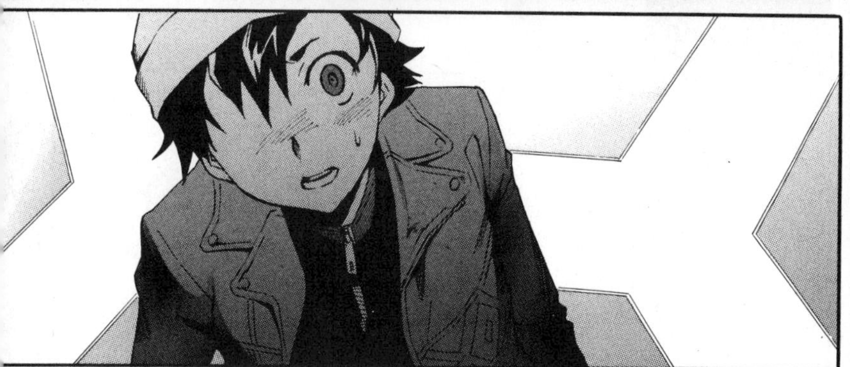

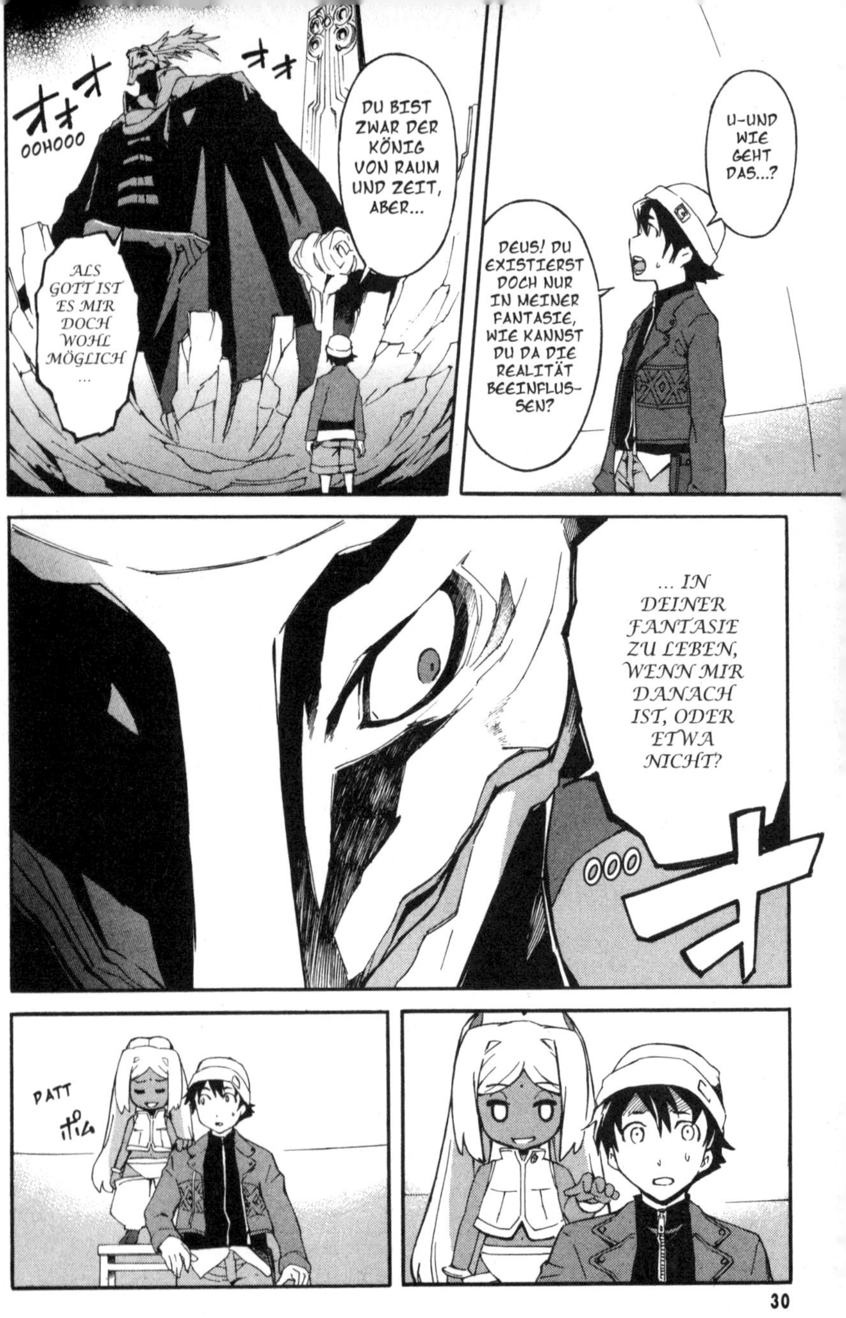

U-UND WIE GEHT DAS...?
DEUS! DU EXISTIERST DOCH NUR IN MEINER FANTASIE, WIE KANNST DU DA DIE REALITÄT BEEINFLUSSEN?
DU BIST ZWAR DER KÖNIG VON RAUM UND ZEIT, ABER...
OOHOOO
ALS GOTT IST ES MIR DOCH WOHL MÖGLICH ...

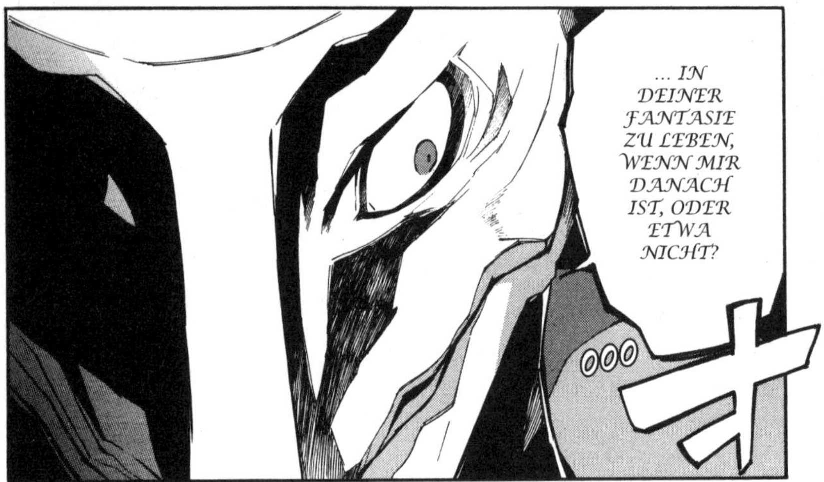


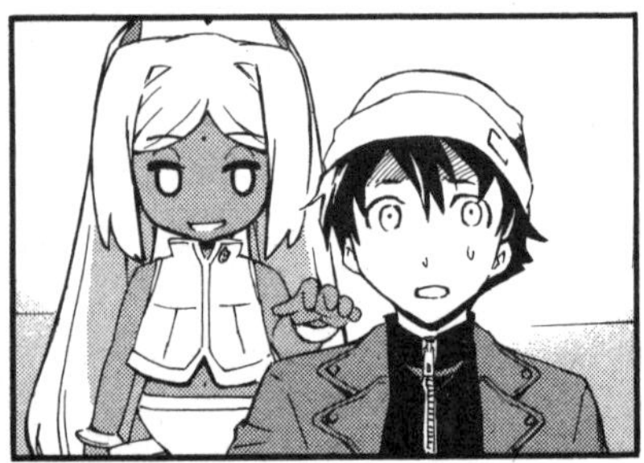

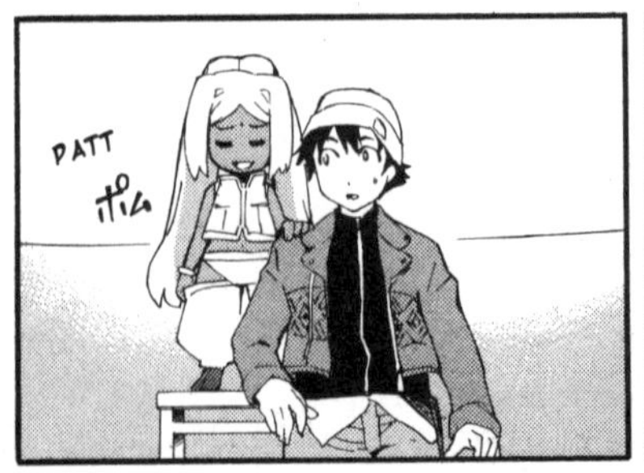

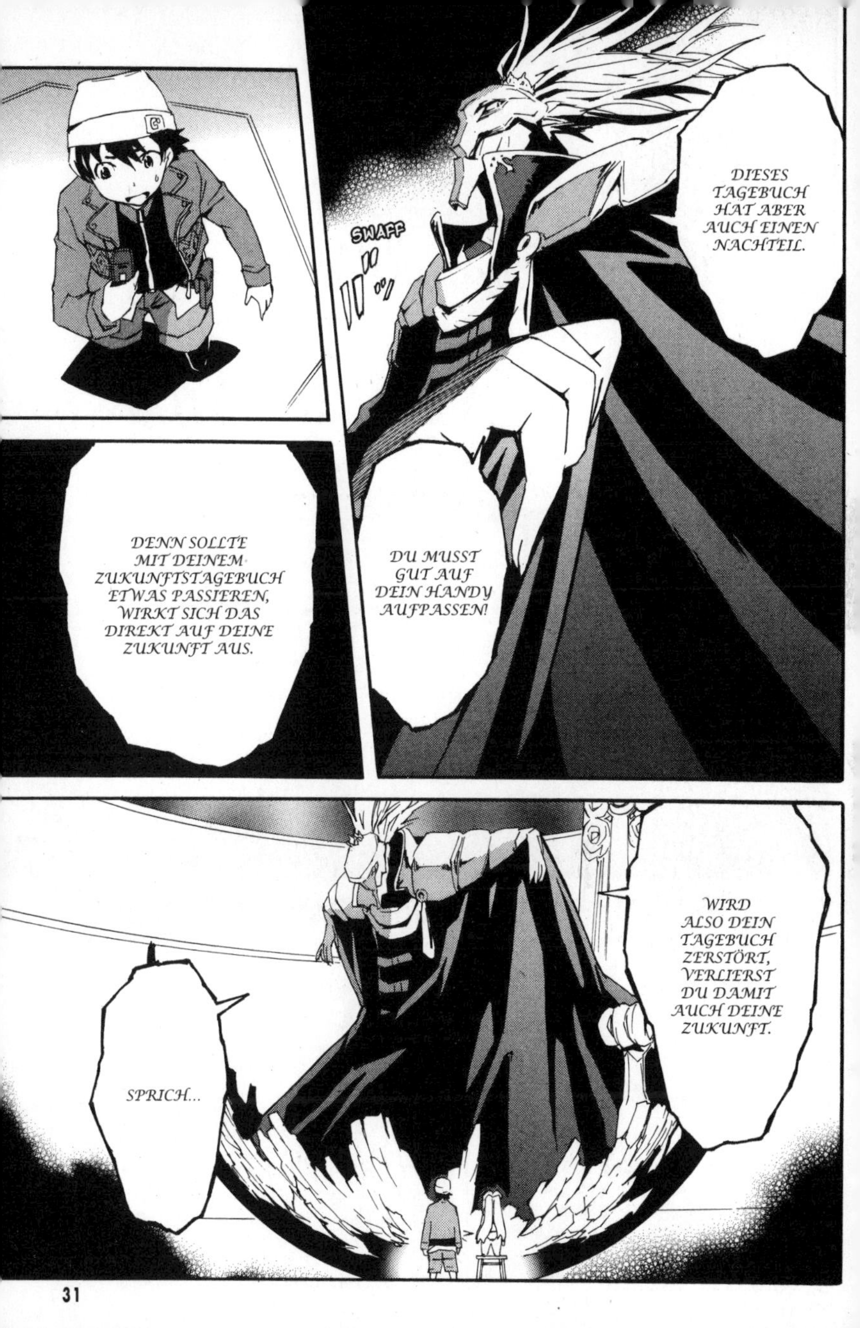

DIESES TAGEBUCH HAT ABER AUCH EINEN NACHTEIL.

SWAFF

DU MUSST GUT AUF DEIN HANDY AUFPASSEN!

DENN SOLLTE MIT DEINEM ZUKUNFTSTAGEBUCH ETWAS PASSIEREN, WIRKT SICH DAS DIREKT AUF DEINE ZUKUNFT AUS.

WIRD ALSO DEIN TAGEBUCH ZERSTÖRT, VERLIERST DU DAMIT AUCH DEINE ZUKUNFT.

SPRICH...

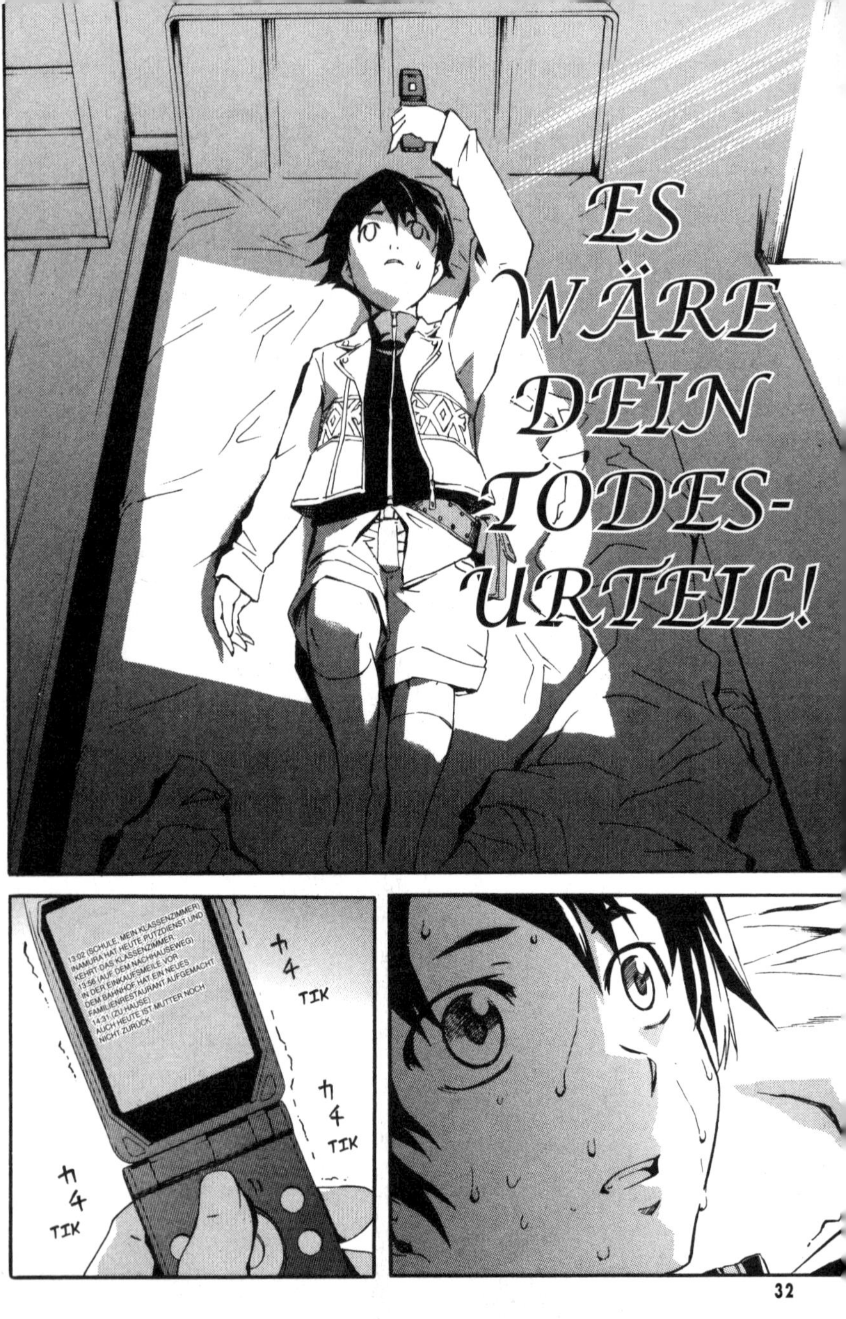

ES WÄRE DEIN TODES-URTEIL!

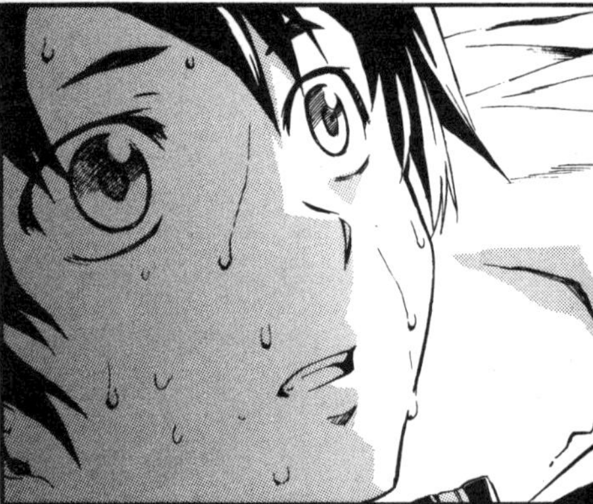

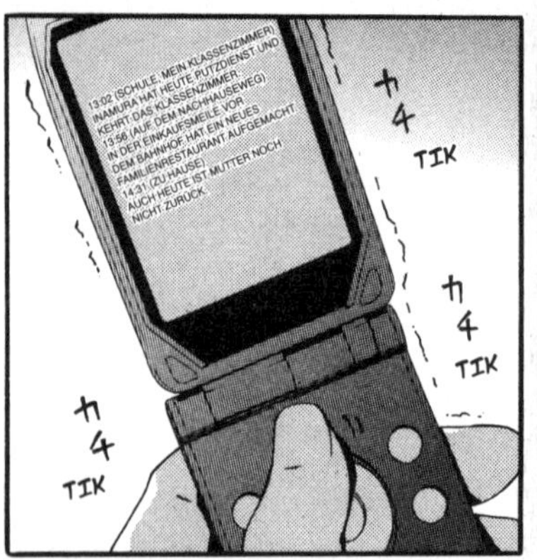

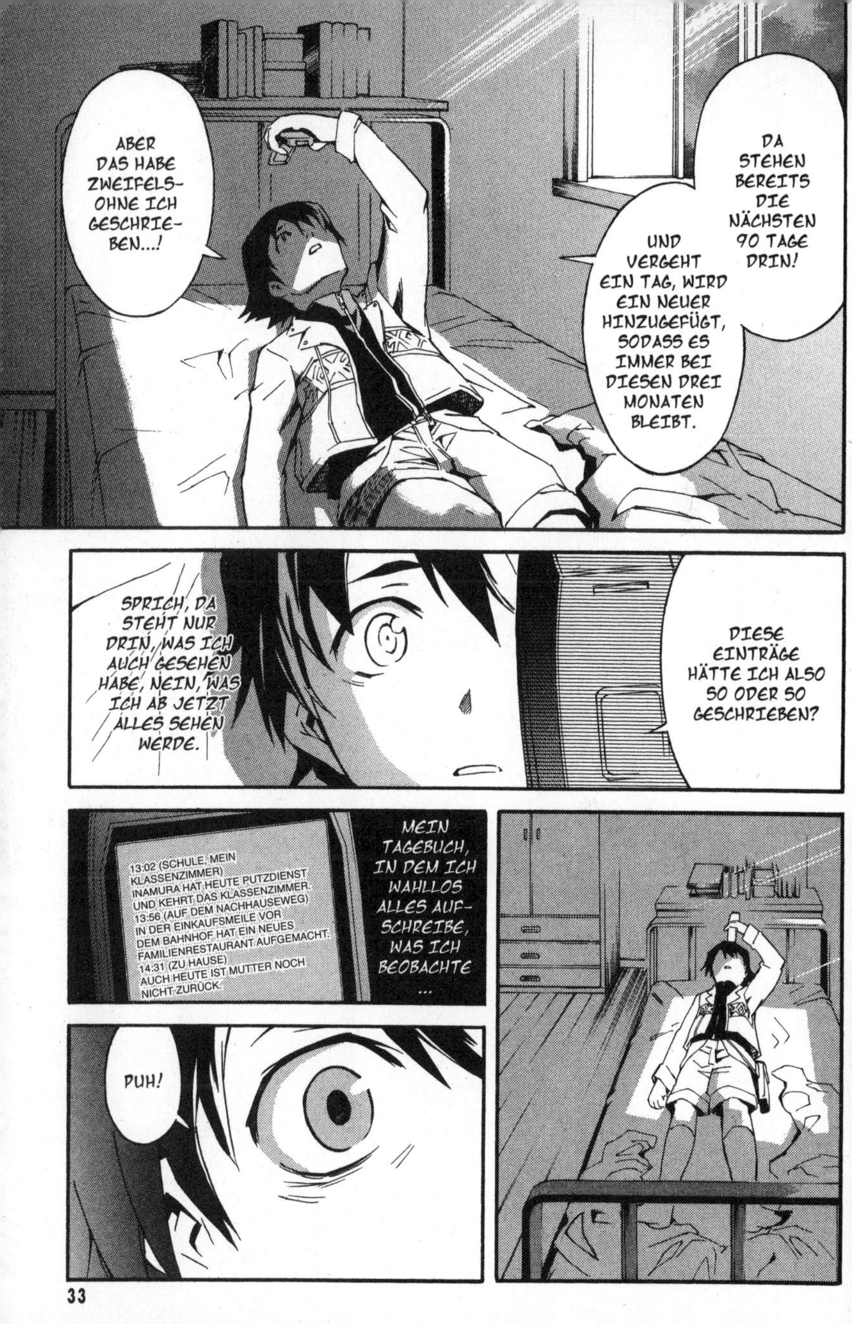

DA STEHEN BEREITS DIE NÄCHSTEN 90 TAGE DRIN!

UND VERGEHT EIN TAG, WIRD EIN NEUER HINZUGEFÜGT, SODASS ES IMMER BEI DIESEN DREI MONATEN BLEIBT.

ABER DAS HABE ZWEIFELS-OHNE ICH GESCHRIE-BEN...!

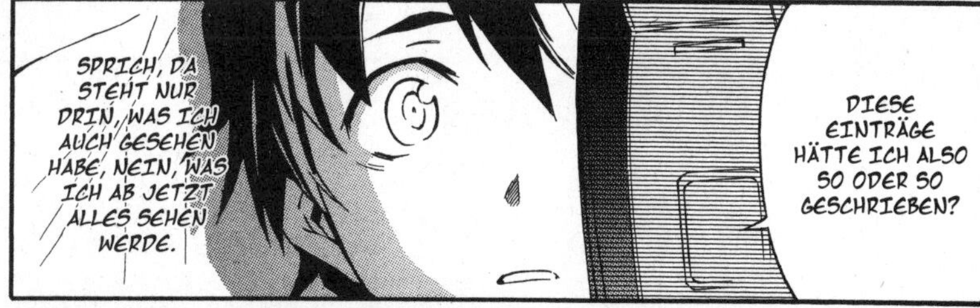


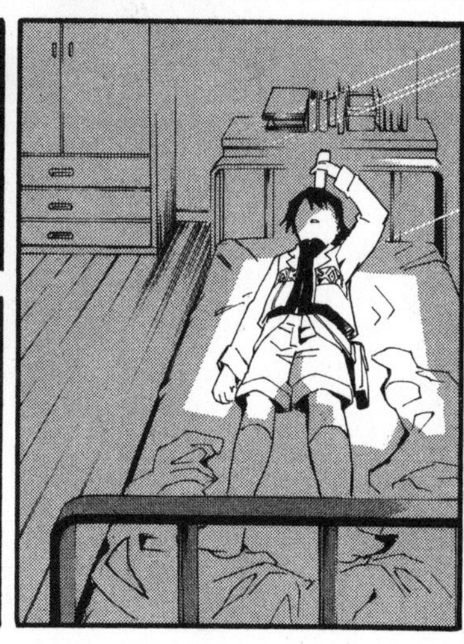

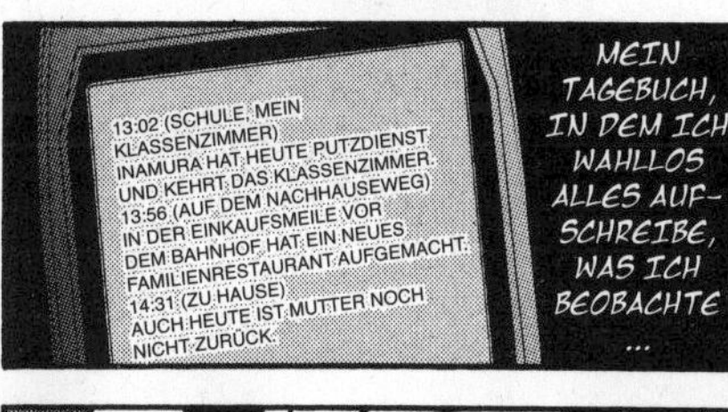


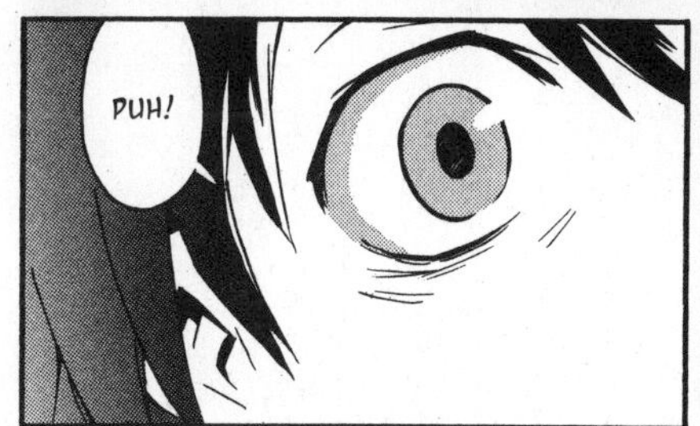

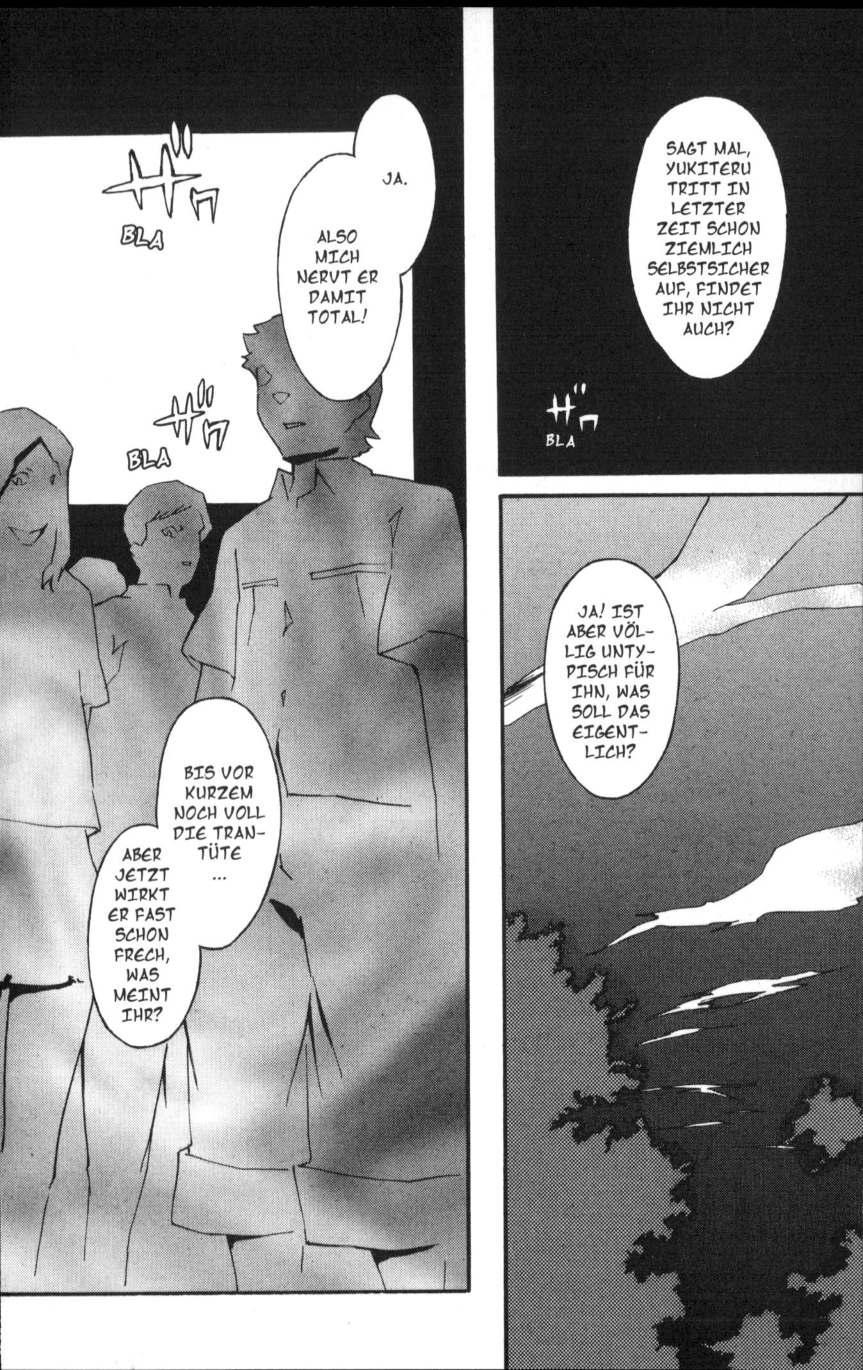

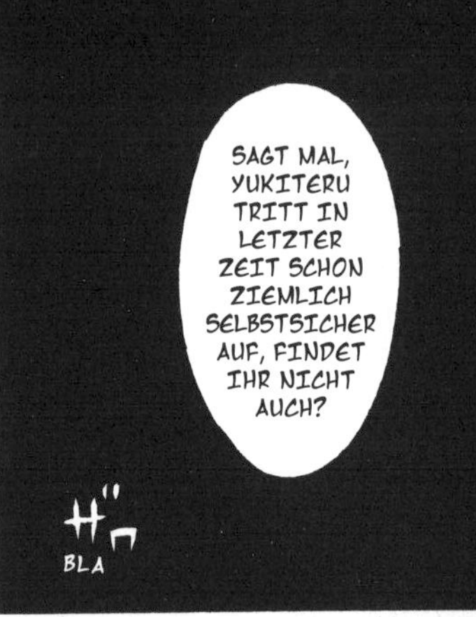
SAGT MAL, YUKITERU TRITT IN LETZTER ZEIT SCHON ZIEMLICH SELBSTSICHER AUF, FINDET IHR NICHT AUCH?
BLA

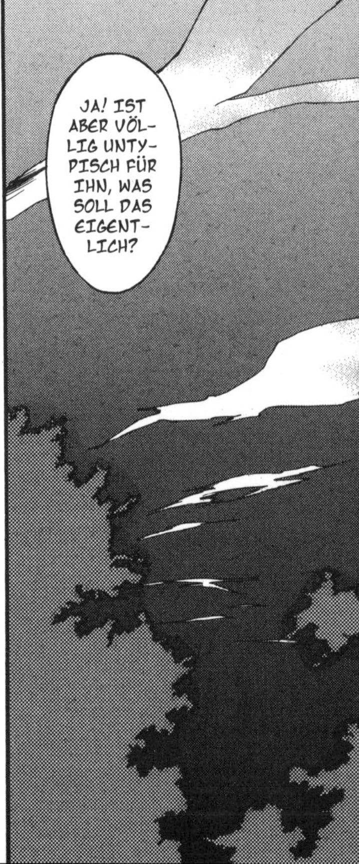
JA! IST ABER VÖLLIG UNTYPISCH FÜR IHN, WAS SOLL DAS EIGENTLICH?

JA.
ALSO MICH NERVT ER DAMIT TOTAL!
BLA
BLA
BIS VOR KURZEM NOCH VOLL DIE TRANTÜTE ...
ABER JETZT WIRKT ER FAST SCHON FRECH, WAS MEINT IHR?

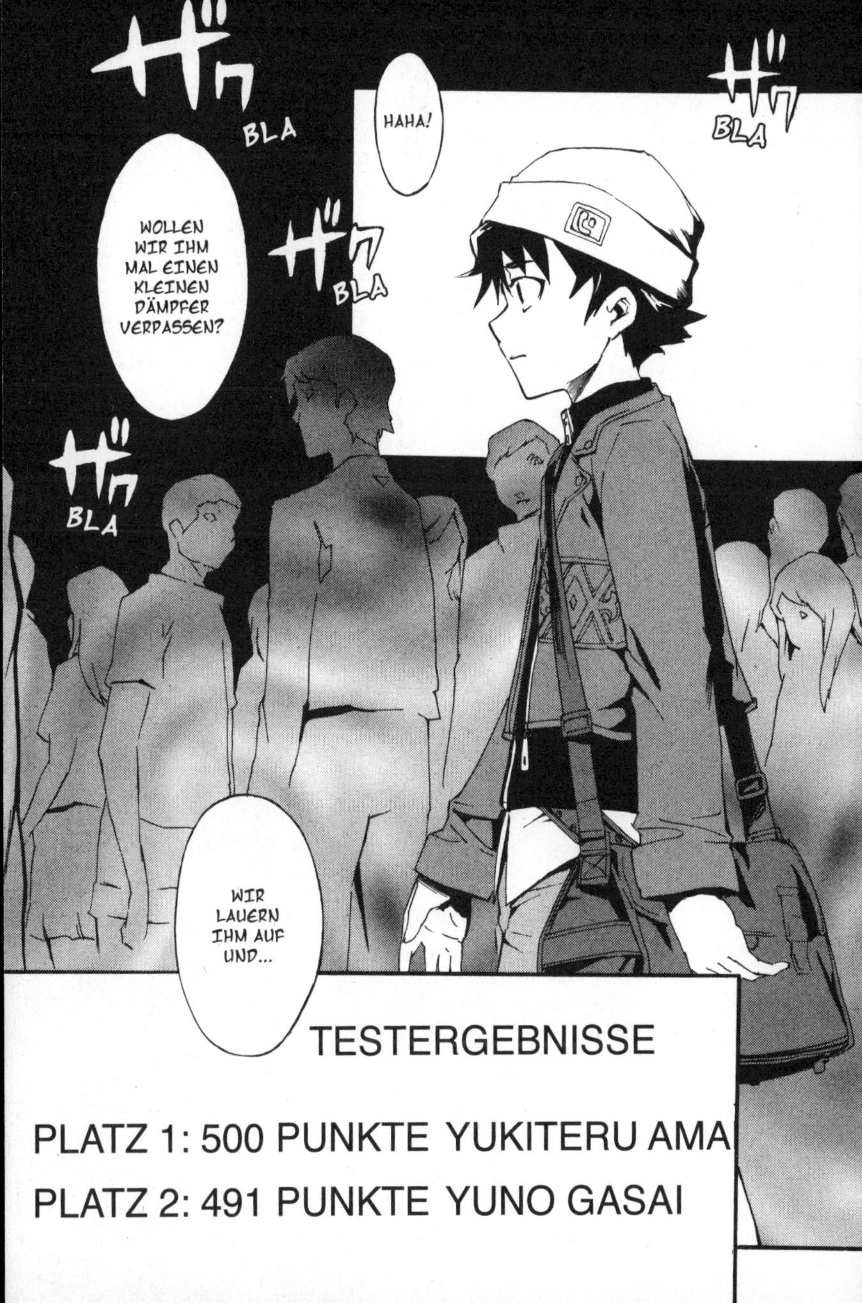

ザワ
BLA
HAHA!
ザワ
BLA
WOLLEN WIR IHM MAL EINEN KLEINEN DÄMPFER VERPASSEN?
ザワ
BLA
ザワ
BLA
WIR LAUERN IHM AUF UND...
TESTERGEBNISSE
PLATZ 1: 500 PUNKTE YUKITERU AMA
PLATZ 2: 491 PUNKTE YUNO GASAI

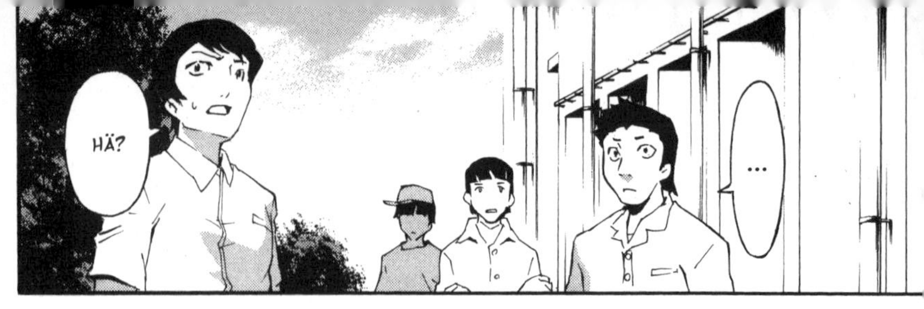


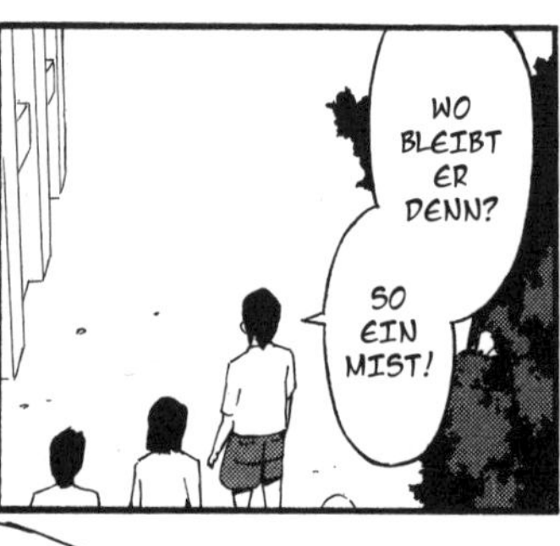


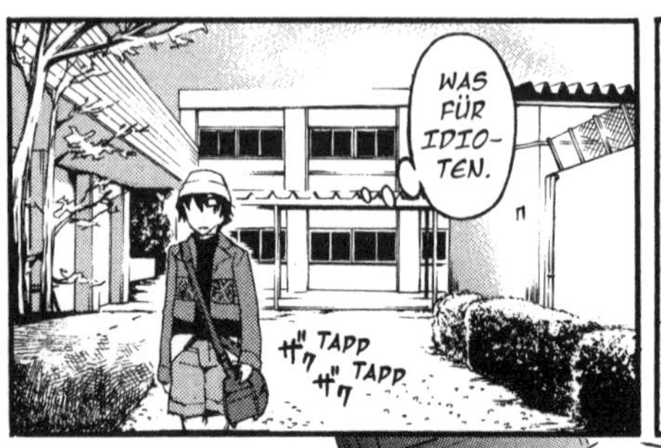


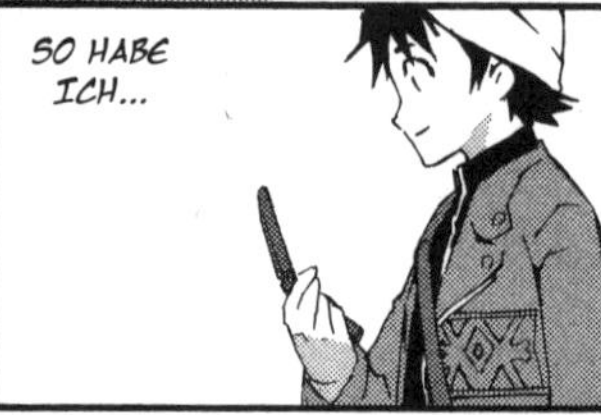


14:12 (HINTERM SCHULGEBÄUDE)
EIN PAAR AUS MEINER KLASSE HABEN MIR AUFGELAUERT.
DIE KÖNNEN MICH NICHT AUSSTEHEN.

...EINEN FAHRPLAN FÜR MEIN LEBEN IN DER HAND, DER ALLE ANTWORTEN BIETET!

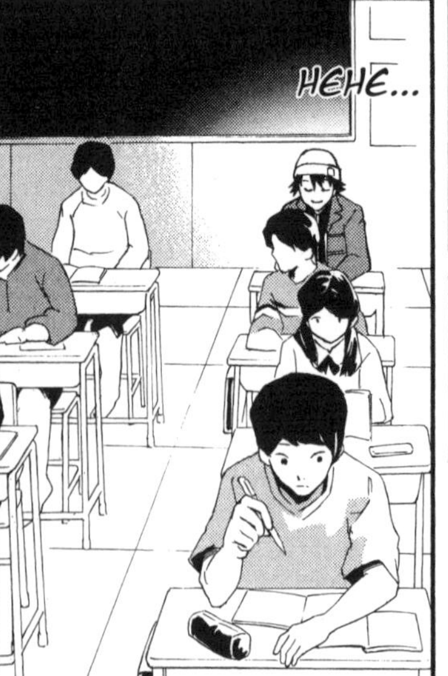

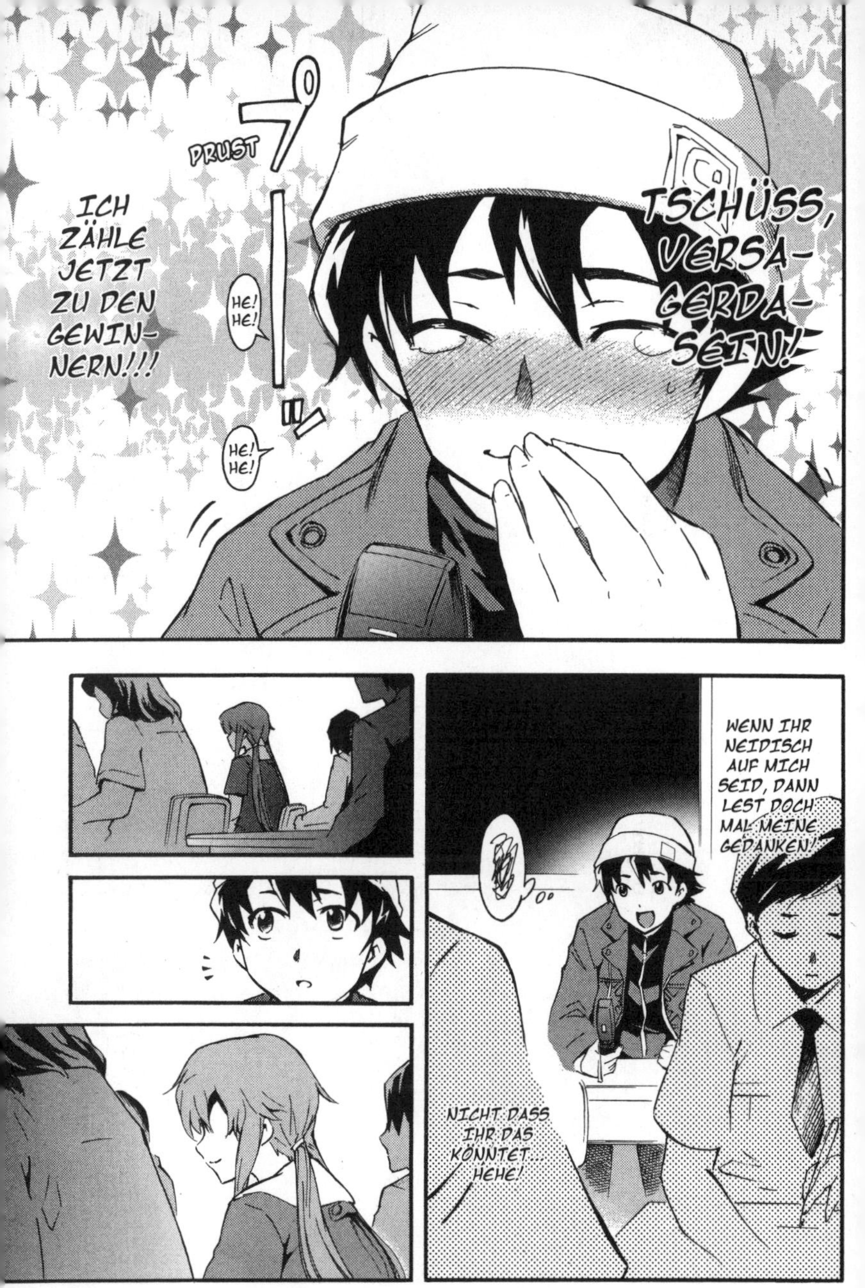

TSCHÜSS, VERSA-GERDA-SEIN!

PRUST

HE! HE!

HE! HE!

ICH ZÄHLE JETZT ZU DEN GEWIN-NERN!!!

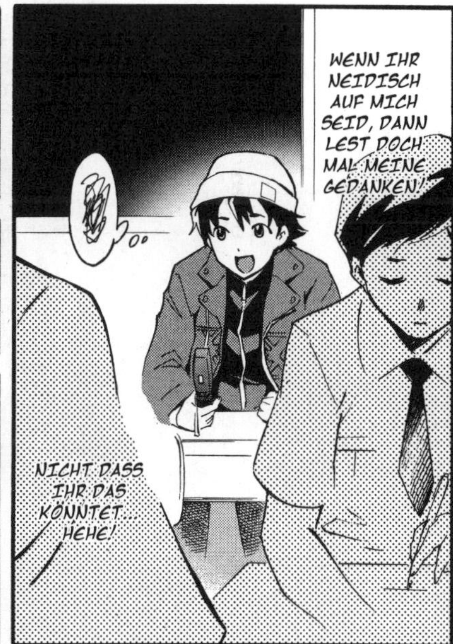


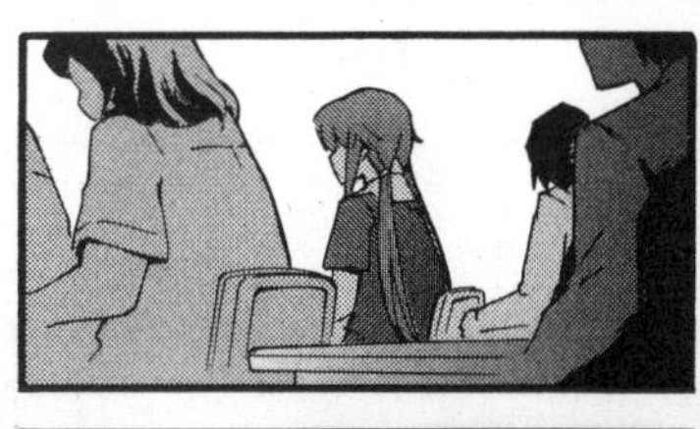

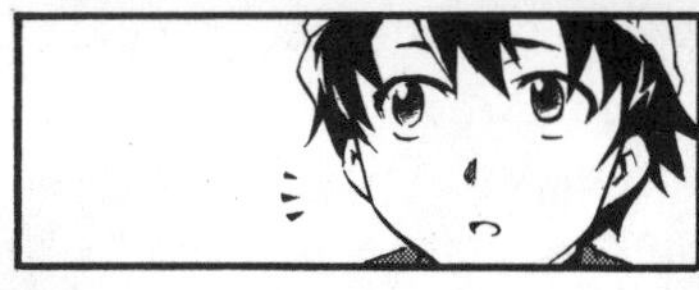

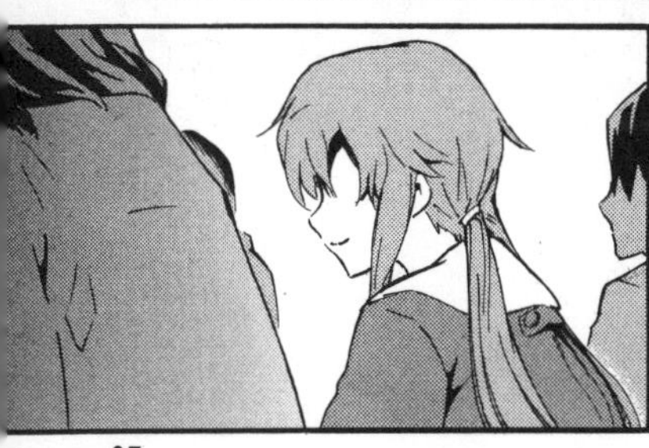

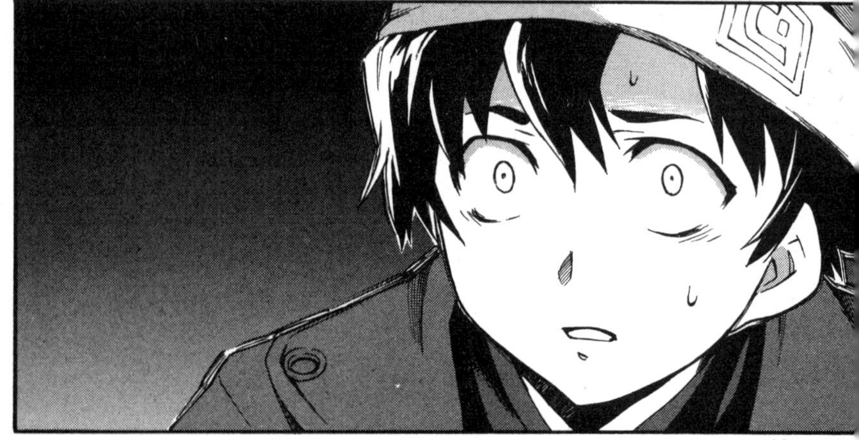

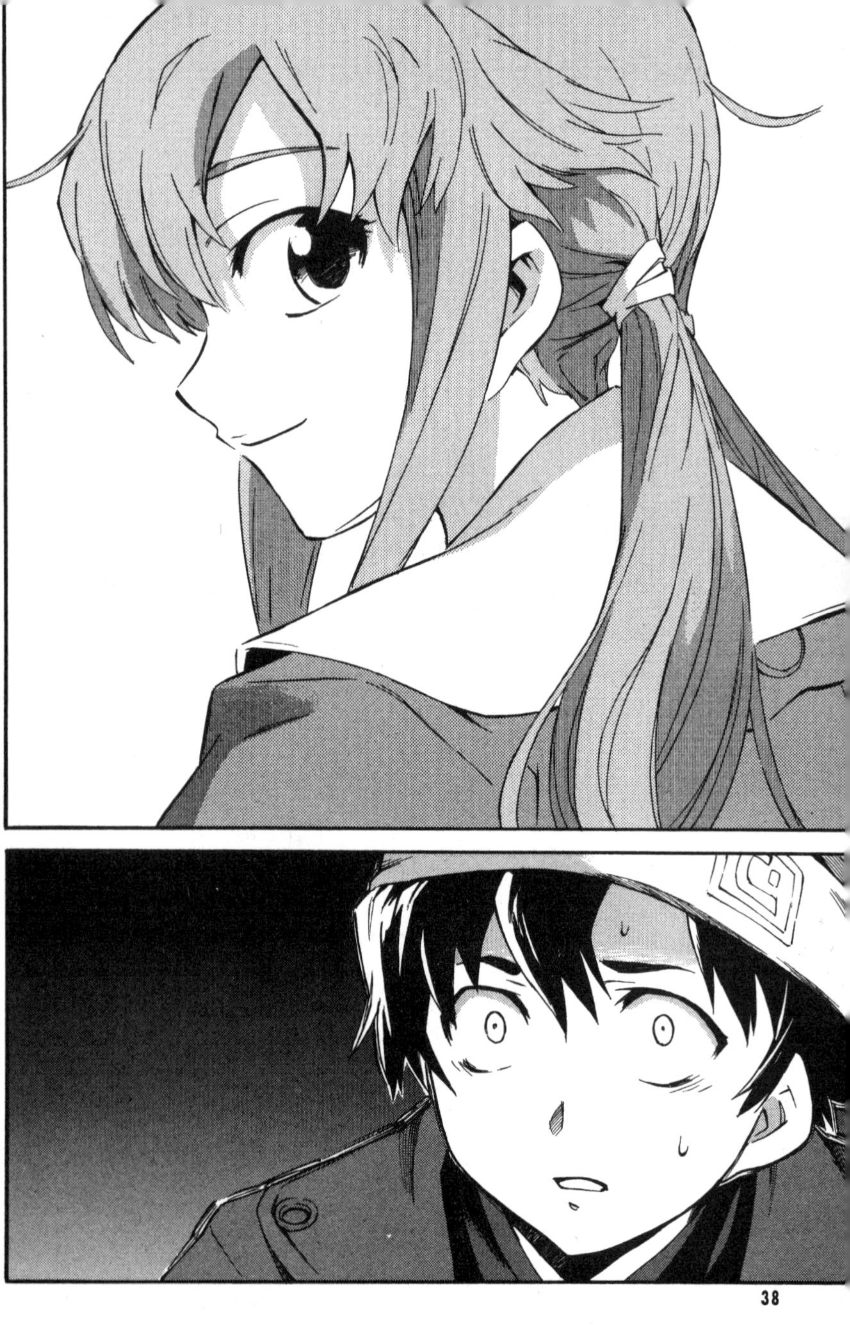

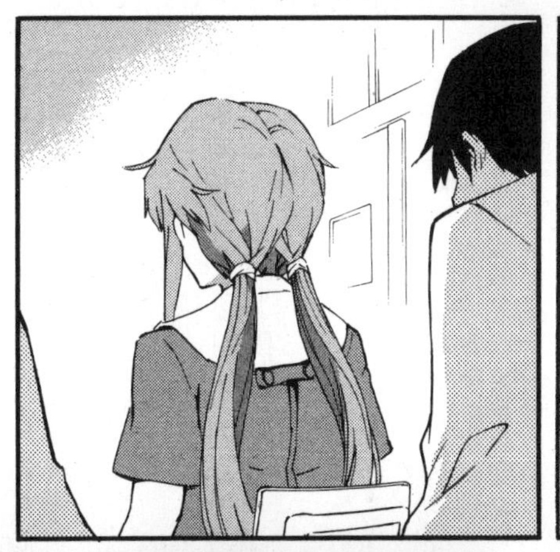
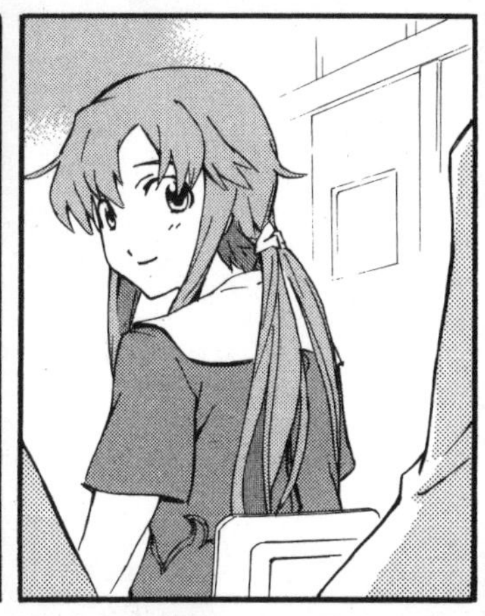
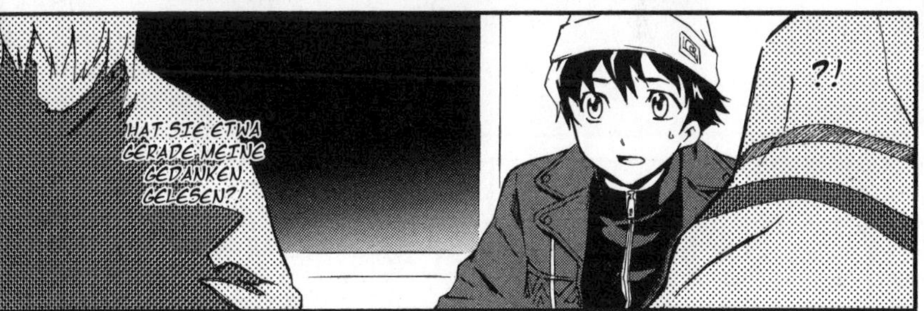
?!
HAT SIE ETWA GERADE MEINE GEDANKEN GELESEN?!
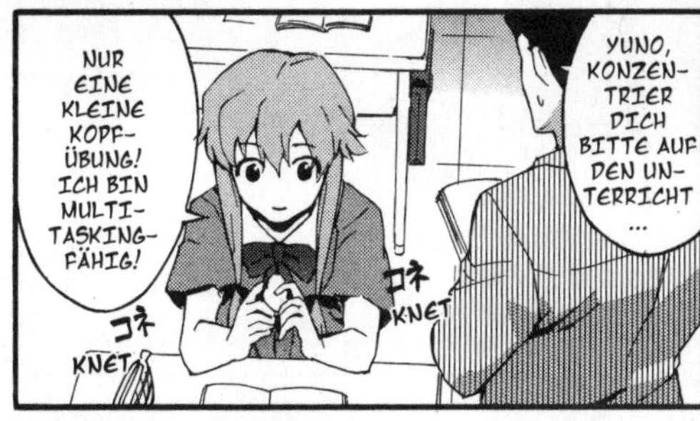
YUNO, KONZEN-TRIER DICH BITTE AUF DEN UN-TERRICHT ...
NUR EINE KLEINE KOPF-ÜBUNG! ICH BIN MULTI-TASKING-FÄHIG!
コネ
KNET
コネ
KNET
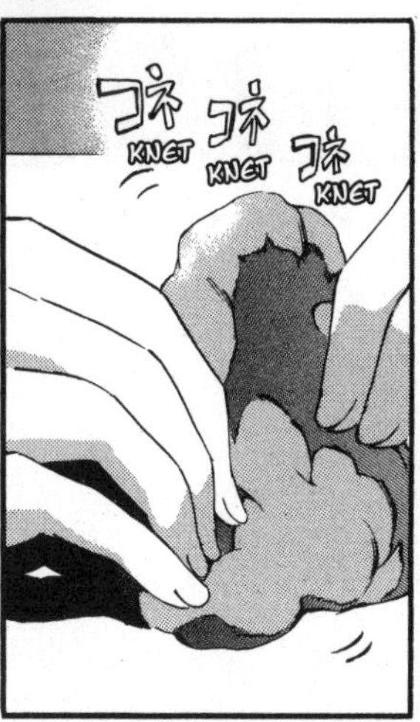
コネ
KNET
コネ
KNET
コネ
KNET
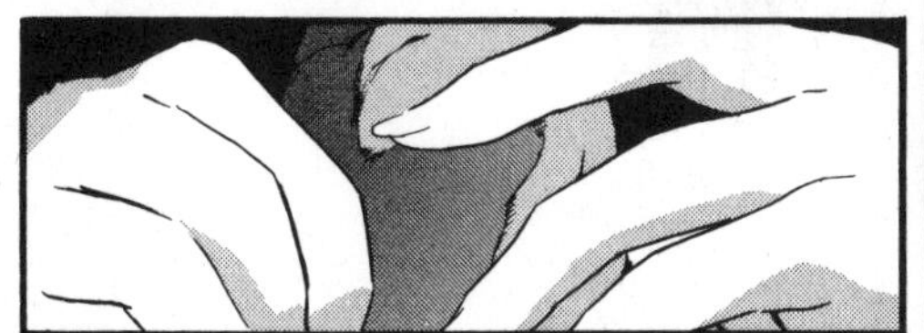

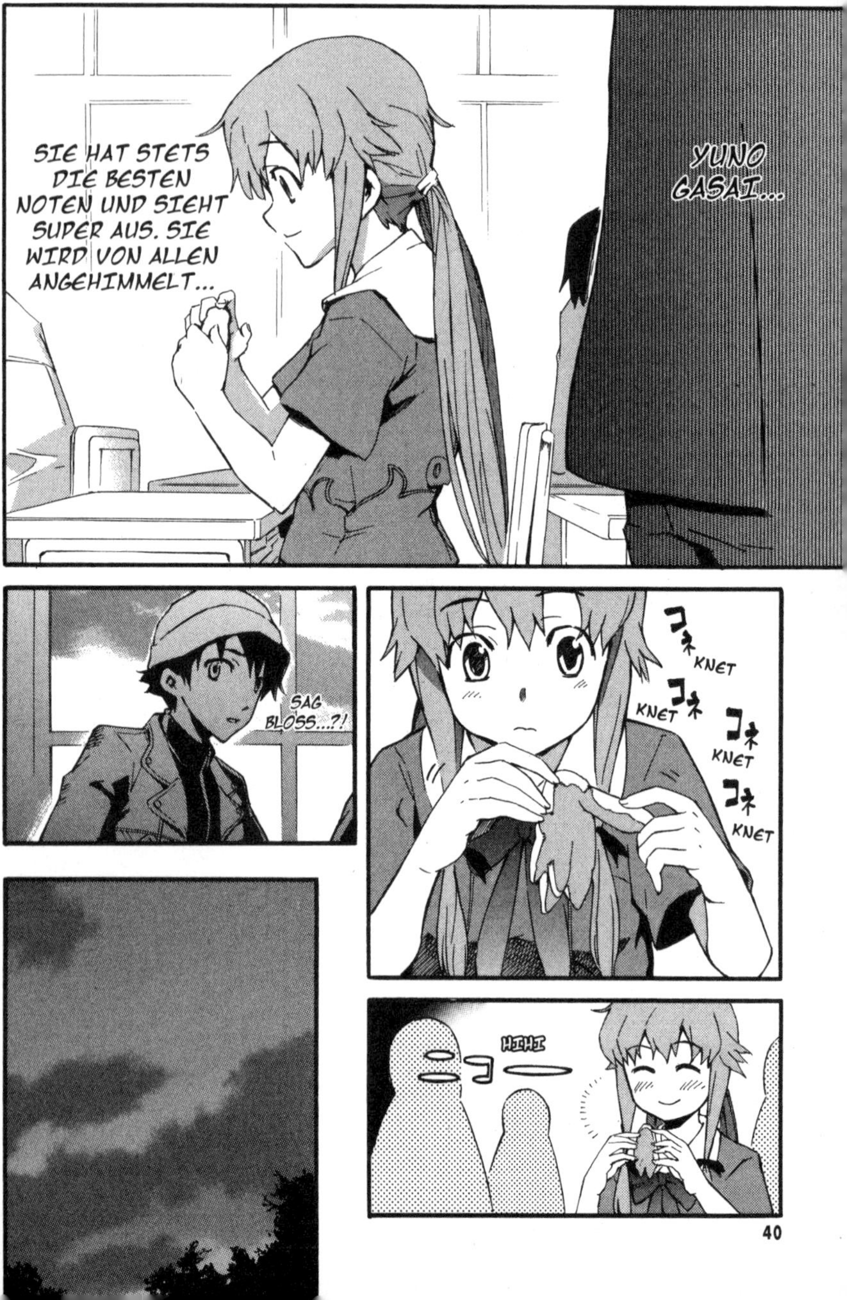

YUNO GASAI...

SIE HAT STETS DIE BESTEN NOTEN UND SIEHT SUPER AUS. SIE WIRD VON ALLEN ANGEHIMMELT...

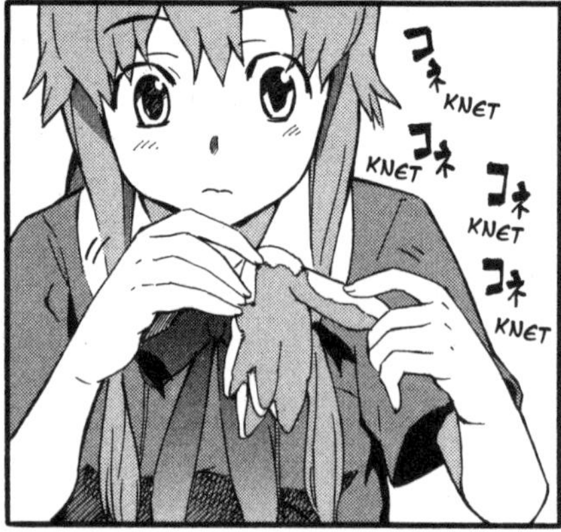


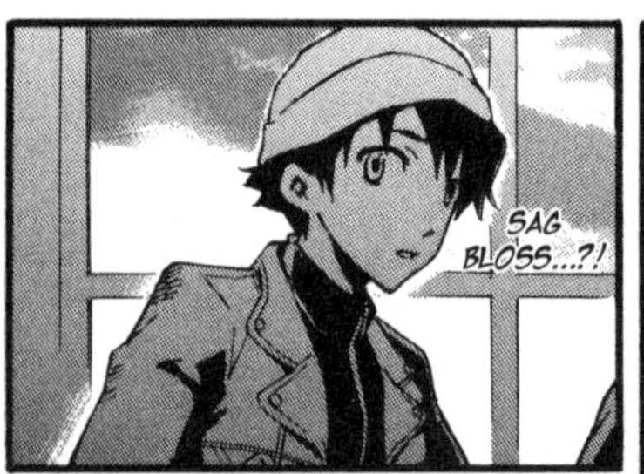


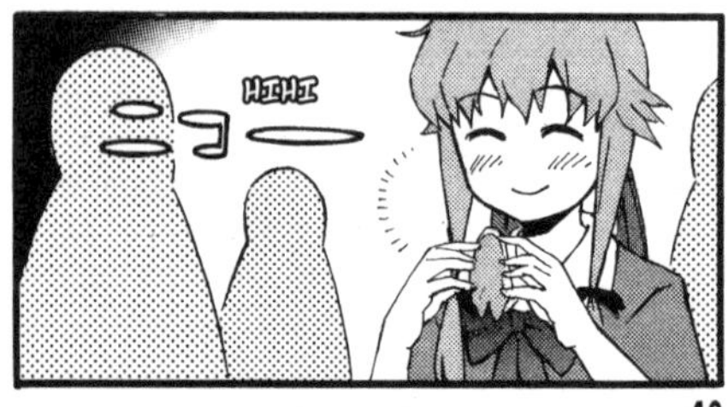


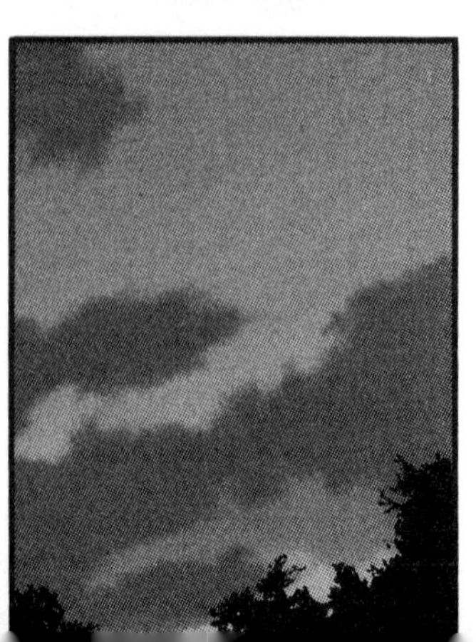

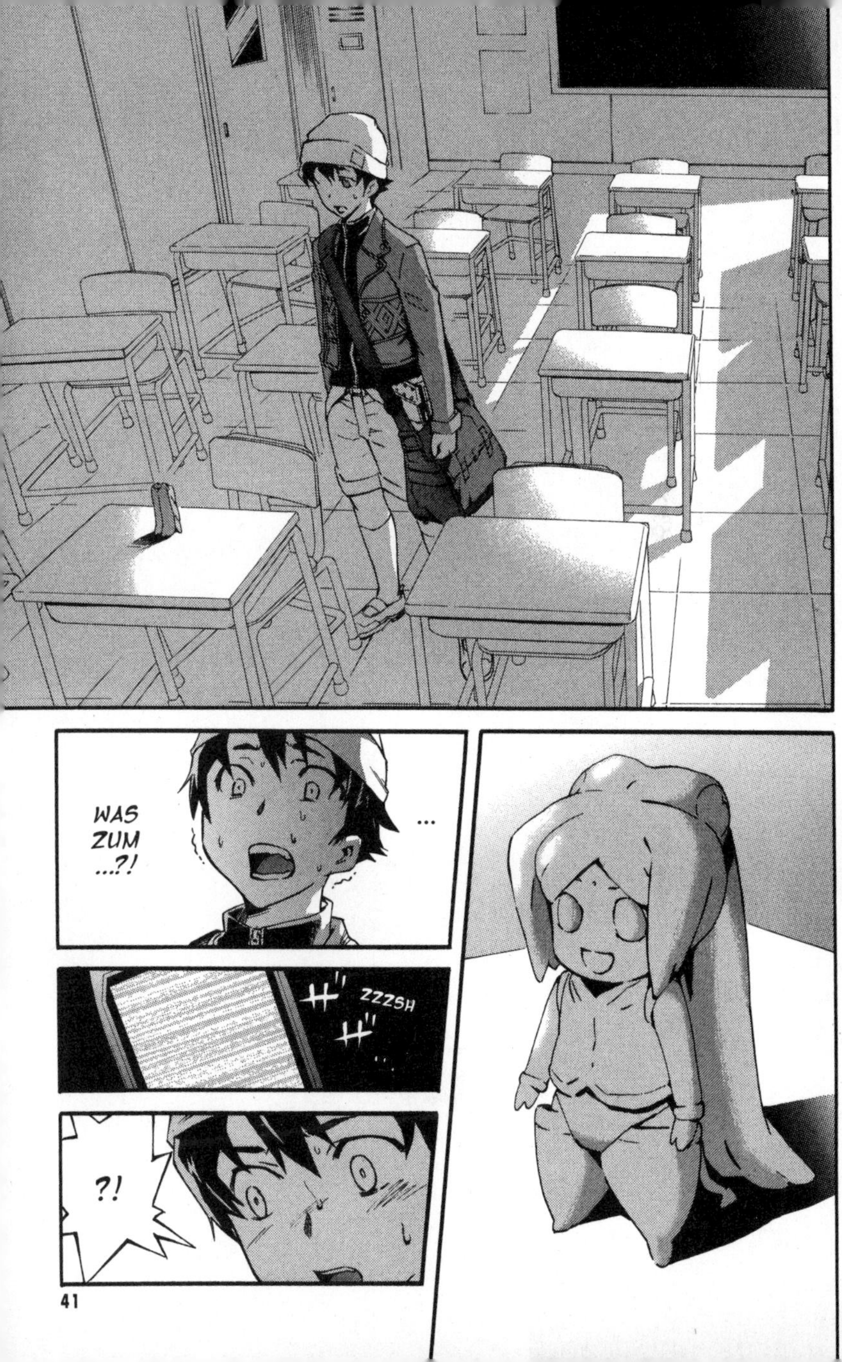

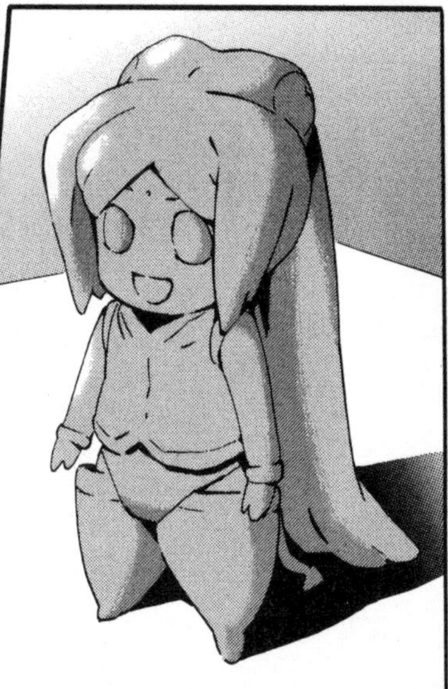

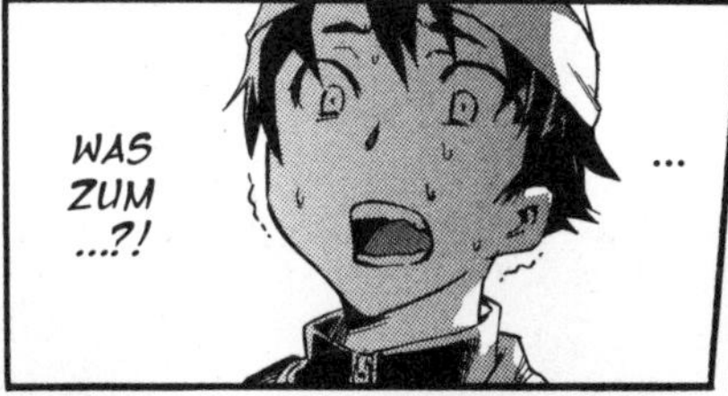
...
WAS ZUM ...?!

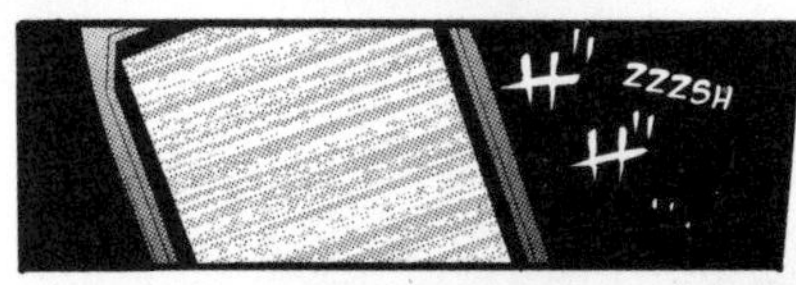
ZZZSH

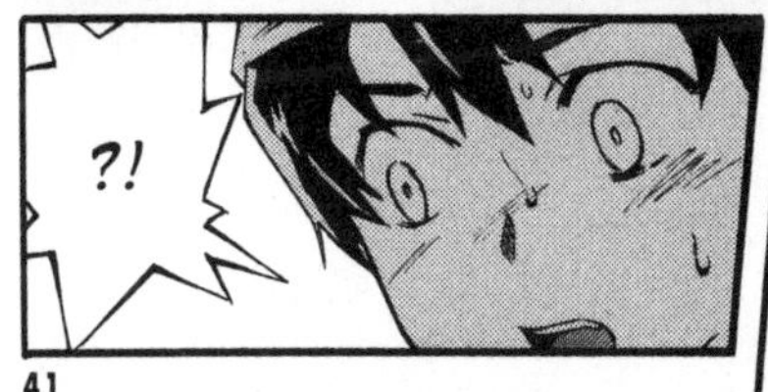
?!

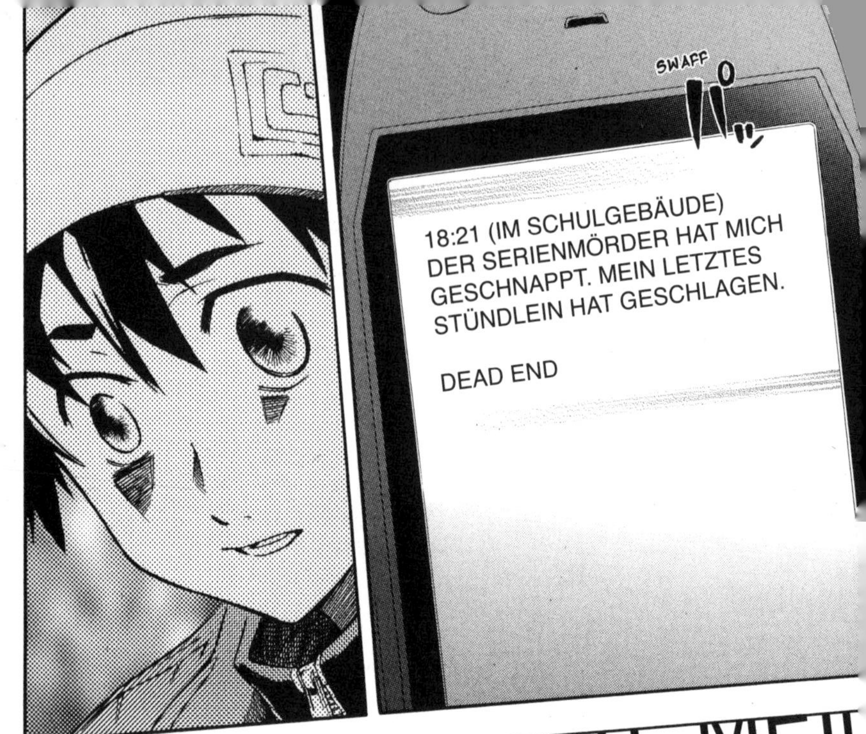


GESCHNAPPT. MEI
STÜNDLEIN HAT GE

DEAD END

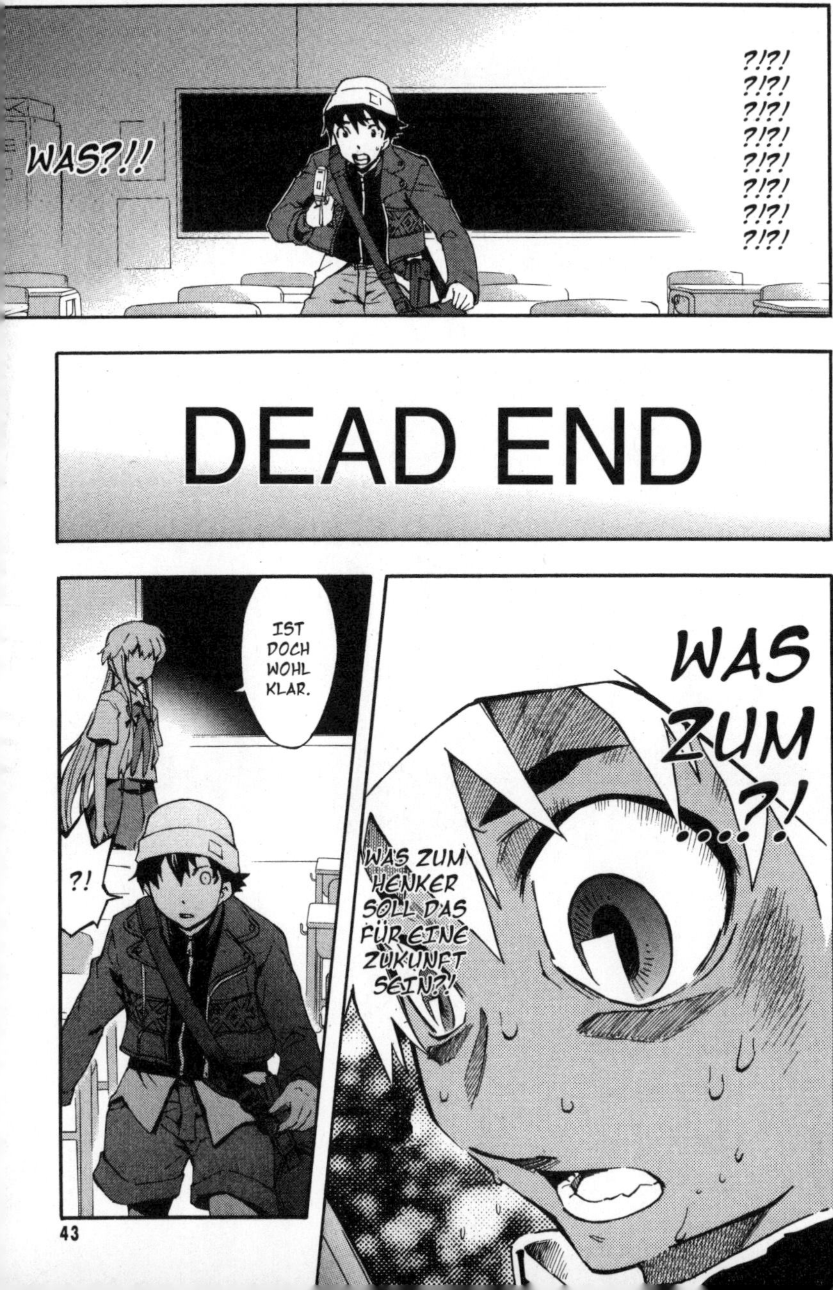

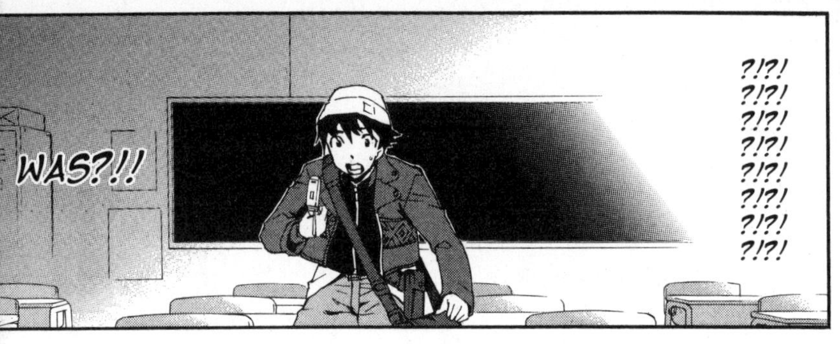


DEAD END

WAS ZUM ...?!

WAS ZUM HENKER SOLL DAS FÜR EINE ZUKUNFT SEIN?!

IST DOCH WOHL KLAR.

?!

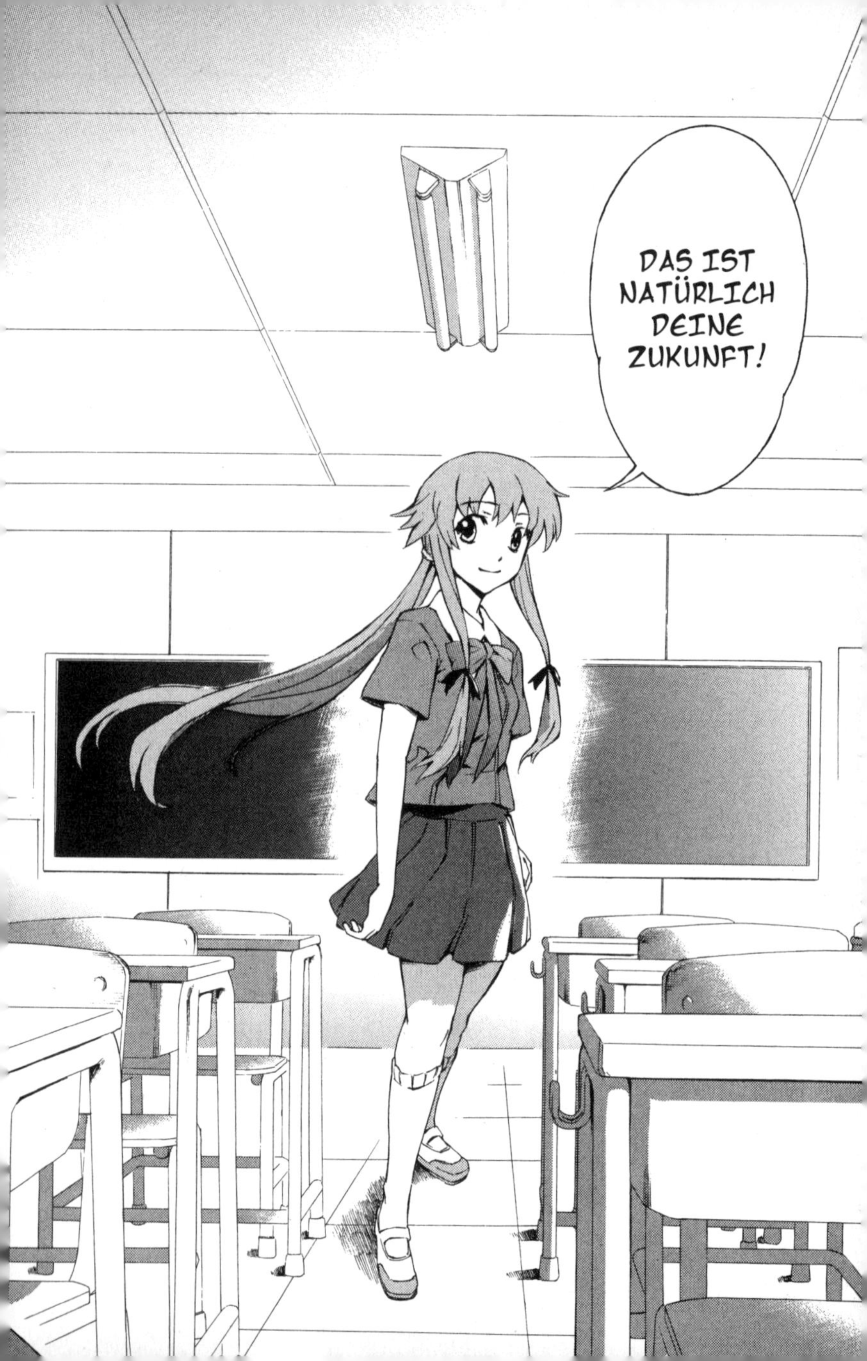
DAS IST NATÜRLICH DEINE ZUKUNFT!

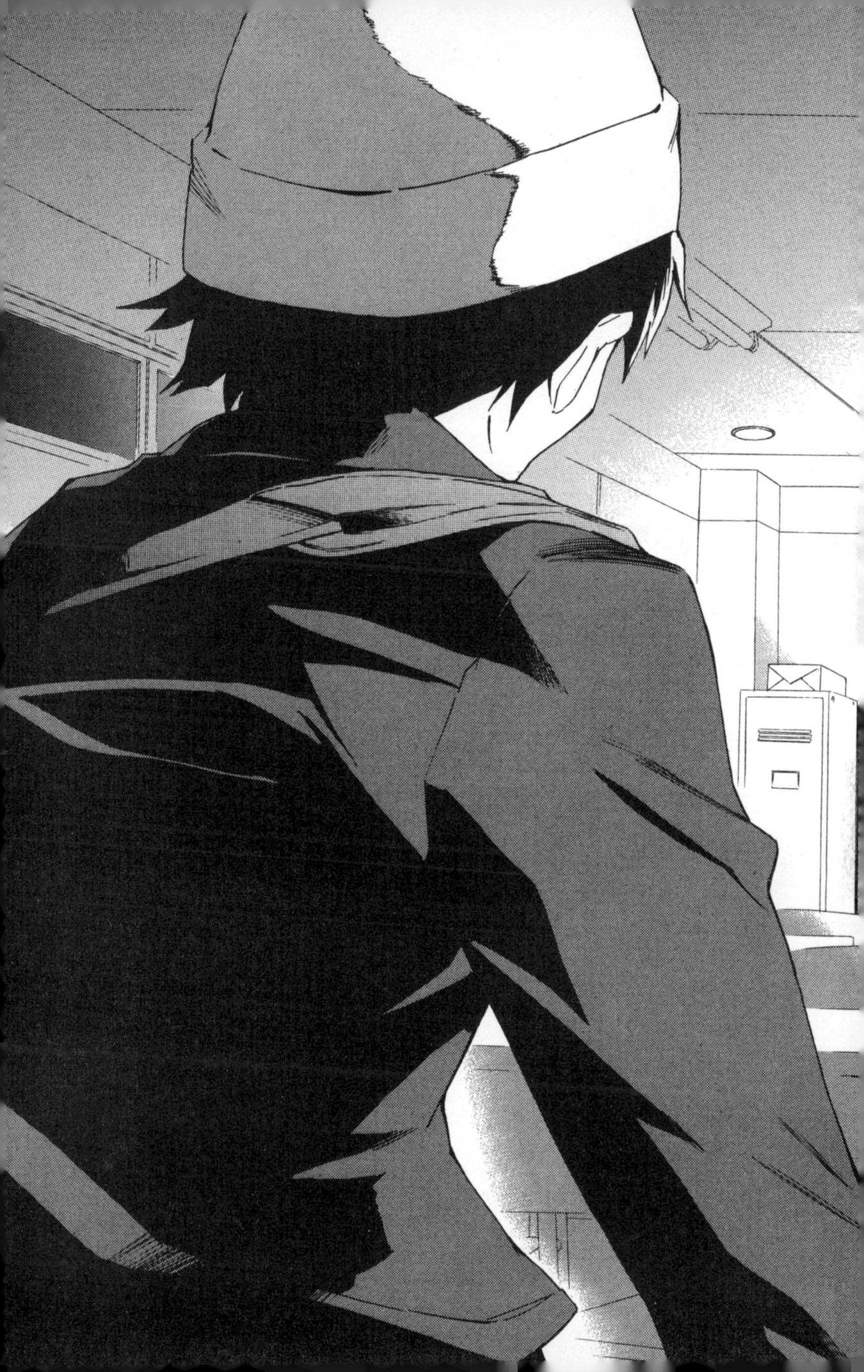

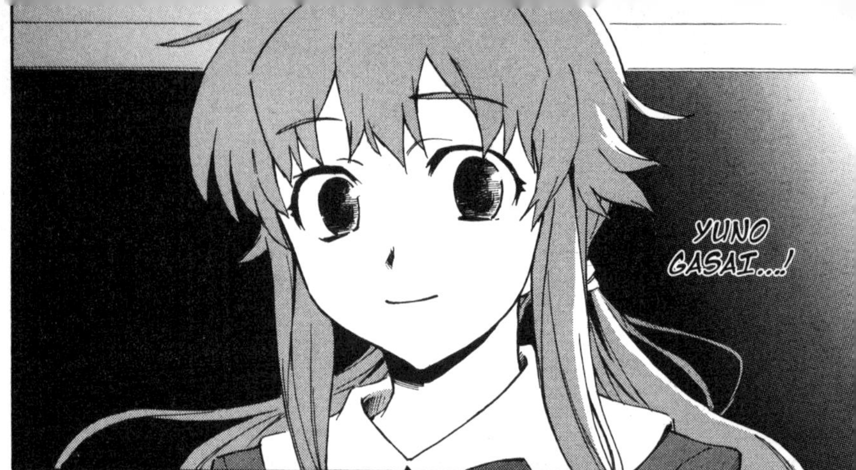
YUNO GASAI...!

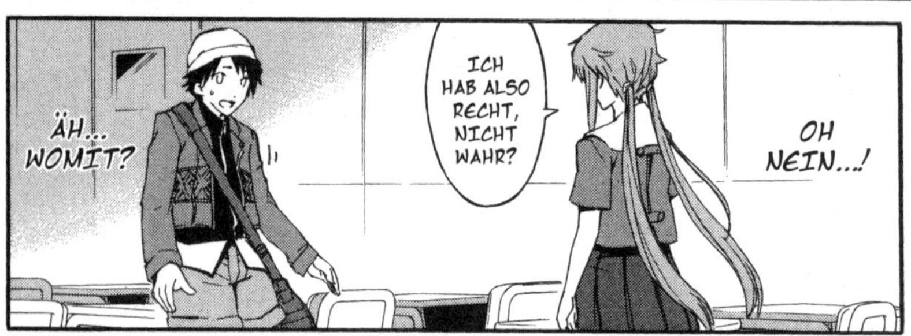
OH NEIN...!
ICH HAB ALSO RECHT, NICHT WAHR?
ÄH... WOMIT?

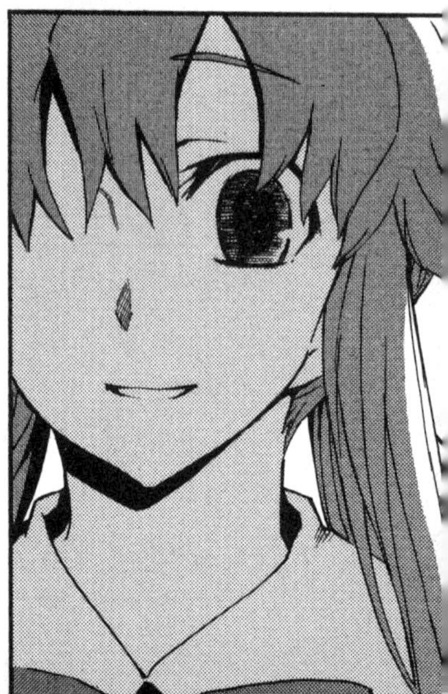

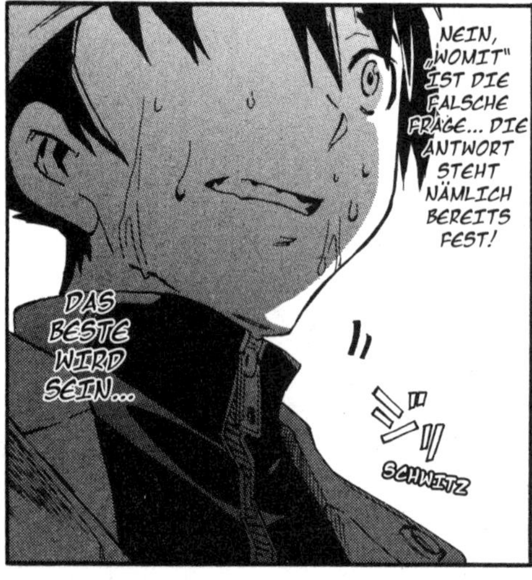
NEIN, „WOMIT" IST DIE FALSCHE FRAGE... DIE ANTWORT STEHT NÄMLICH BEREITS FEST!
DAS BESTE WIRD SEIN...
SCHWITZ

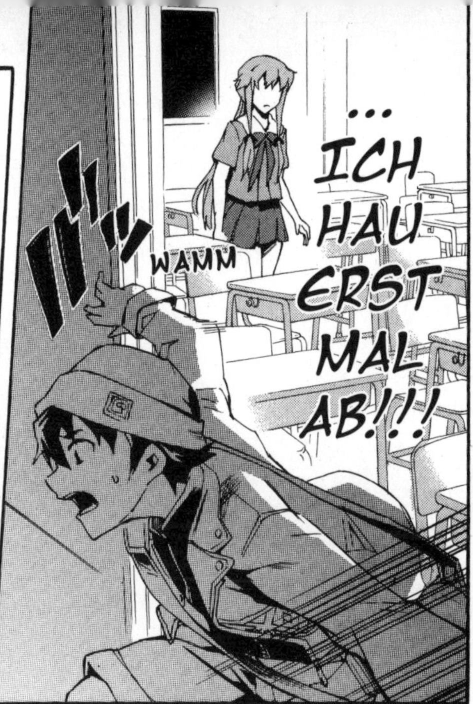
...ICH HAU ERST MAL AB!!!
WAMM

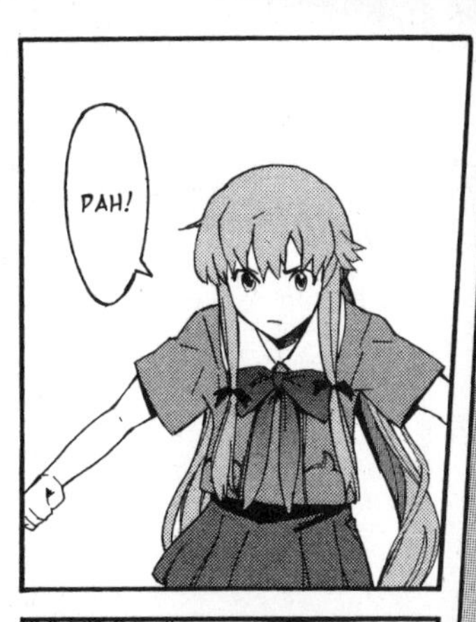
PAH!

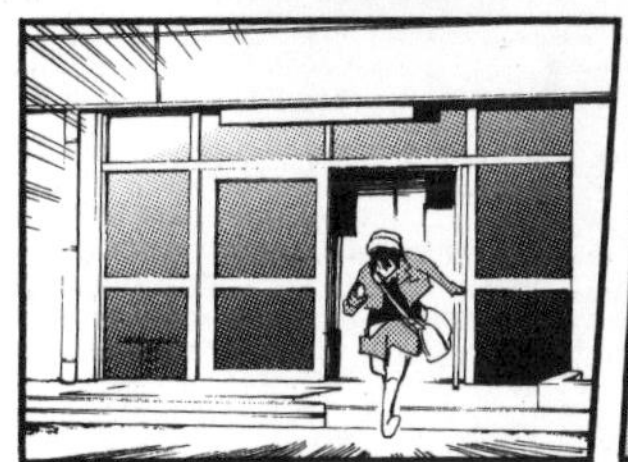

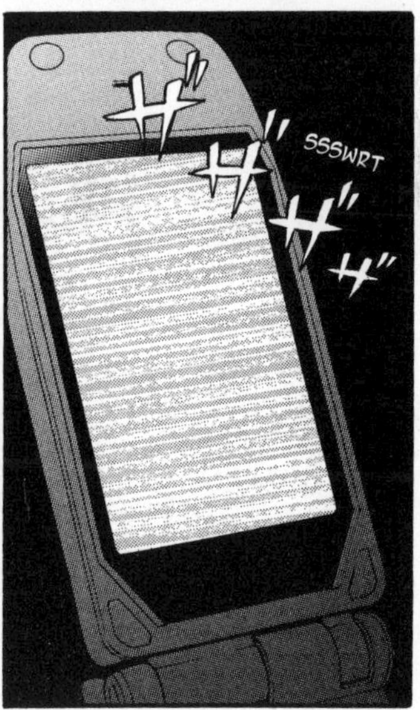
SSSWRT

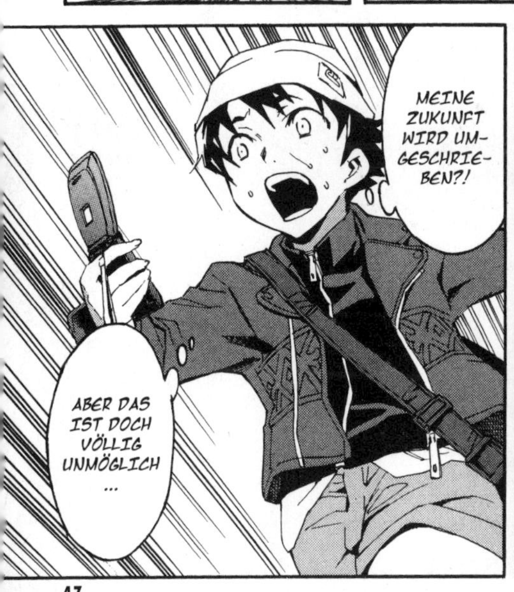
MEINE ZUKUNFT WIRD UM-GESCHRIE-BEN?!
ABER DAS IST DOCH VÖLLIG UNMÖGLICH ...

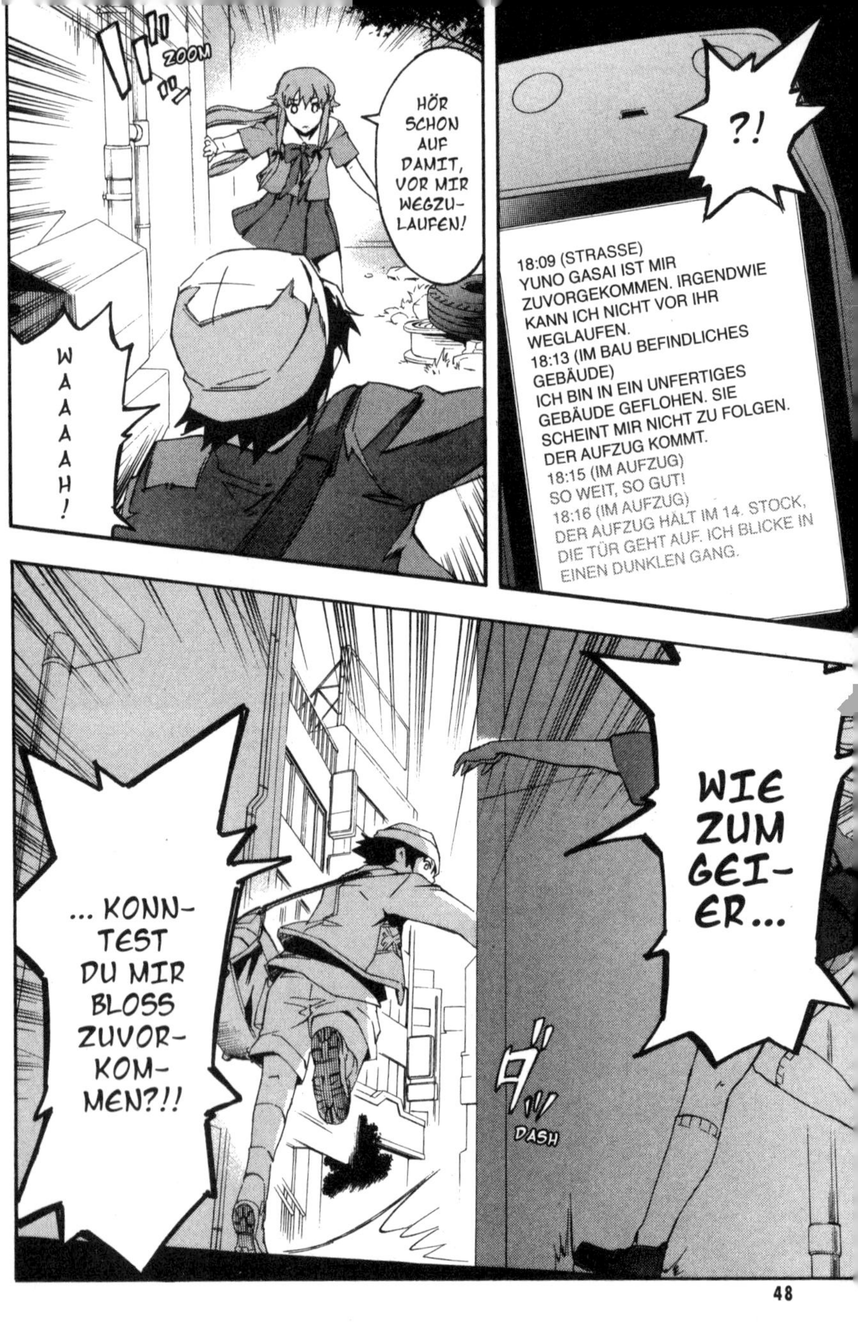

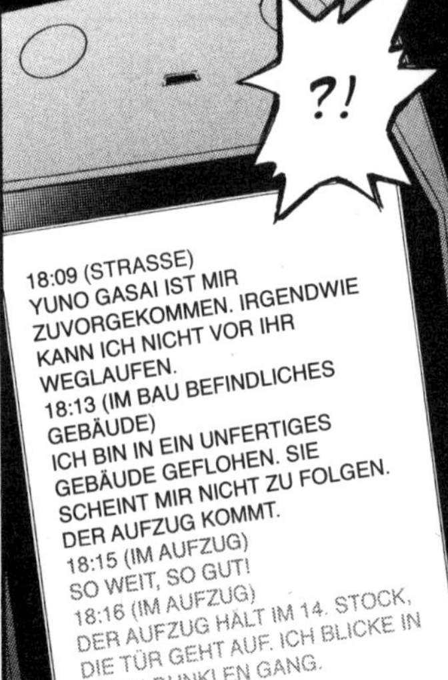
?!
18:09 (STRASSE)
YUNO GASAI IST MIR ZUVORGEKOMMEN. IRGENDWIE KANN ICH NICHT VOR IHR WEGLAUFEN.
18:13 (IM BAU BEFINDLICHES GEBÄUDE)
ICH BIN IN EIN UNFERTIGES GEBÄUDE GEFLOHEN. SIE SCHEINT MIR NICHT ZU FOLGEN. DER AUFZUG KOMMT.
18:15 (IM AUFZUG)
SO WEIT, SO GUT!
18:16 (IM AUFZUG)
DER AUFZUG HÄLT IM 14. STOCK, DIE TÜR GEHT AUF. ICH BLICKE IN EINEN DUNKLEN GANG.

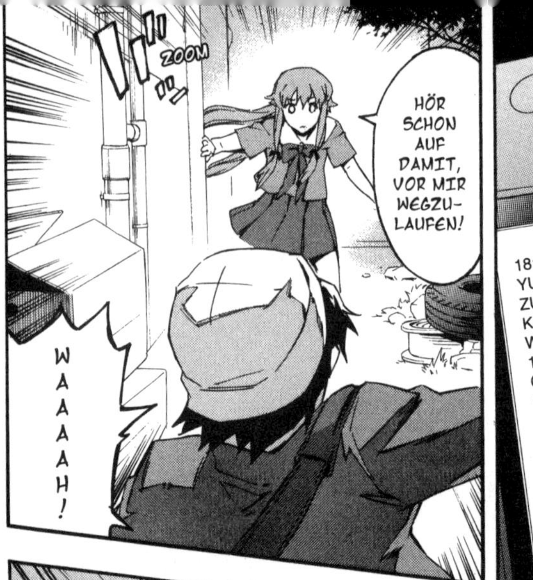
ZOOM
HÖR SCHON AUF DAMIT, VOR MIR WEGZU-LAUFEN!
WAAAAAH!

WIE ZUM GEI-ER...
... KONN-TEST DU MIR BLOSS ZUVOR-KOM-MEN?!!
DASH

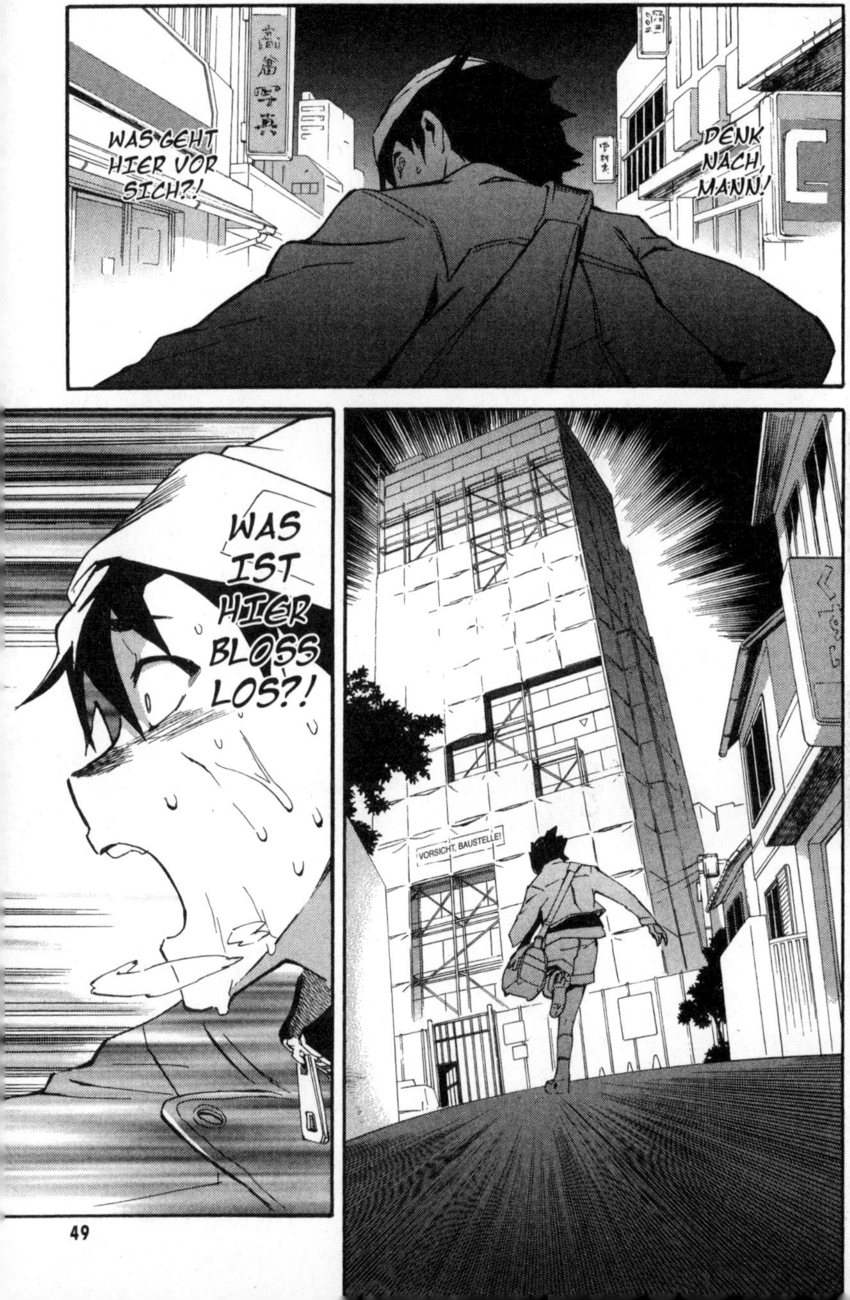

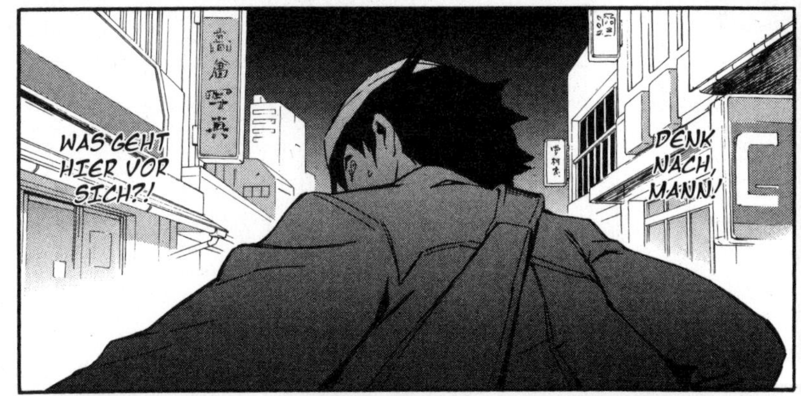


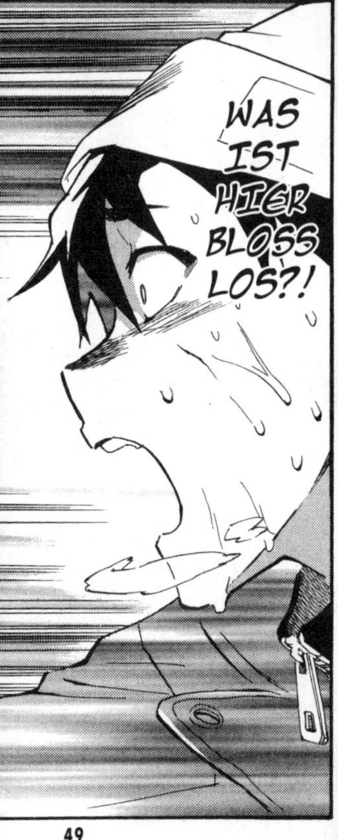


VORSICHT, BAUSTELLE!

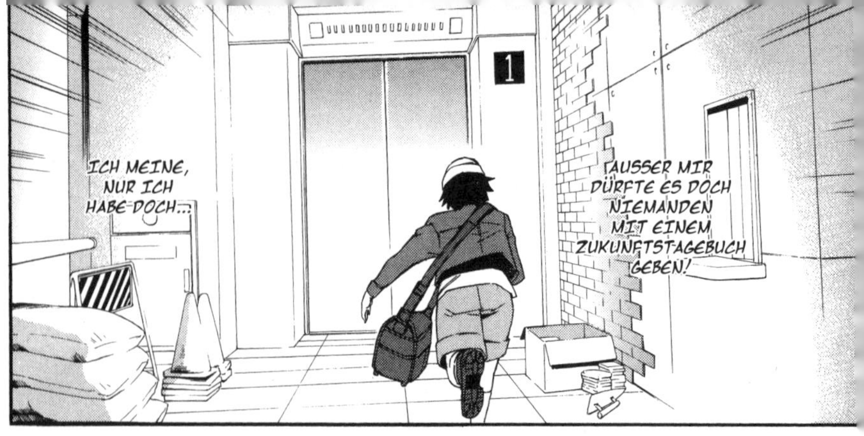
AUSSER MIR DÜRFTE ES DOCH NIEMANDEN MIT EINEM ZUKUNFTSTAGEBUCH GEBEN!
ICH MEINE, NUR ICH HABE DOCH...

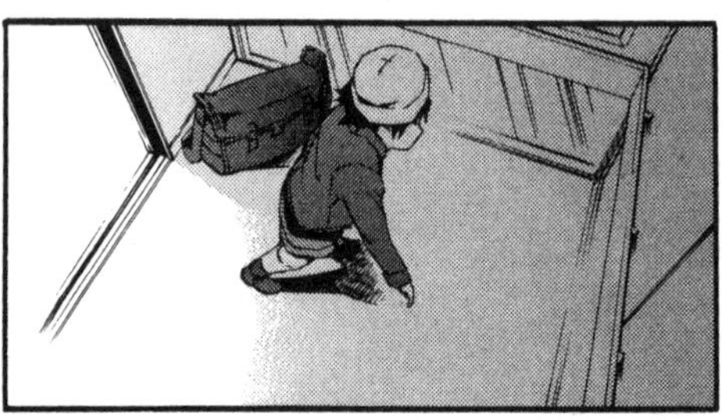

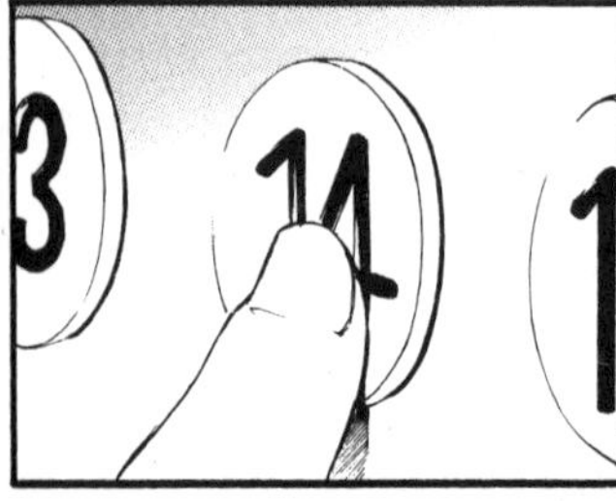

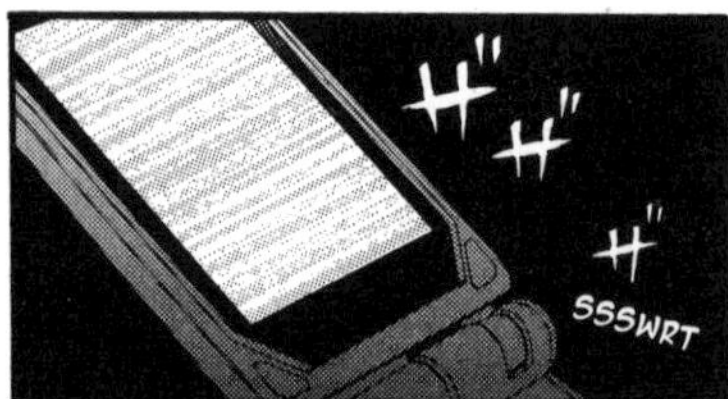
SSSWRT

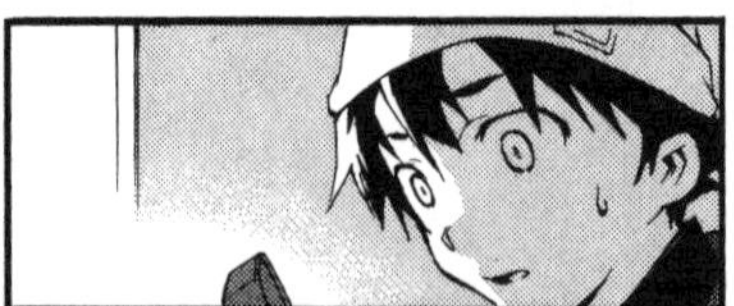

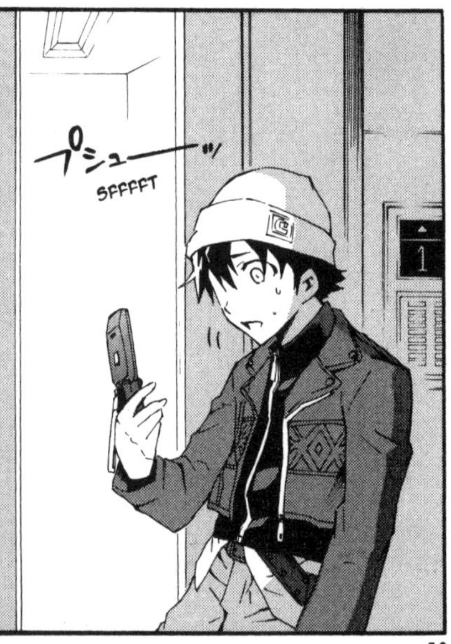
プシューッ
SFFFFT

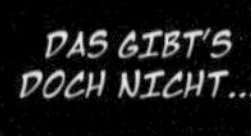
DAS GIBT'S DOCH NICHT...

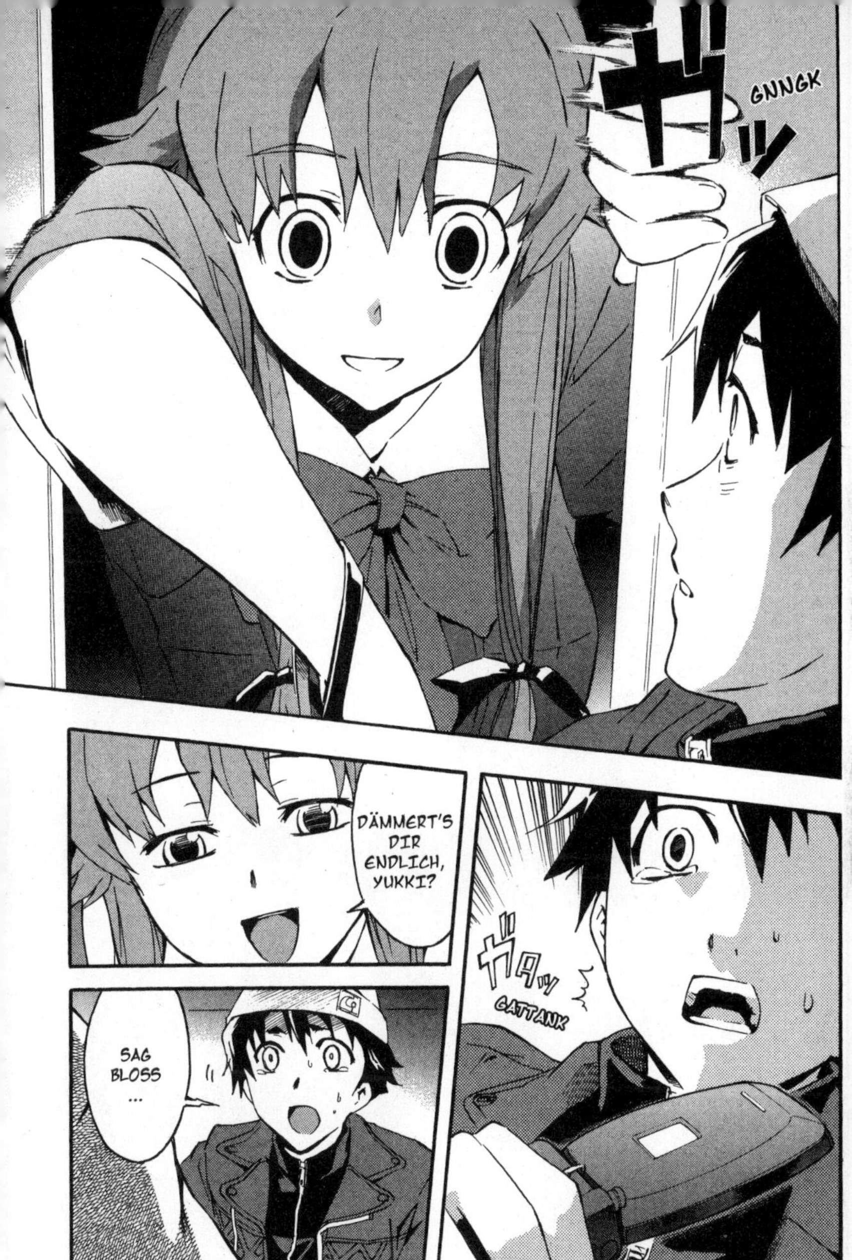
GNNGK
GATTANK
DÄMMERT'S DIR ENDLICH, YUKKI?
SAG BLOSS ...

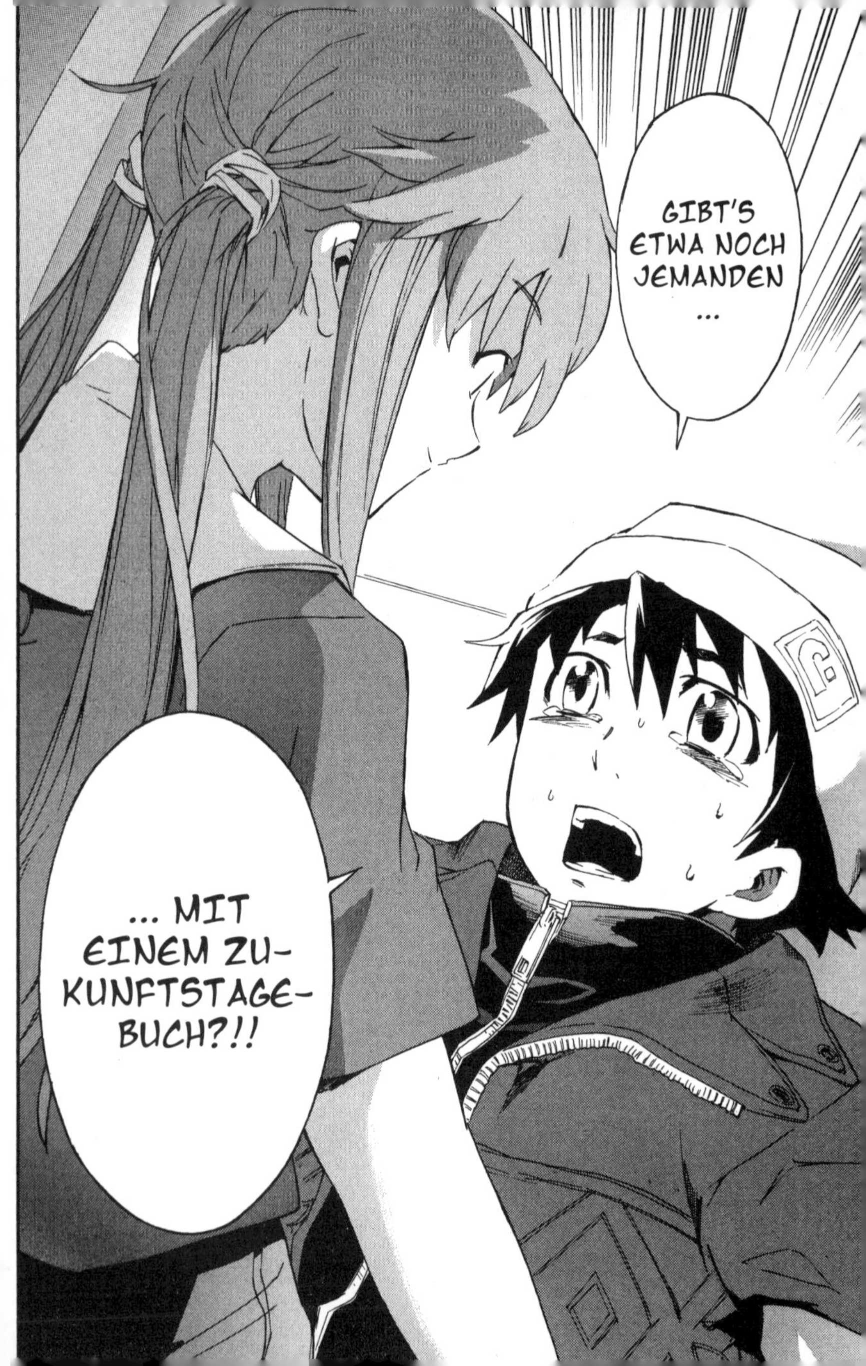

GIBT'S ETWA NOCH JEMANDEN ...
... MIT EINEM ZUKUNFTSTAGEBUCH?!!

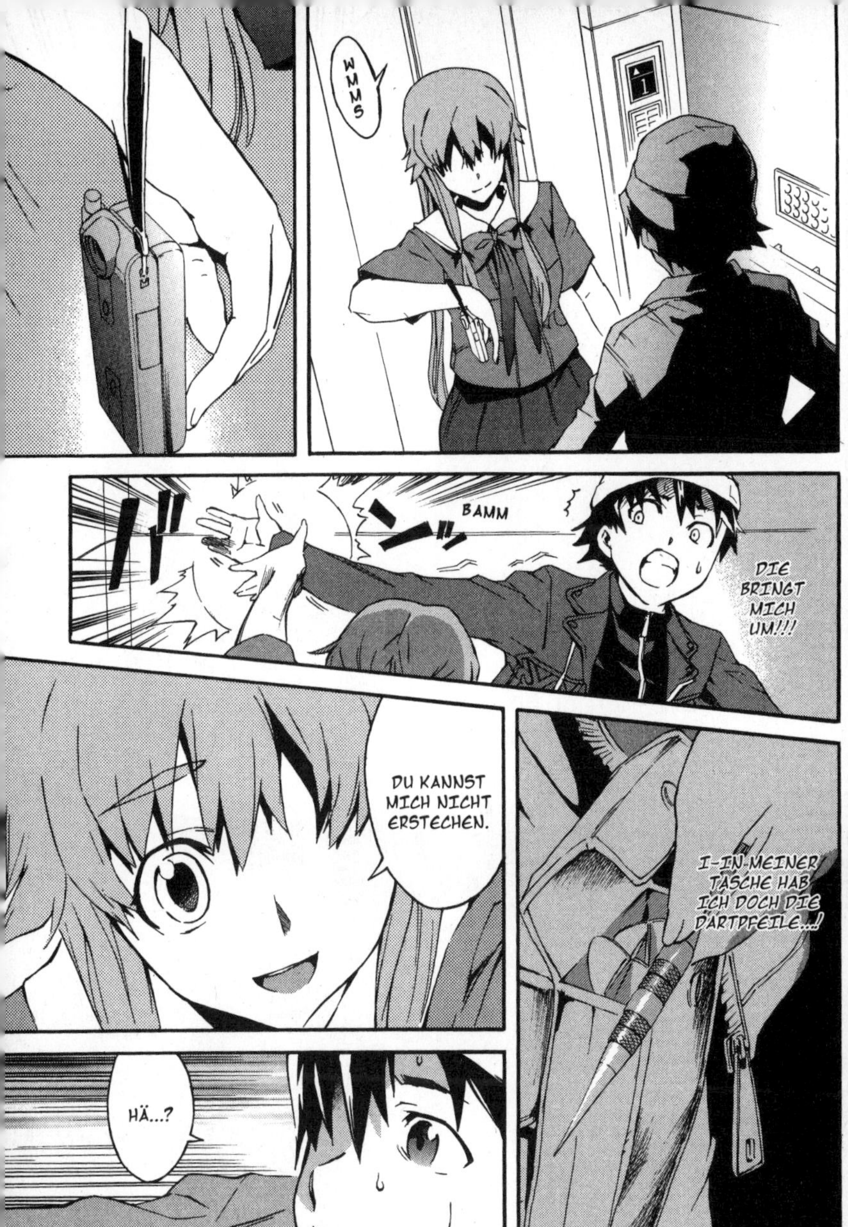
WMMS
BAMM
DIE BRINGT MICH UM!!!
I-IN MEINER TASCHE HAB ICH DOCH DIE DARTPFEILE...!
DU KANNST MICH NICHT ERSTECHEN.
HÄ...?

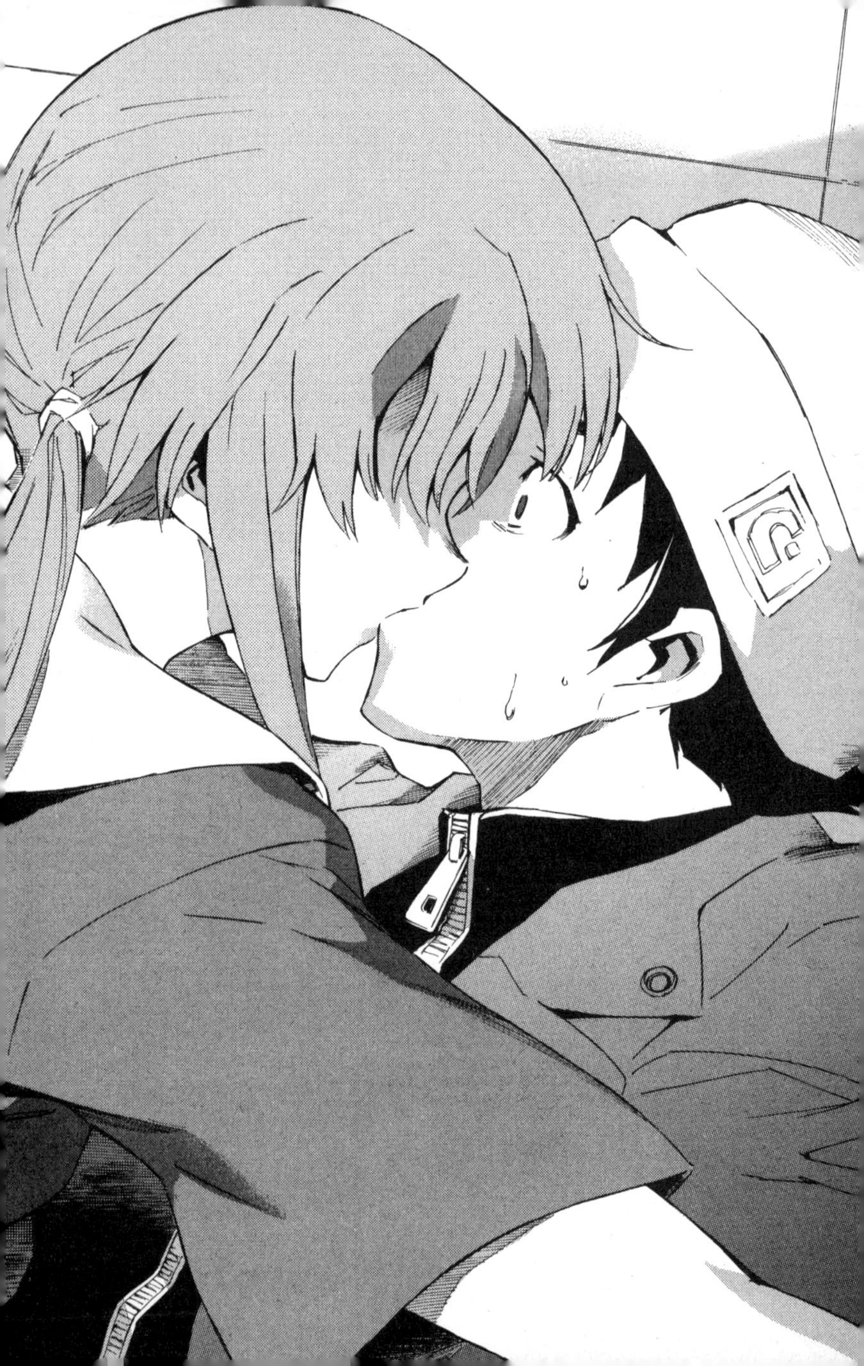

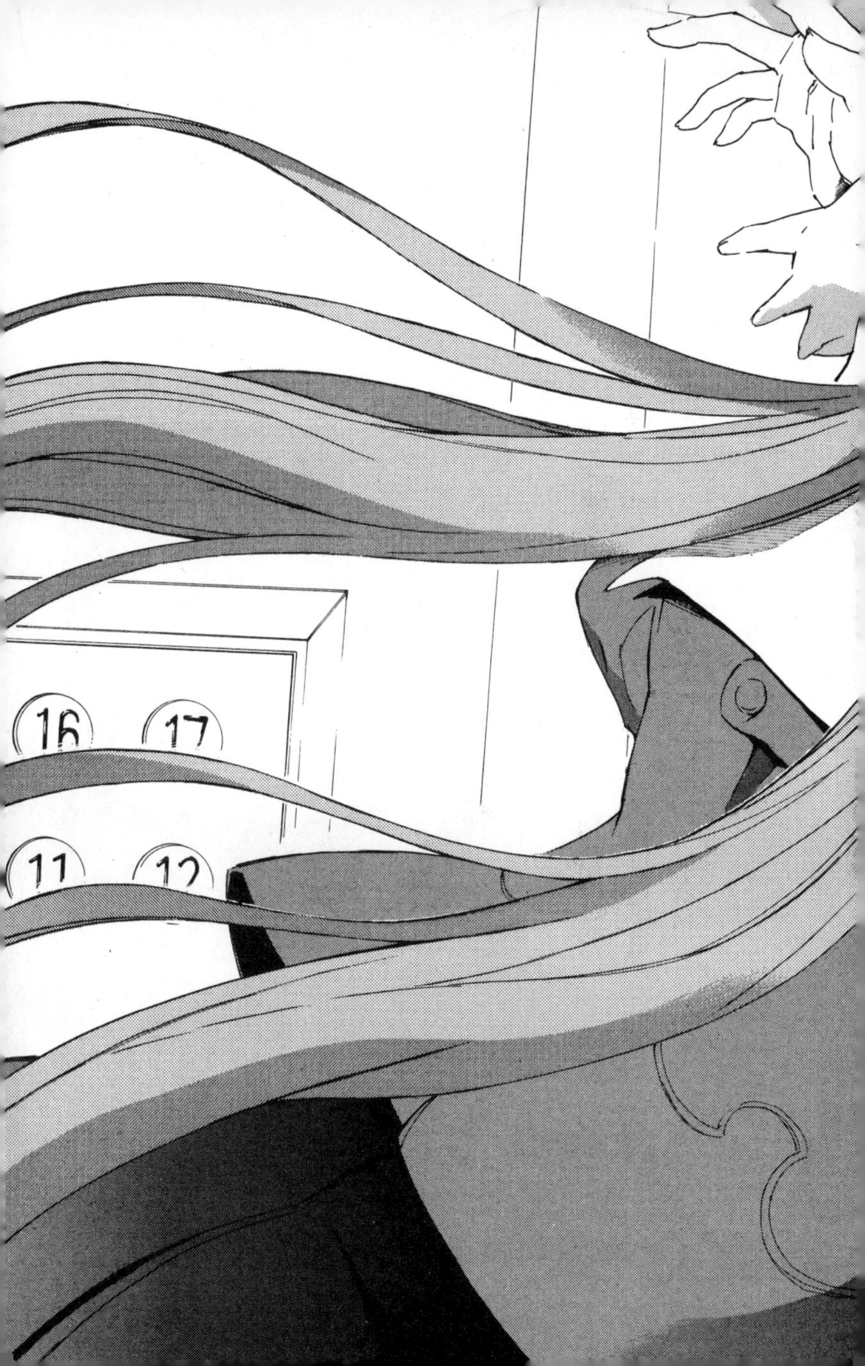
16
17
11
12

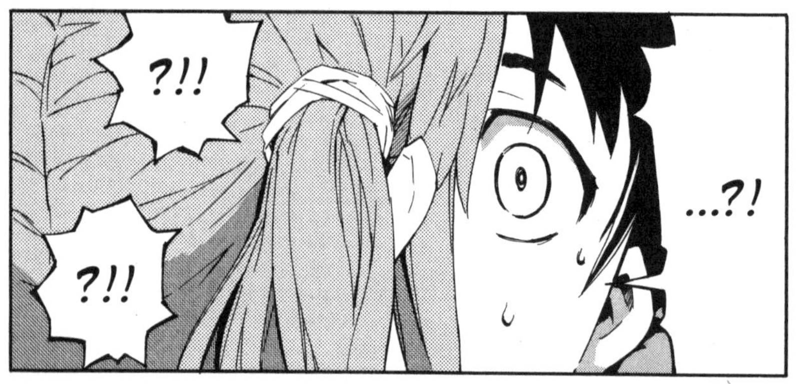

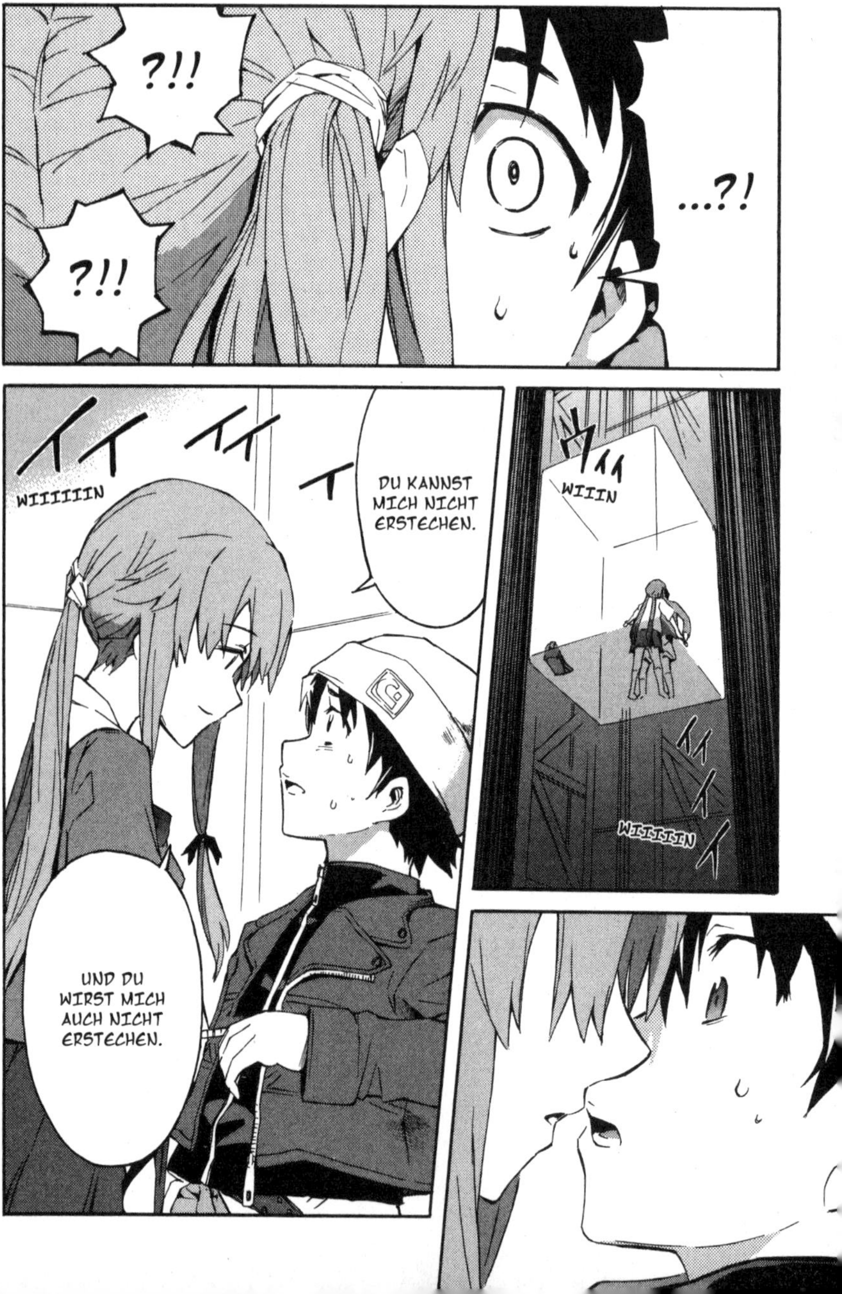

WIIIN
WIIIIIIN

WIIIIIIN

DU KANNST MICH NICHT ERSTECHEN.

UND DU WIRST MICH AUCH NICHT ERSTECHEN.

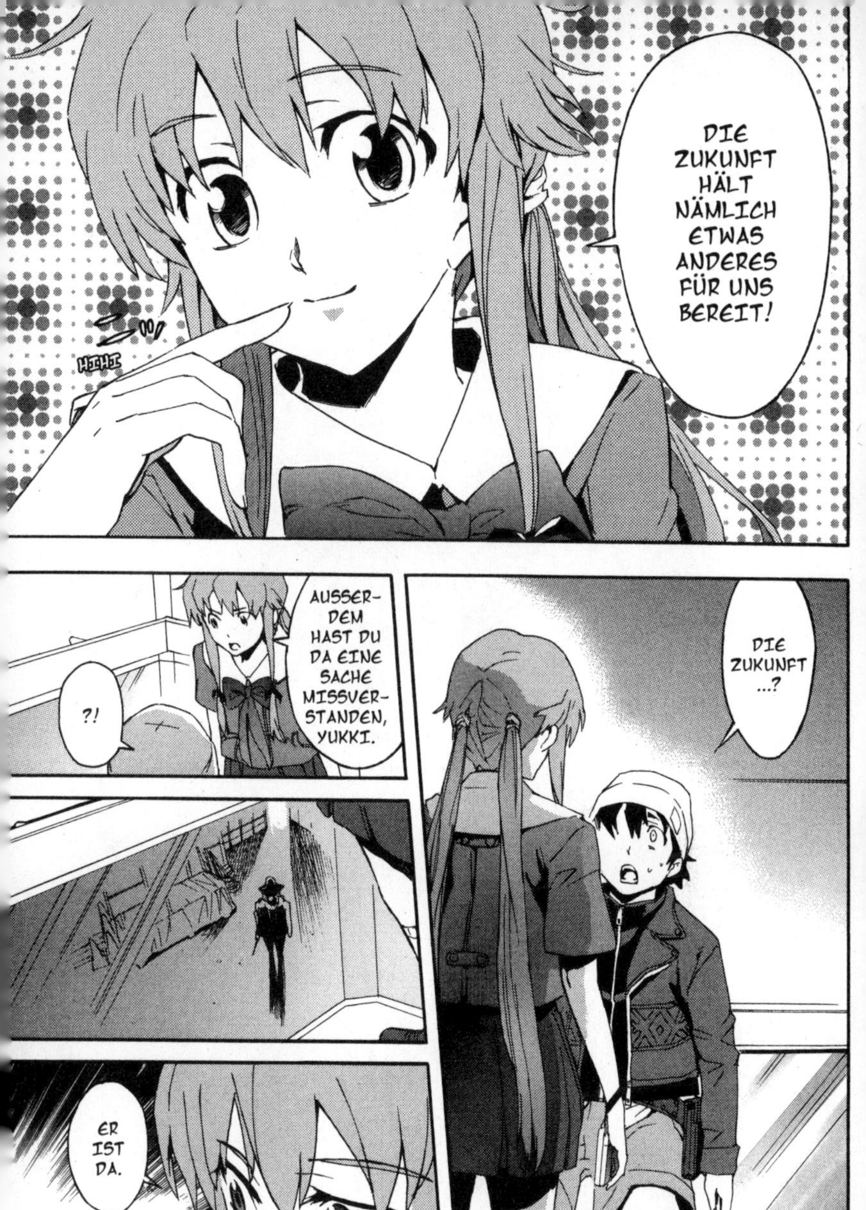
DIE ZUKUNFT HÄLT NÄMLICH ETWAS ANDERES FÜR UNS BEREIT!
HIHI
DIE ZUKUNFT ...?
AUSSER-DEM HAST DU DA EINE SACHE MISSVER-STANDEN, YUKKI.
?!
ER IST DA.

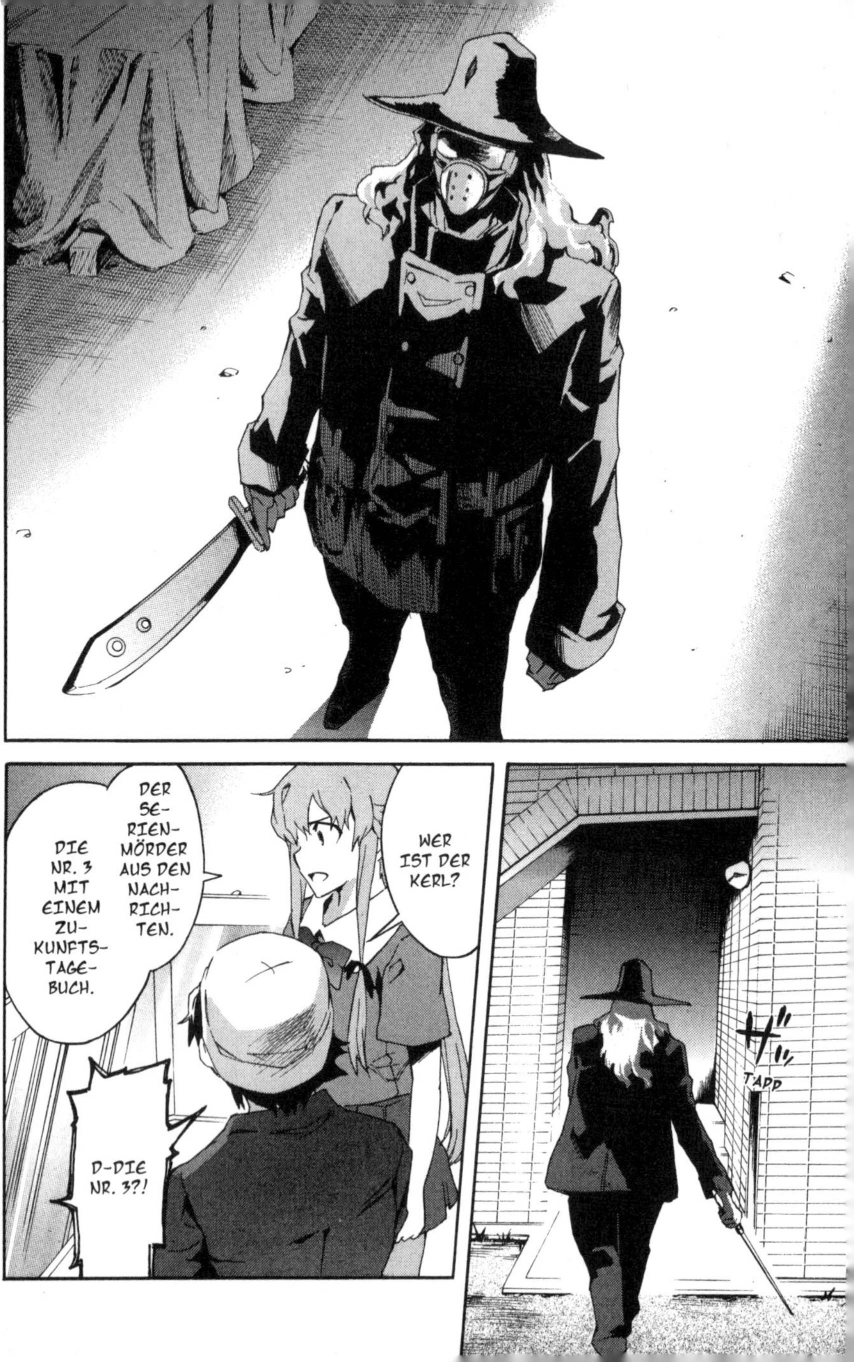

TAPP
WER IST DER KERL?
DER SERIENMÖRDER AUS DEN NACHRICHTEN.
DIE NR. 3 MIT EINEM ZUKUNFTSTAGEBUCH.
D-DIE NR. 3?!

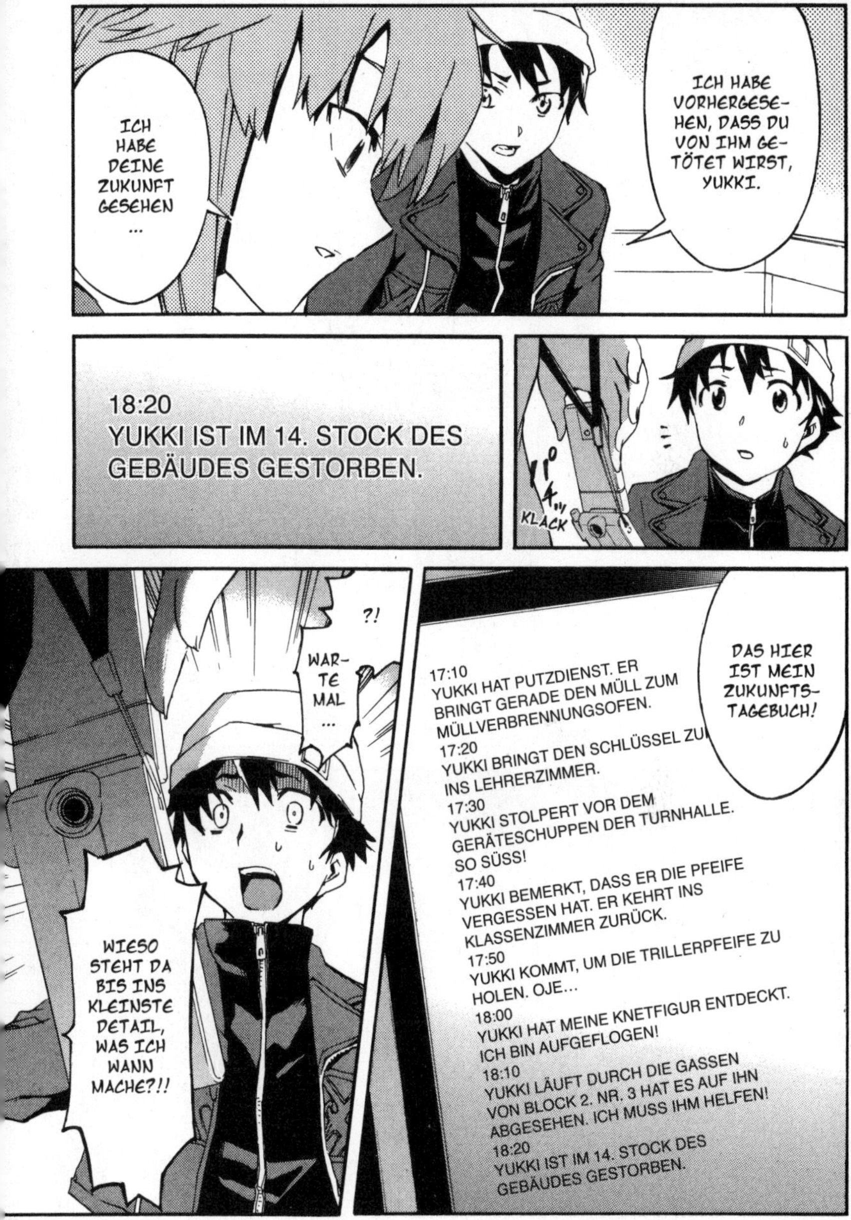

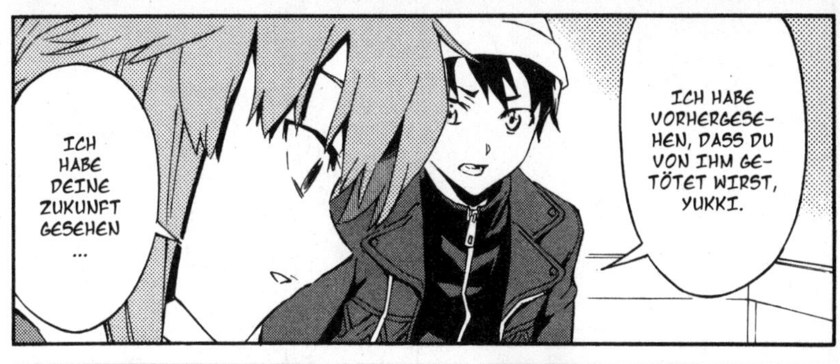


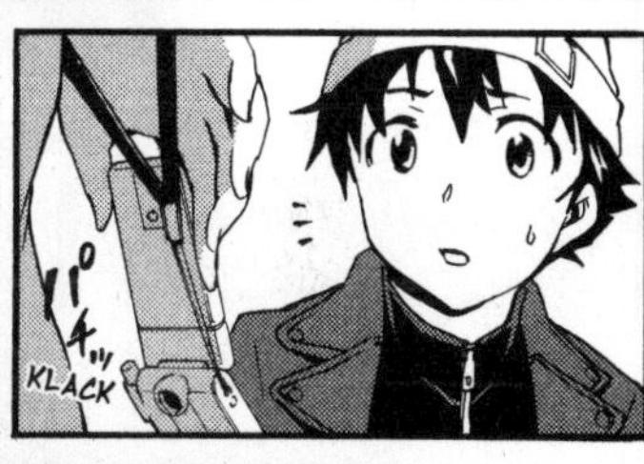


18:20
YUKKI IST IM 14. STOCK DES GEBÄUDES GESTORBEN.

DAS HIER IST MEIN ZUKUNFTSTAGEBUCH!

17:10
YUKKI HAT PUTZDIENST. ER BRINGT GERADE DEN MÜLL ZUM MÜLLVERBRENNUNGSOFEN.
17:20
YUKKI BRINGT DEN SCHLÜSSEL ZUM INS LEHRERZIMMER.
17:30
YUKKI STOLPERT VOR DEM GERÄTESCHUPPEN DER TURNHALLE. SO SÜSS!
17:40
YUKKI BEMERKT, DASS ER DIE PFEIFE VERGESSEN HAT. ER KEHRT INS KLASSENZIMMER ZURÜCK.
17:50
YUKKI KOMMT, UM DIE TRILLERPFEIFE ZU HOLEN. OJE...
18:00
YUKKI HAT MEINE KNETFIGUR ENTDECKT. ICH BIN AUFGEFLOGEN!
18:10
YUKKI LÄUFT DURCH DIE GASSEN VON BLOCK 2. NR. 3 HAT ES AUF IHN ABGESEHEN. ICH MUSS IHM HELFEN!
18:20
YUKKI IST IM 14. STOCK DES GEBÄUDES GESTORBEN.

?!

WARTE MAL ...

WIESO STEHT DA BIS INS KLEINSTE DETAIL, WAS ICH WANN MACHE?!!

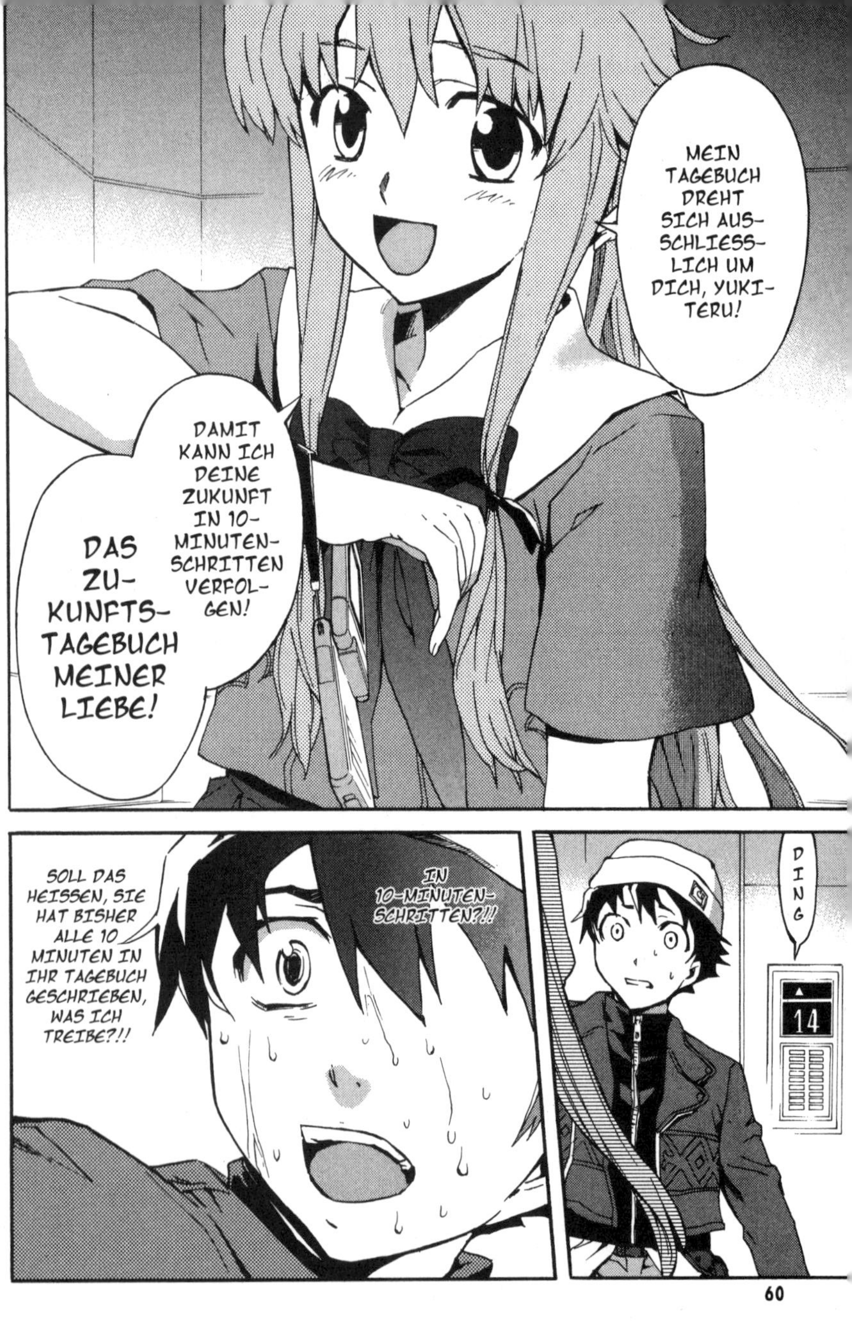

MEIN TAGEBUCH DREHT SICH AUSSCHLIESSLICH UM DICH, YUKITERU!

DAMIT KANN ICH DEINE ZUKUNFT IN 10-MINUTEN-SCHRITTEN VERFOLGEN!

DAS ZUKUNFTSTAGEBUCH MEINER LIEBE!

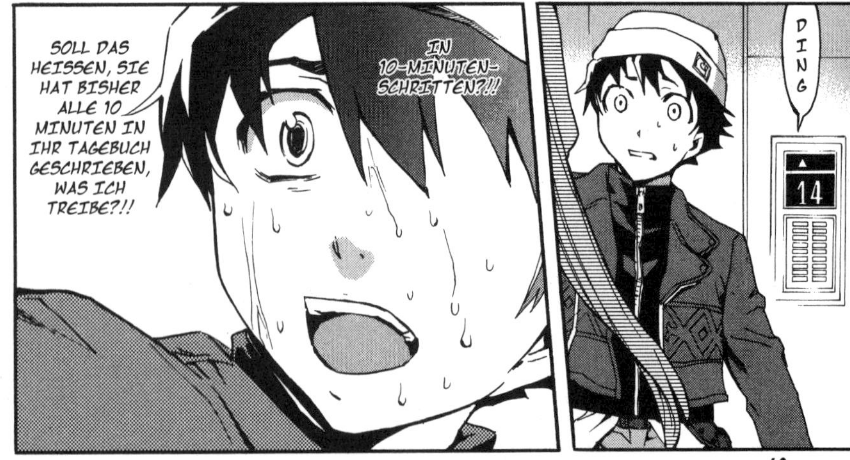

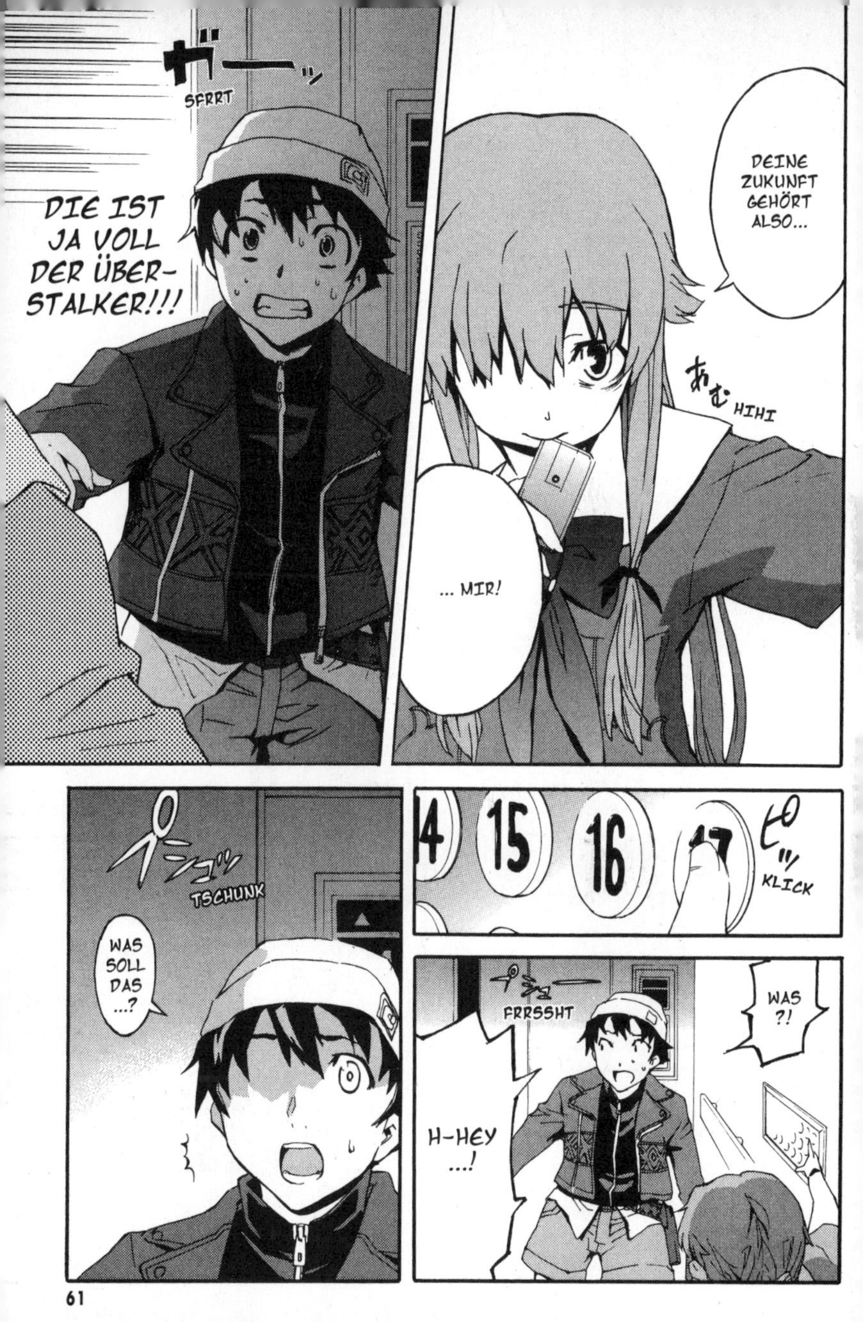

DEINE ZUKUNFT GEHÖRT ALSO...

あむ HIHI

... MIR!

SFRRT

DIE IST JA VOLL DER ÜBER-STALKER!!!

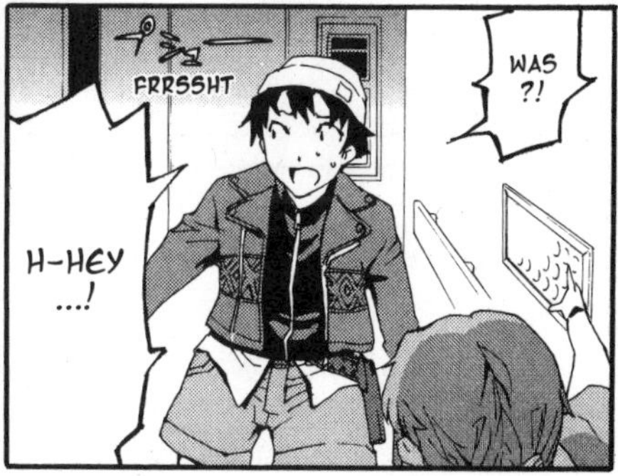


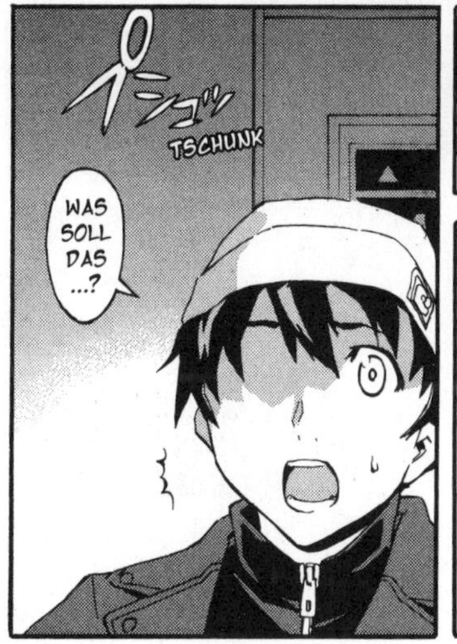

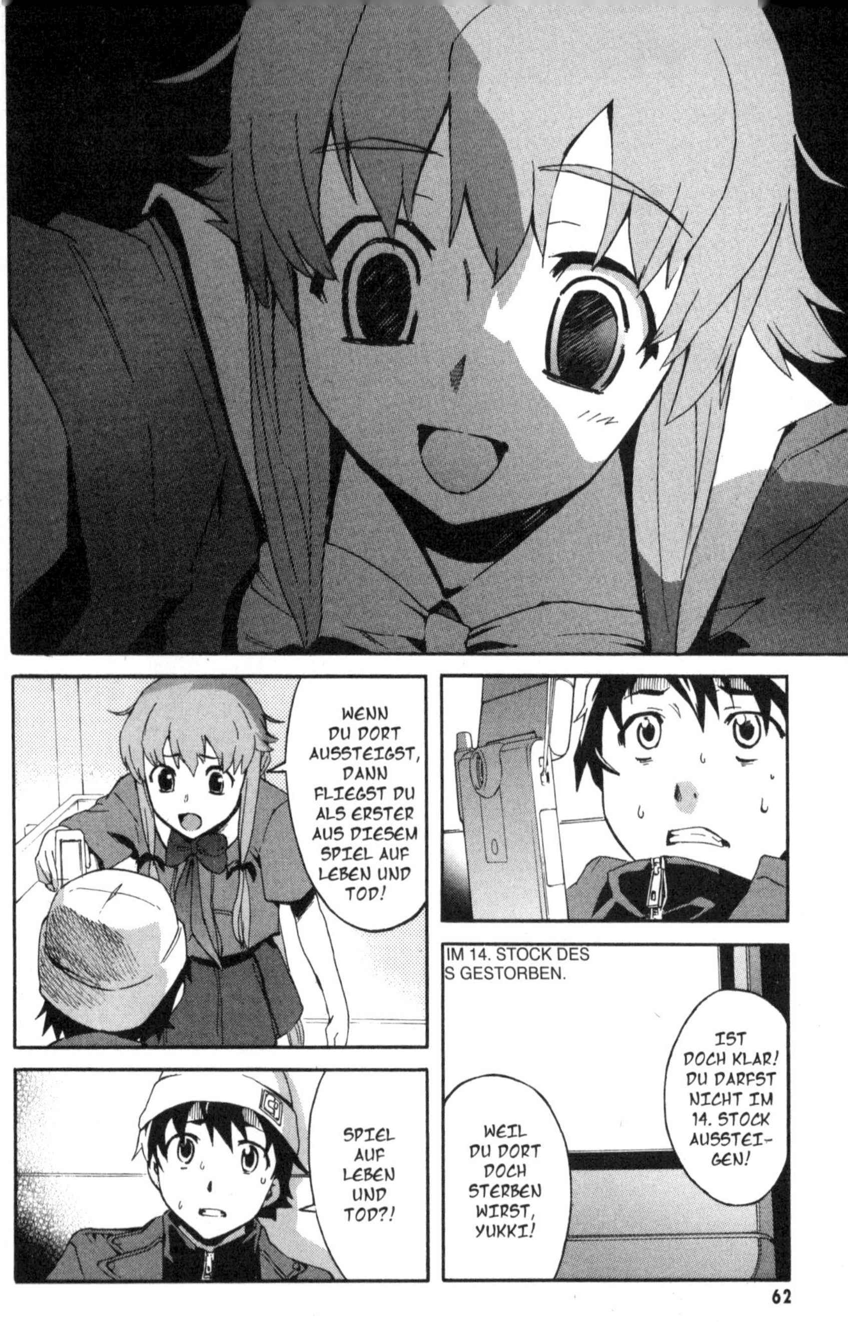

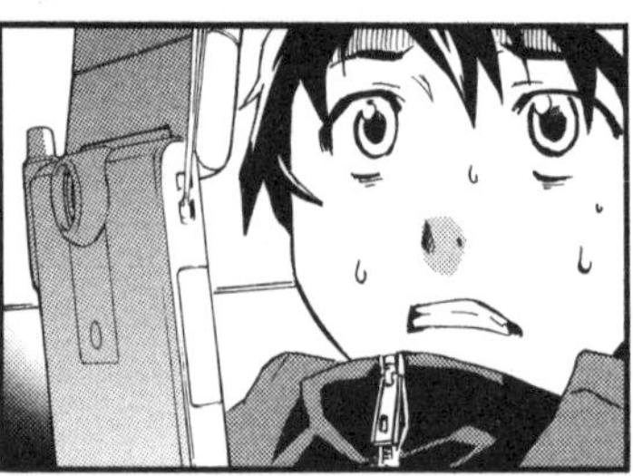

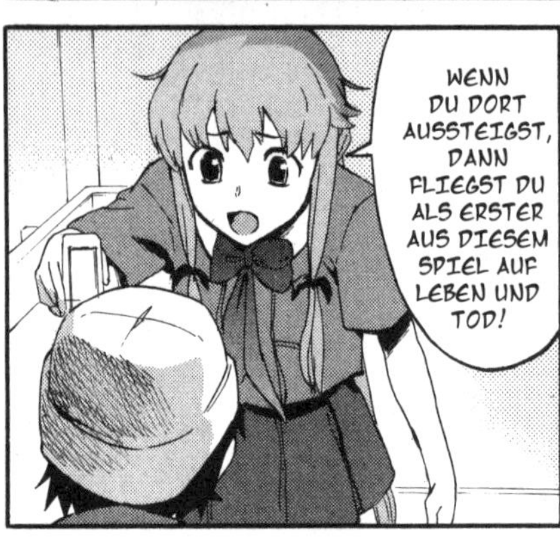

WENN DU DORT AUSSTEIGST, DANN FLIEGST DU ALS ERSTER AUS DIESEM SPIEL AUF LEBEN UND TOD!


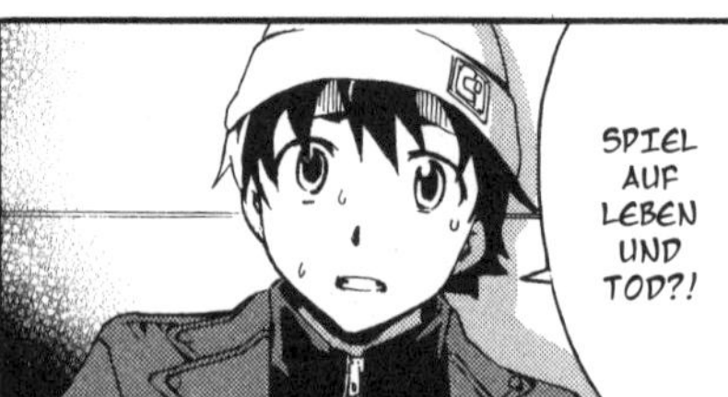

SPIEL AUF LEBEN UND TOD?!


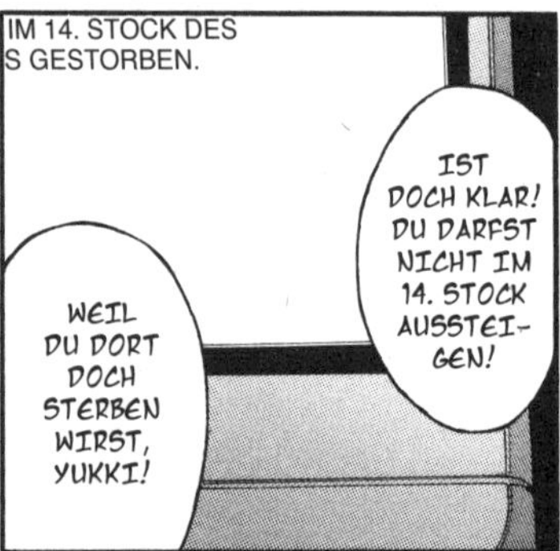

IM 14. STOCK DES
S GESTORBEN.
IST DOCH KLAR! DU DARFST NICHT IM 14. STOCK AUSSTEI-GEN!
WEIL DU DORT DOCH STERBEN WIRST, YUKKI!

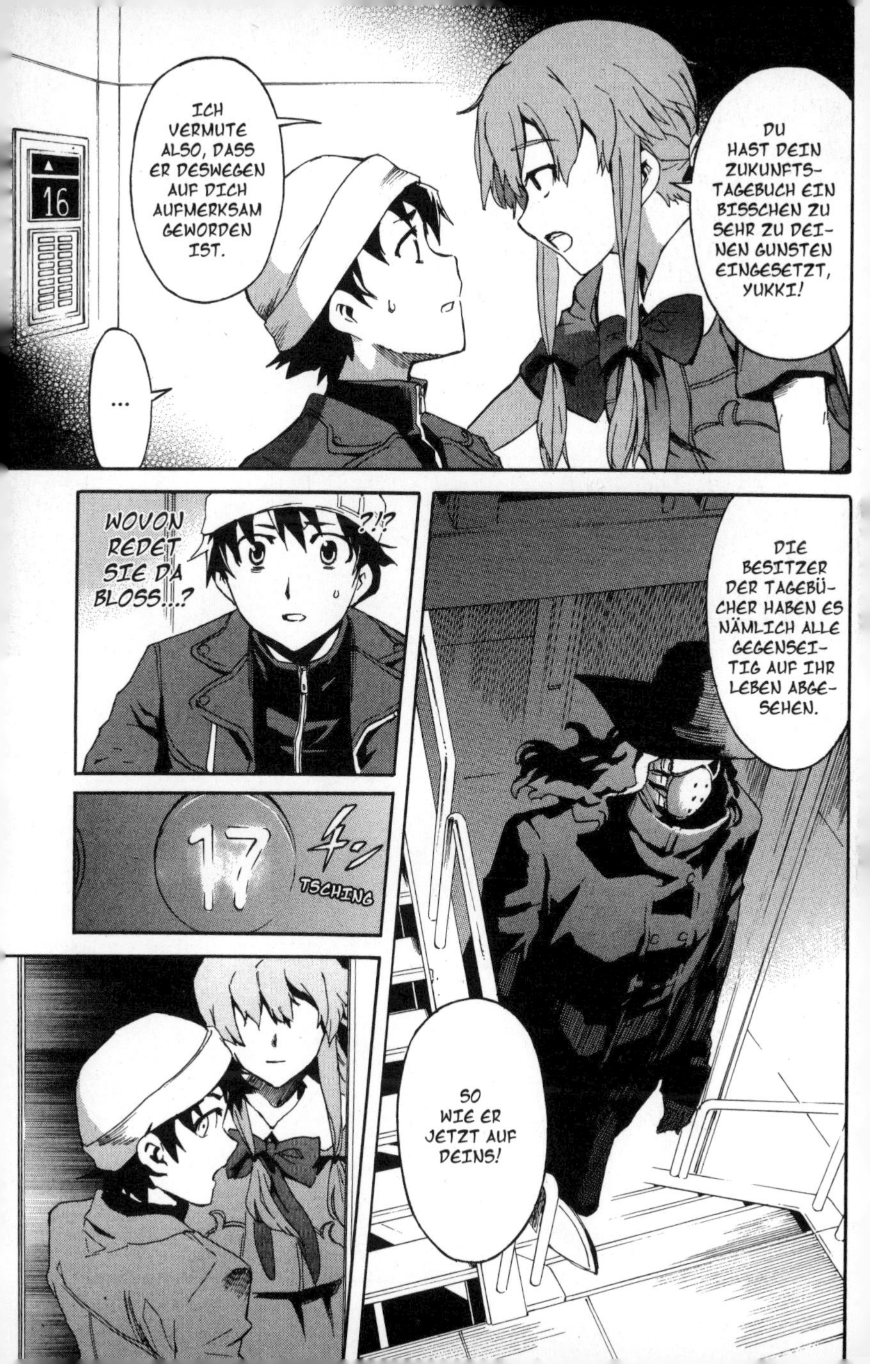

DU HAST DEIN ZUKUNFTSTAGEBUCH EIN BISSCHEN ZU SEHR ZU DEINEN GUNSTEN EINGESETZT, YUKKI!

ICH VERMUTE ALSO, DASS ER DESWEGEN AUF DICH AUFMERKSAM GEWORDEN IST.

...

DIE BESITZER DER TAGEBÜCHER HABEN ES NÄMLICH ALLE GEGENSEITIG AUF IHR LEBEN ABGESEHEN.

?!?

WOVON REDET SIE DA BLOSS...?

17

TSCHING

SO WIE ER JETZT AUF DEINS!

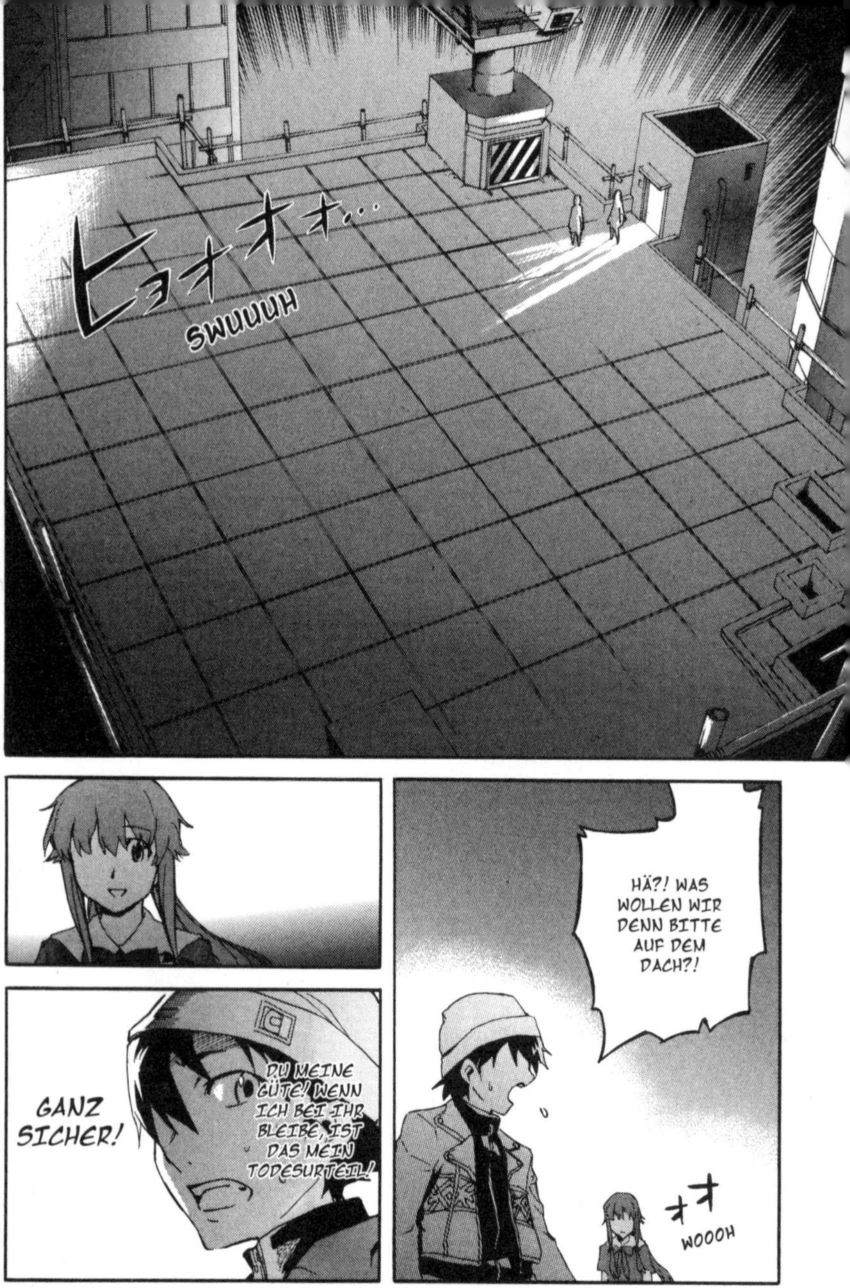

ヒョオオオ…
SWUUUH

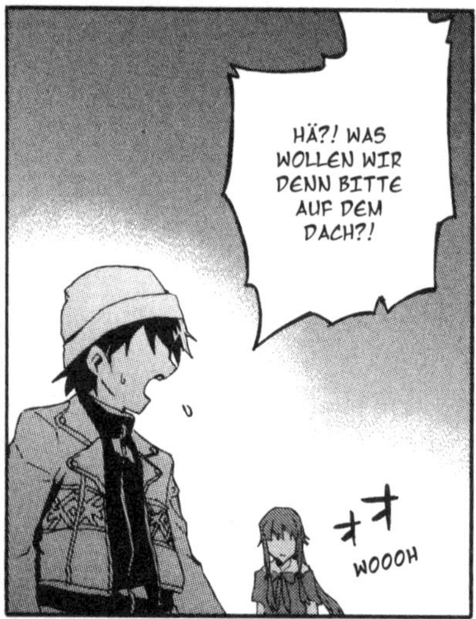
HÄ?! WAS WOLLEN WIR DENN BITTE AUF DEM DACH?!
オオ
WOOOH

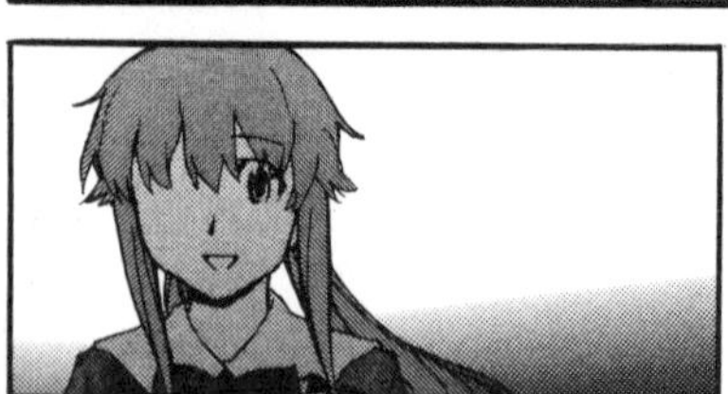

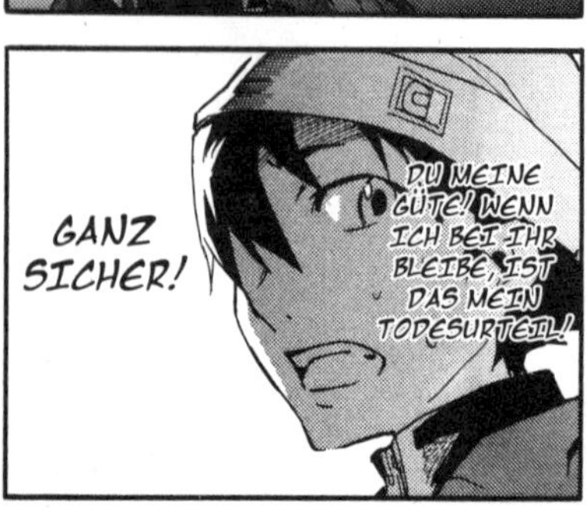
GANZ SICHER!
DU MEINE GÜTE! WENN ICH BEI IHR BLEIBE, IST DAS MEIN TODESURTEIL!

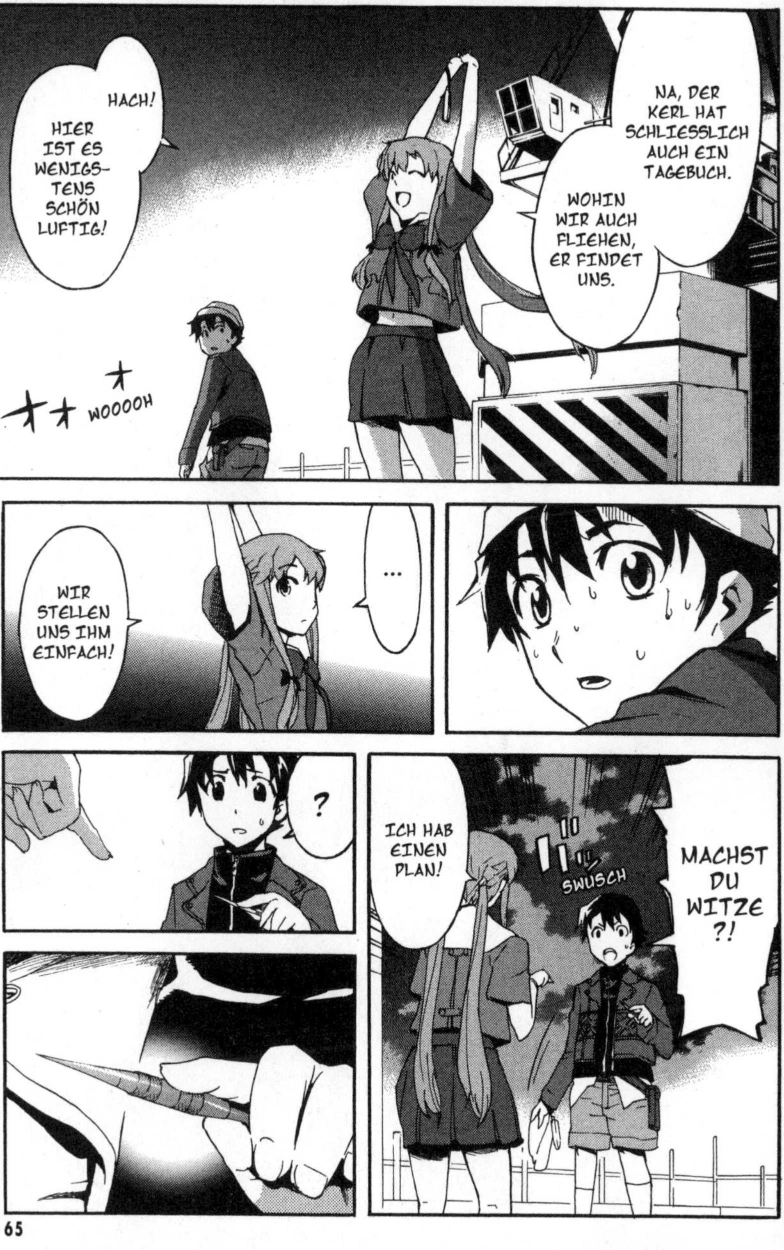

NA, DER KERL HAT SCHLIESSLICH AUCH EIN TAGEBUCH.
WOHIN WIR AUCH FLIEHEN, ER FINDET UNS.
HACH!
HIER IST ES WENIGSTENS SCHÖN LUFTIG!
WOOOOH

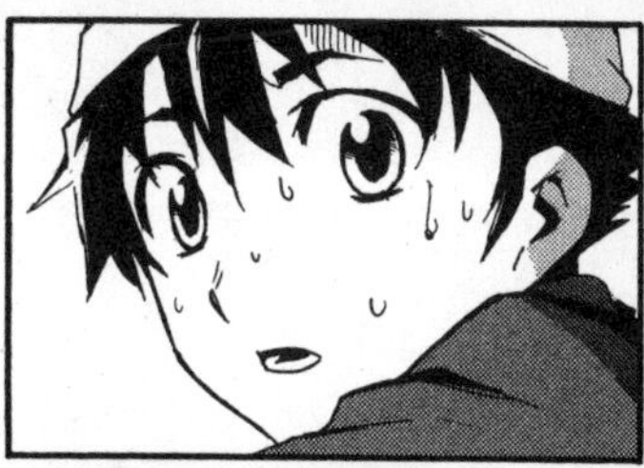

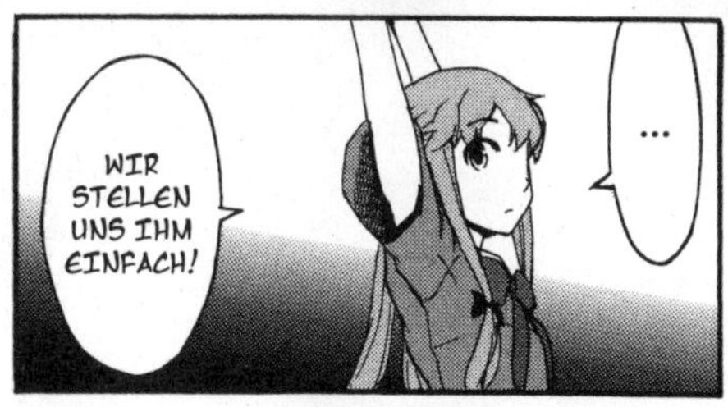
...
WIR STELLEN UNS IHM EINFACH!

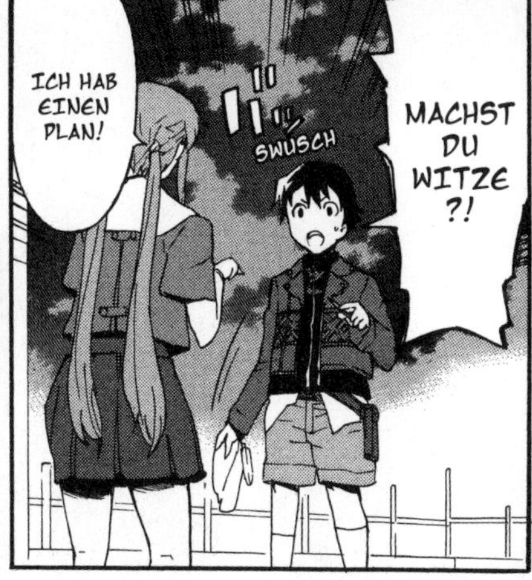
MACHST DU WITZE?!
SWUSCH
ICH HAB EINEN PLAN!

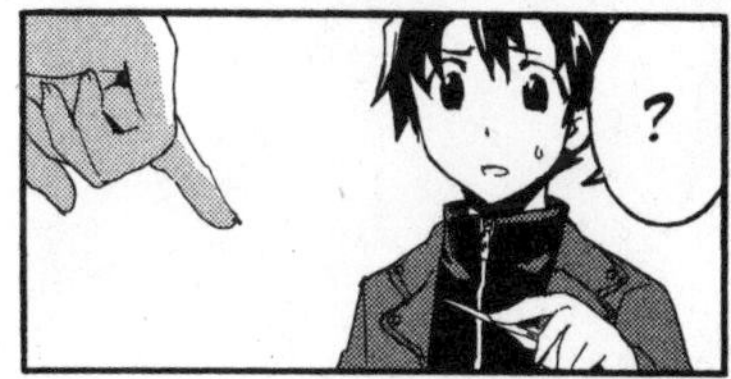
?

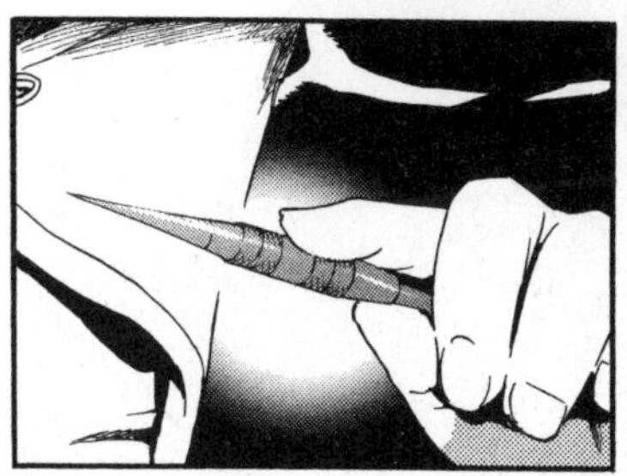

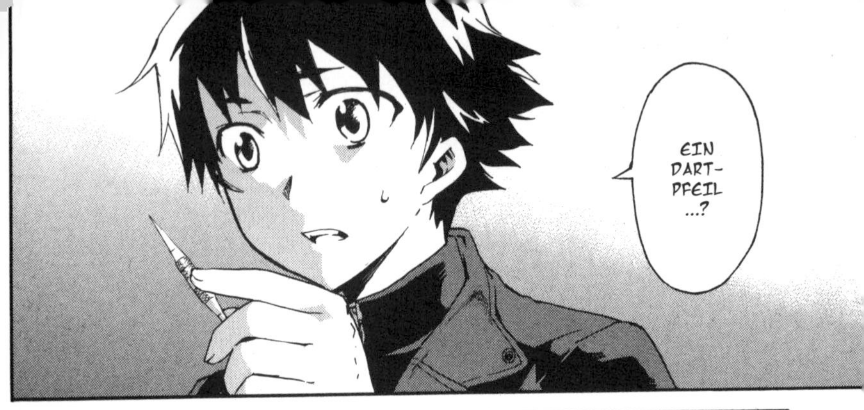

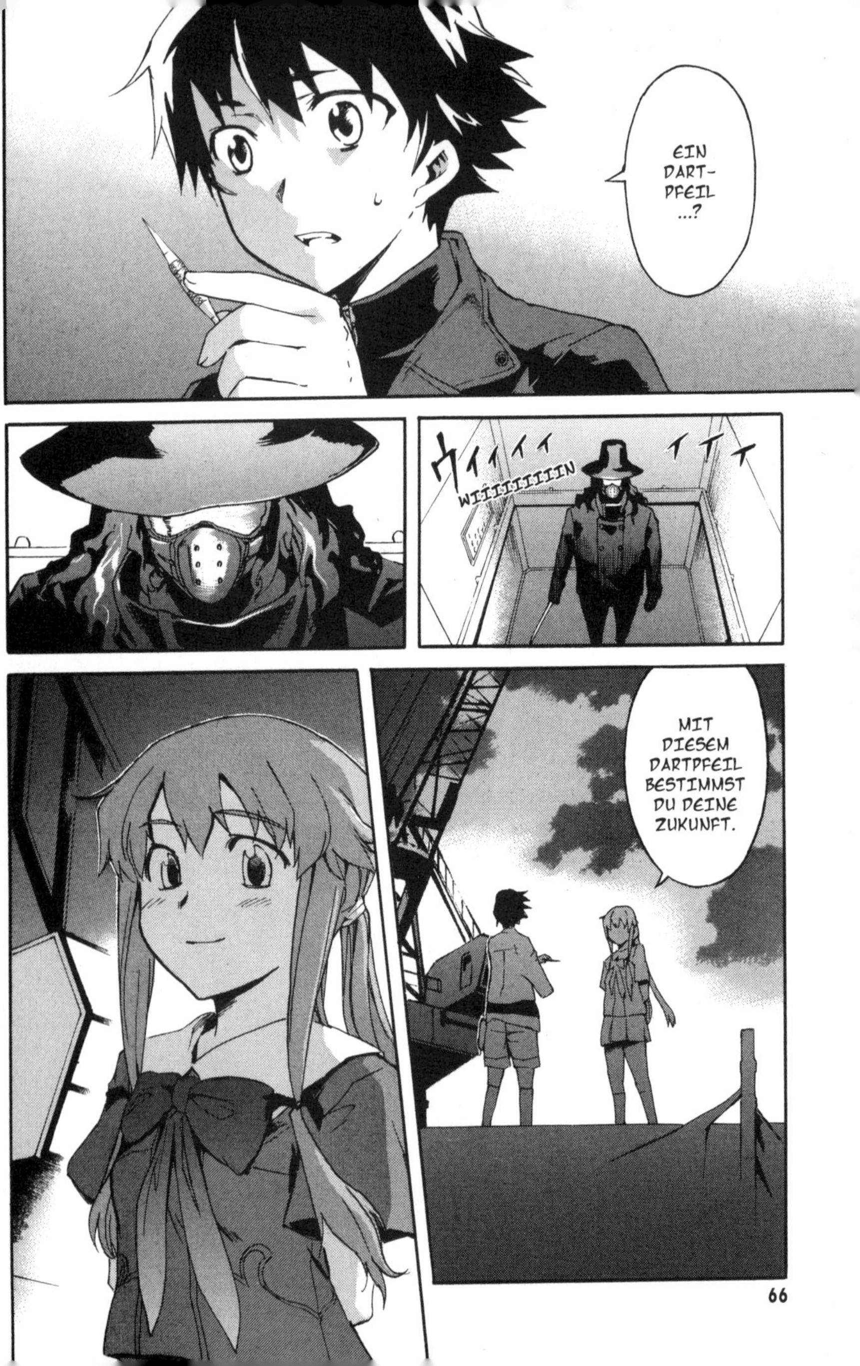

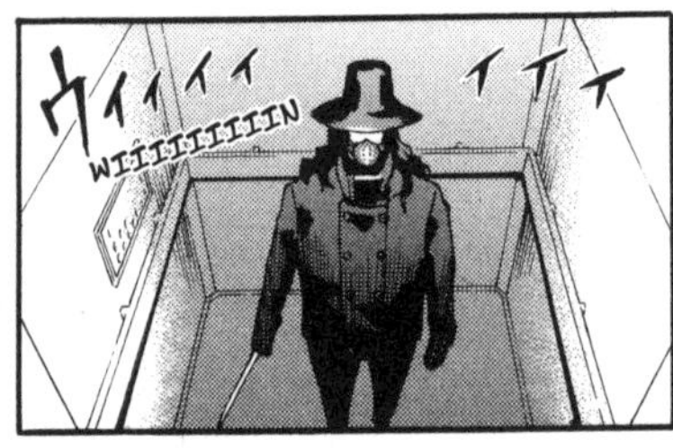


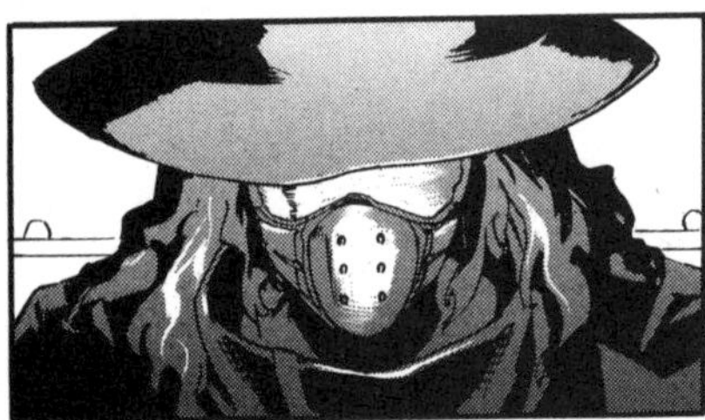

MIT DIESEM DARTPFEIL BESTIMMST DU DEINE ZUKUNFT.

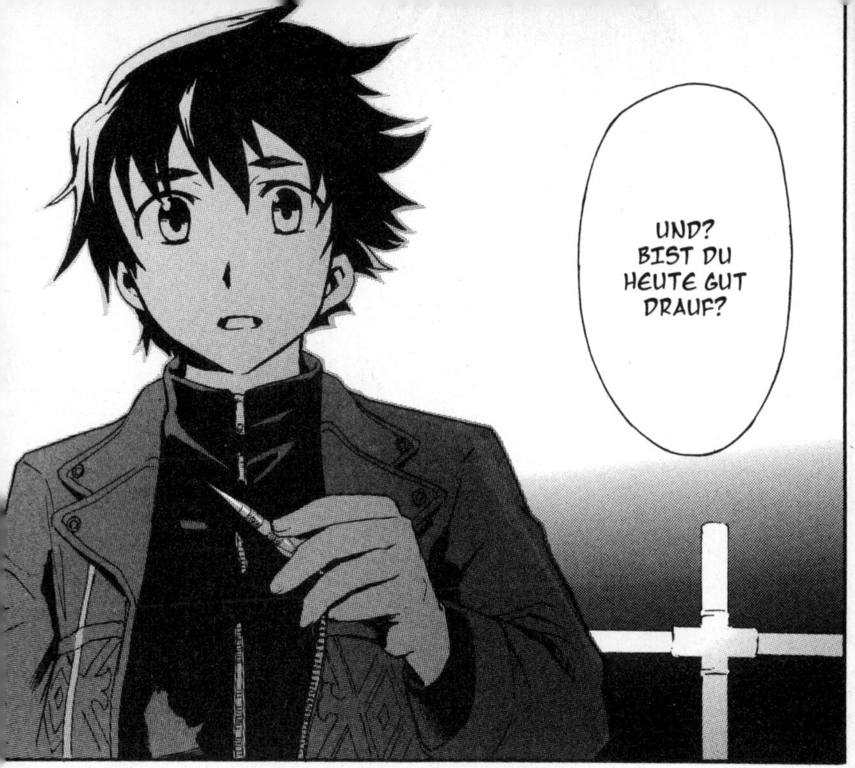

UND? BIST DU HEUTE GUT DRAUF?

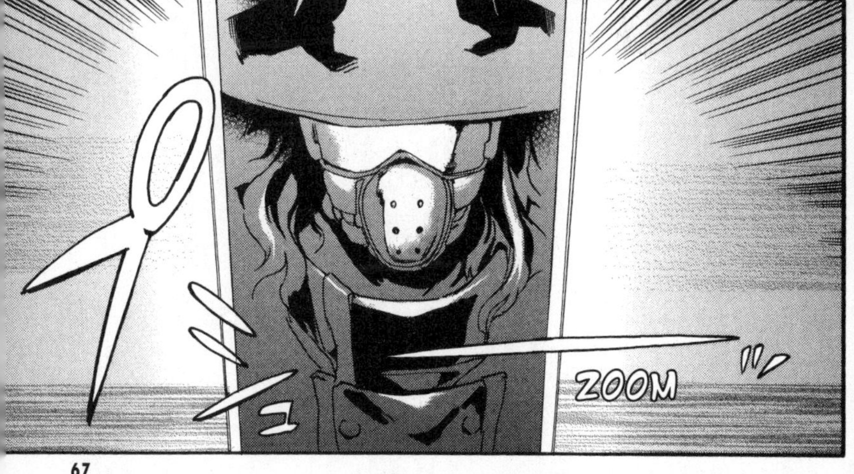

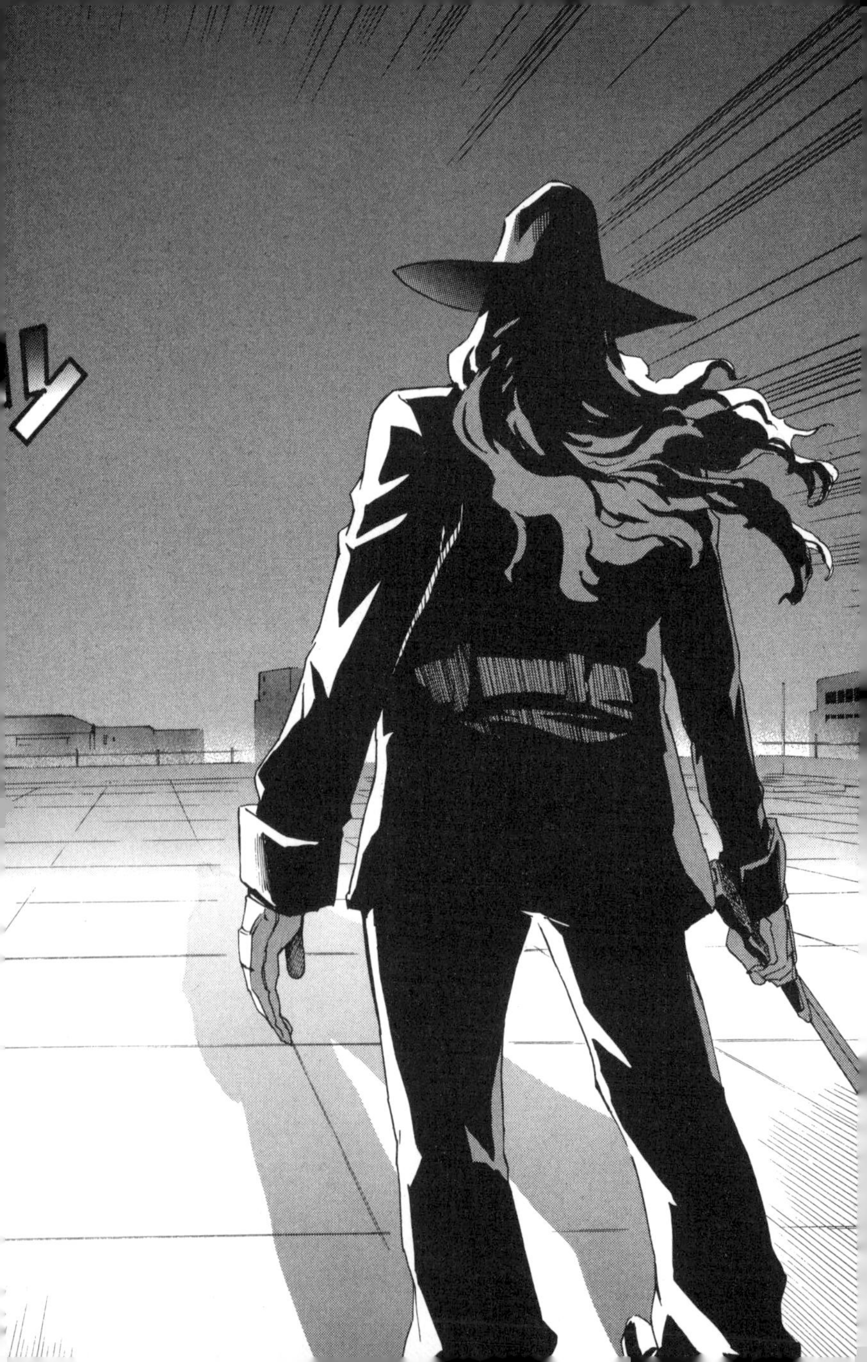

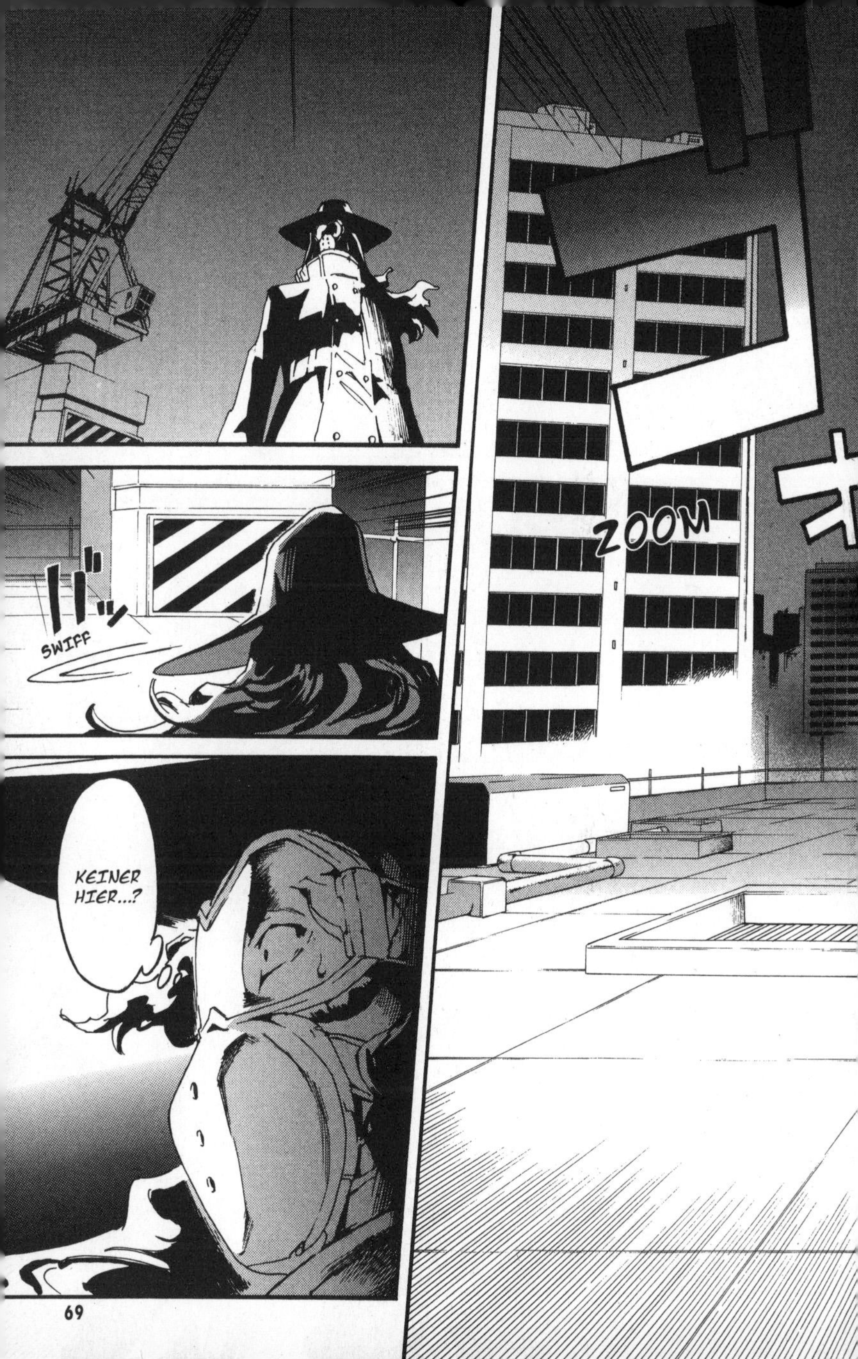
ZOOM
SWIFF
KEINER HIER...?

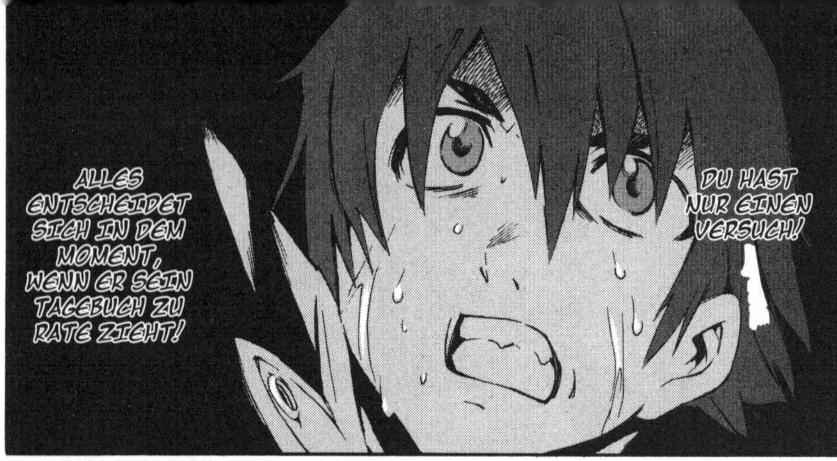
DU HAST NUR EINEN VERSUCH!
ALLES ENTSCHEIDET SICH IN DEM MOMENT, WENN ER SEIN TAGEBUCH ZU RATE ZIEHT!

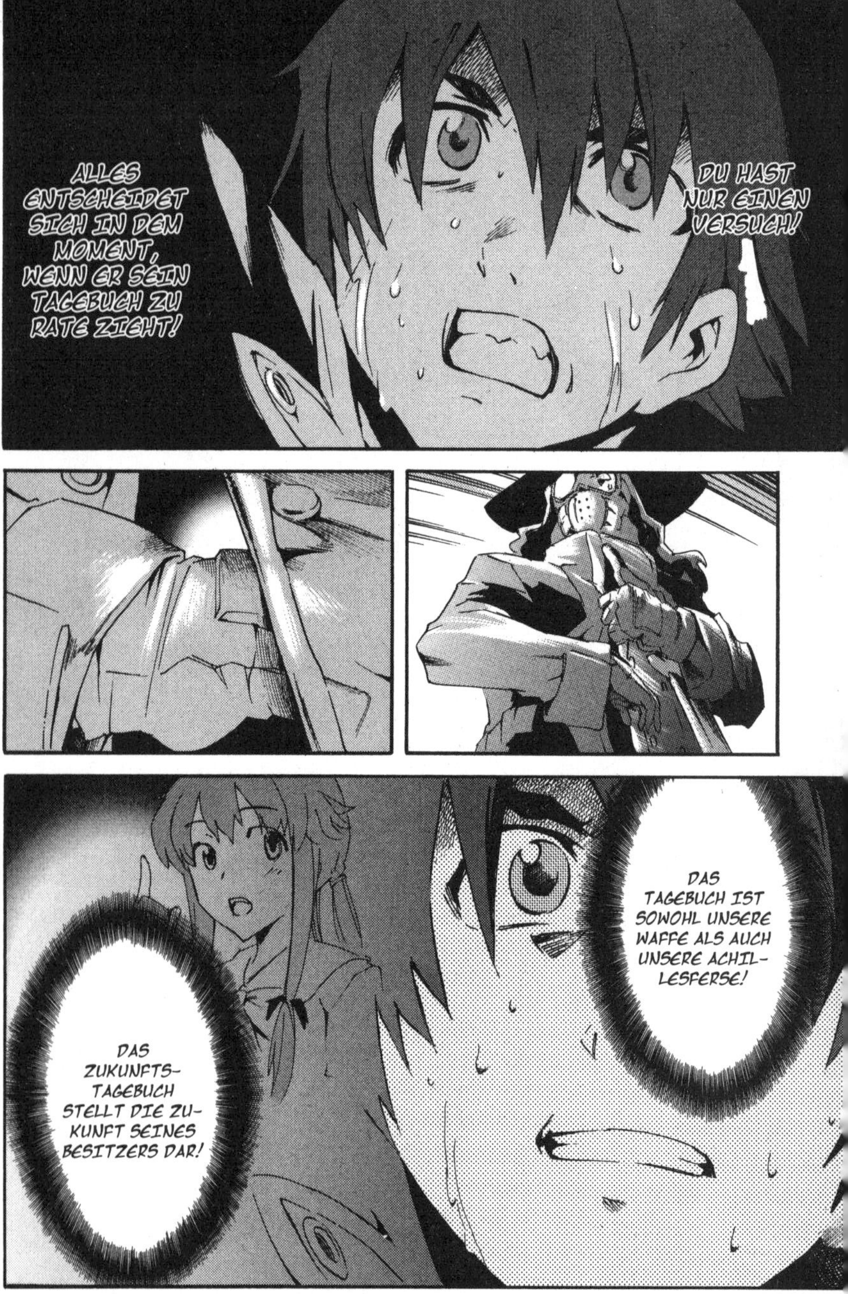

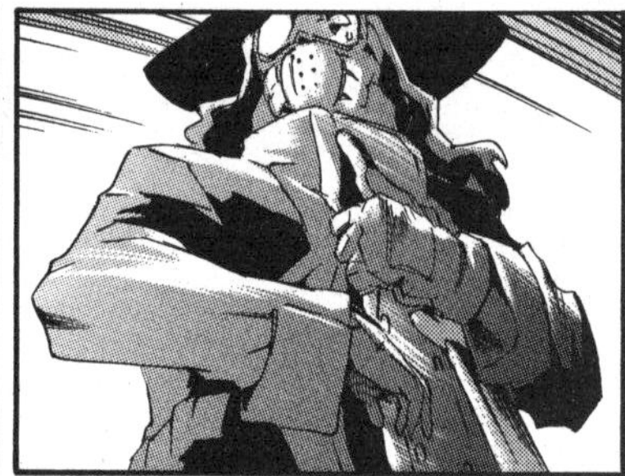

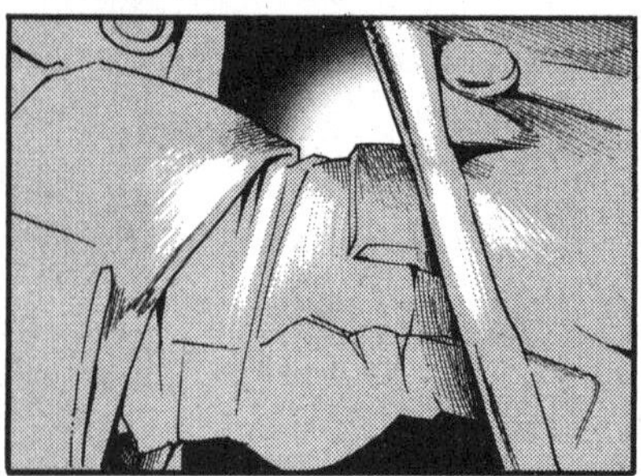

DAS TAGEBUCH IST SOWOHL UNSERE WAFFE ALS AUCH UNSERE ACHIL-LESFERSE!
DAS ZUKUNFTS-TAGEBUCH STELLT DIE ZU-KUNFT SEINES BESITZERS DAR!

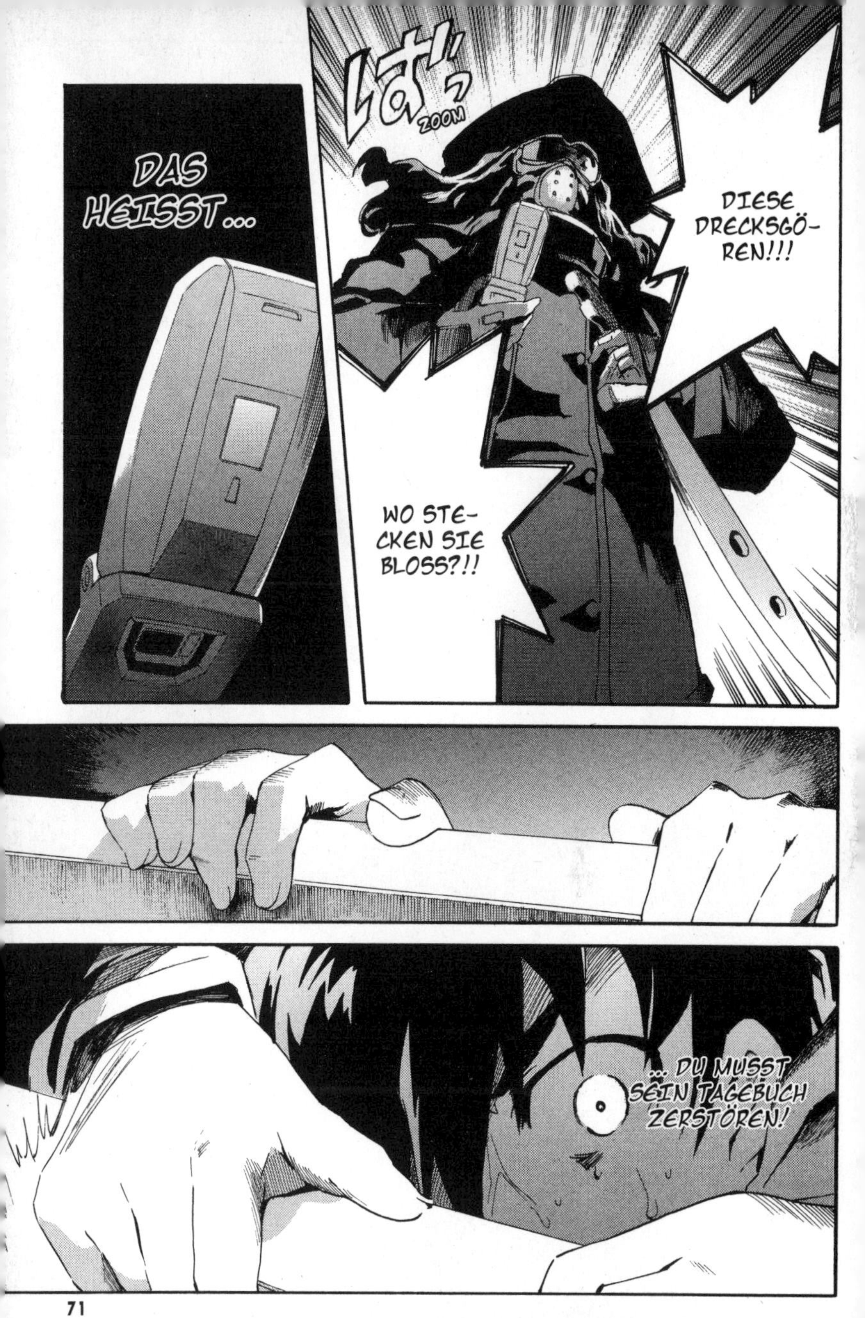

ZOOM

DIESE DRECKSGÖREN!!!

WO STECKEN SIE BLOSS?!!

DAS HEISST...

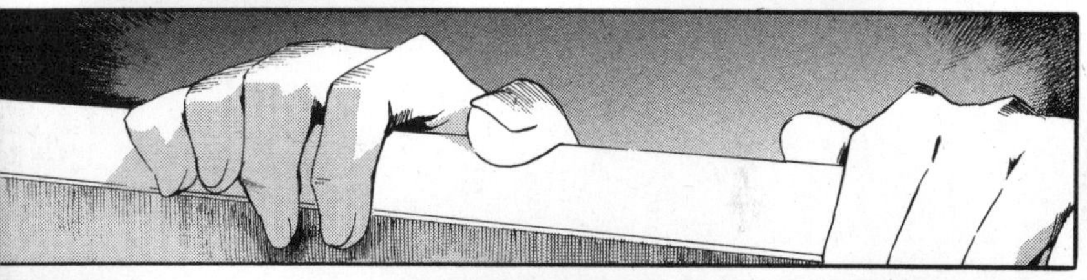

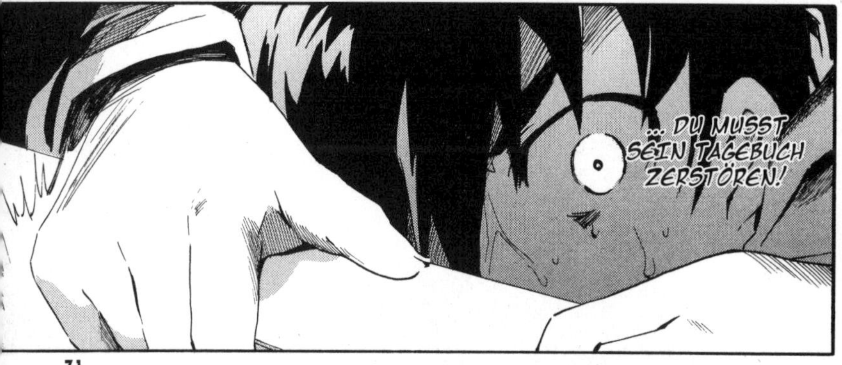

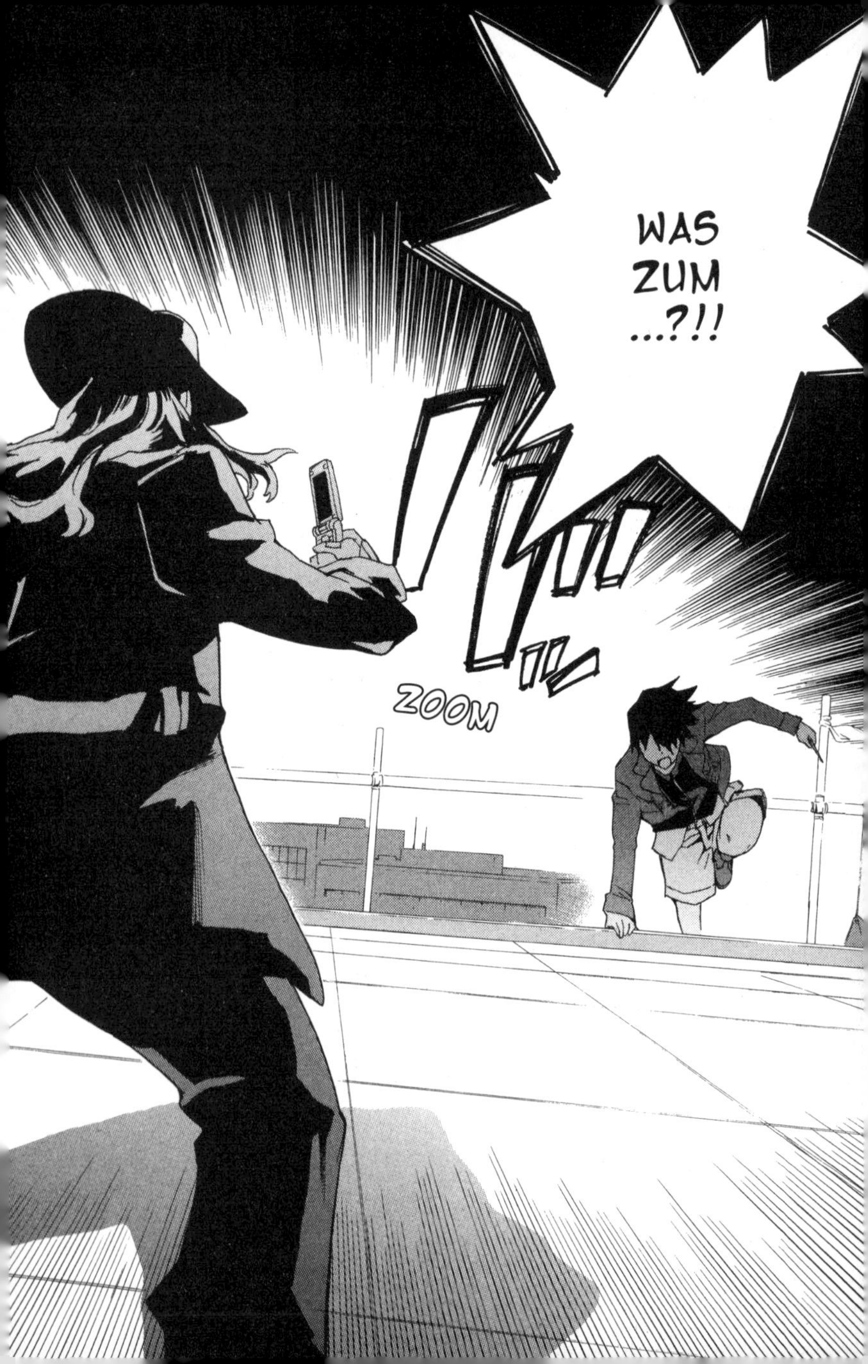
WAS ZUM ...?!!
ZOOM

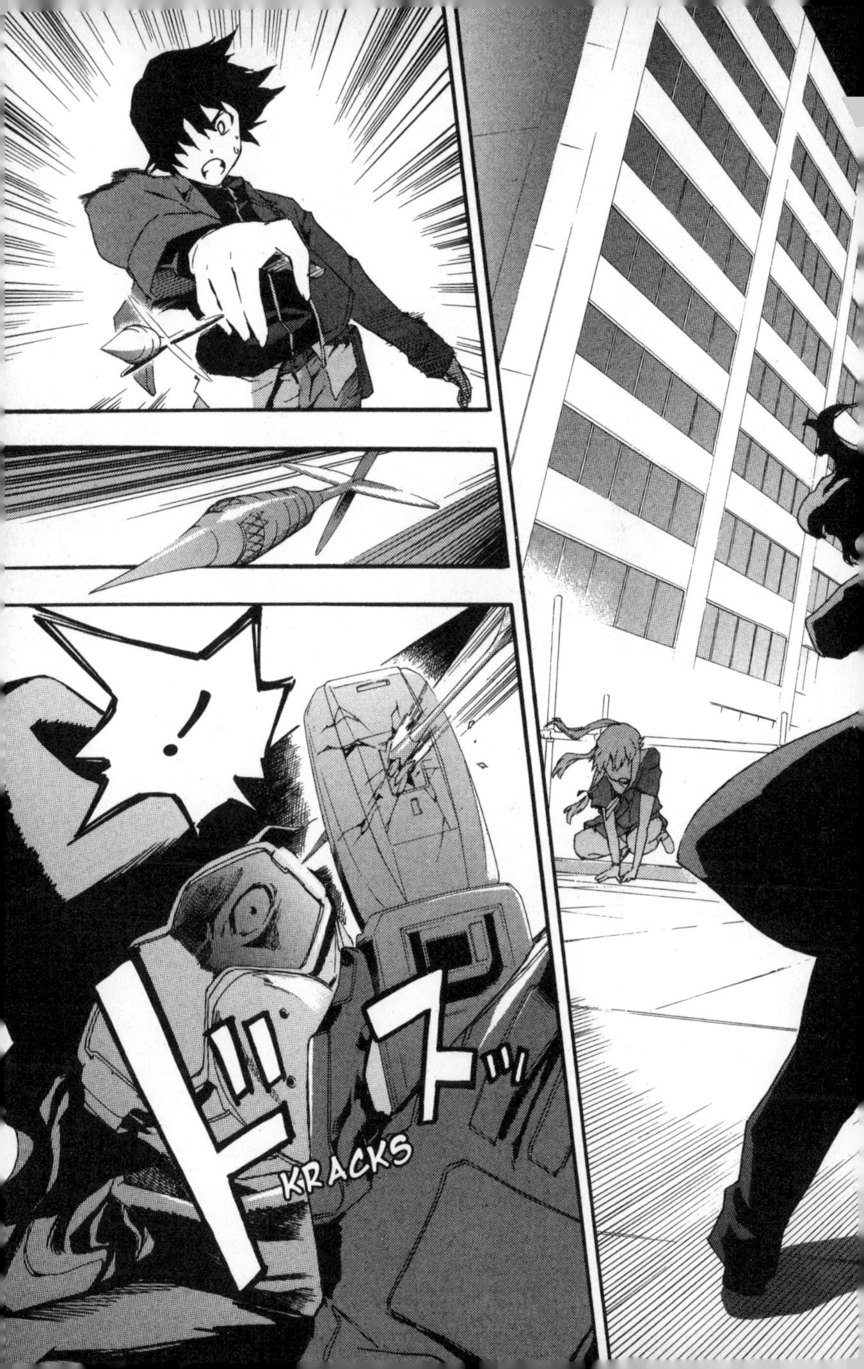
!
KRACKS

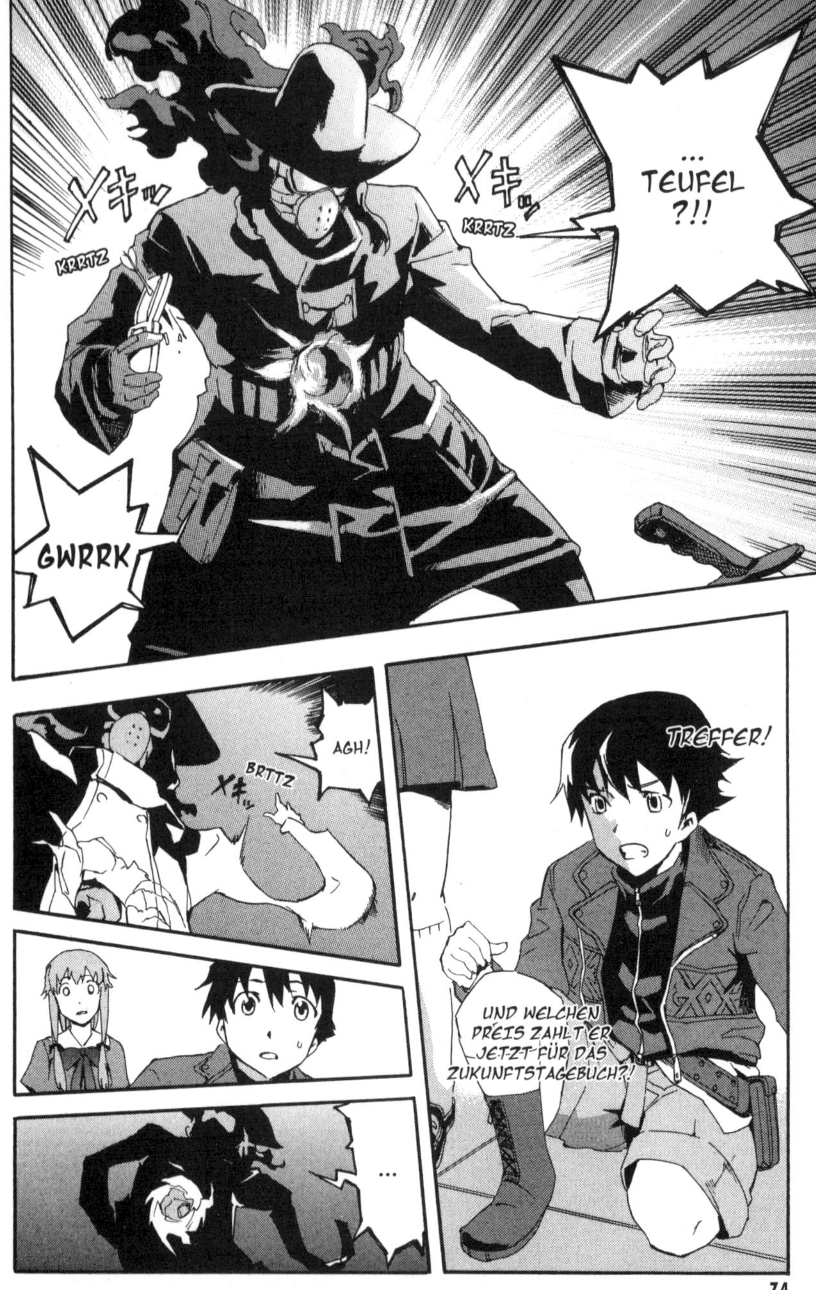

... TEUFEL ?!!
メキッ
KRRTZ
メキッ
KRRTZ
GWRRK
TREFFER!
AGH!
メキッ
BRTTZ
UND WELCHEN PREIS ZAHLT ER JETZT FÜR DAS ZUKUNFTSTAGEBUCH?!
...

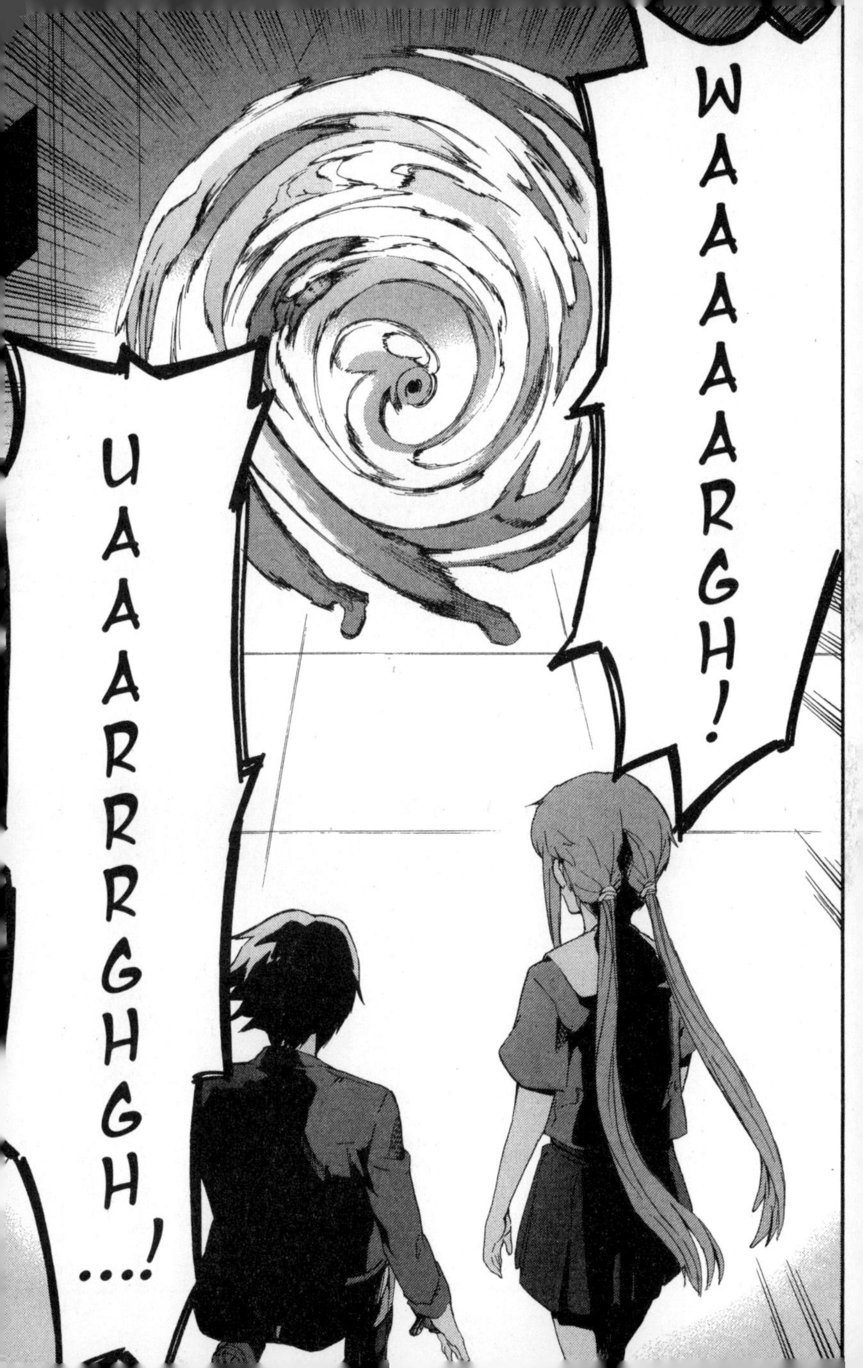
WAAAAARGH!
UAAARRRGHGH...!

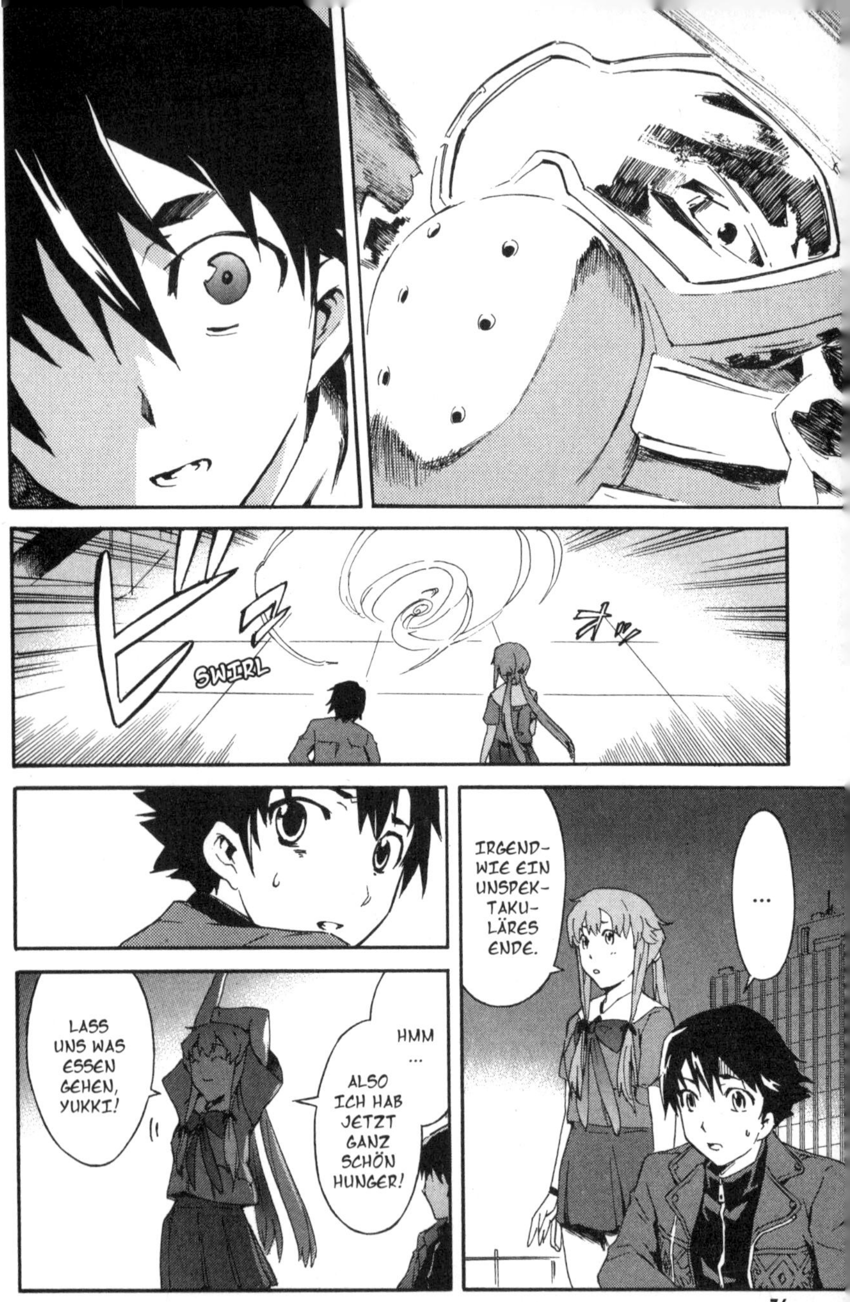

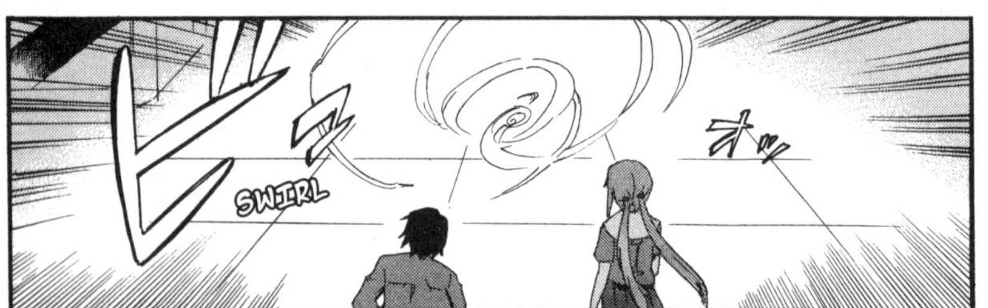
SWIRL

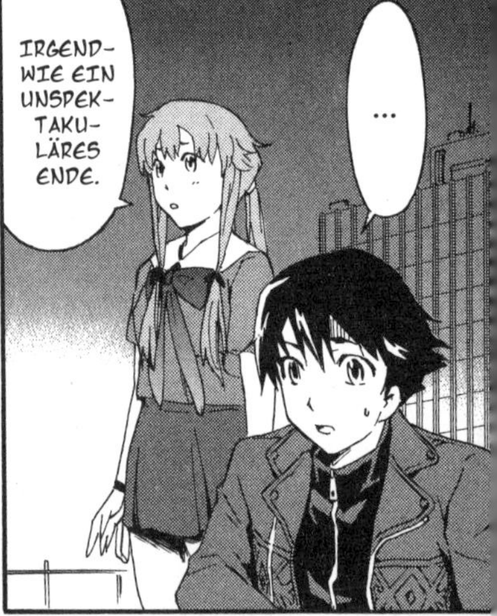
...
IRGENDWIE EIN UNSPEKTAKULÄRES ENDE.

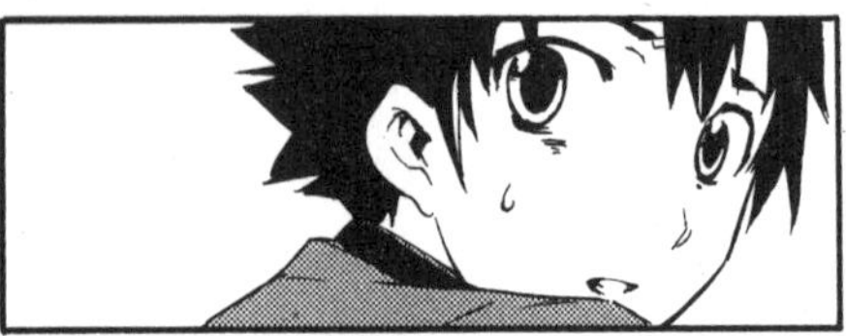

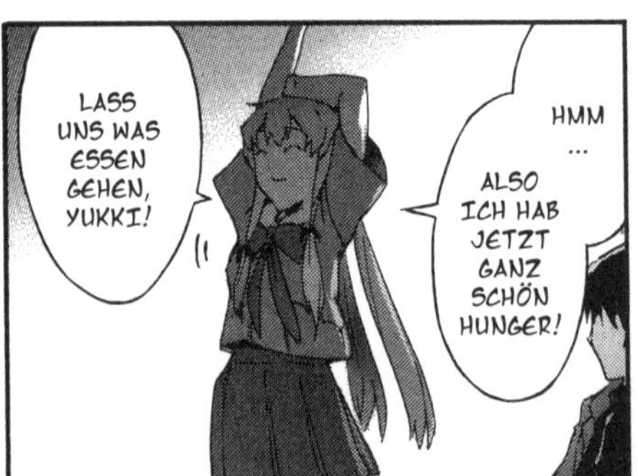
HMM ... ALSO ICH HAB JETZT GANZ SCHÖN HUNGER!
LASS UNS WAS ESSEN GEHEN, YUKKI!

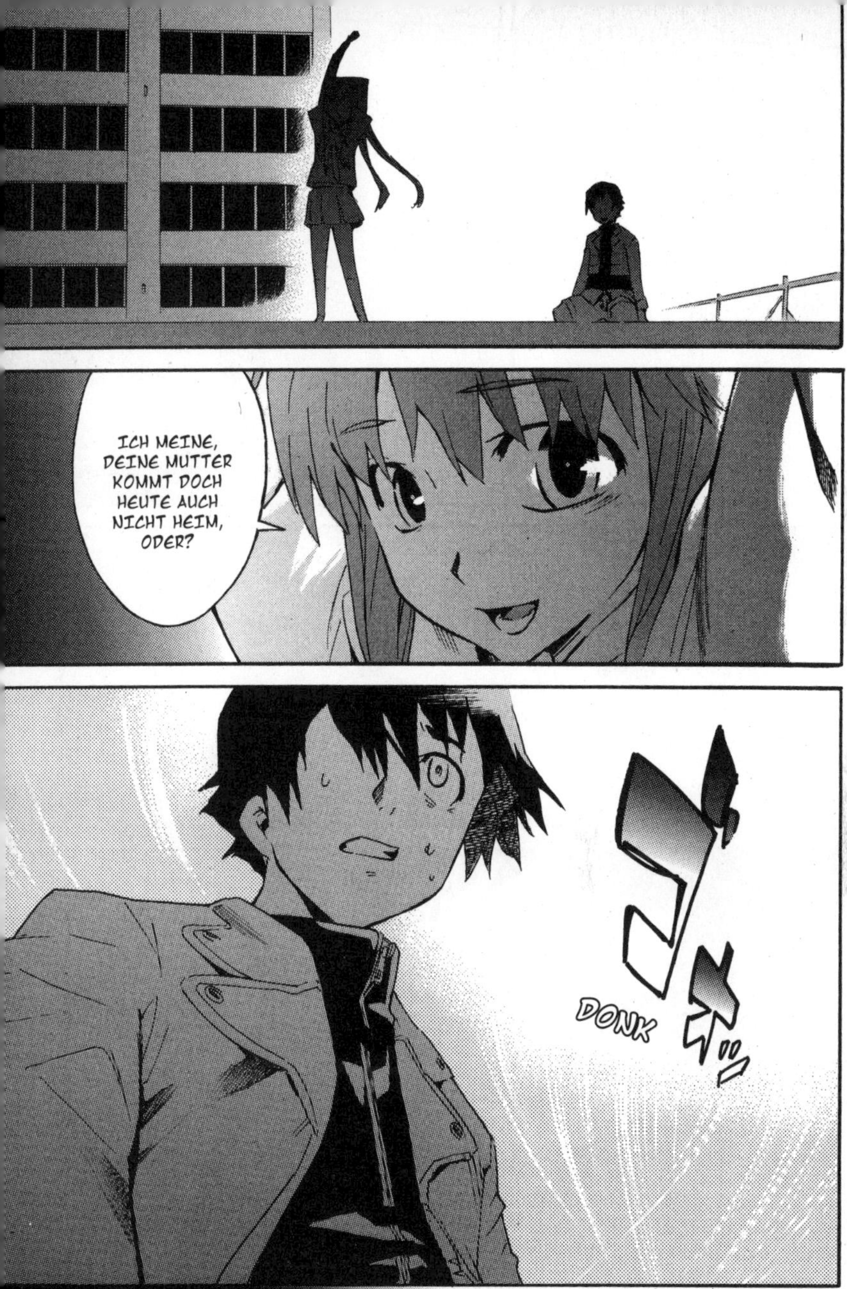

ICH MEINE, DEINE MUTTER KOMMT DOCH HEUTE AUCH NICHT HEIM, ODER?
DONK

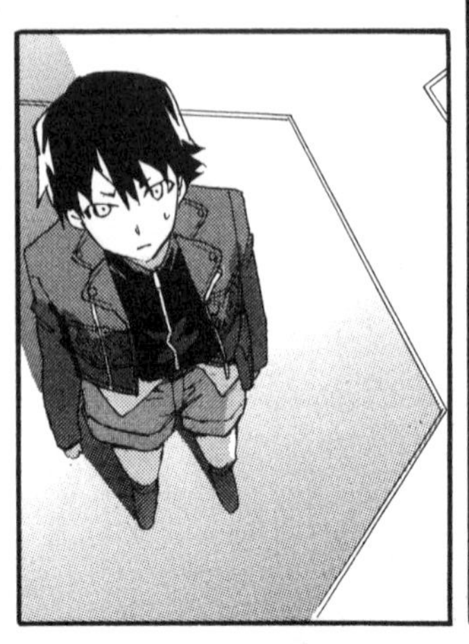

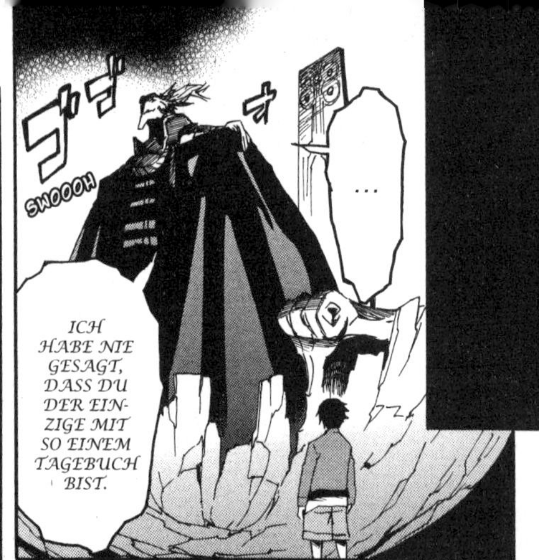
ゴゴ
SWOOOH
オ
...
ICH HABE NIE GESAGT, DASS DU DER EIN-ZIGE MIT SO EINEM TAGEBUCH BIST.

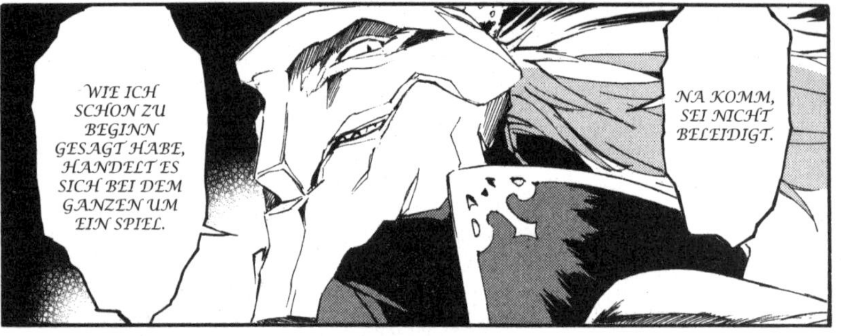
NA KOMM, SEI NICHT BELEIDIGT.
WIE ICH SCHON ZU BEGINN GESAGT HABE, HANDELT ES SICH BEI DEM GANZEN UM EIN SPIEL.

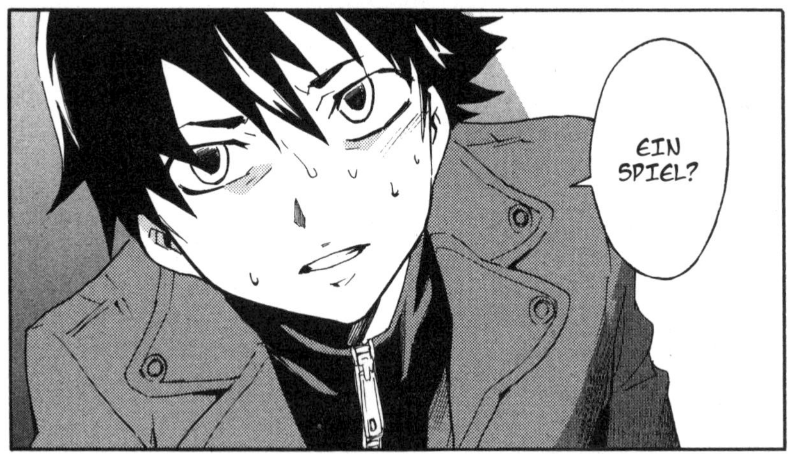
EIN SPIEL?

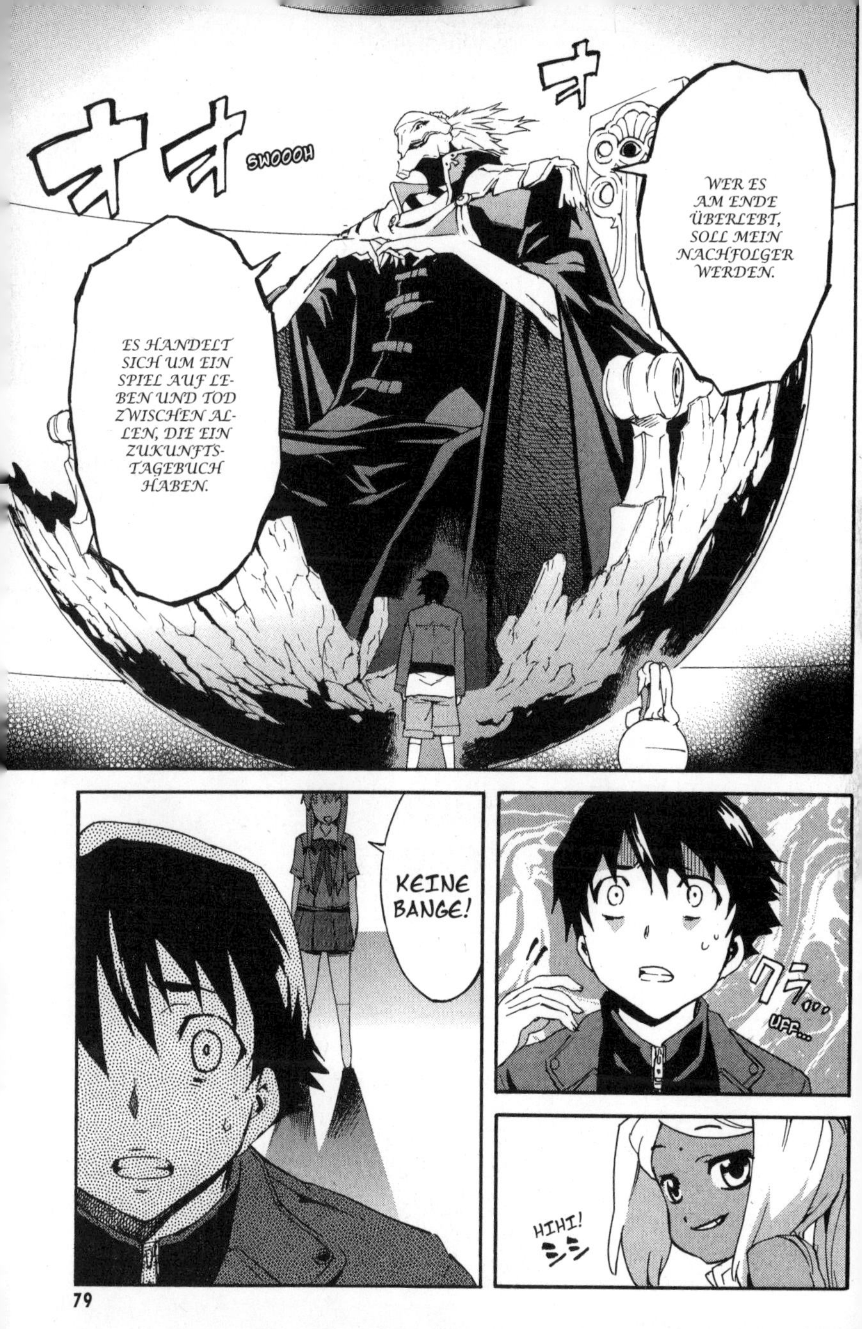

オ

オオ SWOOOH

WER ES AM ENDE ÜBERLEBT, SOLL MEIN NACHFOLGER WERDEN.

ES HANDELT SICH UM EIN SPIEL AUF LEBEN UND TOD ZWISCHEN ALLEN, DIE EIN ZUKUNFTSTAGEBUCH HABEN.

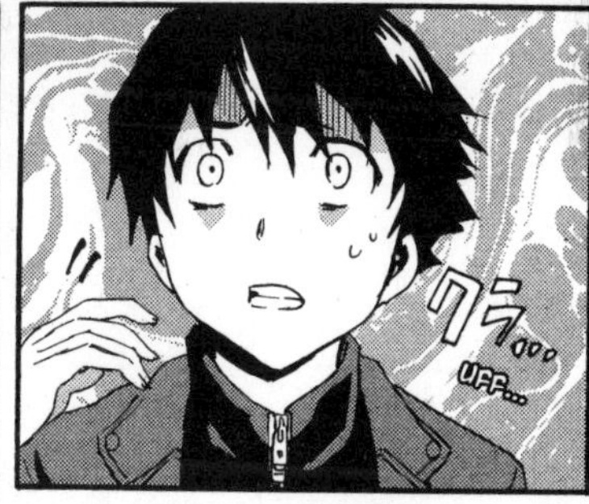


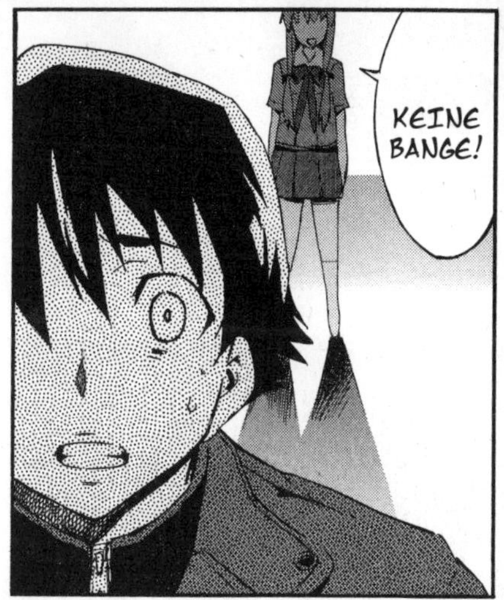


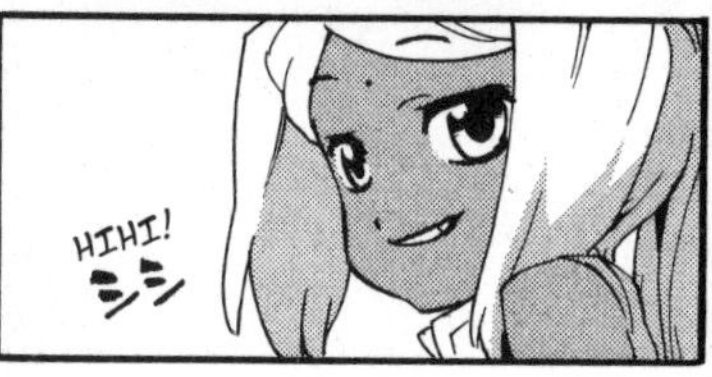

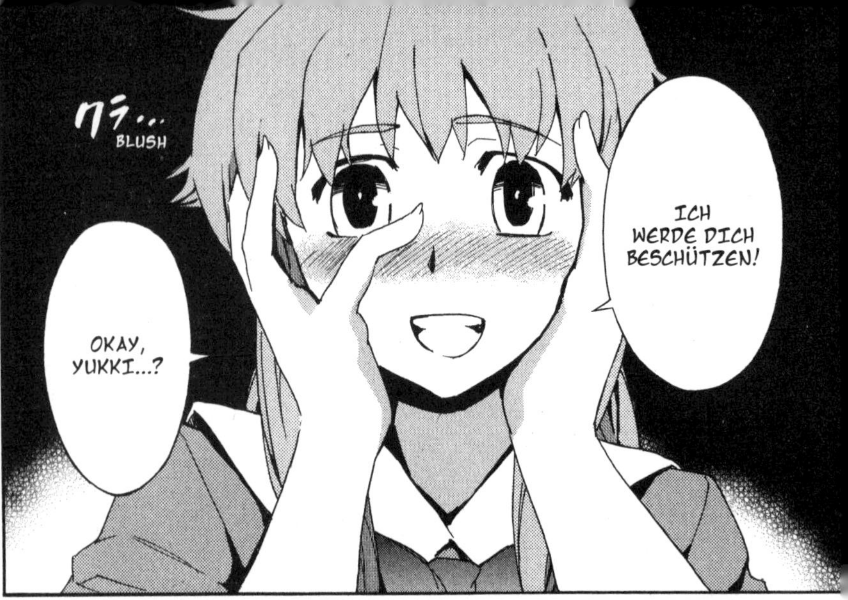

ICH WERDE DICH BESCHÜTZEN!

OKAY, YUKKI...?

BLUSH

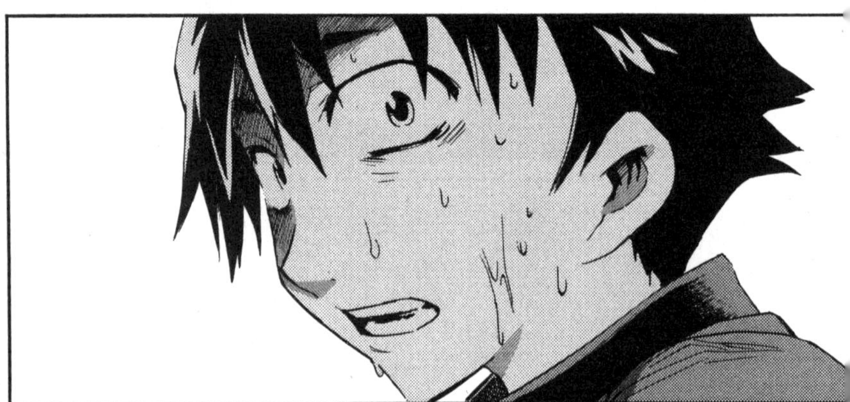

TAGEBUCH 1: ENDE

▸▸▸ NÄCHSTES TAGEBUCH: DIE ZUSAMMENKUNFT DER 12 TAGEBUCHBESITZER

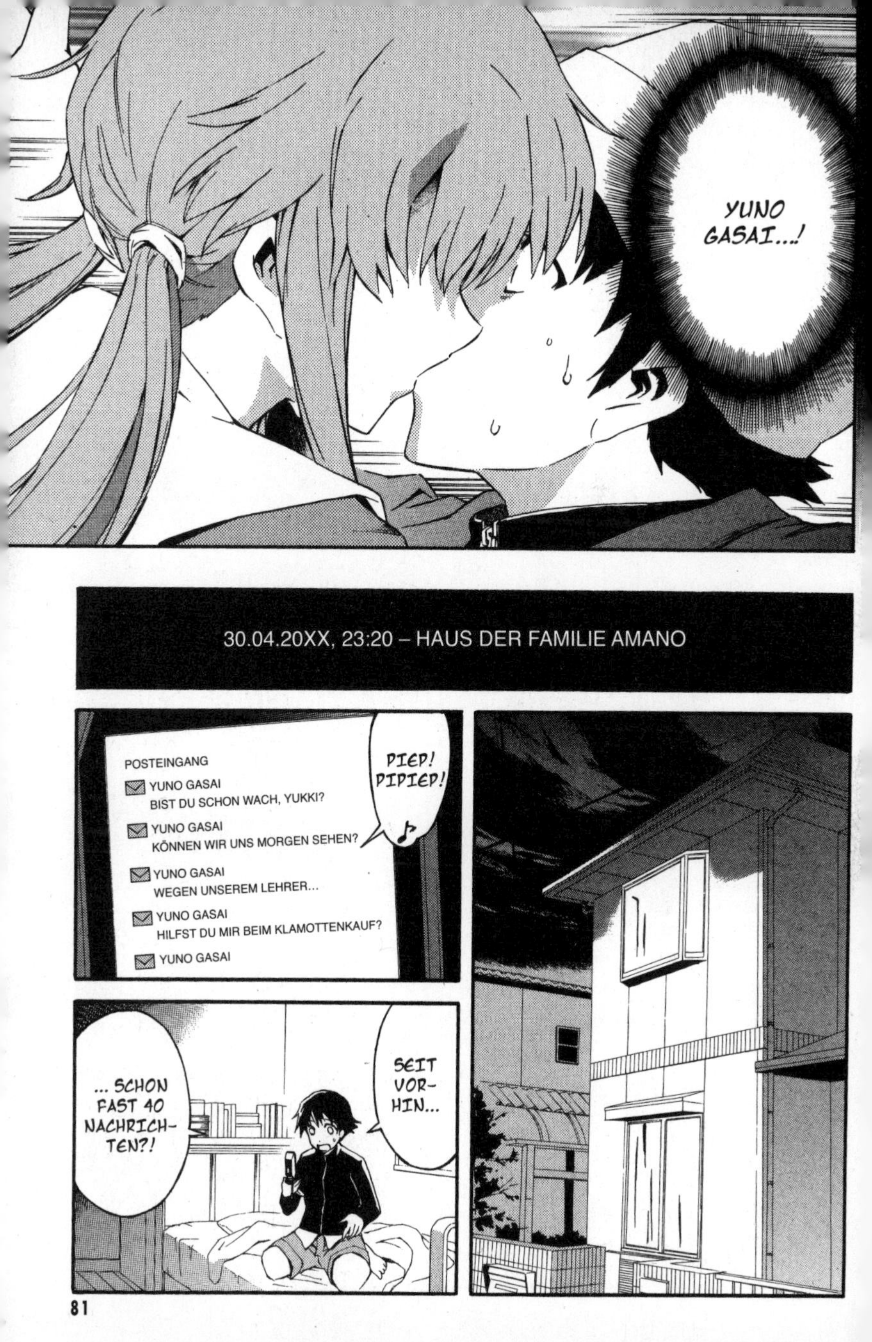

YUNO GASAI…!

30.04.20XX, 23:20 – HAUS DER FAMILIE AMANO

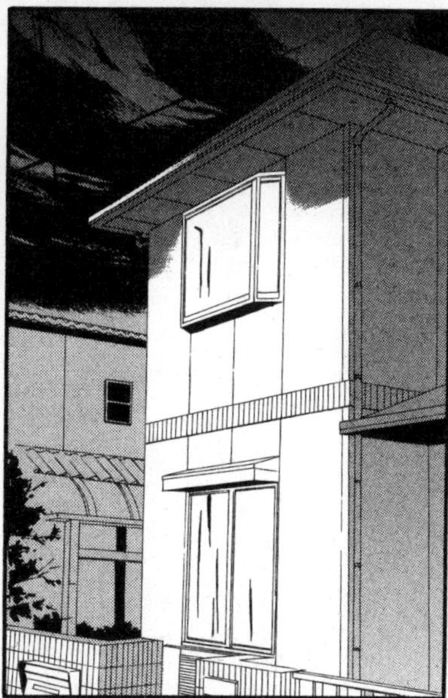

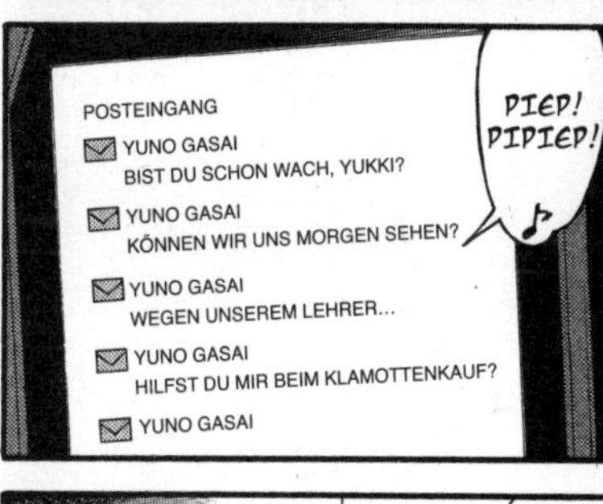


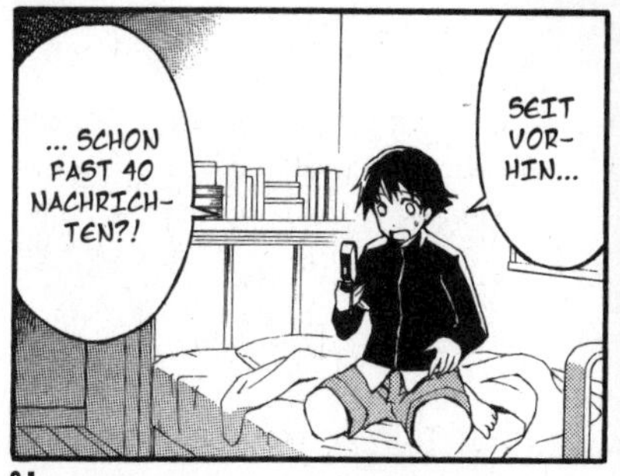

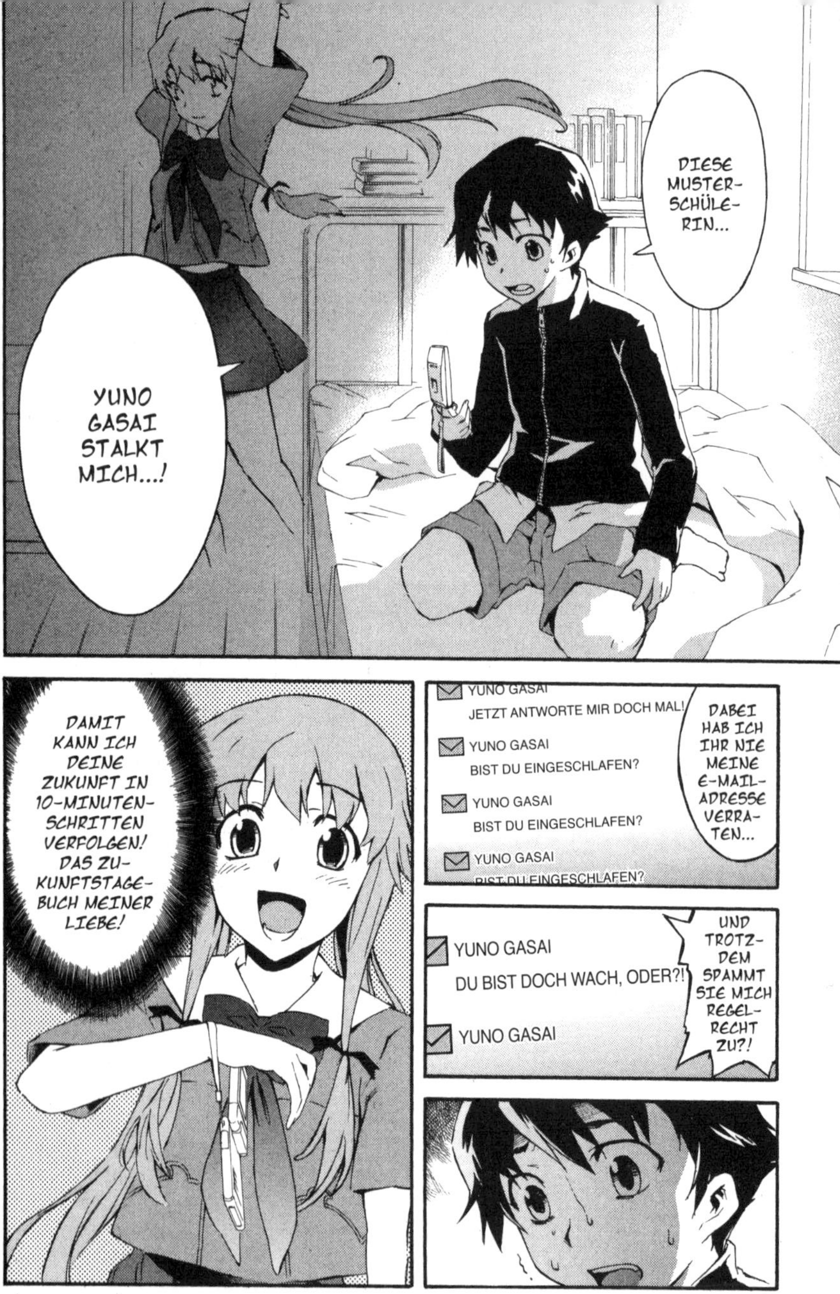

DIESE MUSTER-SCHÜLE-RIN...

YUNO GASAI STALKT MICH...!

YUNO GASAI
JETZT ANTWORTE MIR DOCH MAL!
YUNO GASAI
BIST DU EINGESCHLAFEN?
YUNO GASAI
BIST DU EINGESCHLAFEN?
YUNO GASAI
BIST DU EINGESCHLAFEN?

DABEI HAB ICH IHR NIE MEINE E-MAIL-ADRESSE VERRATEN...

YUNO GASAI
DU BIST DOCH WACH, ODER?!
YUNO GASAI

UND TROTZDEM SPAMMT SIE MICH REGELRECHT ZU?!

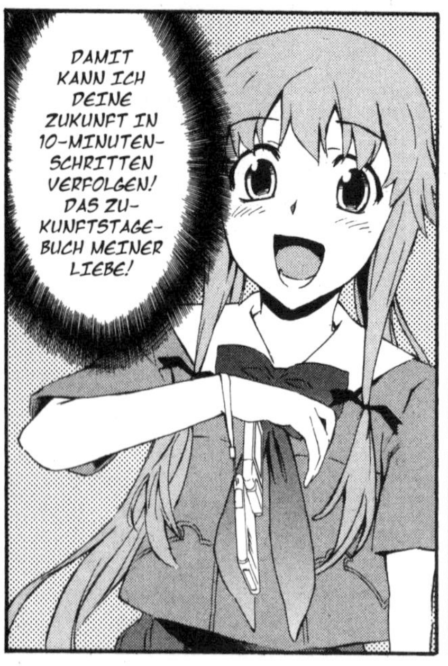


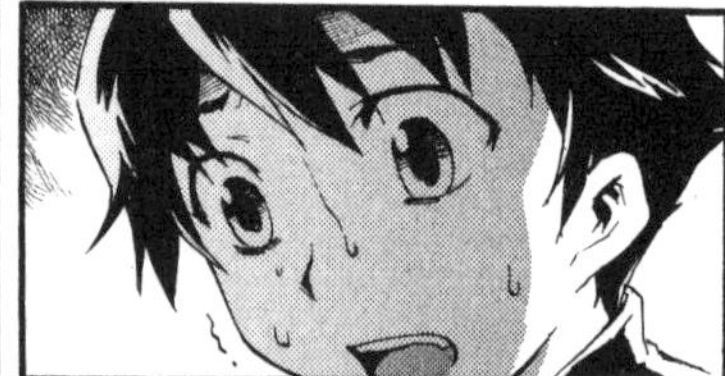

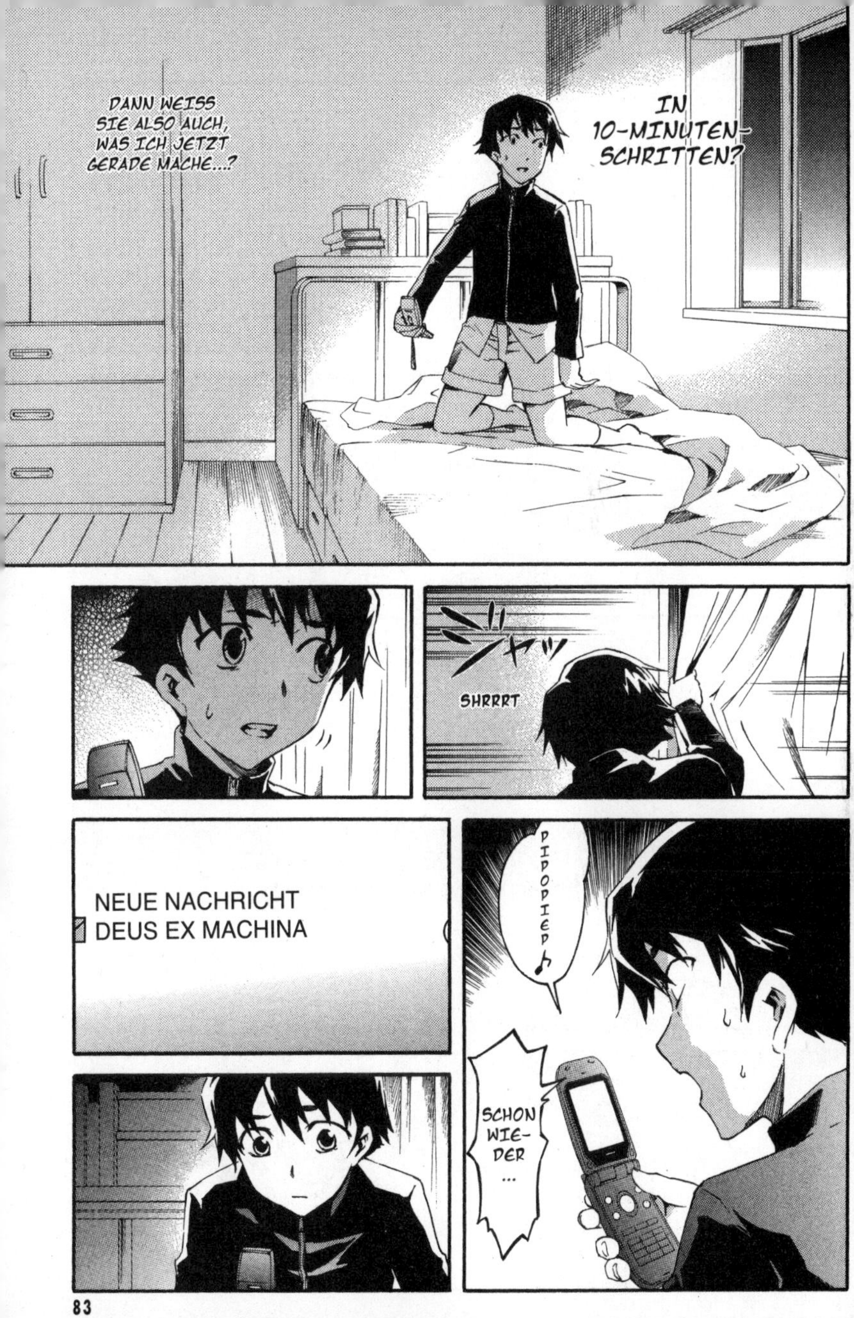

IN 10-MINUTEN-SCHRITTEN?

DANN WEISS SIE ALSO AUCH, WAS ICH JETZT GERADE MACHE...?

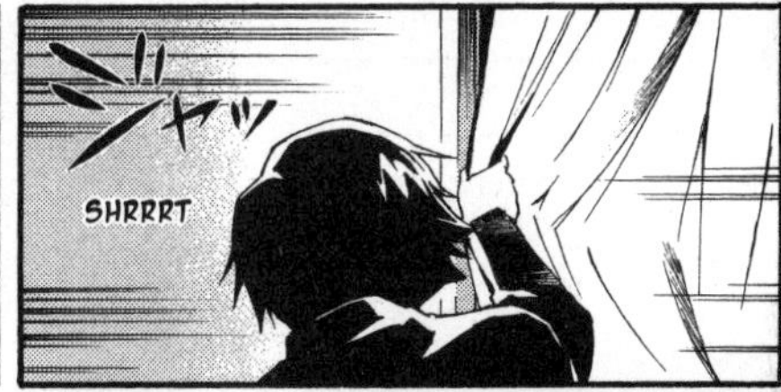


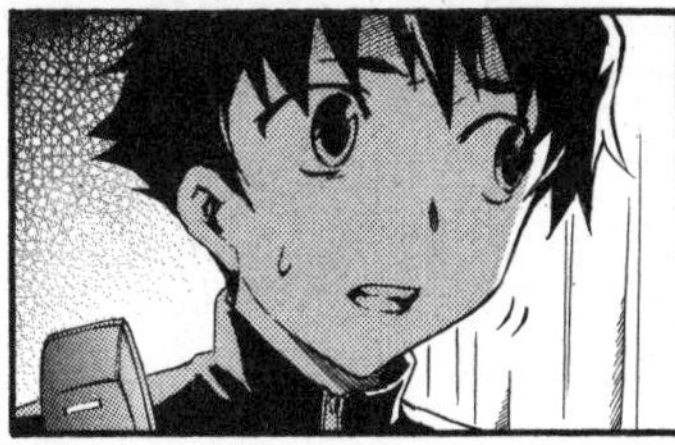

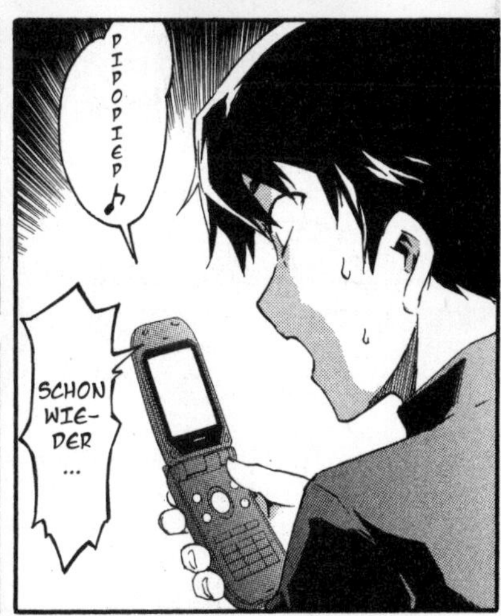


NEUE NACHRICHT
DEUS EX MACHINA

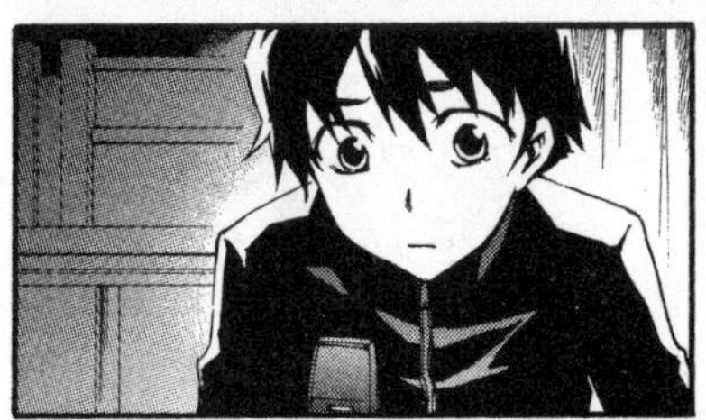

 DEUS EX MACHINA (KÖNIG VON RAUM UND ZEIT)

DU BIST HERZLICH ZUR ZUSAMMENKUNFT EINGELADEN, YUKITERU AMANO!

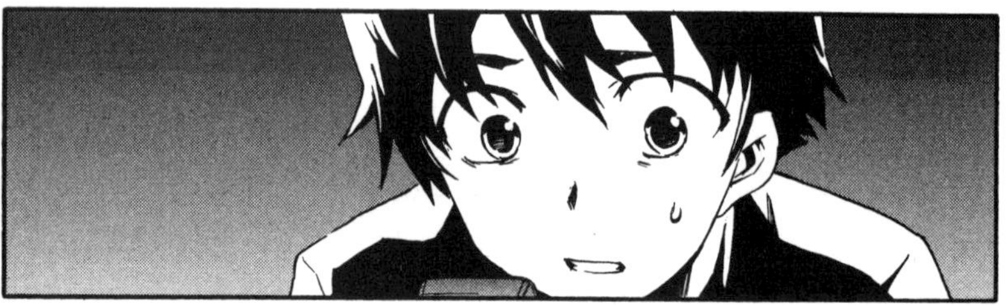

■ ICH VERANSTALTE EINE KLEINE PARTY, UM ALLEN BESITZERN EINES ZUKUNFTSTAGEBUCHS DIE REGELN DIESES SPIELS AUF LEBEN UND TOD ZU ERKLÄREN.

ZEIT: 01.05.20XX, MITTERNACHT
ORT: 38. KATHEDRALE DER KAUSALITÄT
(MURMUR WIRD DICH HINBRINGEN)

ICH ERWARTE DIE FREIWILLIGE TEILNAHME ALLER!

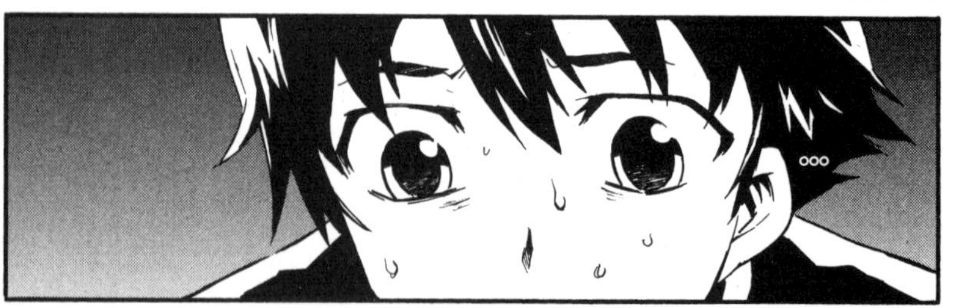

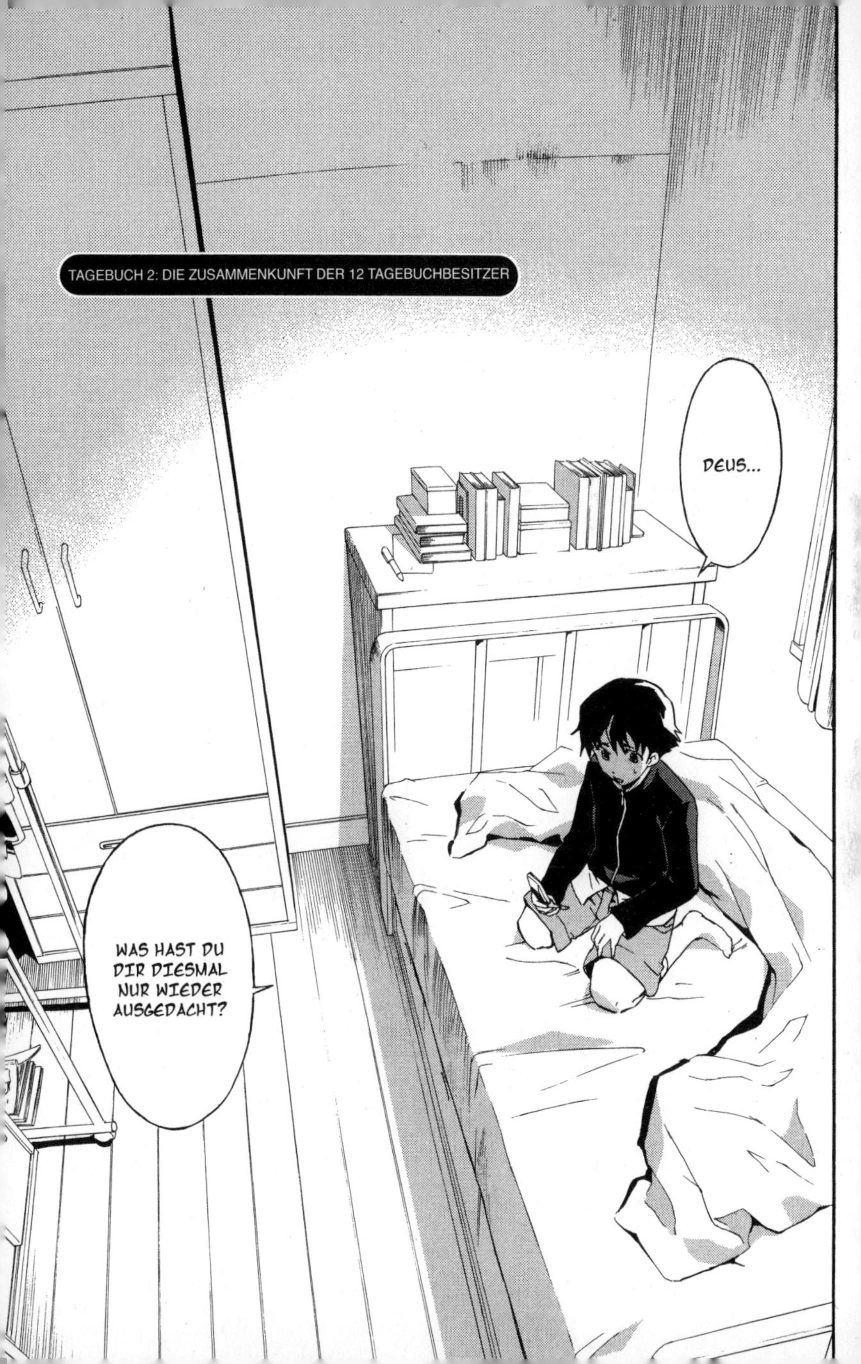
TAGEBUCH 2: DIE ZUSAMMENKUNFT DER 12 TAGEBUCHBESITZER
DEUS...
WAS HAST DU DIR DIESMAL NUR WIEDER AUSGEDACHT?

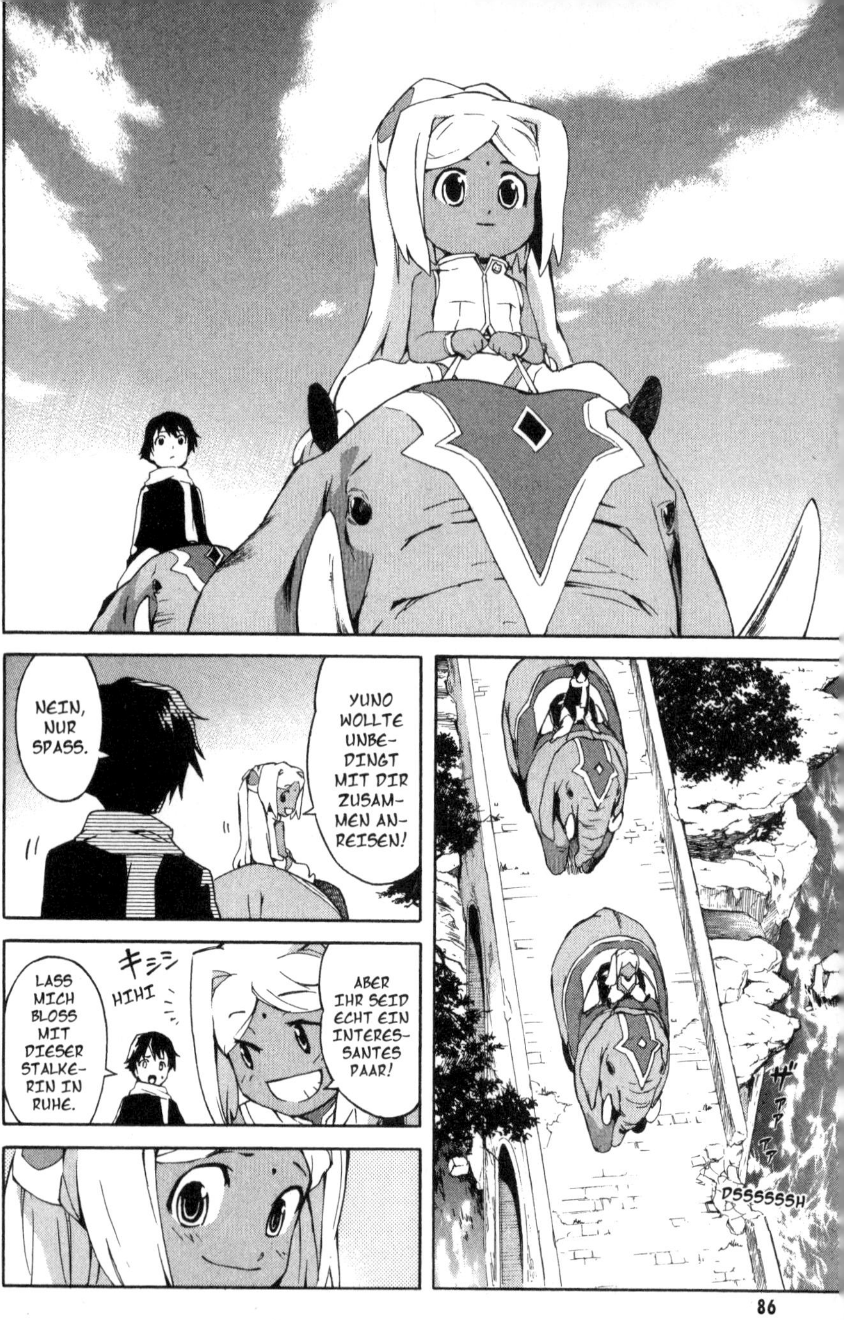

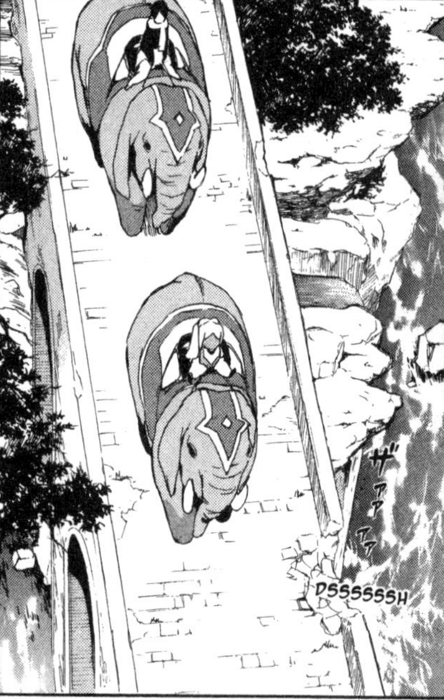
ザァァァ
DSSSSSSH

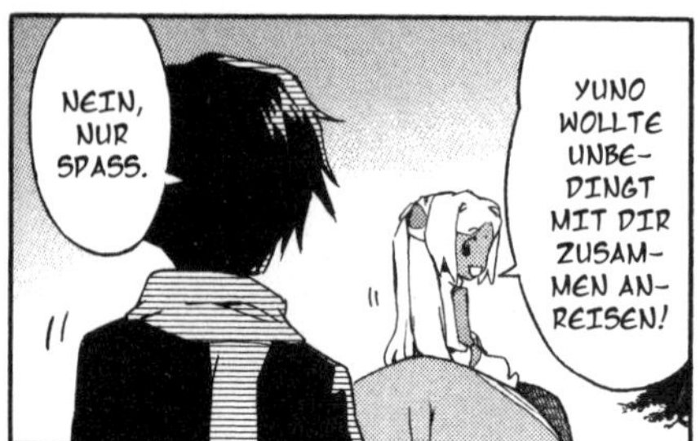
YUNO WOLLTE UNBE-DINGT MIT DIR ZUSAM-MEN AN-REISEN!
NEIN, NUR SPASS.

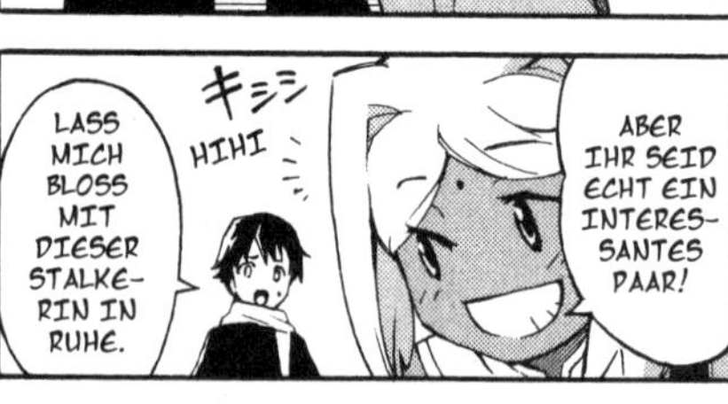
ABER IHR SEID ECHT EIN INTERES-SANTES PAAR!
キシシ
HIHI
LASS MICH BLOSS MIT DIESER STALKE-RIN IN RUHE.

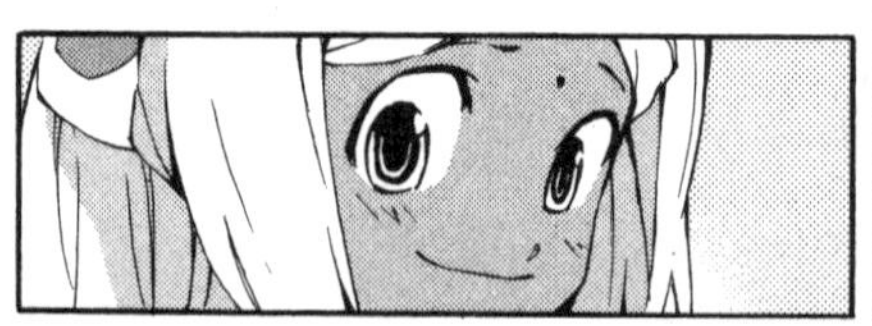

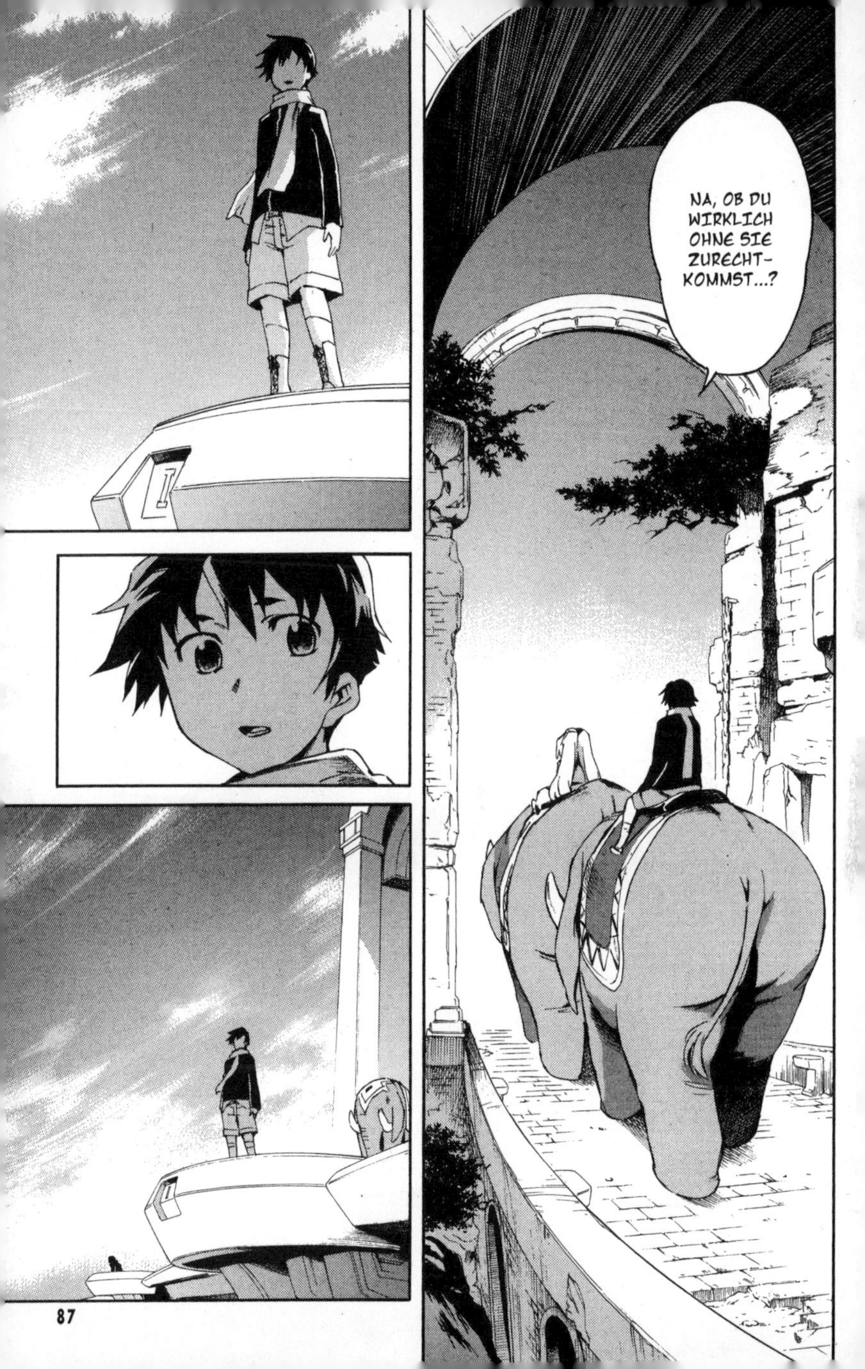

NA, OB DU WIRKLICH OHNE SIE ZURECHT-KOMMST...?

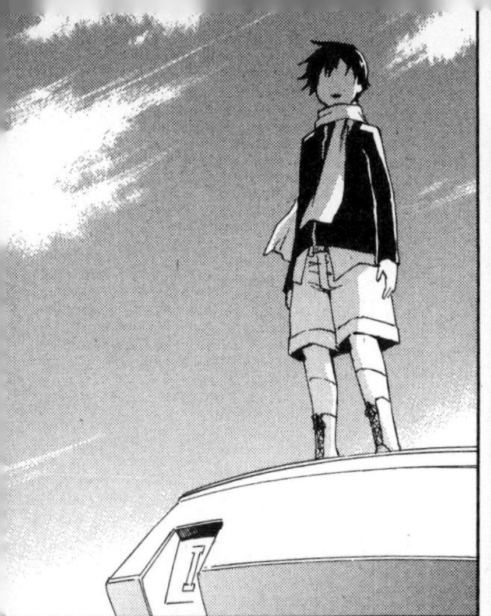

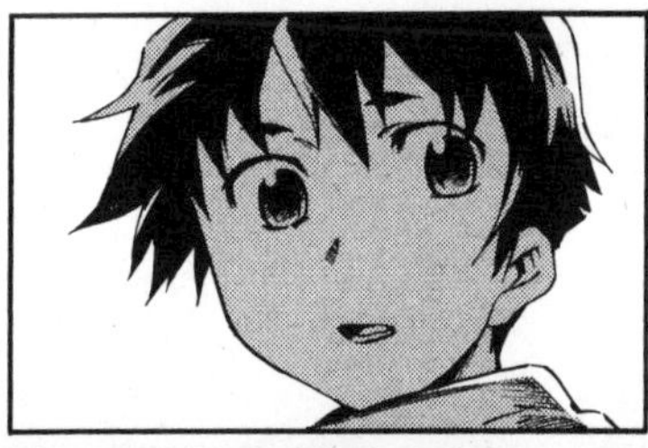

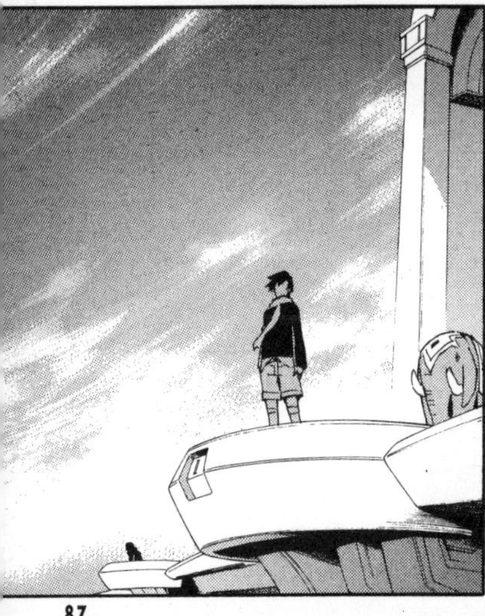

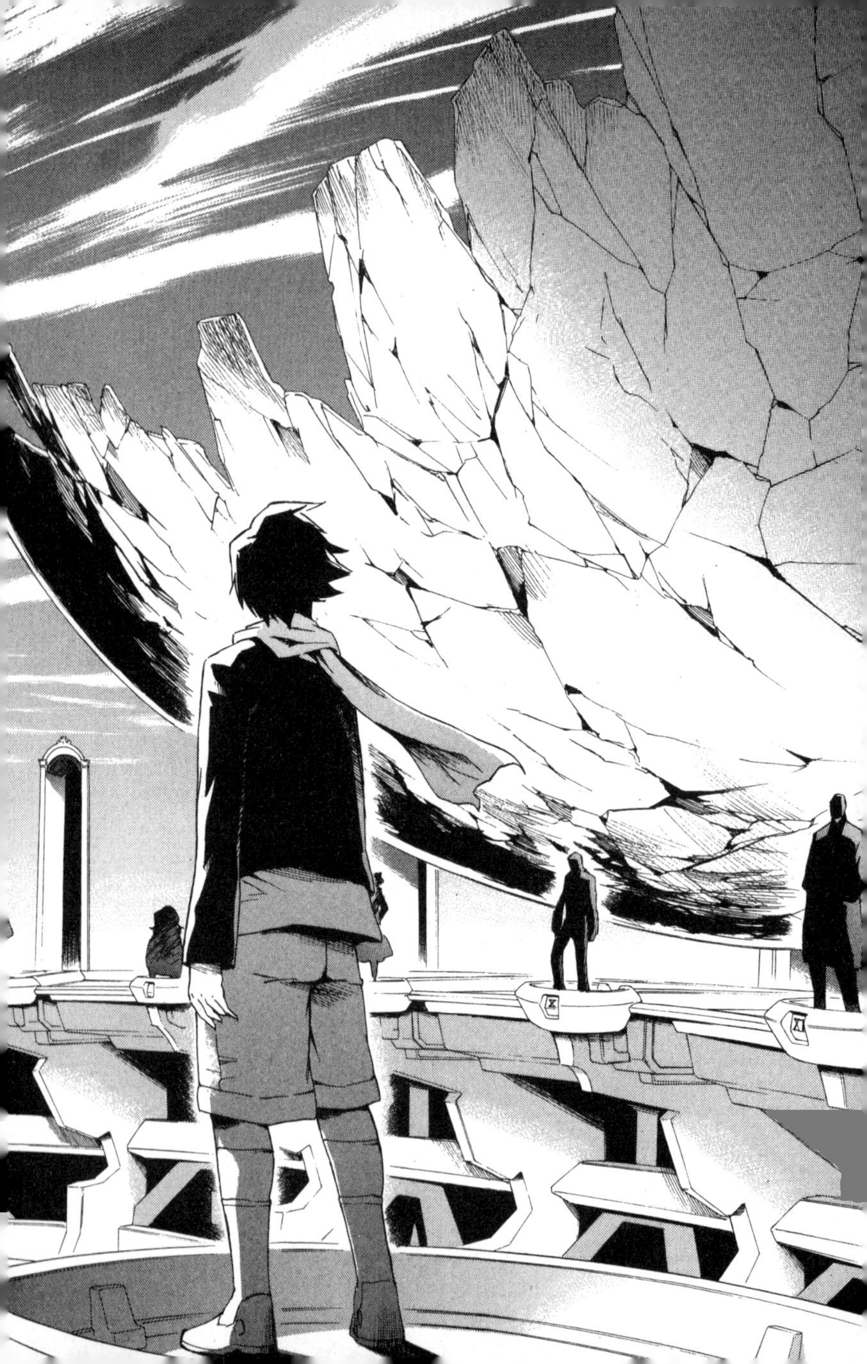

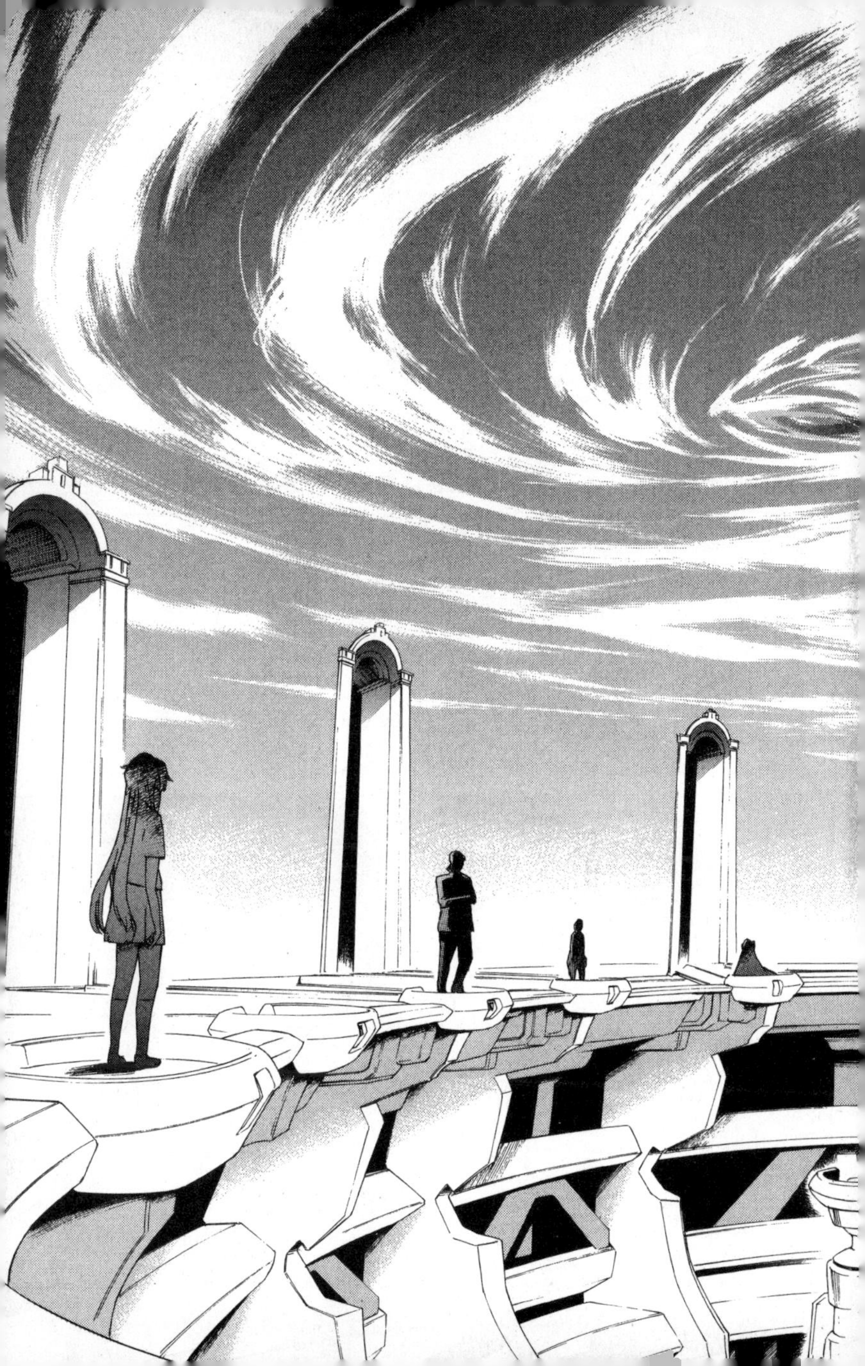

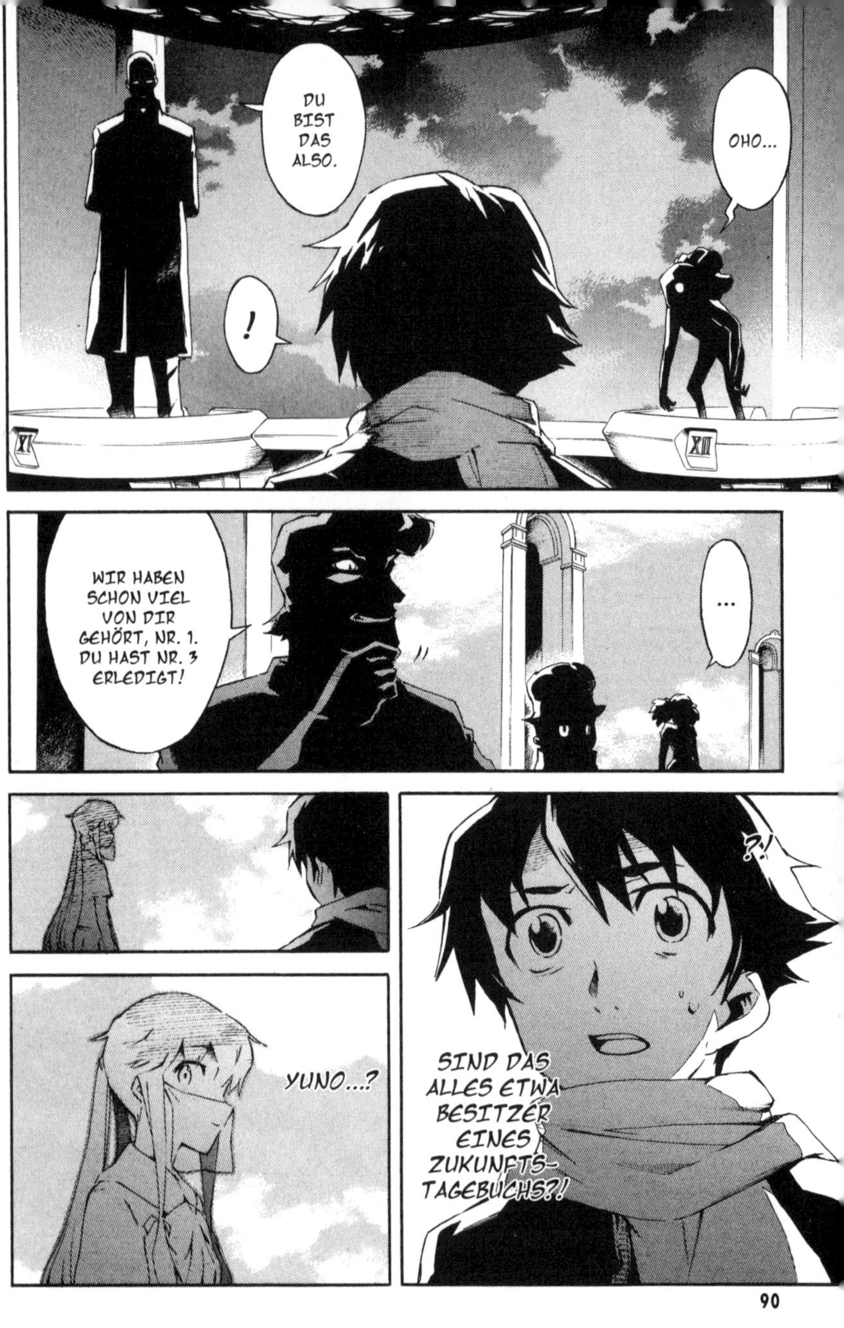

OHO...
DU BIST DAS ALSO.
!

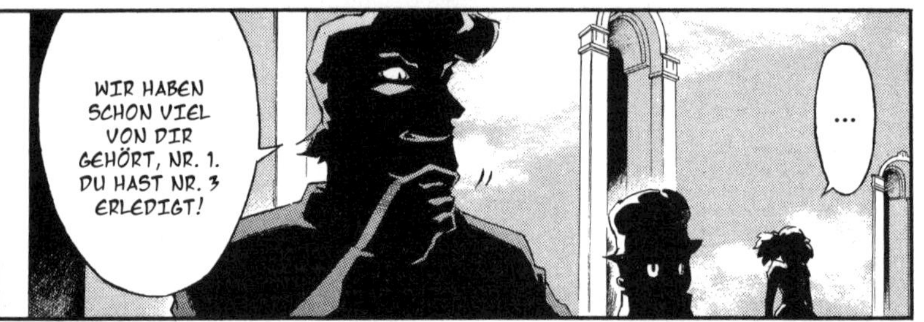


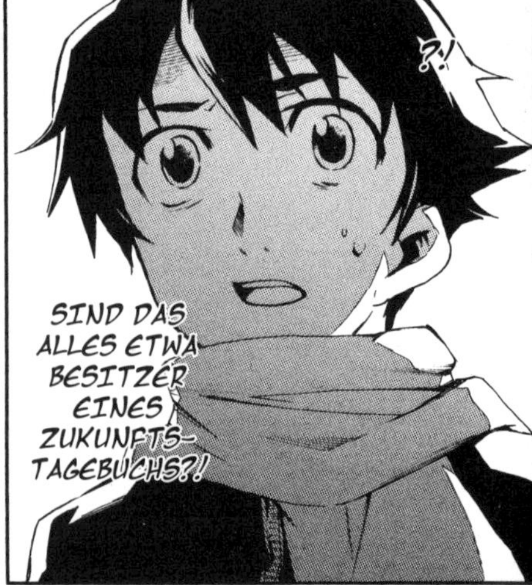


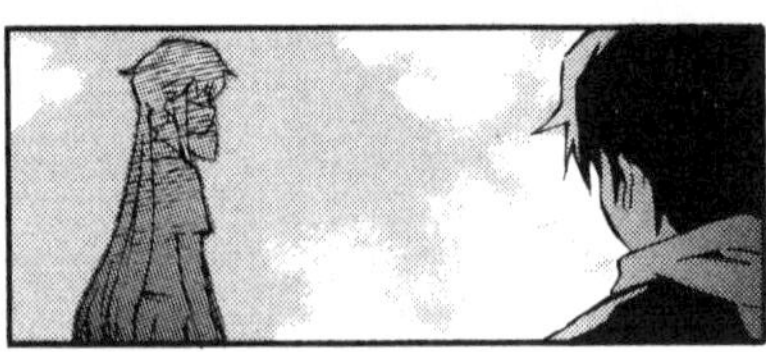

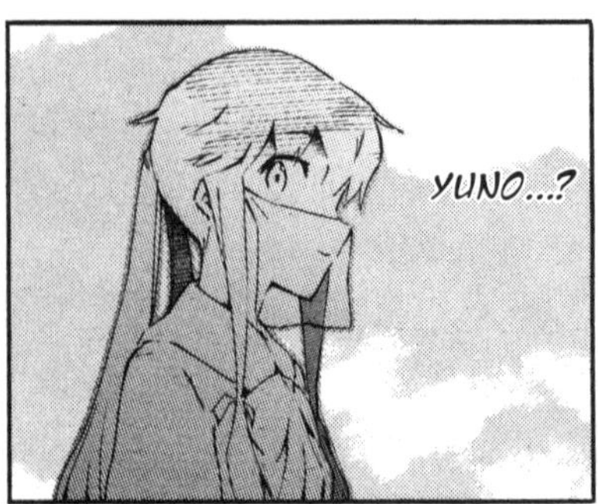

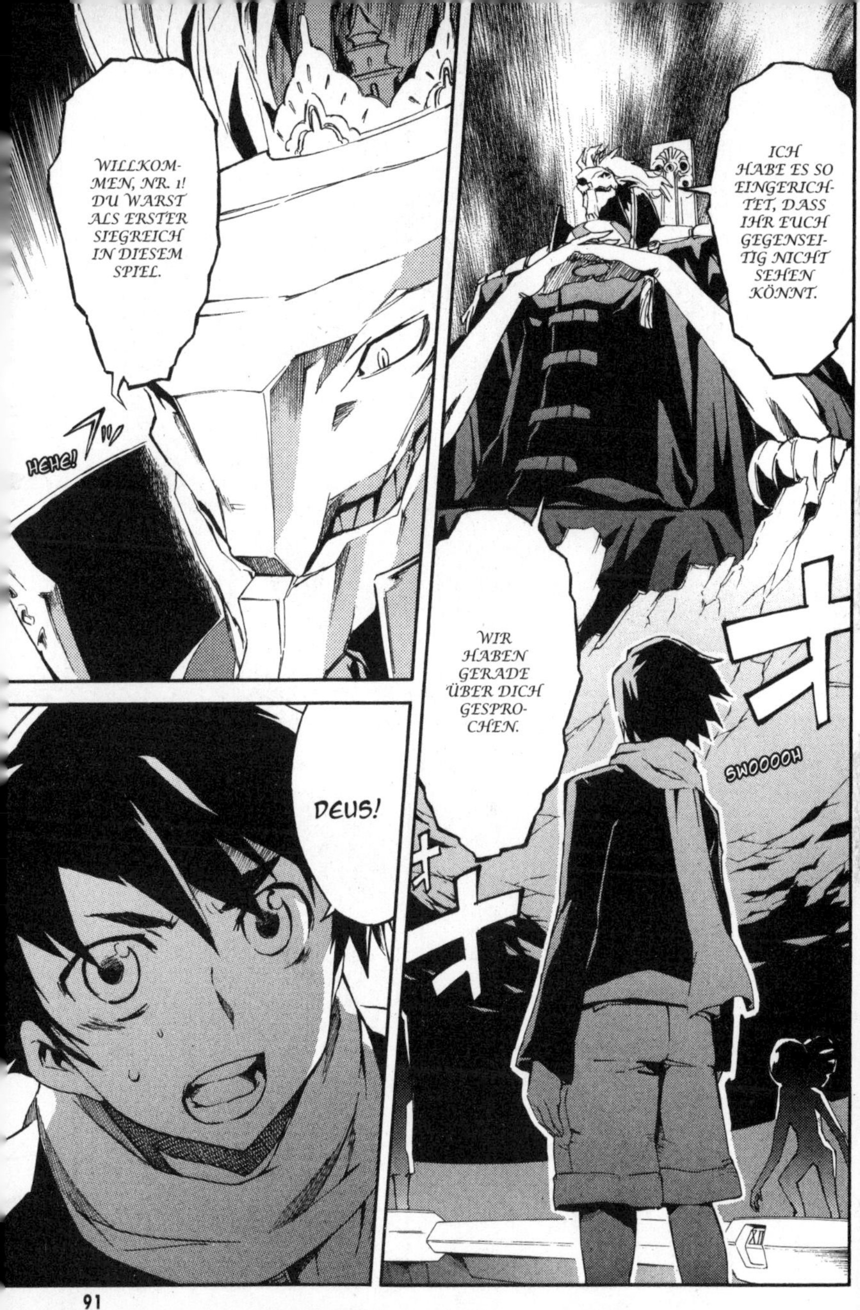
ICH HABE ES SO EINGERICH-TET, DASS IHR EUCH GEGENSEI-TIG NICHT SEHEN KÖNNT.
WIR HABEN GERADE ÜBER DICH GESPRO-CHEN.
SWOOOOH
WILLKOM-MEN, NR. 1! DU WARST ALS ERSTER SIEGREICH IN DIESEM SPIEL.
HEHE!
DEUS!

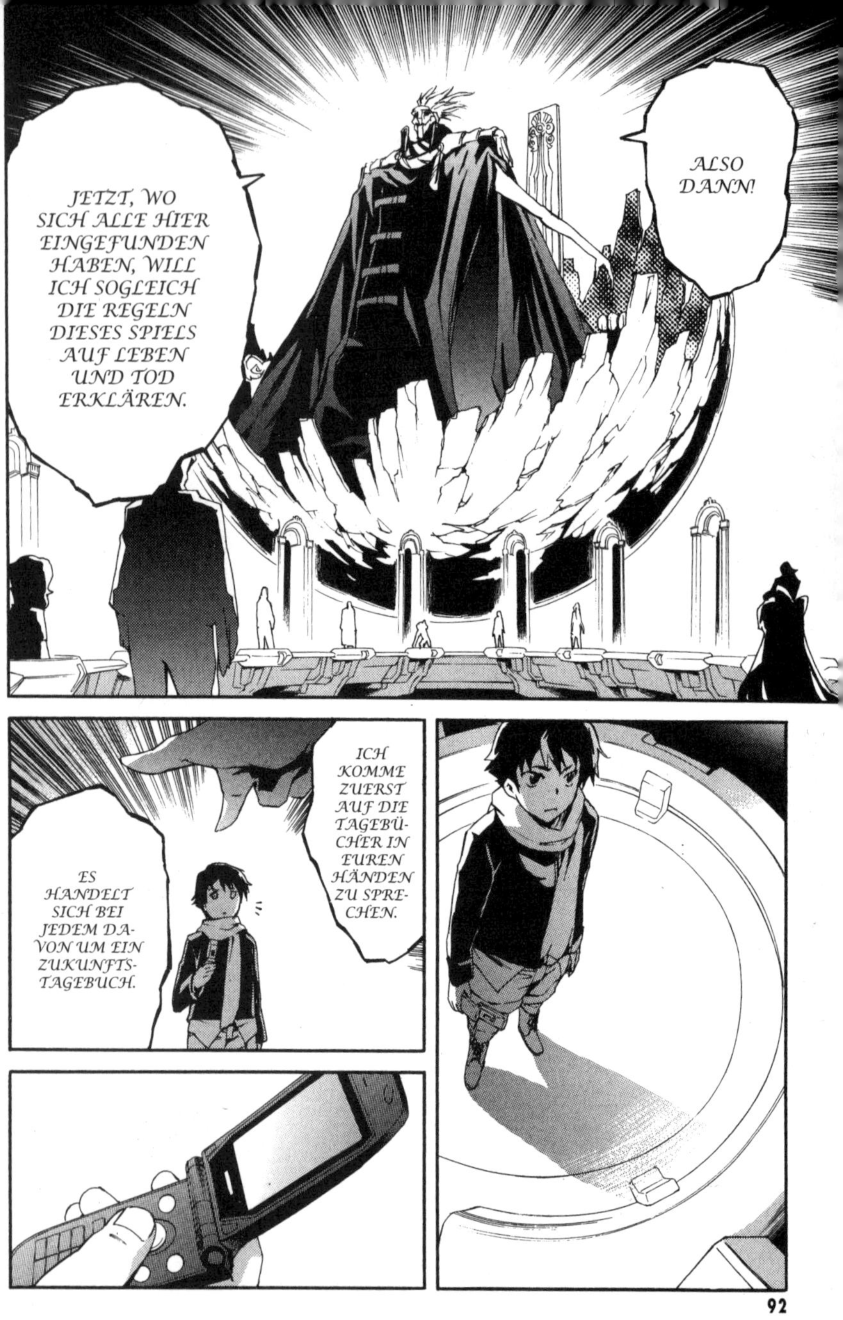

ALSO DANN!

JETZT, WO SICH ALLE HIER EINGEFUNDEN HABEN, WILL ICH SOGLEICH DIE REGELN DIESES SPIELS AUF LEBEN UND TOD ERKLÄREN.

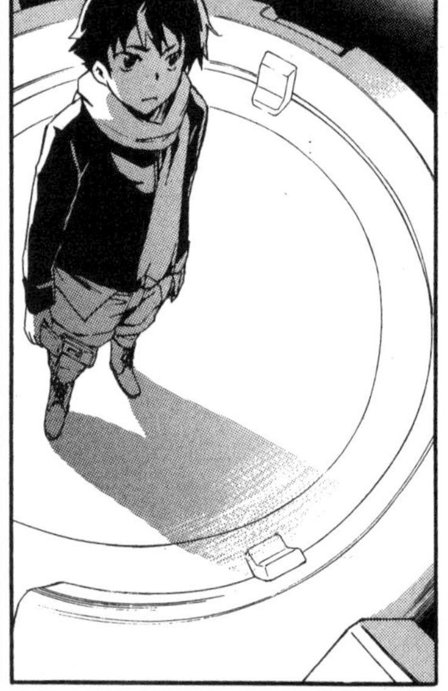

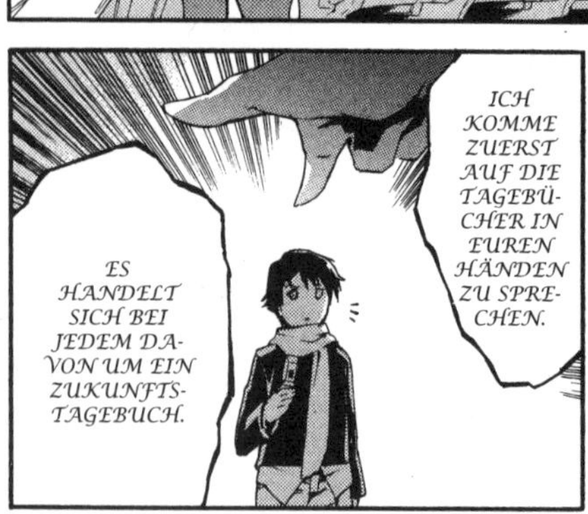


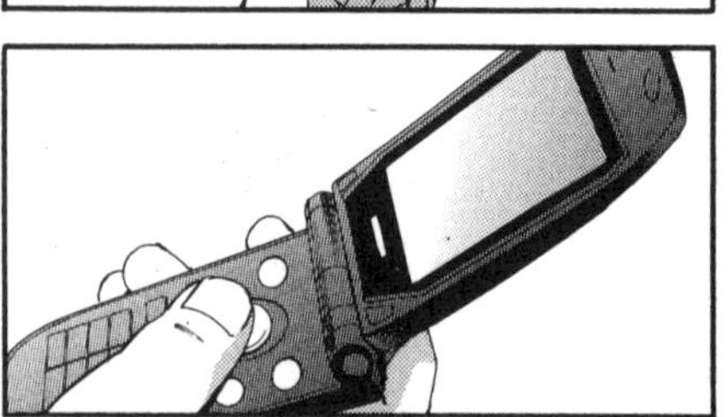

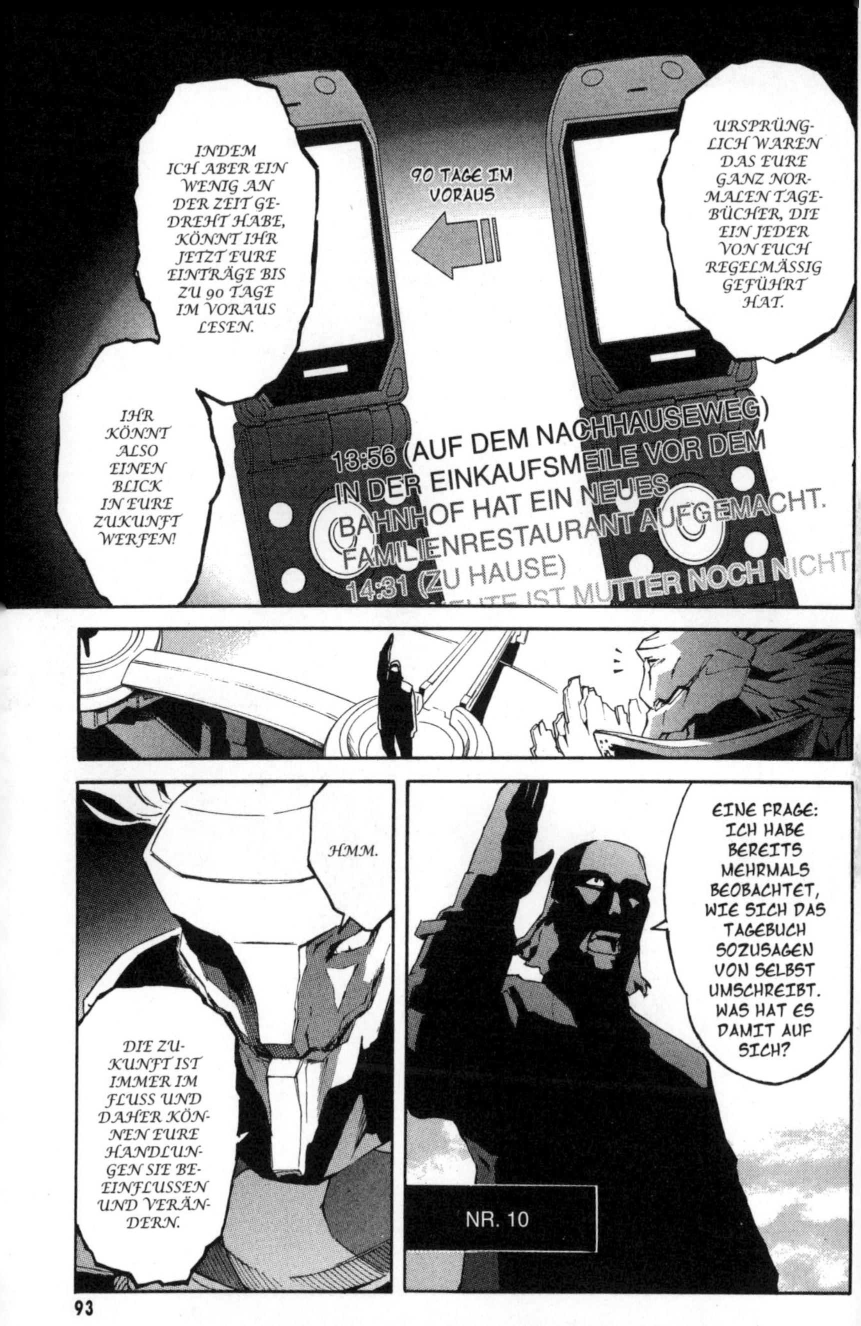

URSPRÜNGLICH WAREN DAS EURE GANZ NORMALEN TAGEBÜCHER, DIE EIN JEDER VON EUCH REGELMÄSSIG GEFÜHRT HAT.

90 TAGE IM VORAUS

INDEM ICH ABER EIN WENIG AN DER ZEIT GEDREHT HABE, KÖNNT IHR JETZT EURE EINTRÄGE BIS ZU 90 TAGE IM VORAUS LESEN.

IHR KÖNNT ALSO EINEN BLICK IN EURE ZUKUNFT WERFEN!

13:56 (AUF DEM NACHHAUSEWEG) IN DER EINKAUFSMEILE VOR DEM BAHNHOF HAT EIN NEUES FAMILIENRESTAURANT AUFGEMACHT.
14:31 (ZU HAUSE)
... IST MUTTER NOCH NICHT

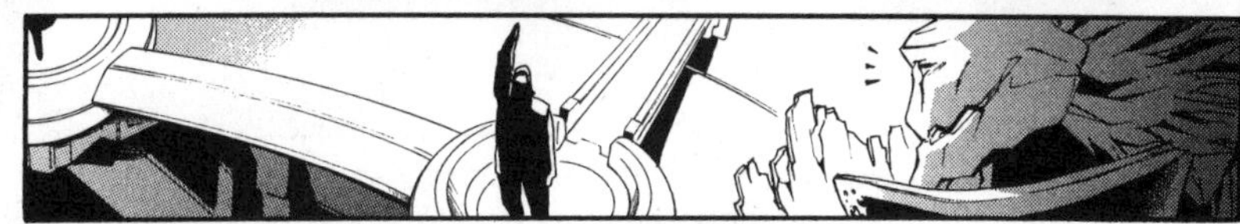

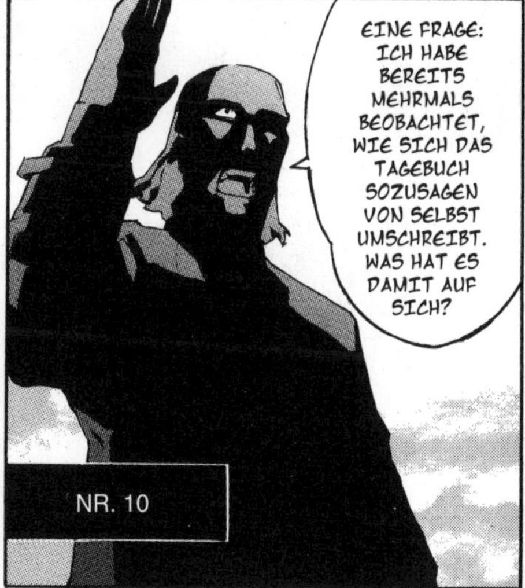


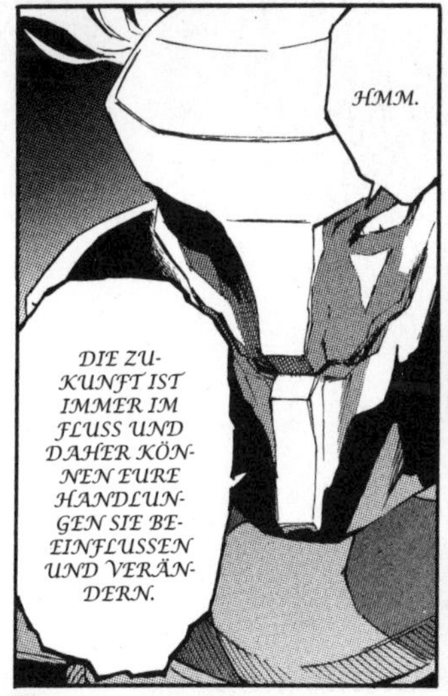

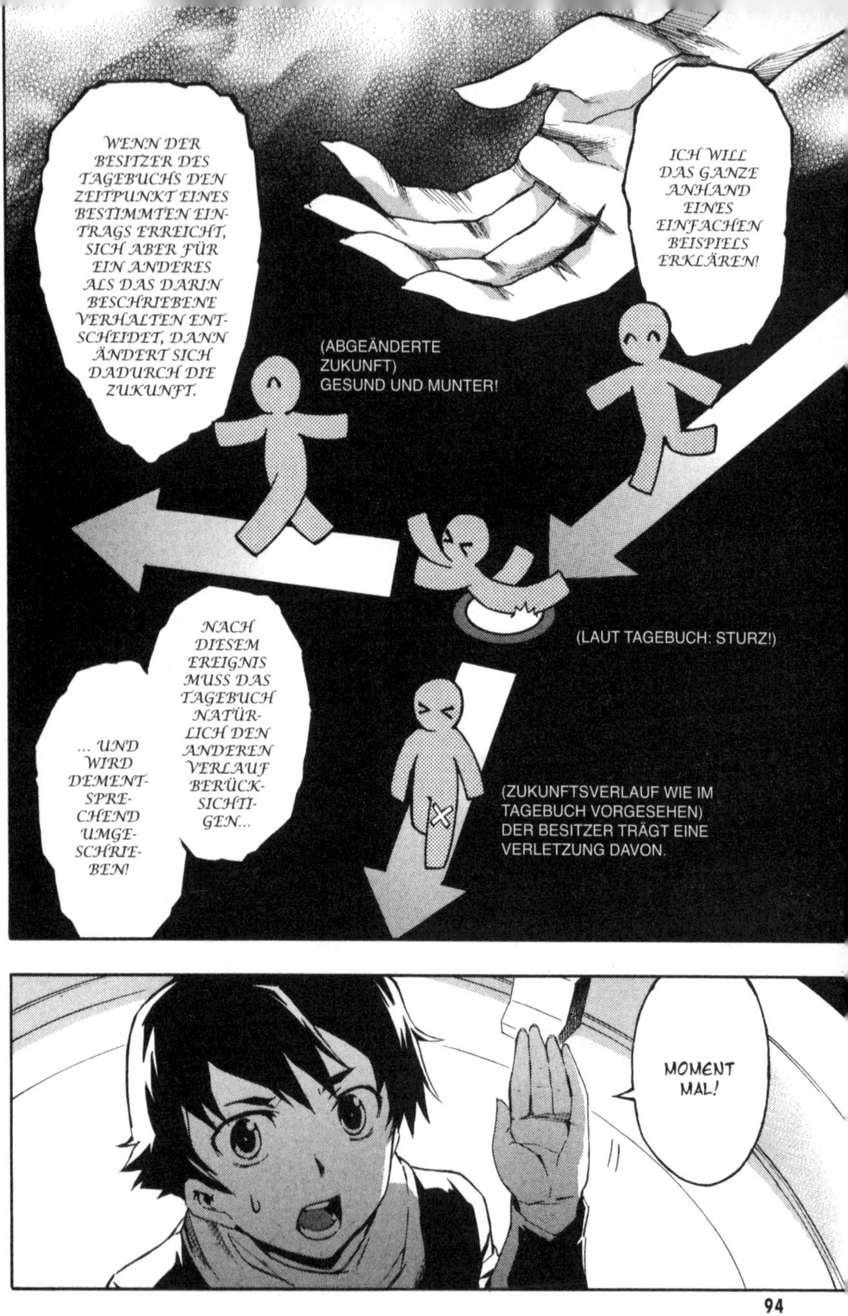

ICH WILL DAS GANZE ANHAND EINES EINFACHEN BEISPIELS ERKLÄREN!

WENN DER BESITZER DES TAGEBUCHS DEN ZEITPUNKT EINES BESTIMMTEN EINTRAGS ERREICHT, SICH ABER FÜR EIN ANDERES ALS DAS DARIN BESCHRIEBENE VERHALTEN ENTSCHEIDET, DANN ÄNDERT SICH DADURCH DIE ZUKUNFT.

(ABGEÄNDERTE ZUKUNFT)
GESUND UND MUNTER!

(LAUT TAGEBUCH: STURZ!)

(ZUKUNFTSVERLAUF WIE IM TAGEBUCH VORGESEHEN)
DER BESITZER TRÄGT EINE VERLETZUNG DAVON.

NACH DIESEM EREIGNIS MUSS DAS TAGEBUCH NATÜRLICH DEN ANDEREN VERLAUF BERÜCKSICHTIGEN...

... UND WIRD DEMENTSPRECHEND UMGESCHRIEBEN!

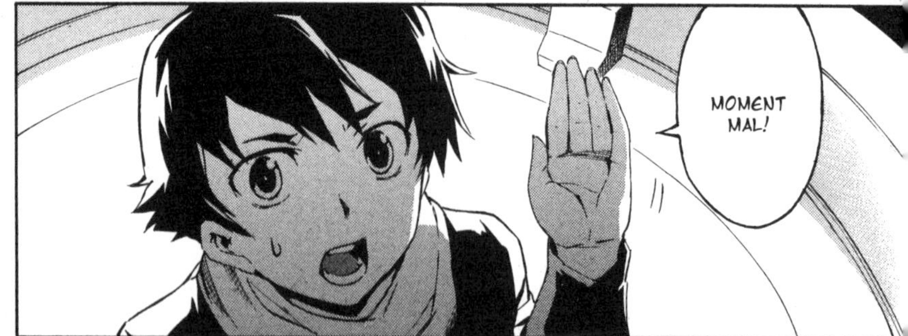

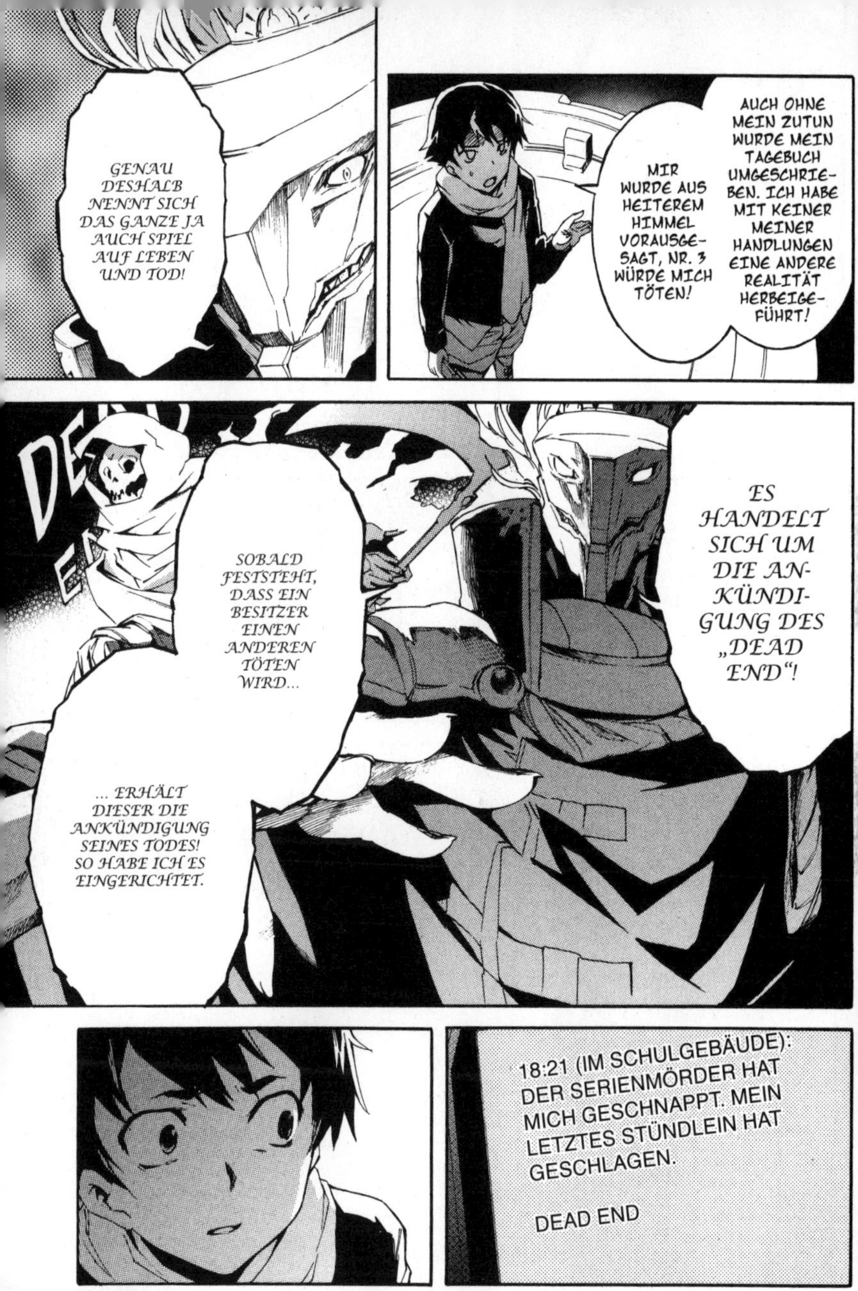

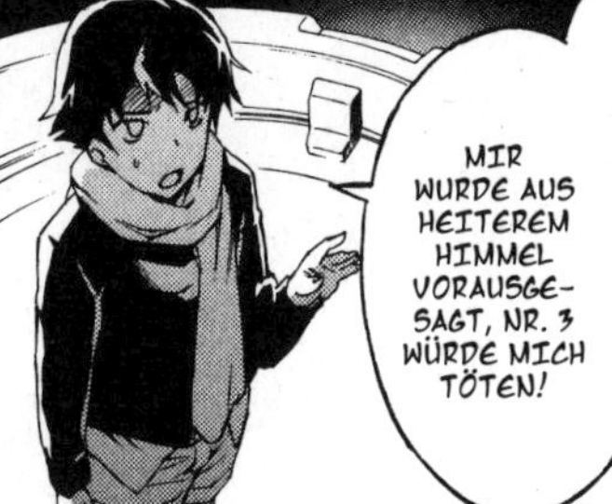


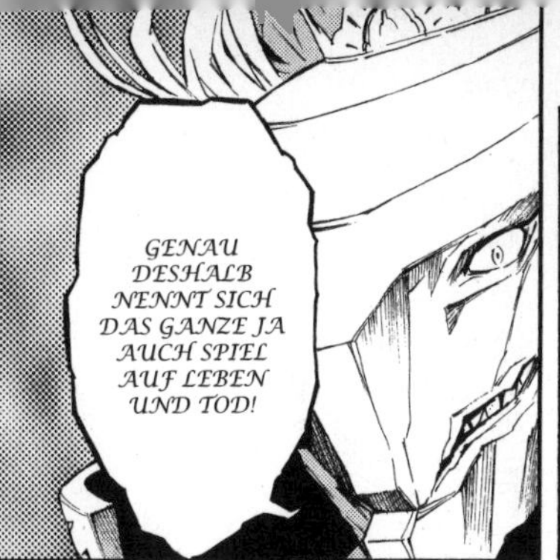


ES HANDELT SICH UM DIE AN-KÜNDI-GUNG DES „DEAD END“!

SOBALD FESTSTEHT, DASS EIN BESITZER EINEN ANDEREN TÖTEN WIRD...

... ERHÄLT DIESER DIE ANKÜNDIGUNG SEINES TODES! SO HABE ICH ES EINGERICHTET.

18:21 (IM SCHULGEBÄUDE): DER SERIENMÖRDER HAT MICH GESCHNAPPT. MEIN LETZTES STÜNDLEIN HAT GESCHLAGEN.

DEAD END

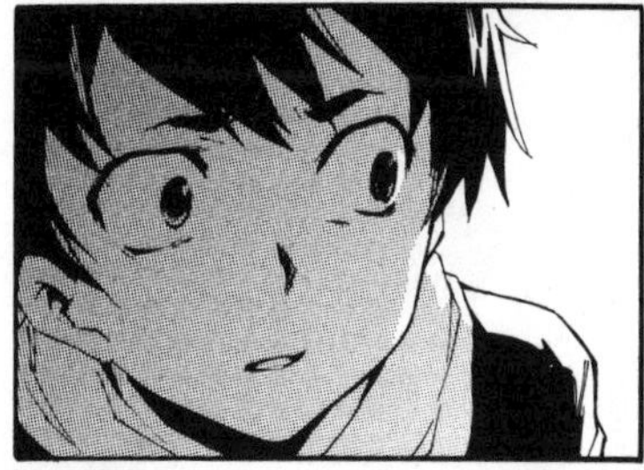

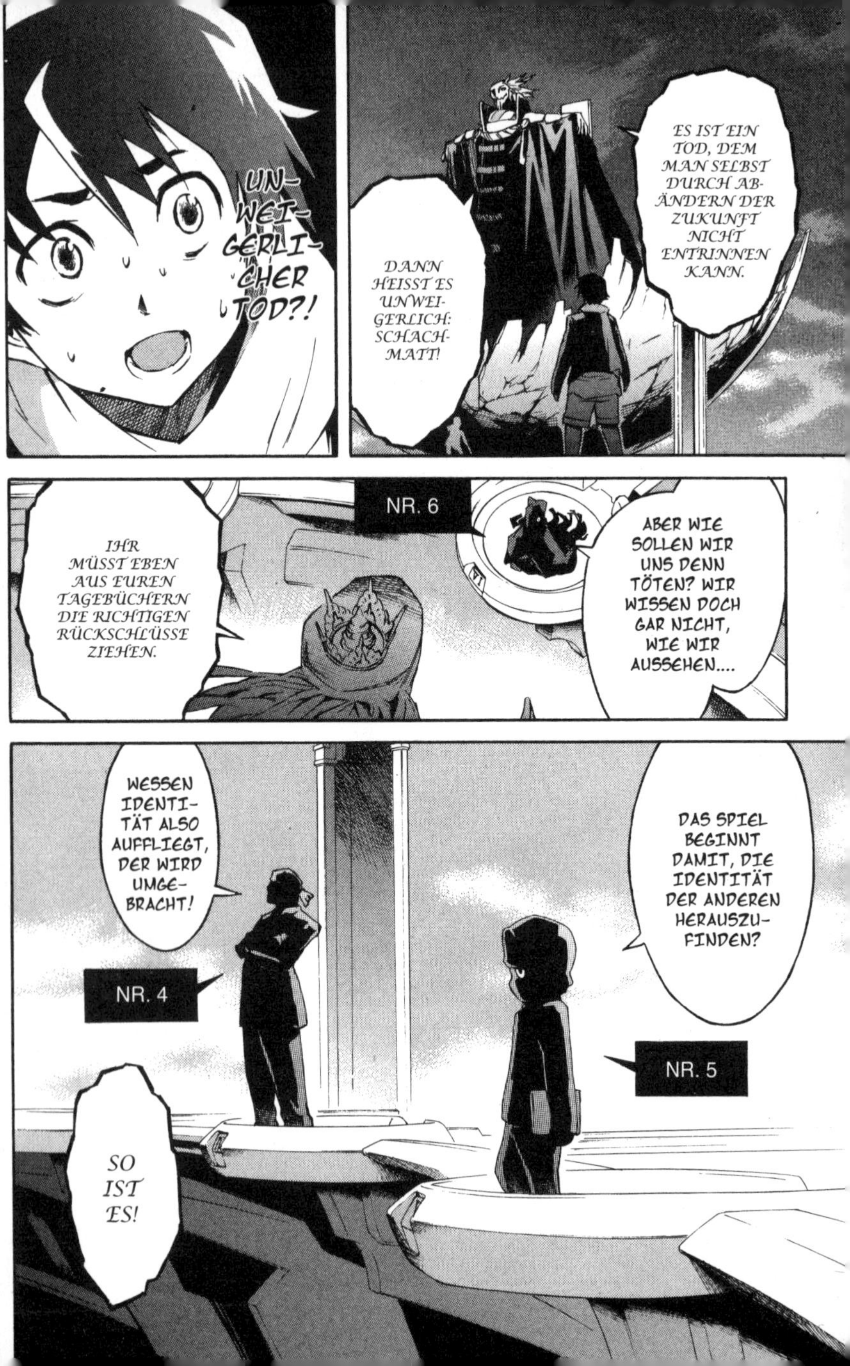

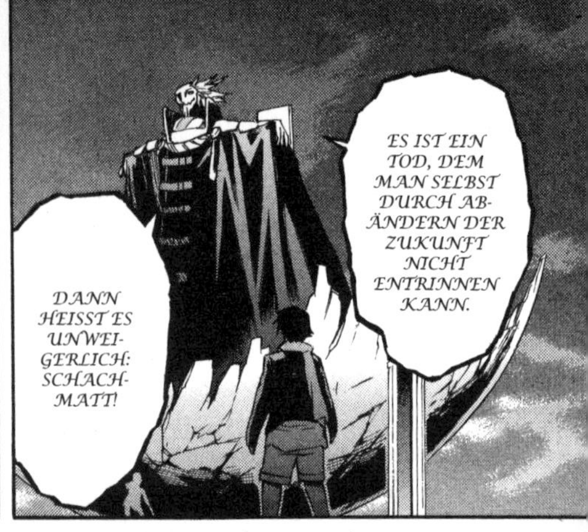


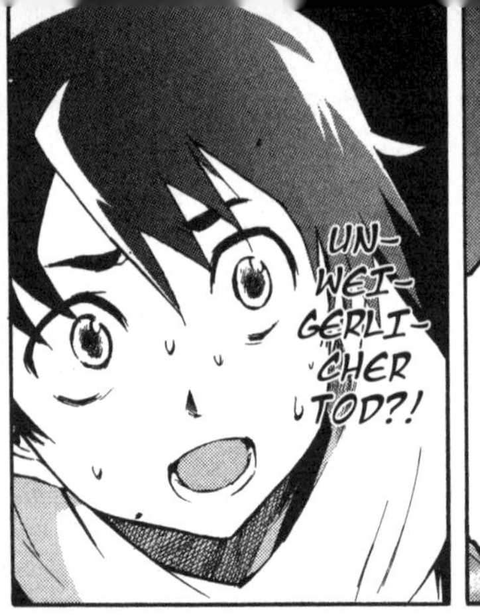


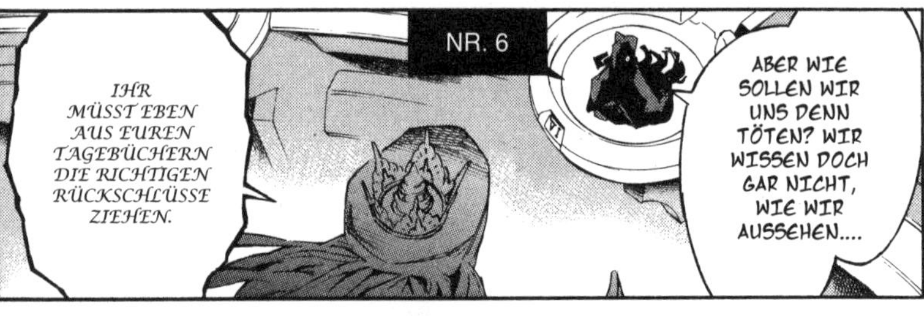


NR. 5
DAS SPIEL BEGINNT DAMIT, DIE IDENTITÄT DER ANDEREN HERAUSZUFINDEN?
NR. 4
WESSEN IDENTITÄT ALSO AUFFLIEGT, DER WIRD UMGEBRACHT!
SO IST ES!

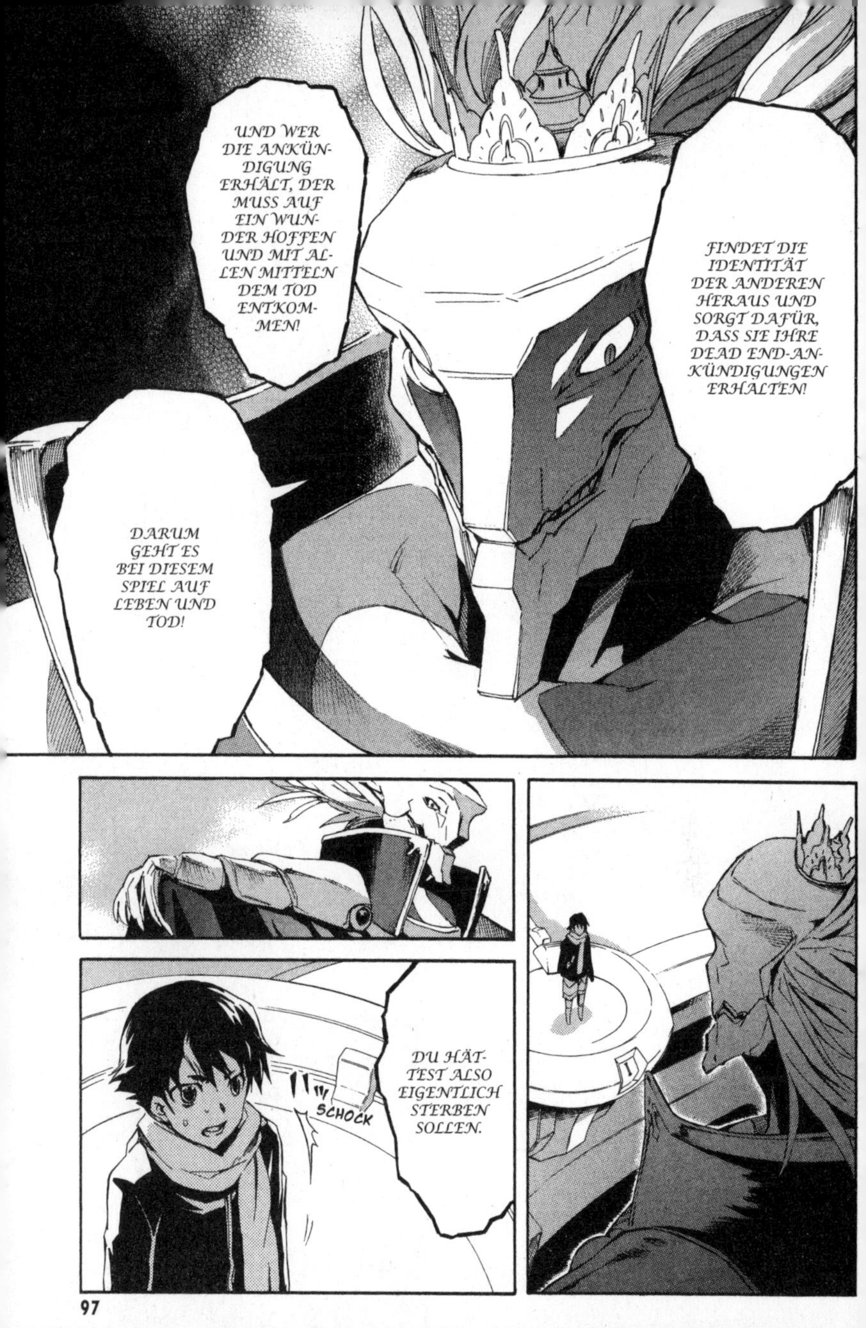

FINDET DIE IDENTITÄT DER ANDEREN HERAUS UND SORGT DAFÜR, DASS SIE IHRE DEAD END-ANKÜNDIGUNGEN ERHALTEN!
UND WER DIE ANKÜNDIGUNG ERHÄLT, DER MUSS AUF EIN WUNDER HOFFEN UND MIT ALLEN MITTELN DEM TOD ENTKOMMEN!
DARUM GEHT ES BEI DIESEM SPIEL AUF LEBEN UND TOD!

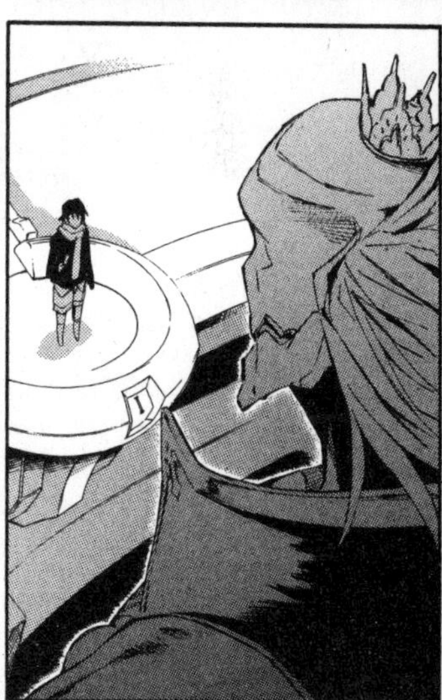

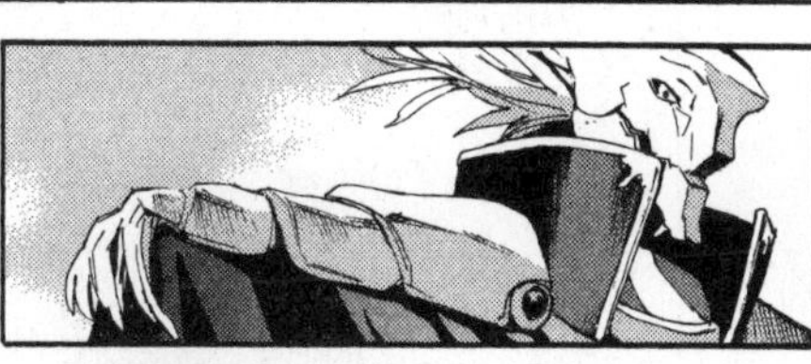

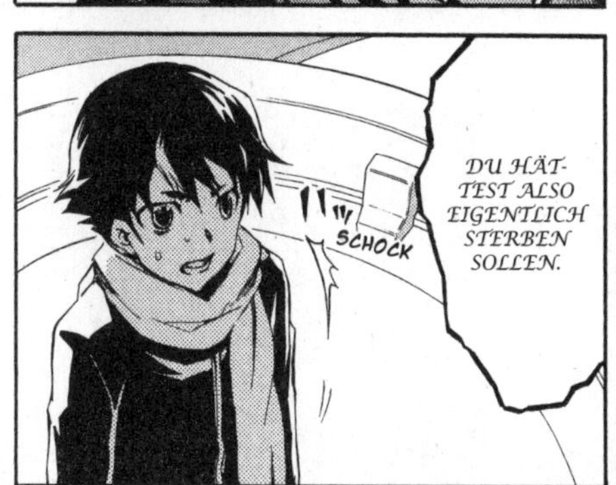
DU HÄTTEST ALSO EIGENTLICH STERBEN SOLLEN.
SCHOCK

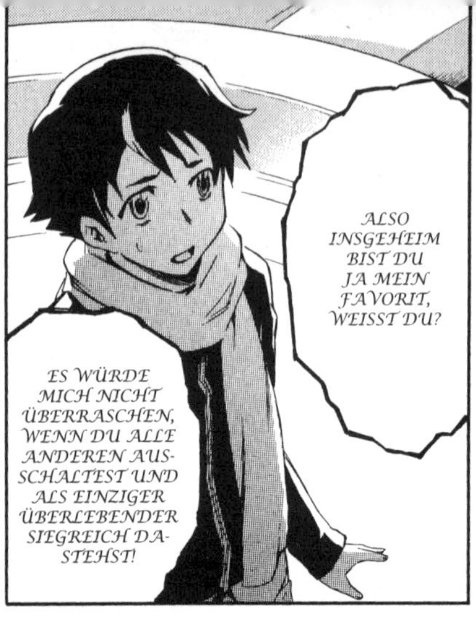

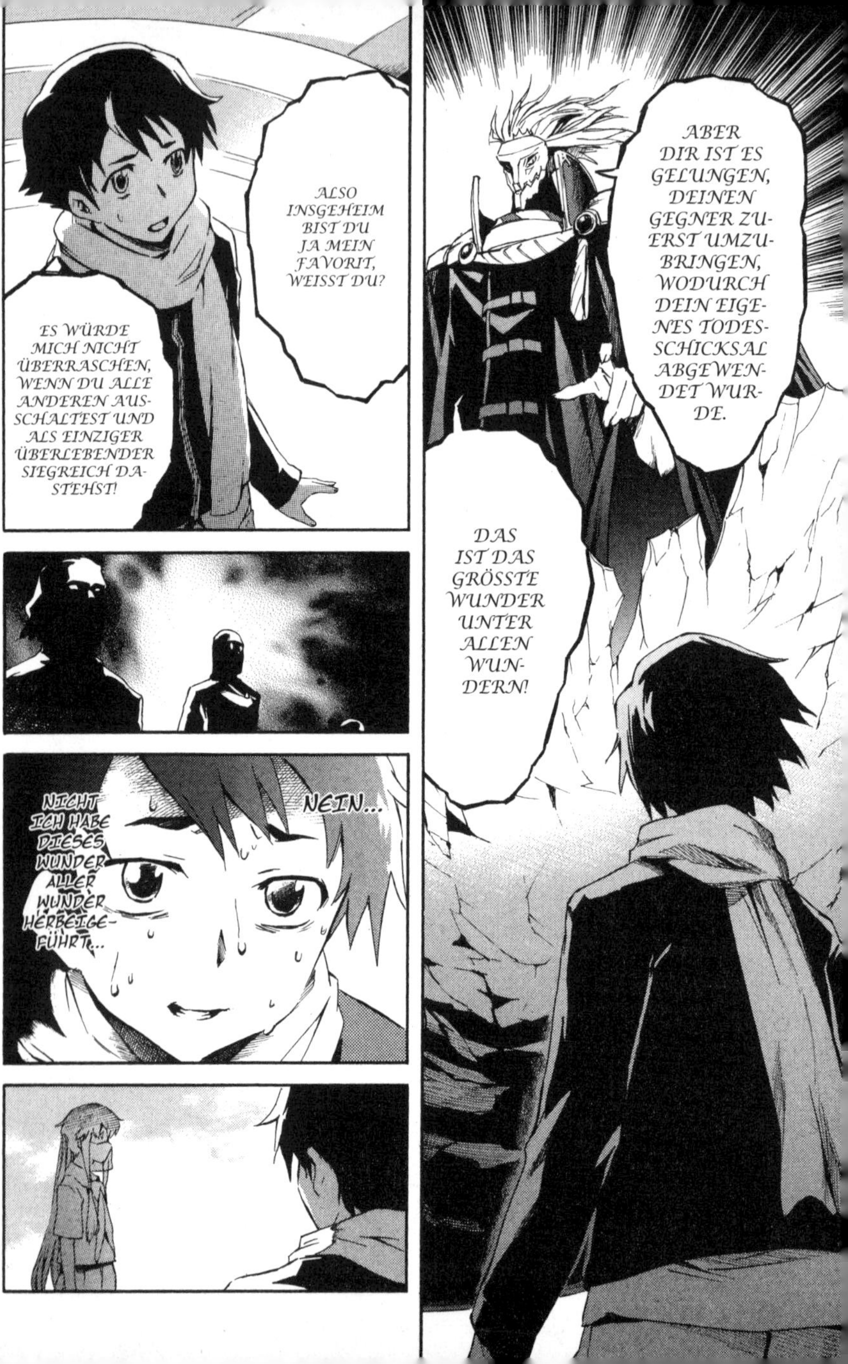

ABER DIR IST ES GELUNGEN, DEINEN GEGNER ZU-ERST UMZU-BRINGEN, WODURCH DEIN EIGE-NES TODES-SCHICKSAL ABGEWEN-DET WUR-DE.

DAS IST DAS GRÖSSTE WUNDER UNTER ALLEN WUN-DERN!

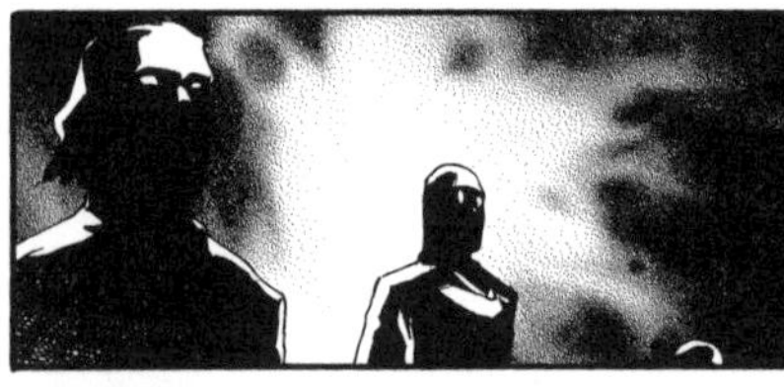

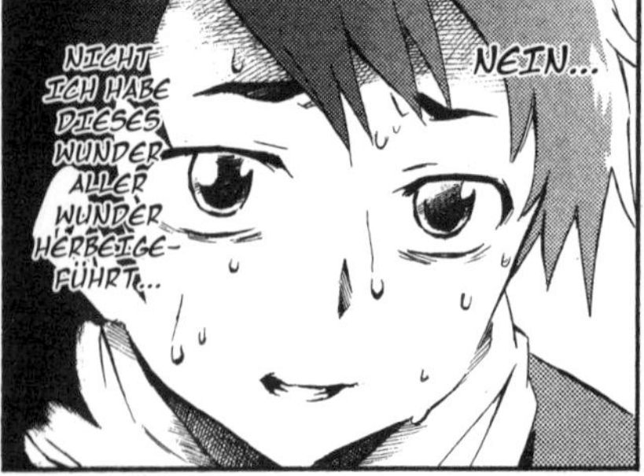


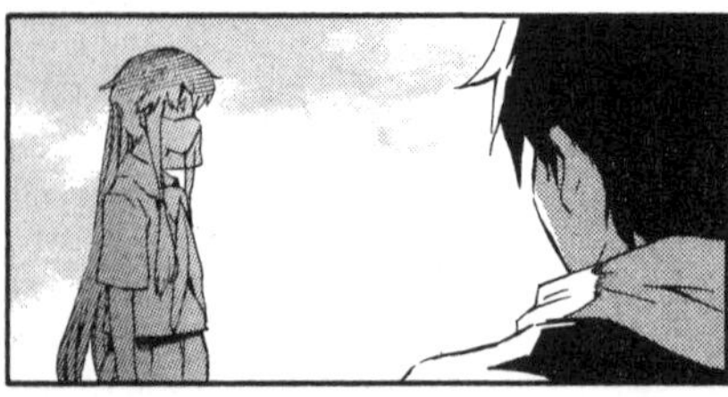

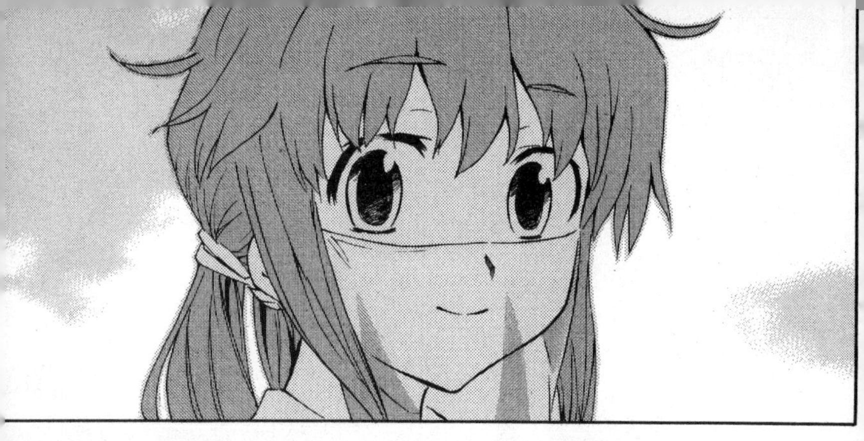

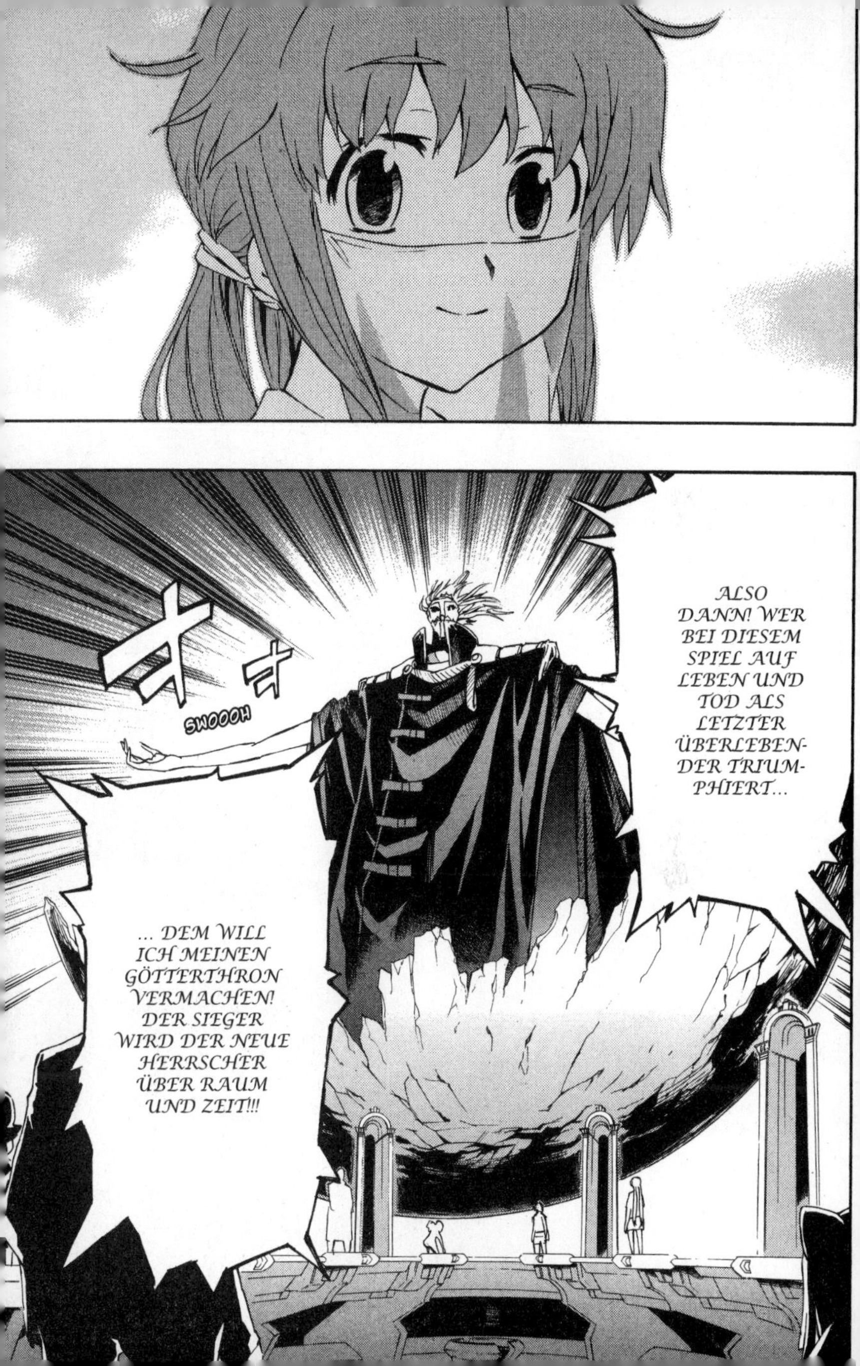

ALSO DANN! WER BEI DIESEM SPIEL AUF LEBEN UND TOD ALS LETZTER ÜBERLEBENDER TRIUMPHIERT…

SWOOOH

… DEM WILL ICH MEINEN GÖTTERTHRON VERMACHEN! DER SIEGER WIRD DER NEUE HERRSCHER ÜBER RAUM UND ZEIT!!!

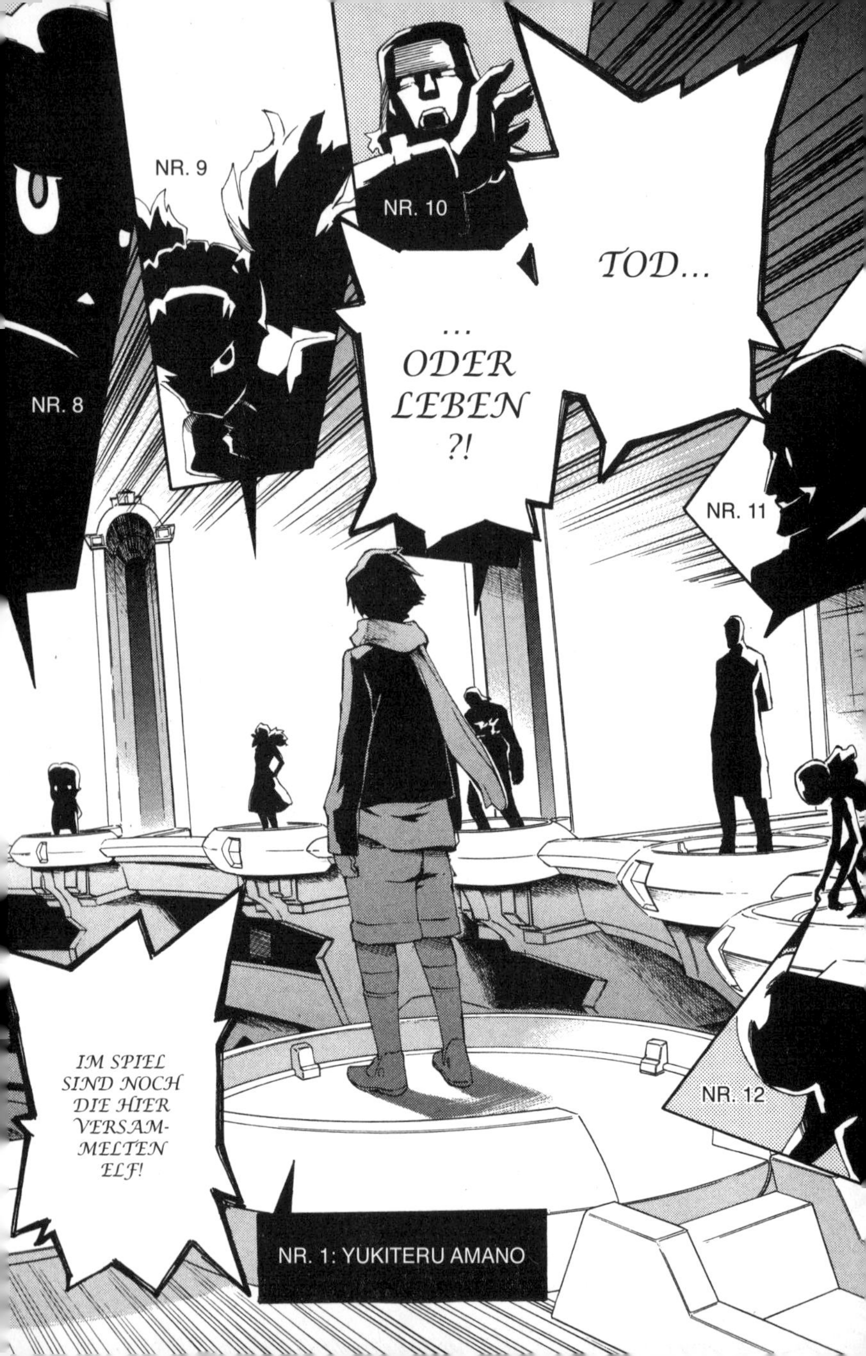
NR. 8
NR. 9
NR. 10
TOD...
... ODER LEBEN ?!
NR. 11
NR. 12
IM SPIEL SIND NOCH DIE HIER VERSAM-MELTEN ELF!
NR. 1: YUKITERU AMANO

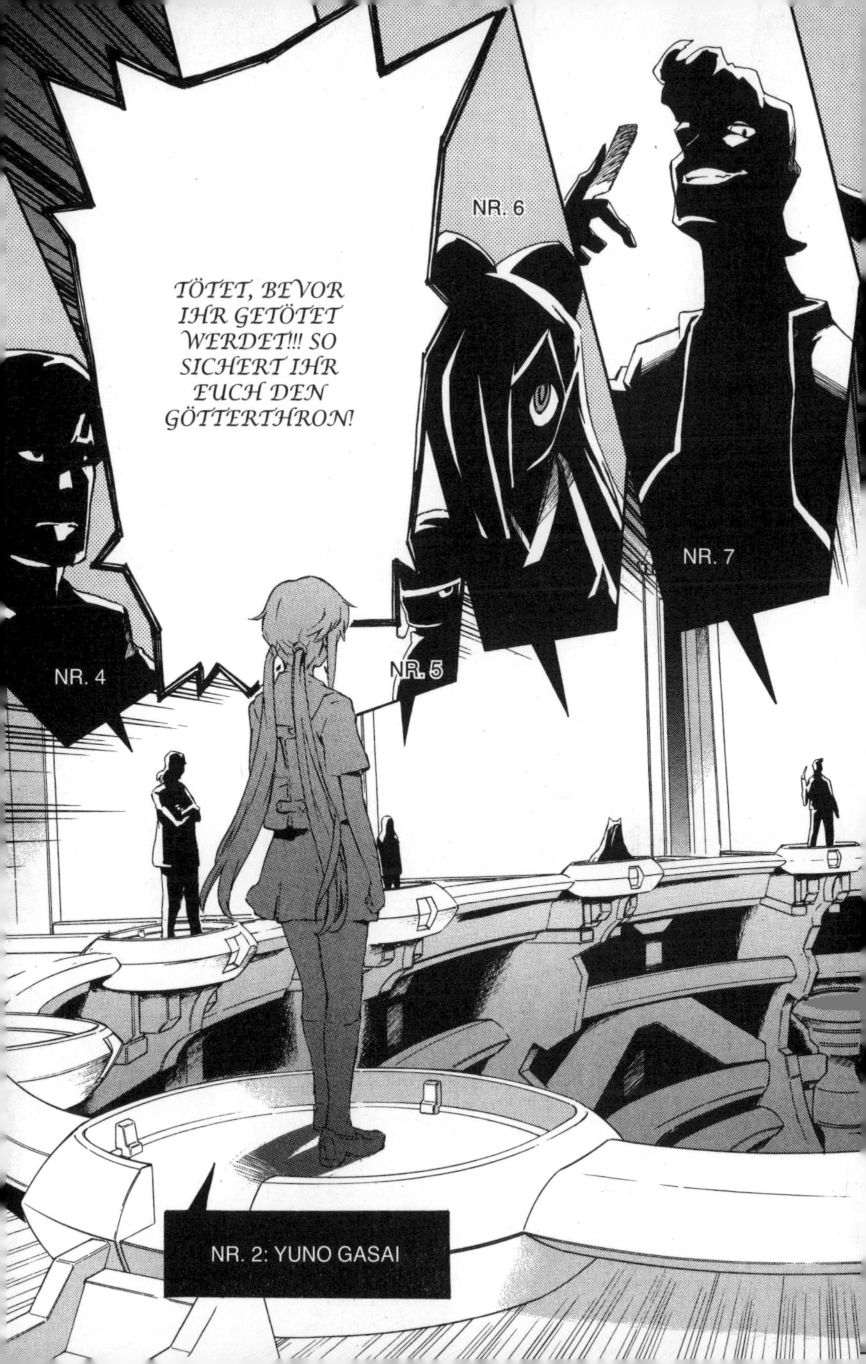
TÖTET, BEVOR IHR GETÖTET WERDET!!! SO SICHERT IHR EUCH DEN GÖTTERTHRON!
NR. 6
NR. 7
NR. 5
NR. 4
NR. 2: YUNO GASAI

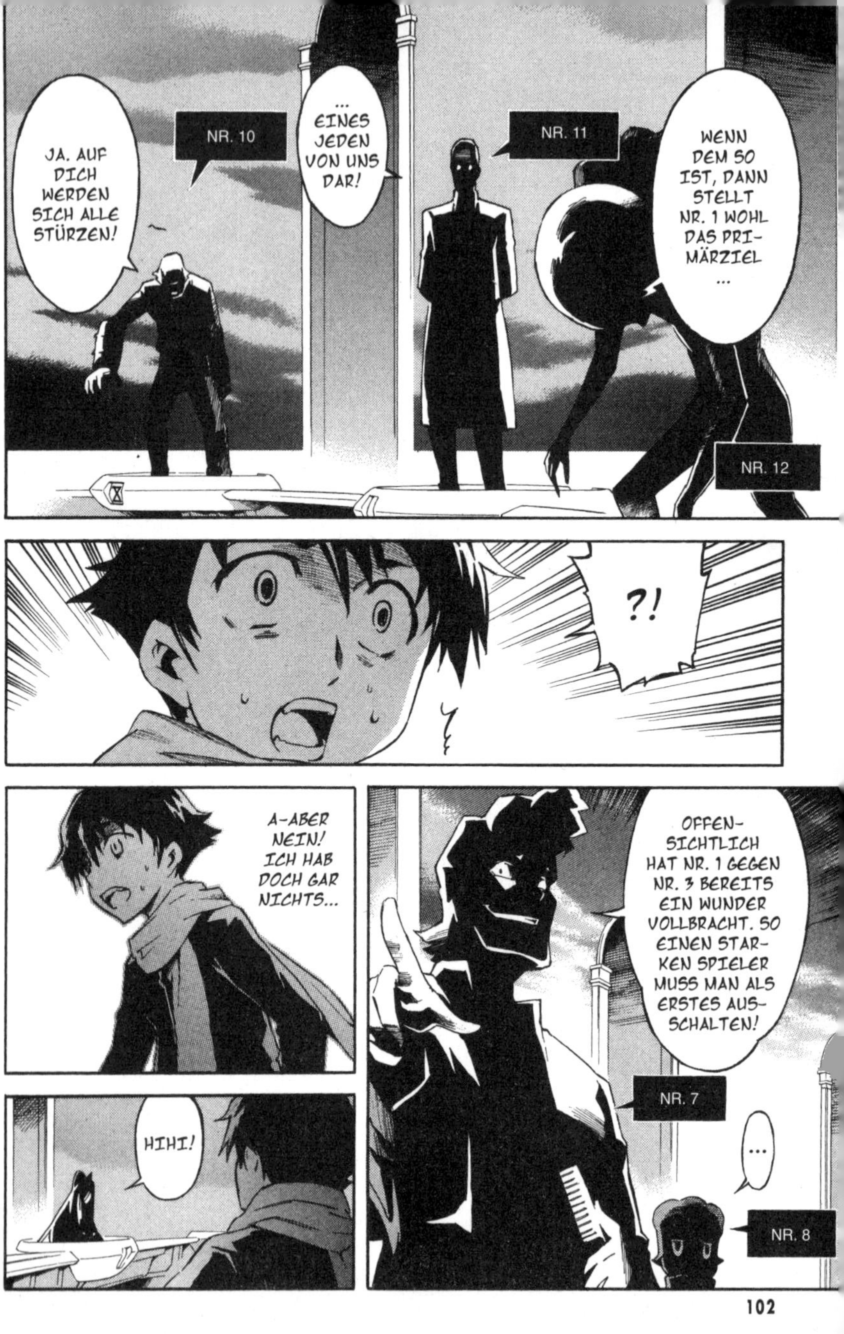

NR. 12
WENN DEM SO IST, DANN STELLT NR. 1 WOHL DAS PRIMÄRZIEL ...
NR. 11
... EINES JEDEN VON UNS DAR!
NR. 10
JA. AUF DICH WERDEN SICH ALLE STÜRZEN!

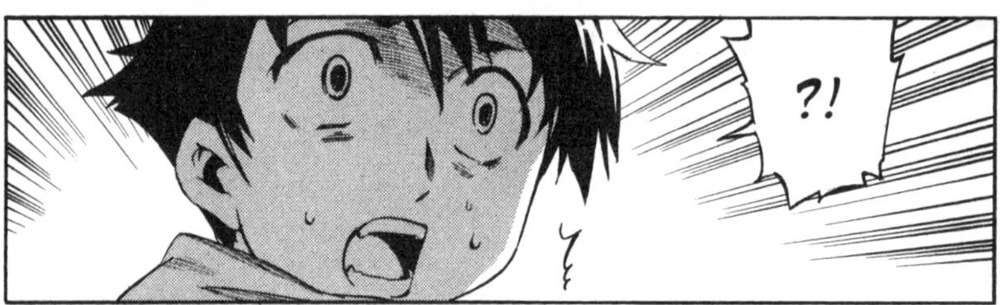


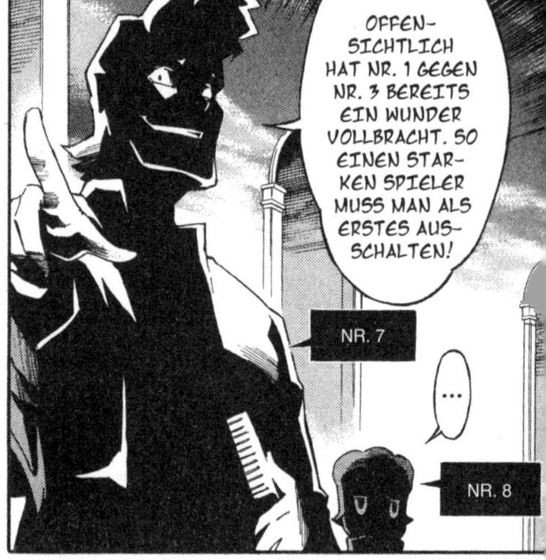


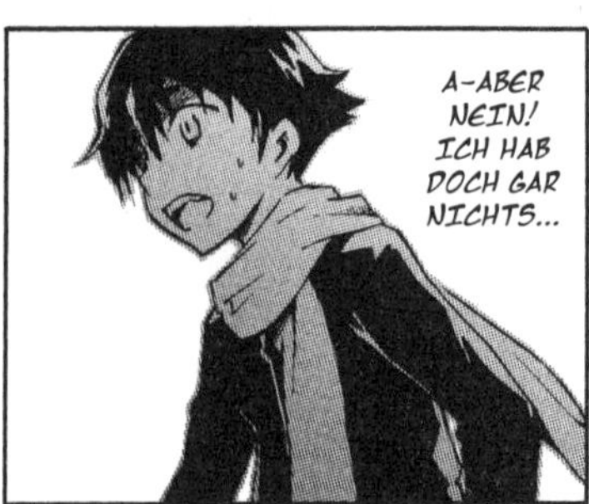


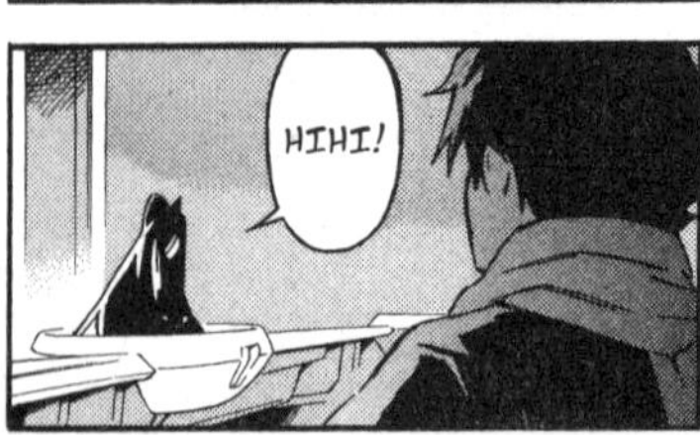

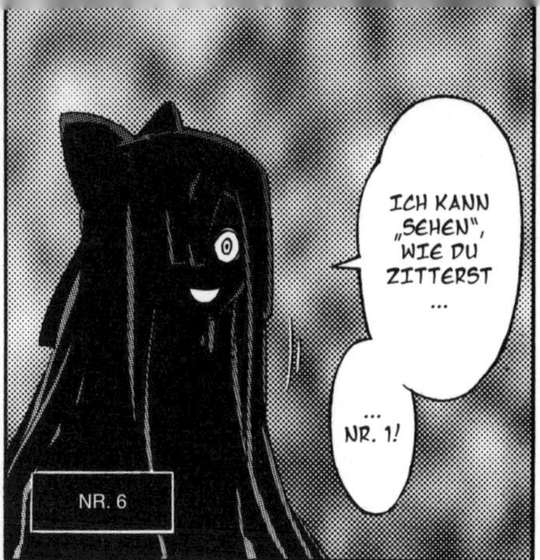
ICH KANN „SEHEN", WIE DU ZITTERST ...
... NR. 1!
NR. 6

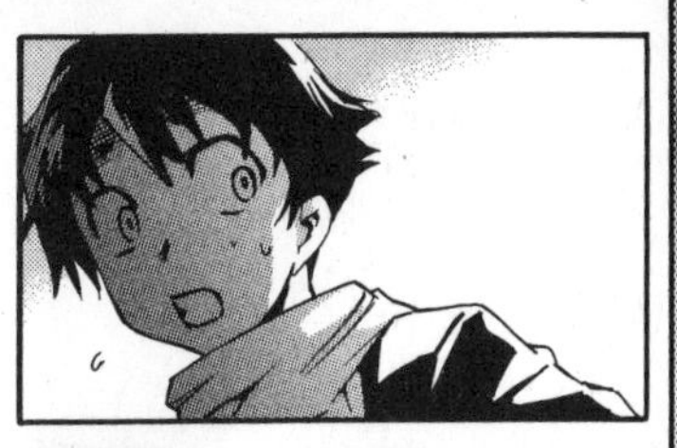

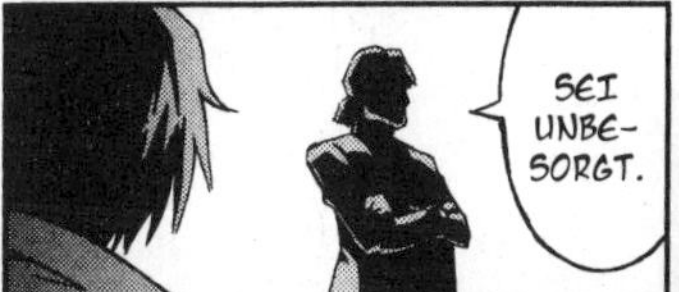
SEI UNBE-SORGT.

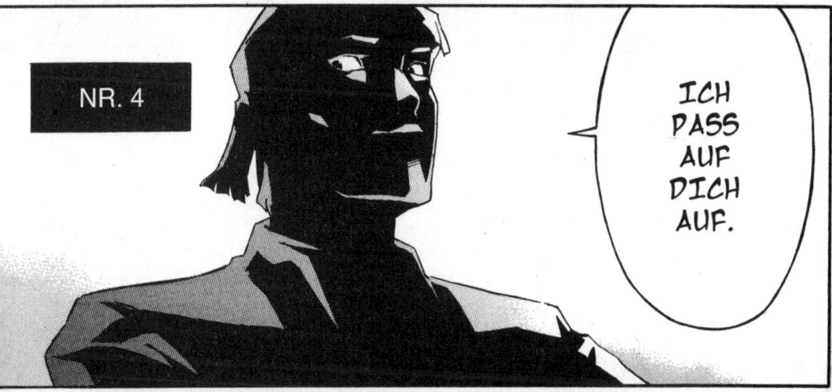
NR. 4
ICH PASS AUF DICH AUF.

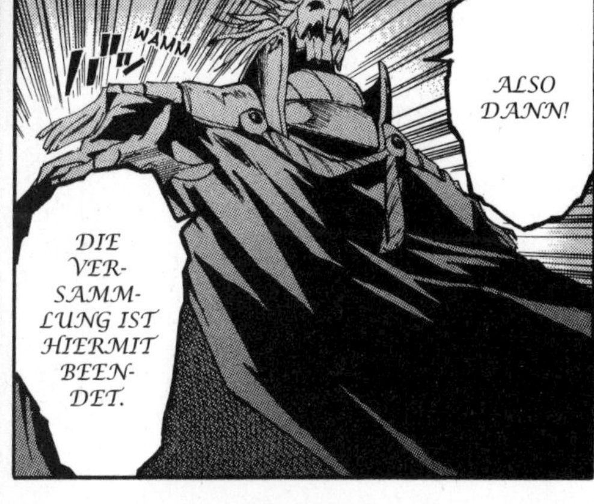
WAMM
ALSO DANN!
DIE VER-SAMM-LUNG IST HIERMIT BEEN-DET.

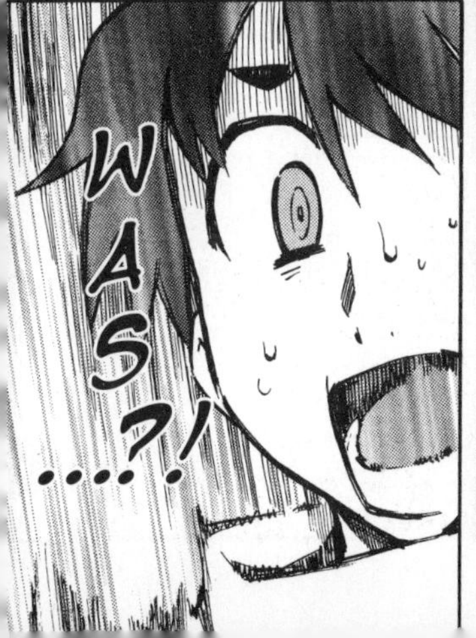
WAS ...?!

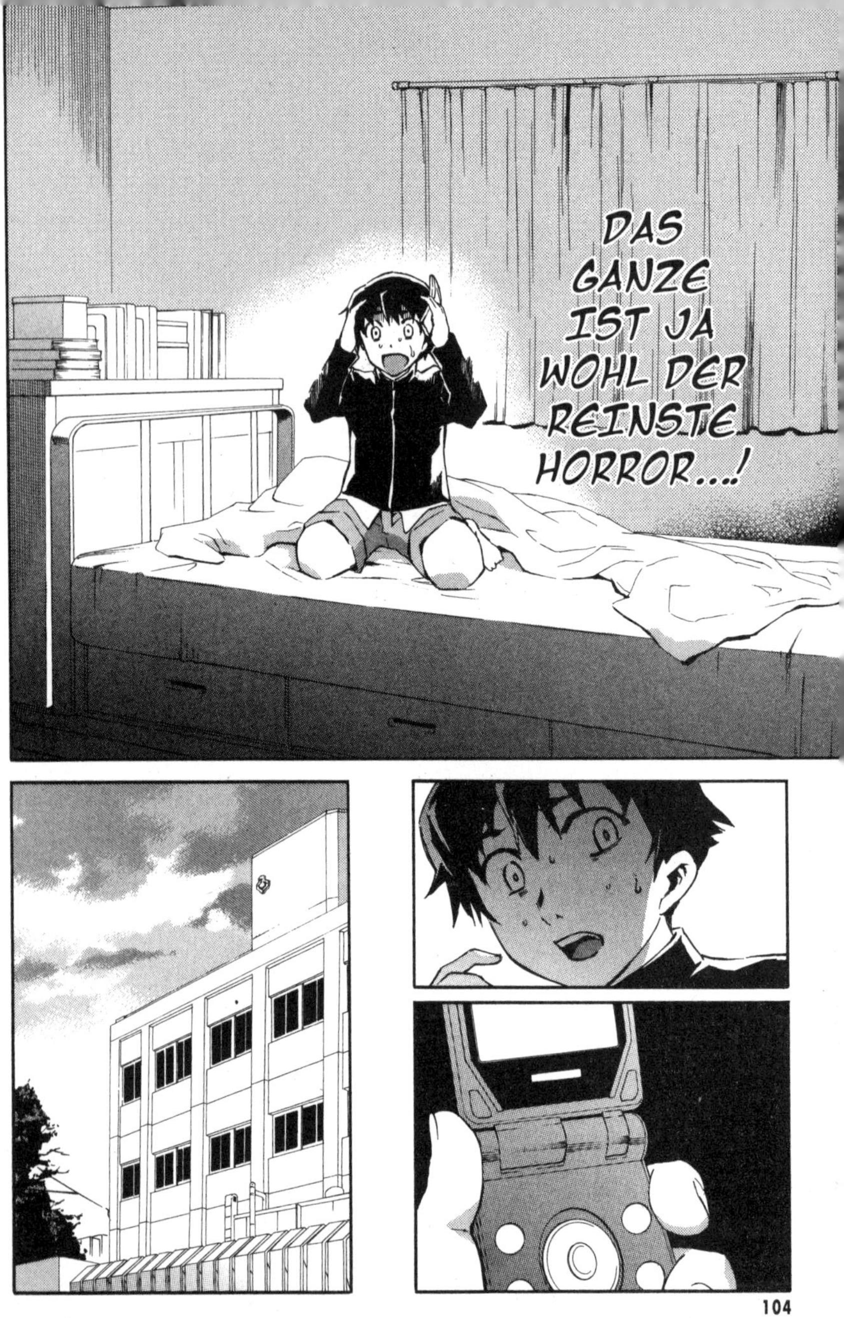

DAS GANZE IST JA WOHL DER REINSTE HORROR...!

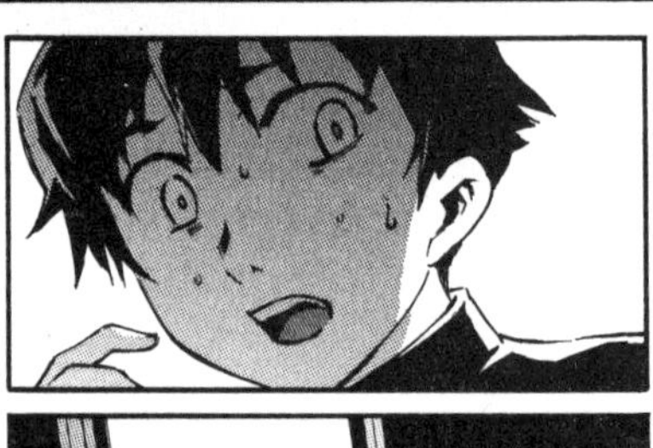

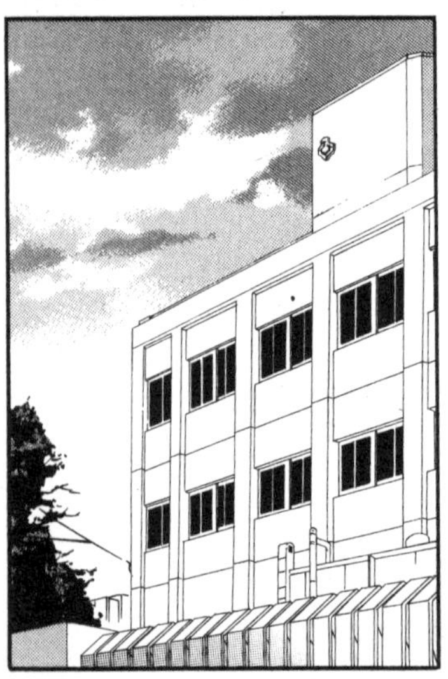

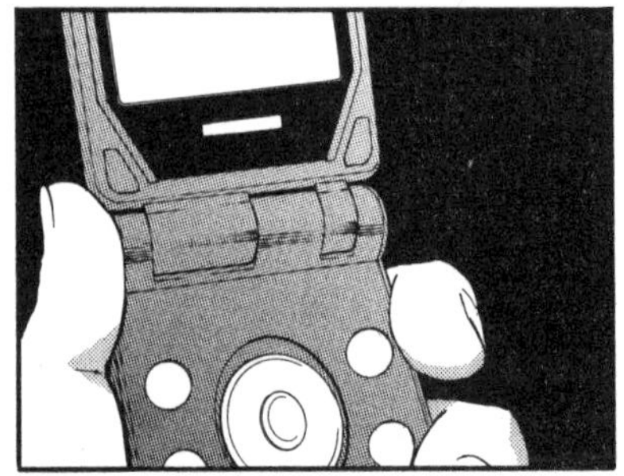

02.05.20XX, 10:47 – KLASSENZIMMER DER 2B, MITTELSTUFE

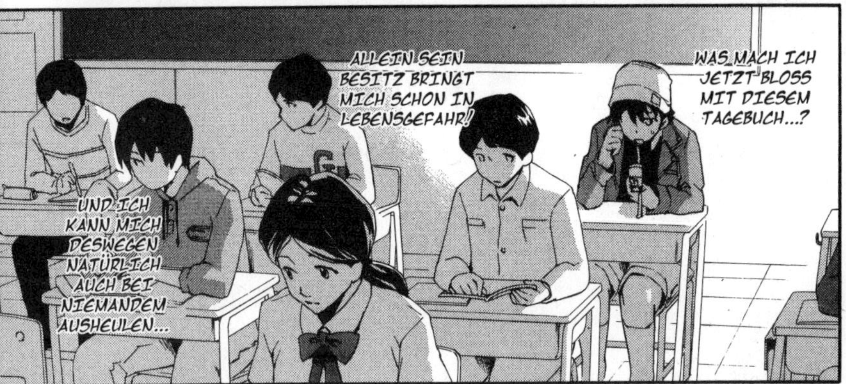


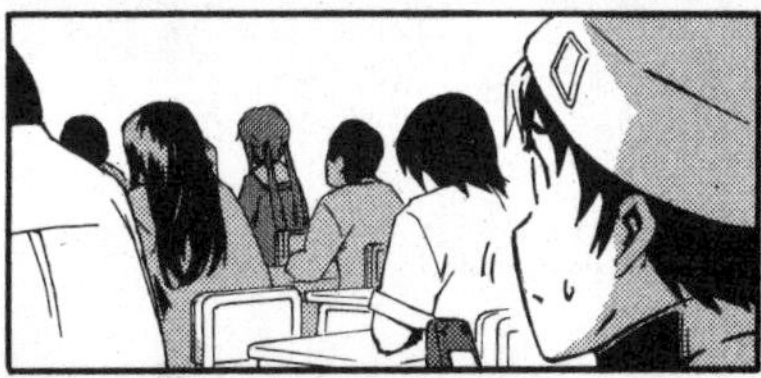

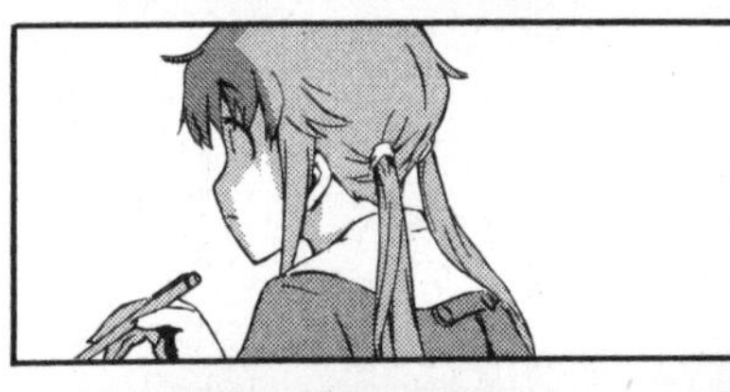

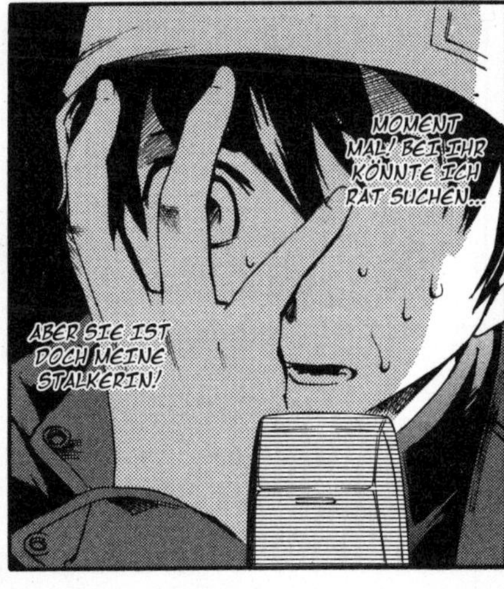


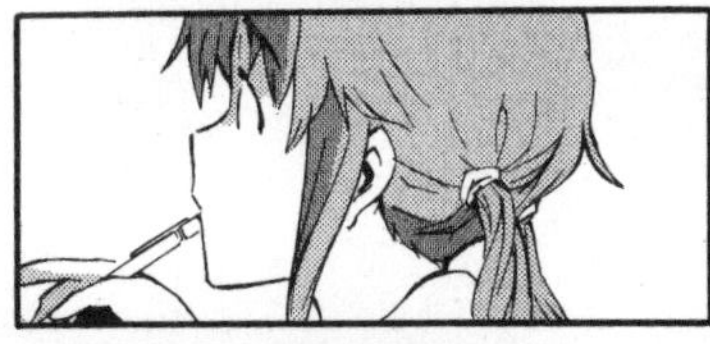

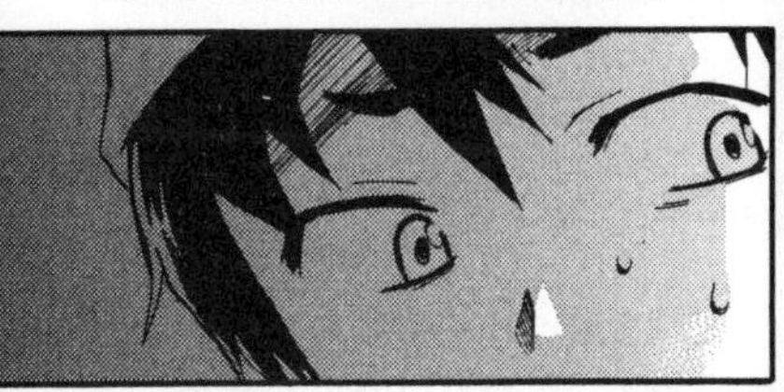

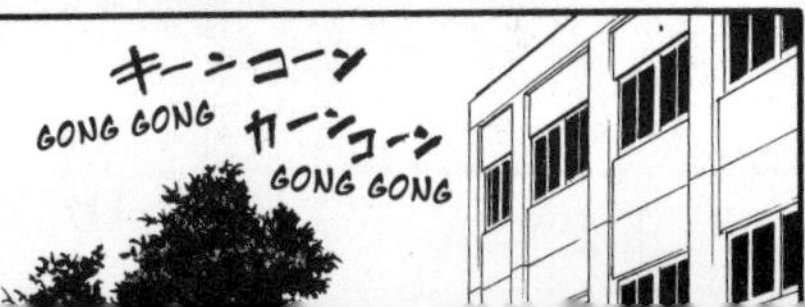

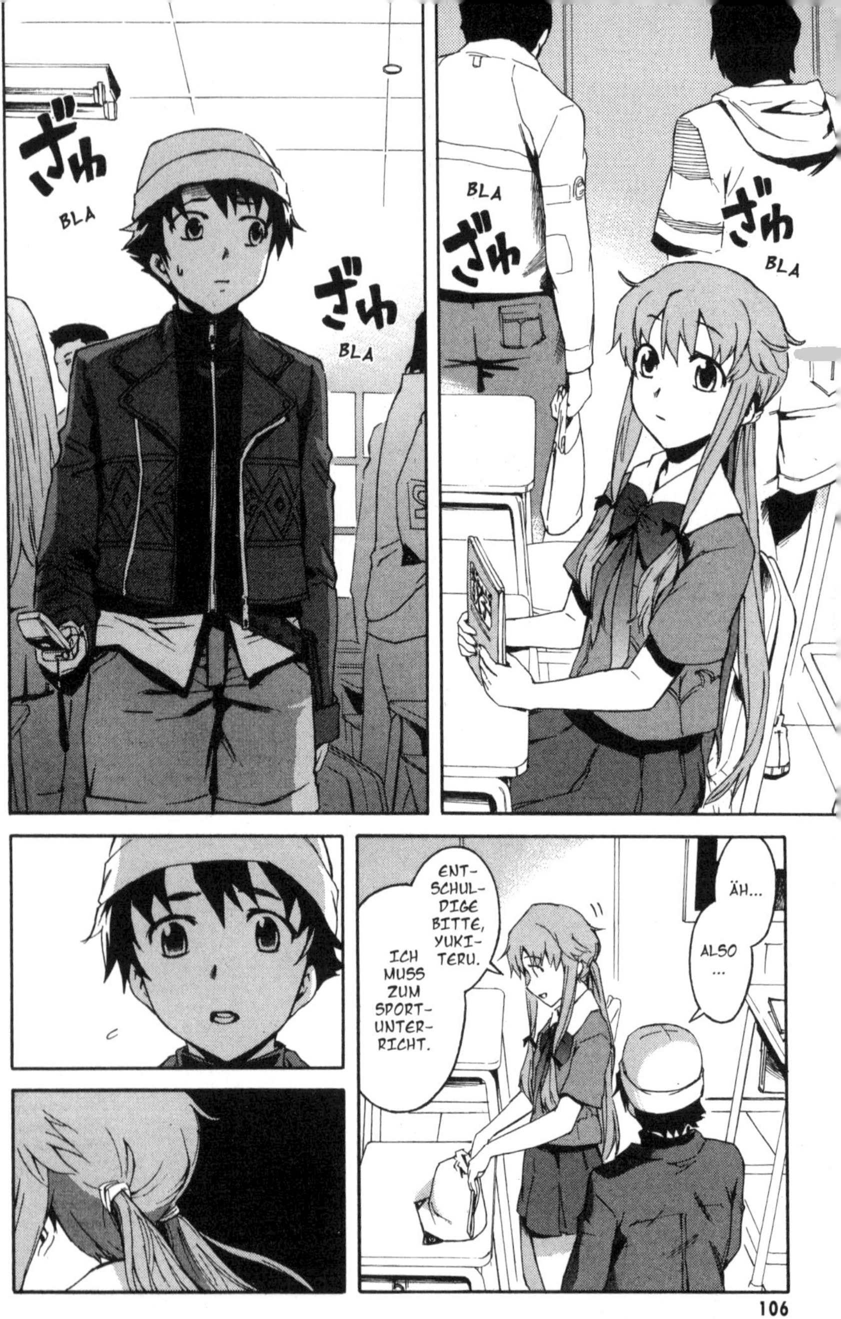

BLA
ざわ
ざわ
BLA
ざわ
BLA
ざわ
BLA

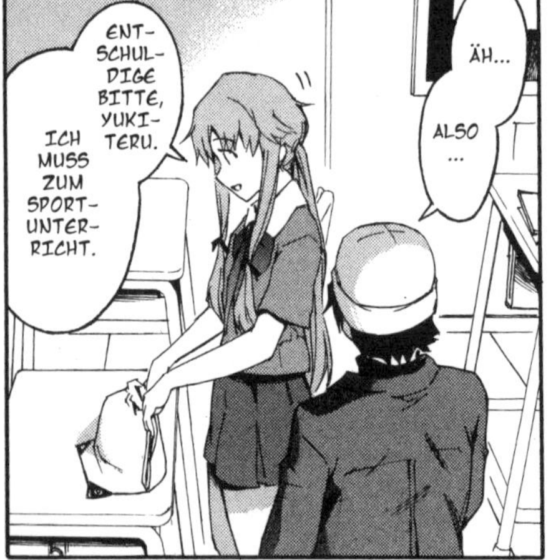


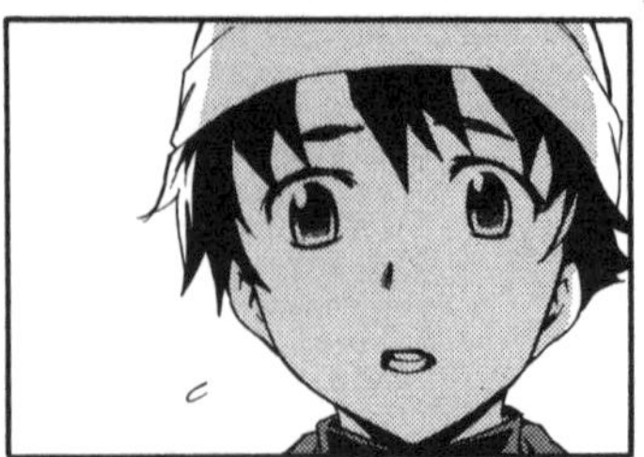

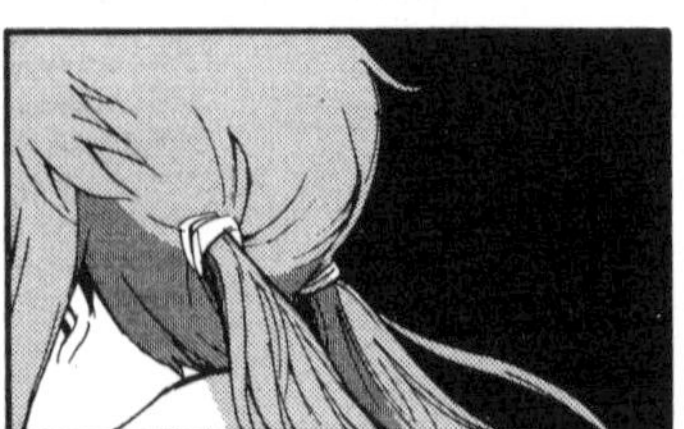

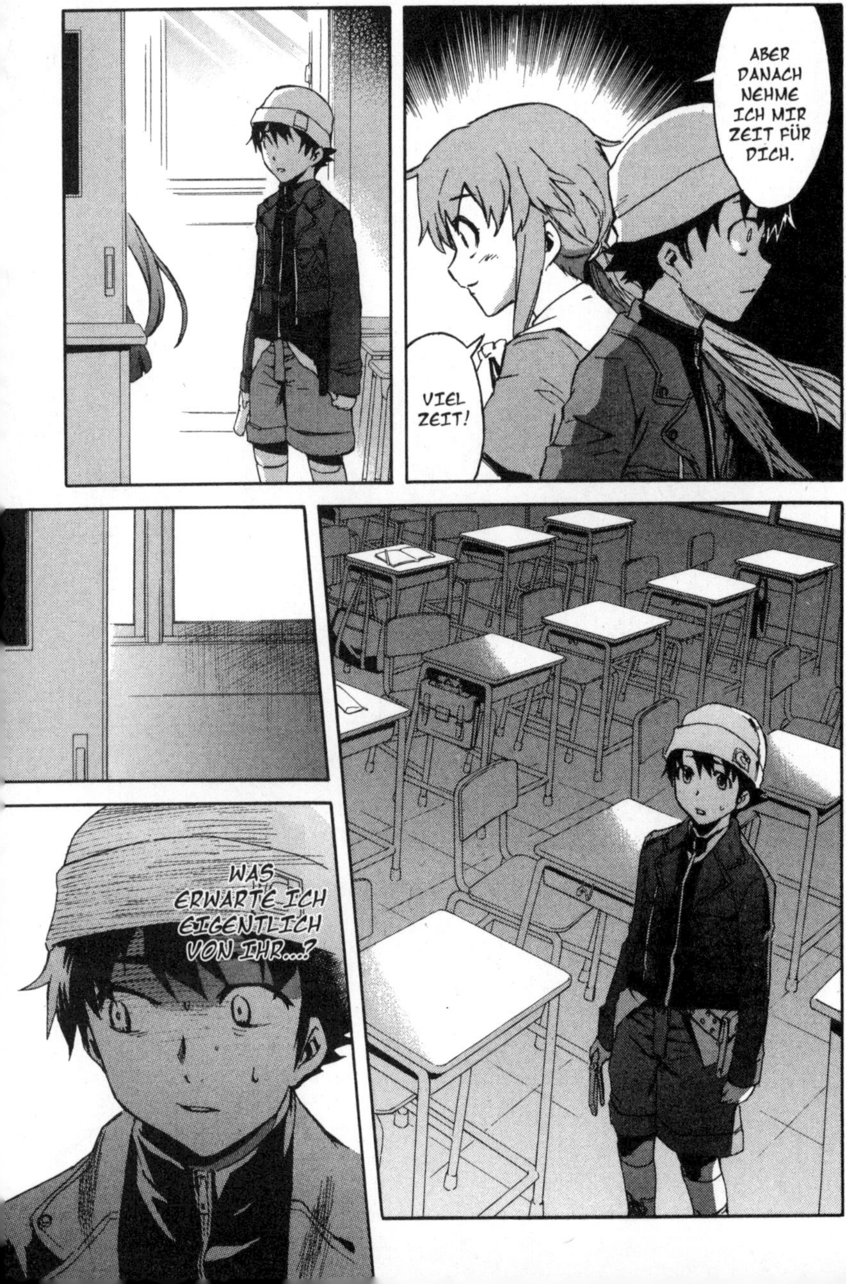

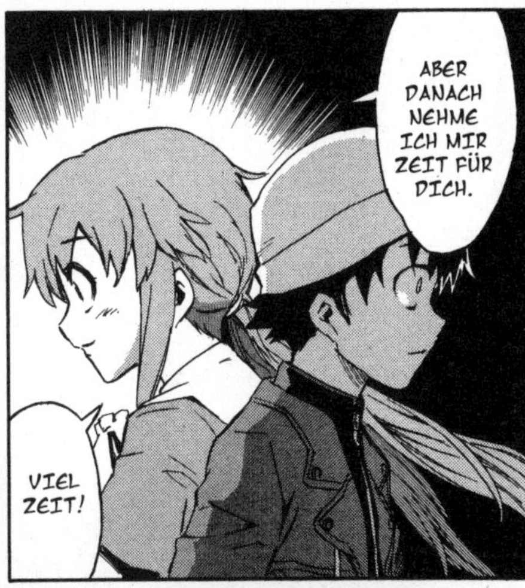


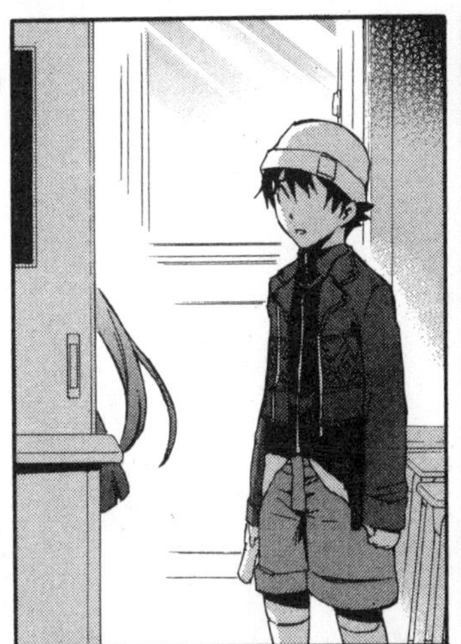

WAS ERWARTE ICH EIGENTLICH VON IHR...?

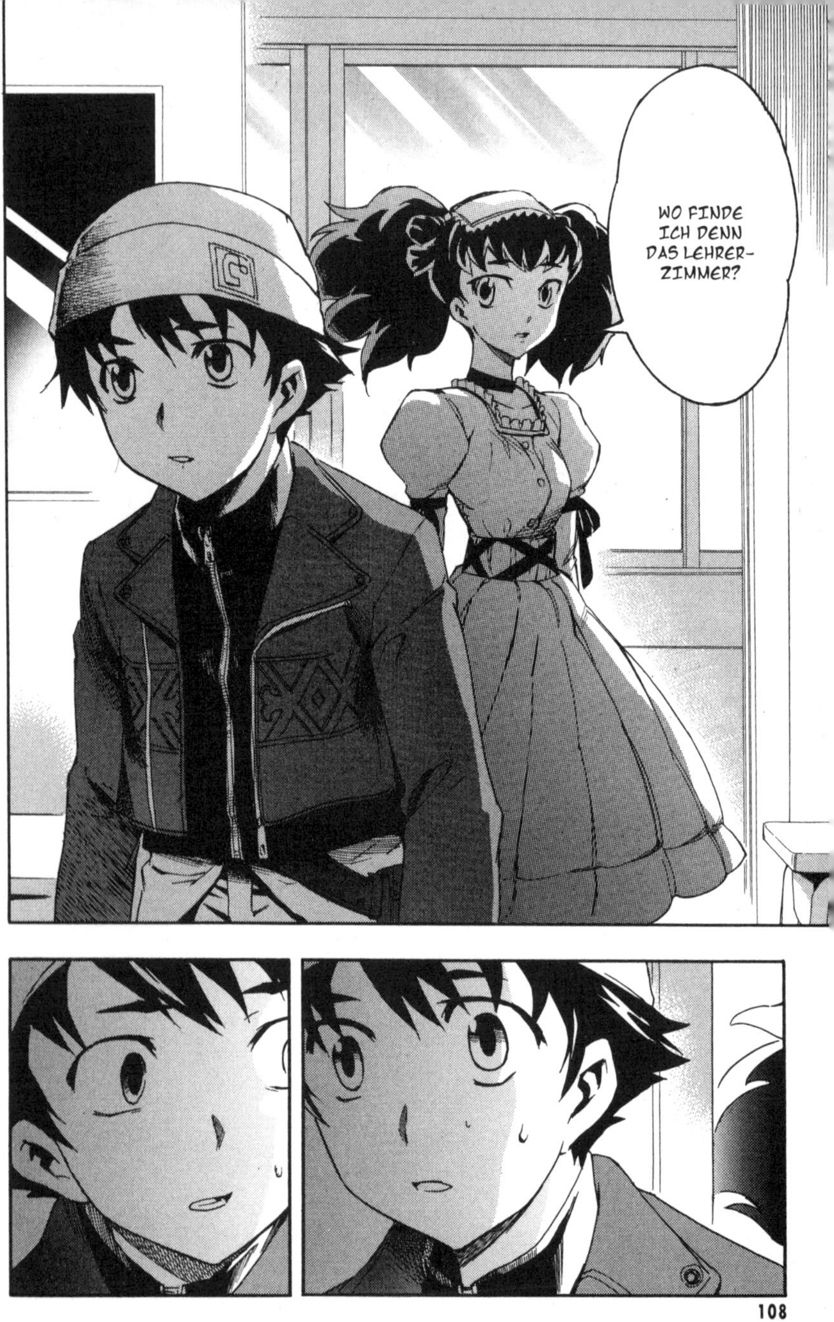

WO FINDE ICH DENN DAS LEHRER-ZIMMER?

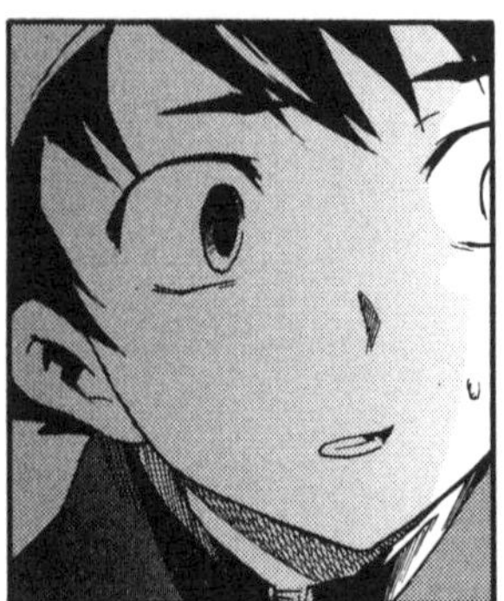

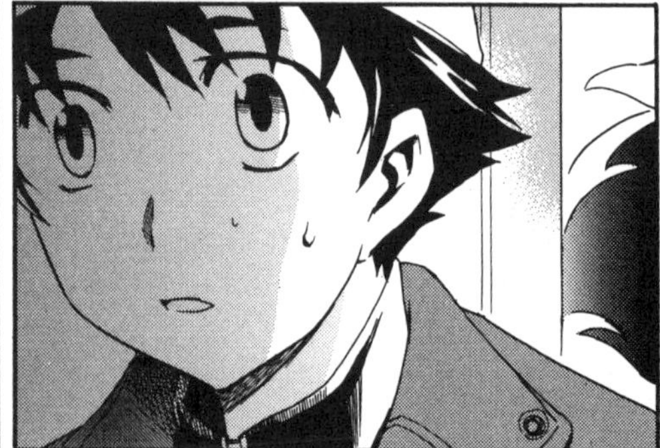

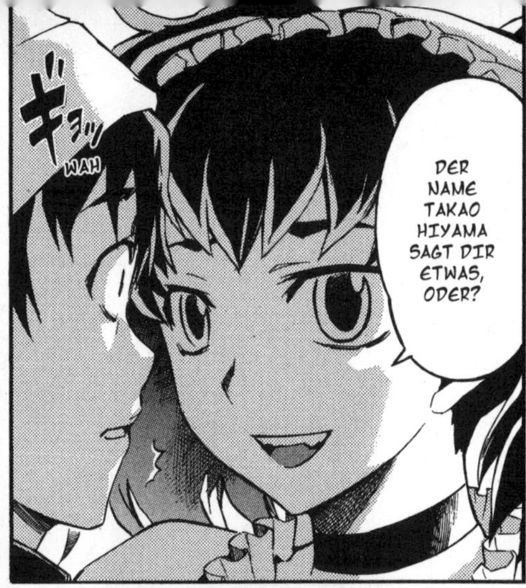
ギョッ
WAH
DER NAME TAKAO HIYAMA SAGT DIR ETWAS, ODER?

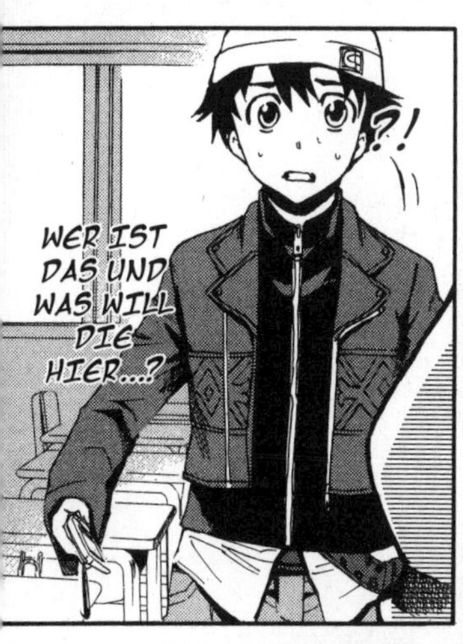
?!
WER IST DAS UND WAS WILL DIE HIER...?

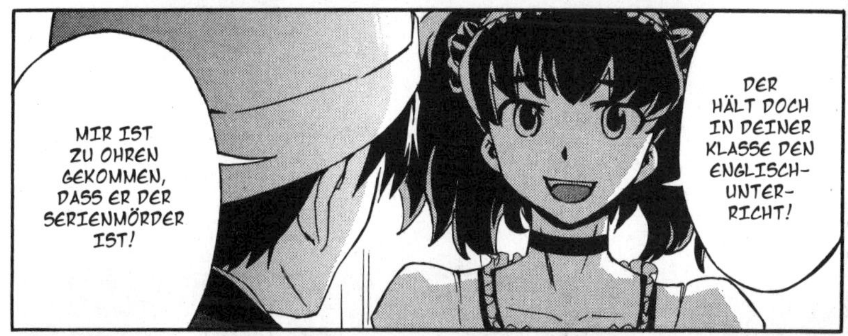
DER HÄLT DOCH IN DEINER KLASSE DEN ENGLISCH-UNTER-RICHT!
MIR IST ZU OHREN GEKOMMEN, DASS ER DER SERIENMÖRDER IST!

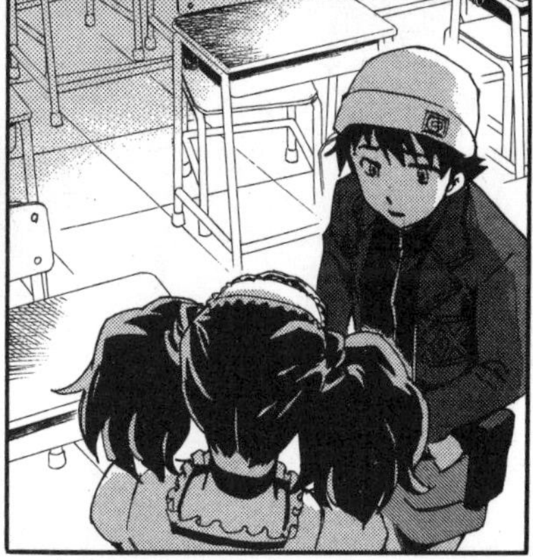

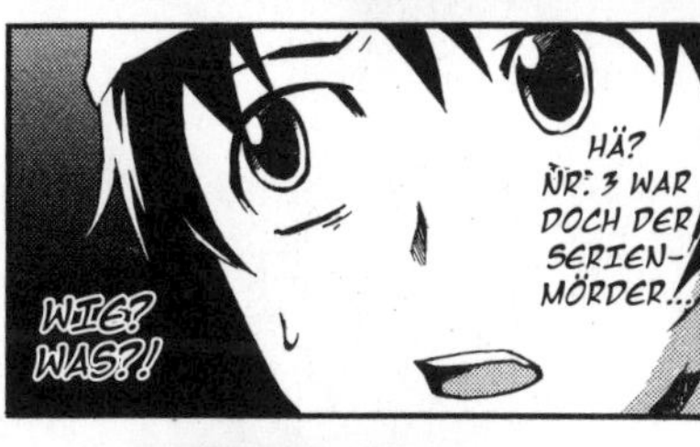
HÄ? NR. 3 WAR DOCH DER SERIEN-MÖRDER...
WIE? WAS?!

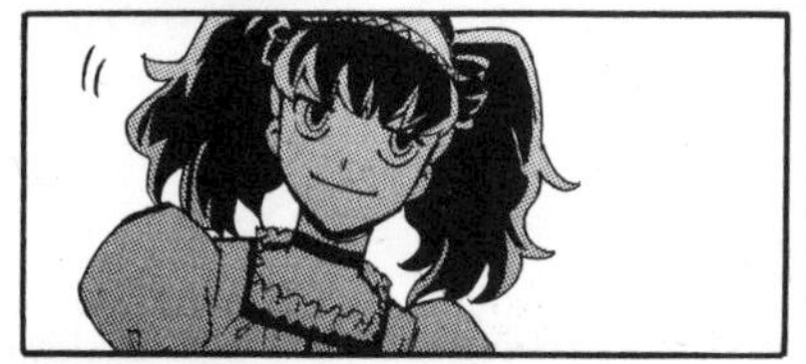

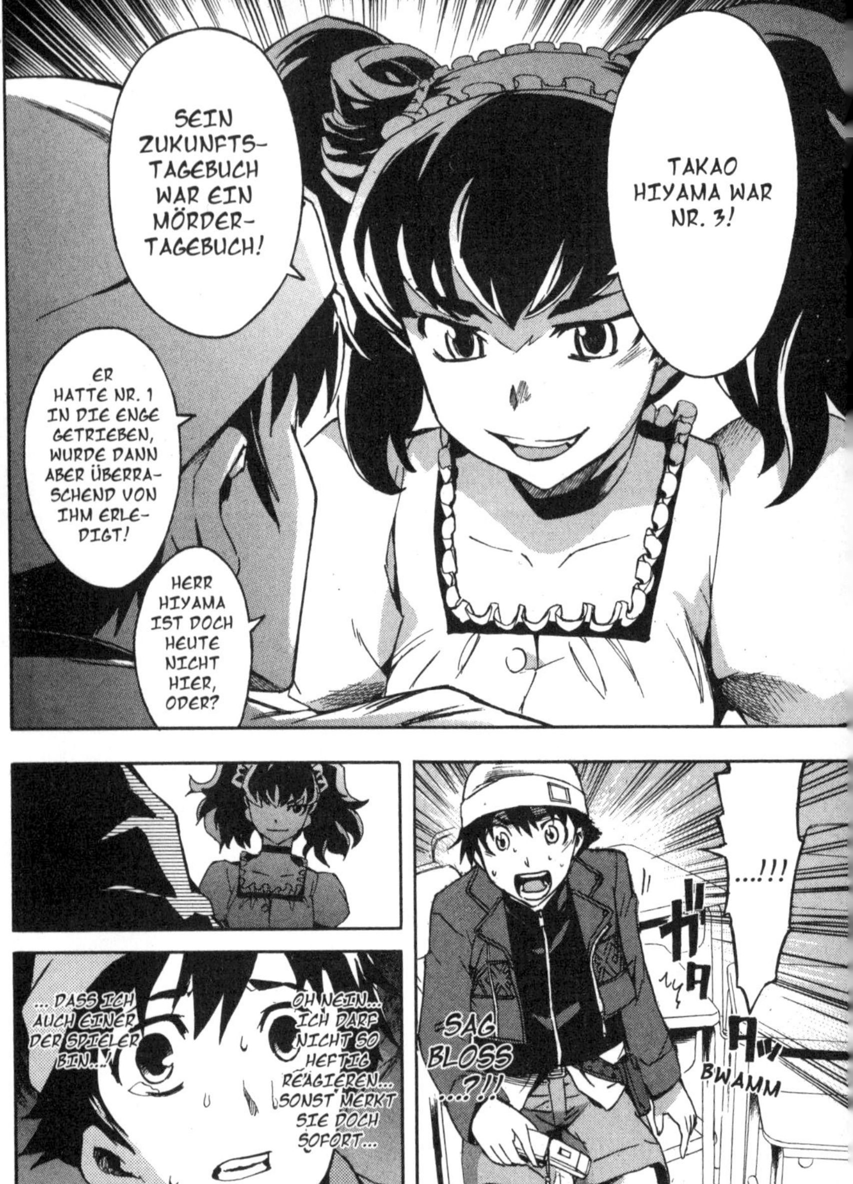

TAKAO HIYAMA WAR NR. 3!

SEIN ZUKUNFTS-TAGEBUCH WAR EIN MÖRDER-TAGEBUCH!

ER HATTE NR. 1 IN DIE ENGE GETRIEBEN, WURDE DANN ABER ÜBERRA-SCHEND VON IHM ERLE-DIGT!

HERR HIYAMA IST DOCH HEUTE NICHT HIER, ODER?

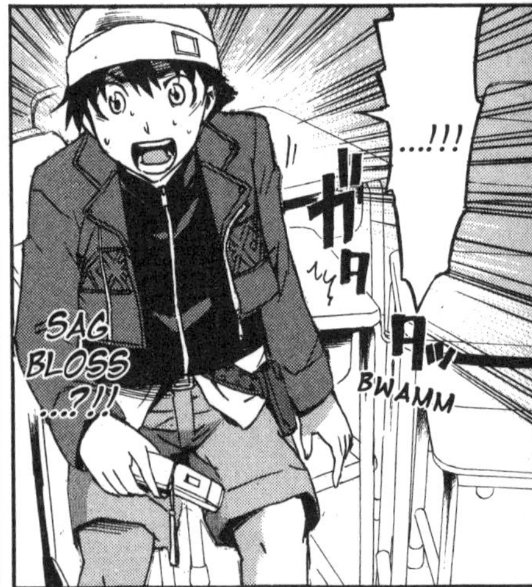


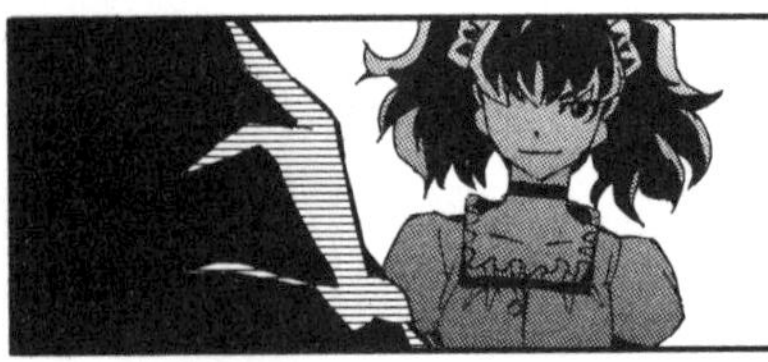

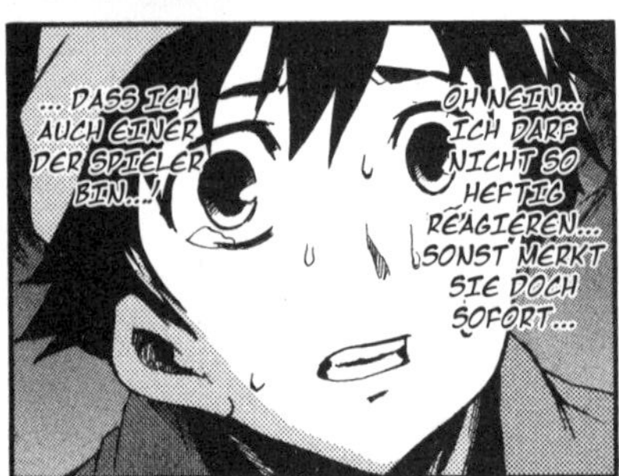

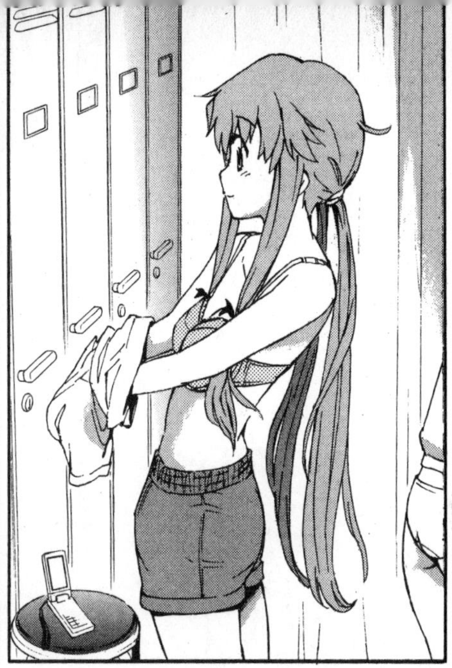

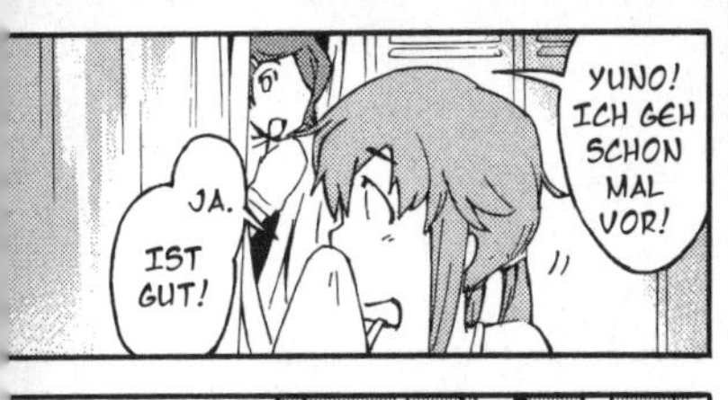

YUNO! ICH GEH SCHON MAL VOR!
JA. IST GUT!


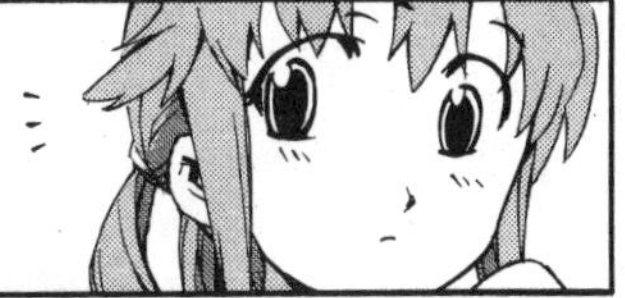

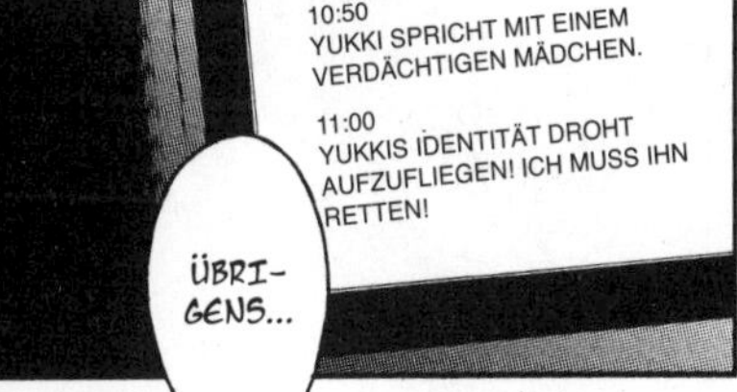

10:50
YUKKI SPRICHT MIT EINEM VERDÄCHTIGEN MÄDCHEN.
11:00
YUKKIS IDENTITÄT DROHT AUFZUFLIEGEN! ICH MUSS IHN RETTEN!
ÜBRIGENS...


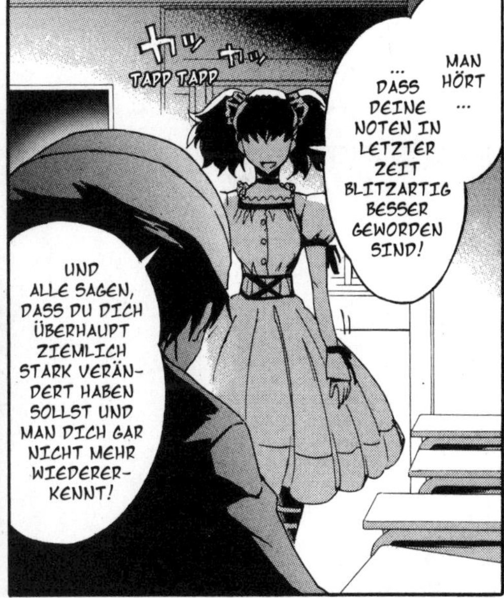

TAPP TAPP
MAN HÖRT ...
... DASS DEINE NOTEN IN LETZTER ZEIT BLITZARTIG BESSER GEWORDEN SIND!
UND ALLE SAGEN, DASS DU DICH ÜBERHAUPT ZIEMLICH STARK VERÄNDERT HABEN SOLLST UND MAN DICH GAR NICHT MEHR WIEDERERKENNT!


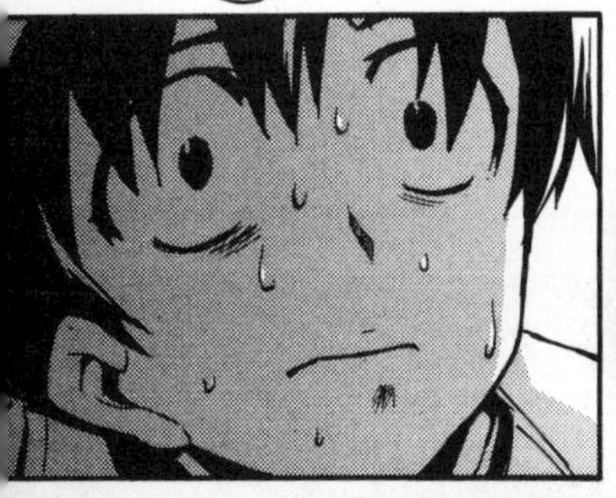

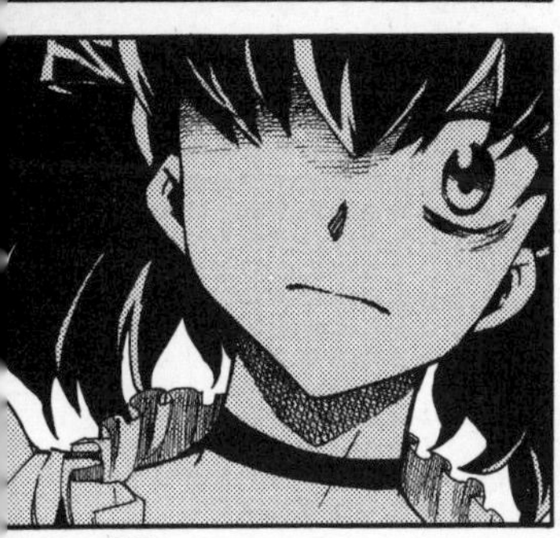

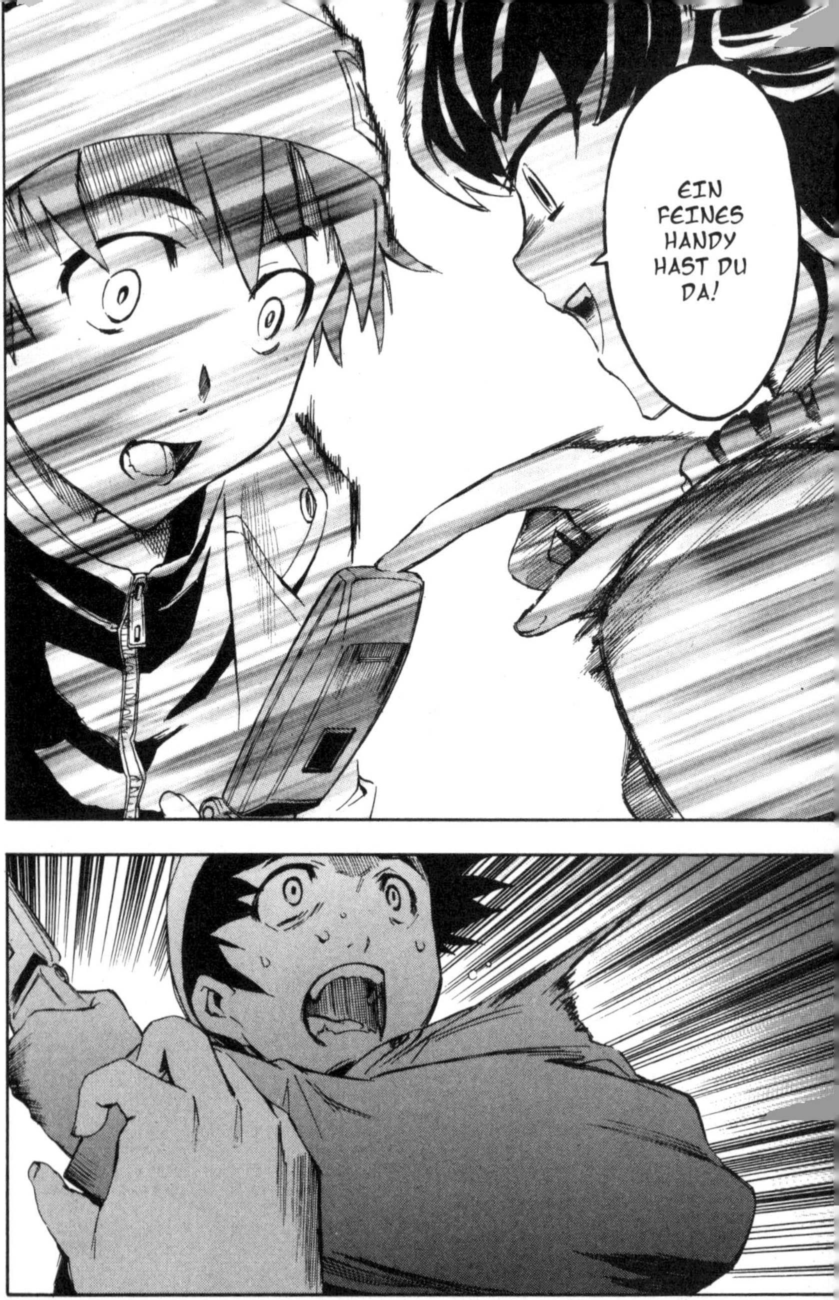

EIN FEINES HANDY HAST DU DA!

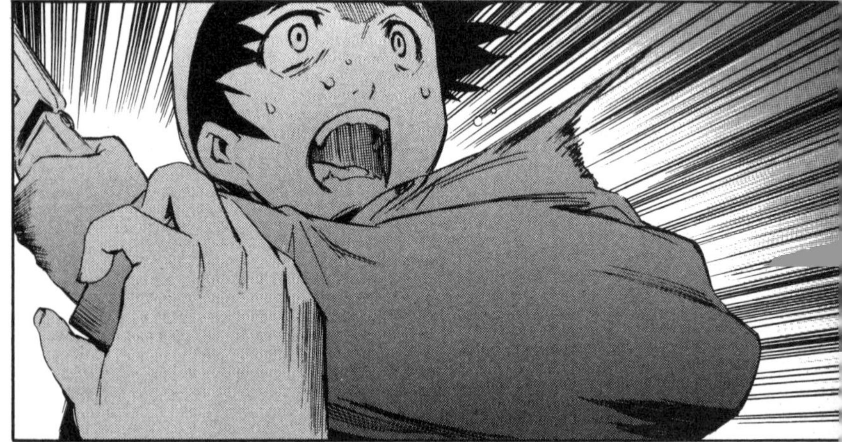

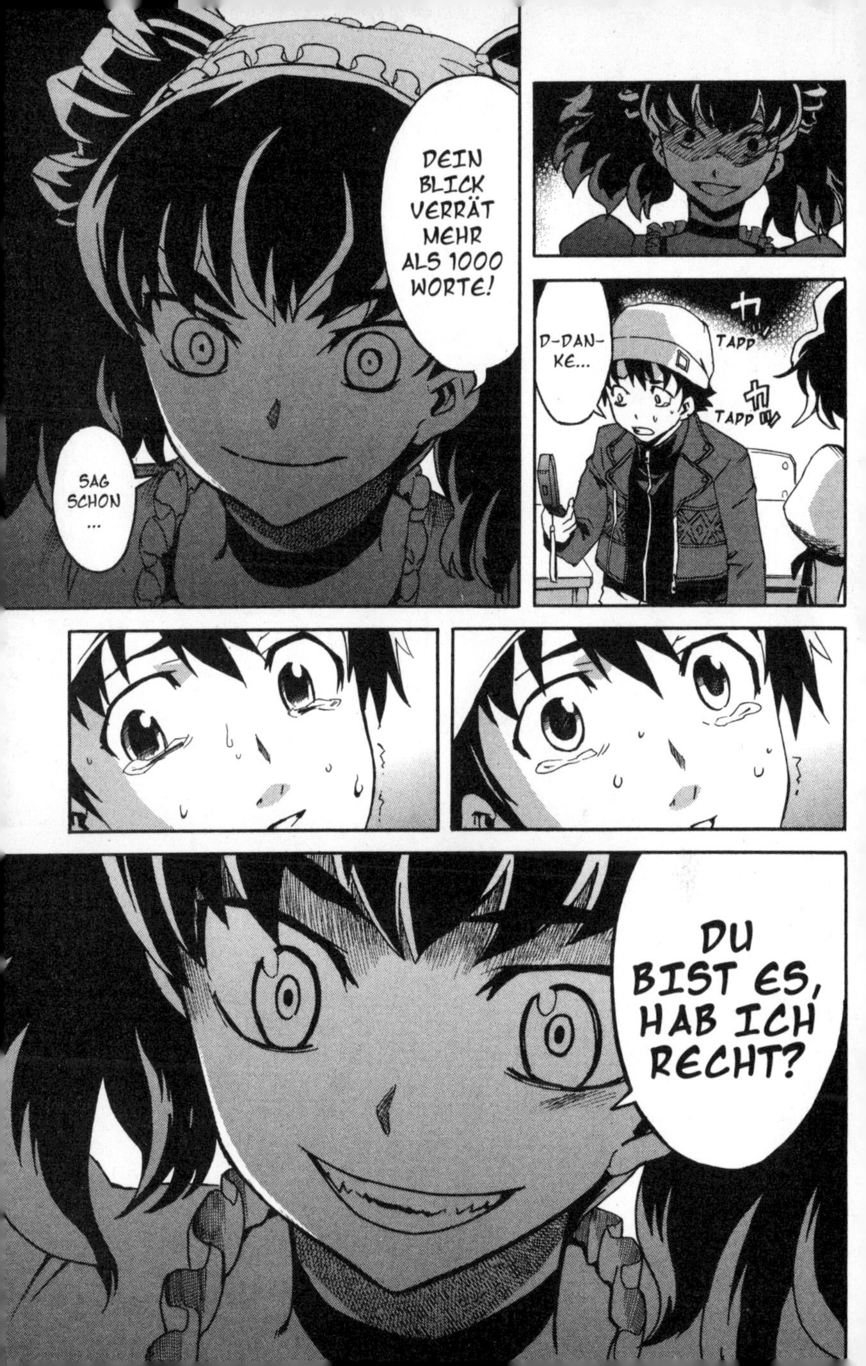

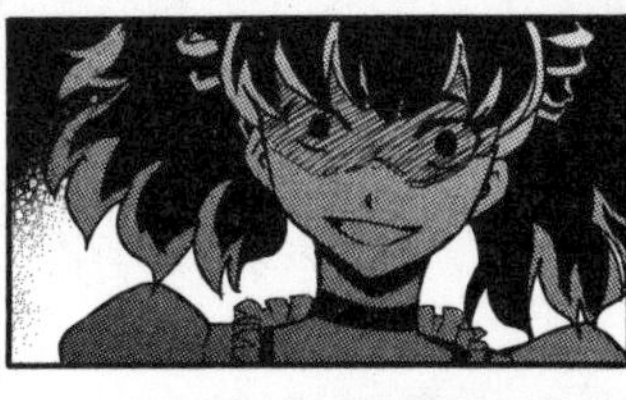

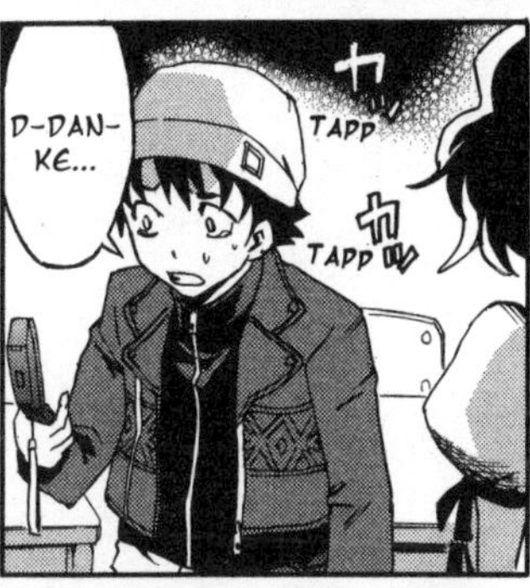
D-DAN-KE...
TAPP
TAPP

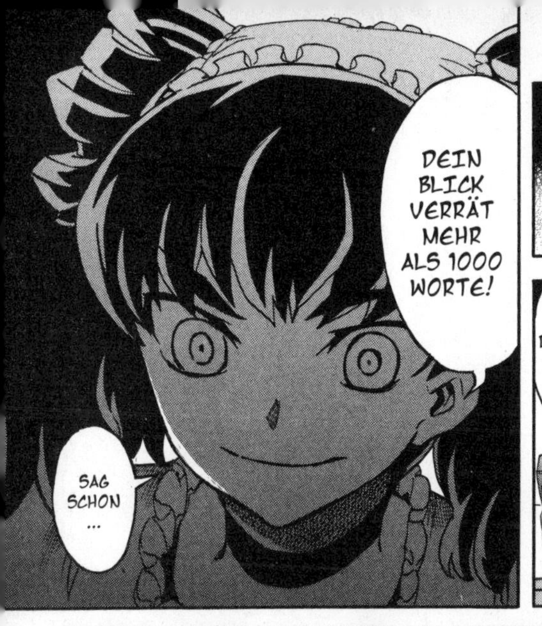
DEIN BLICK VERRÄT MEHR ALS 1000 WORTE!
SAG SCHON ...

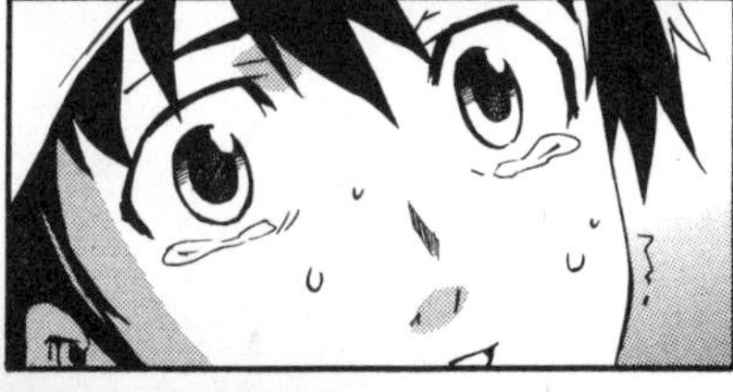

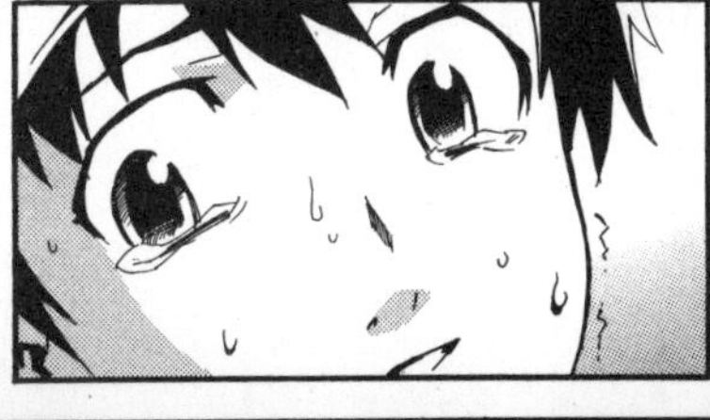

DU BIST ES, HAB ICH RECHT?

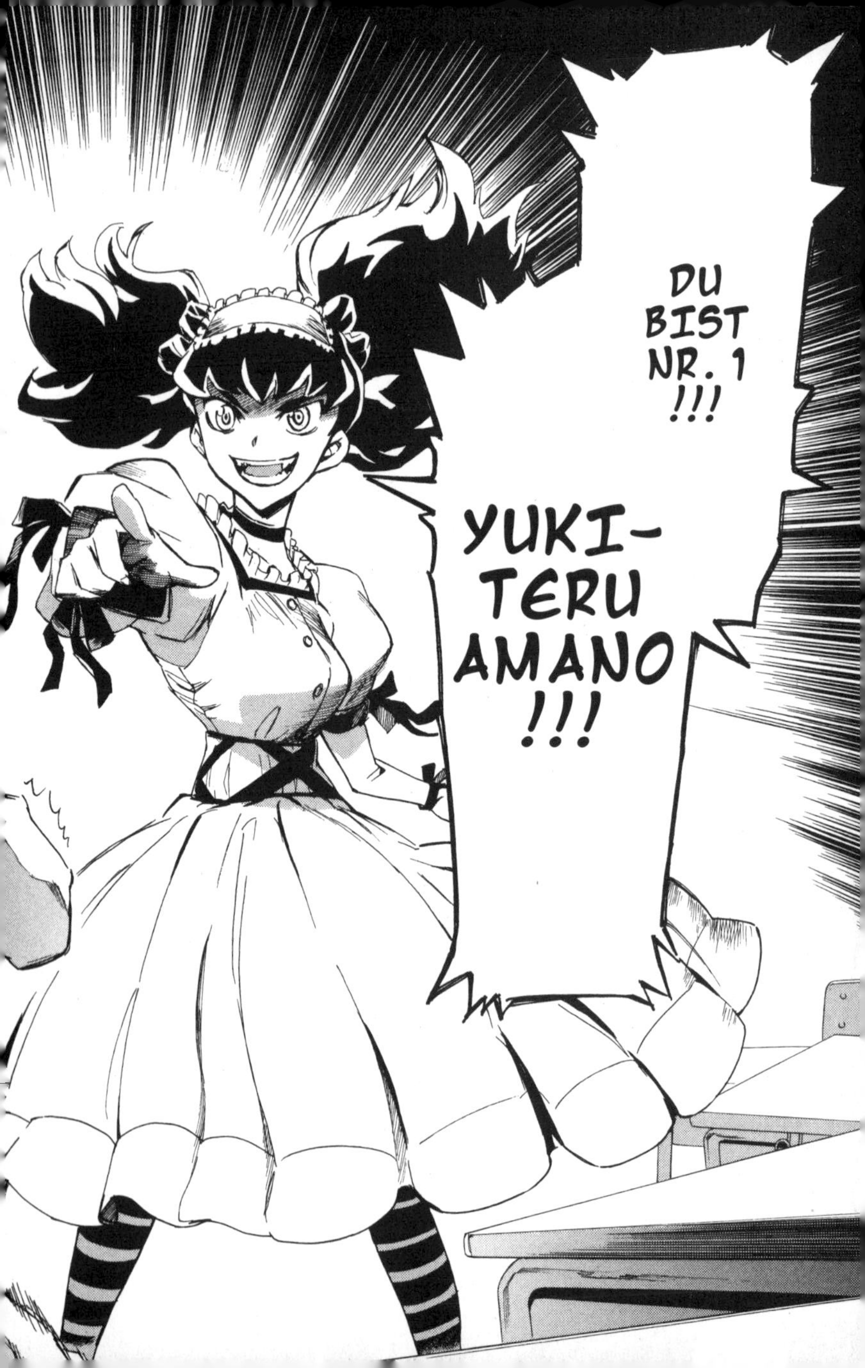
DU BIST NR. 1 !!!
YUKI-TERU AMANO !!!

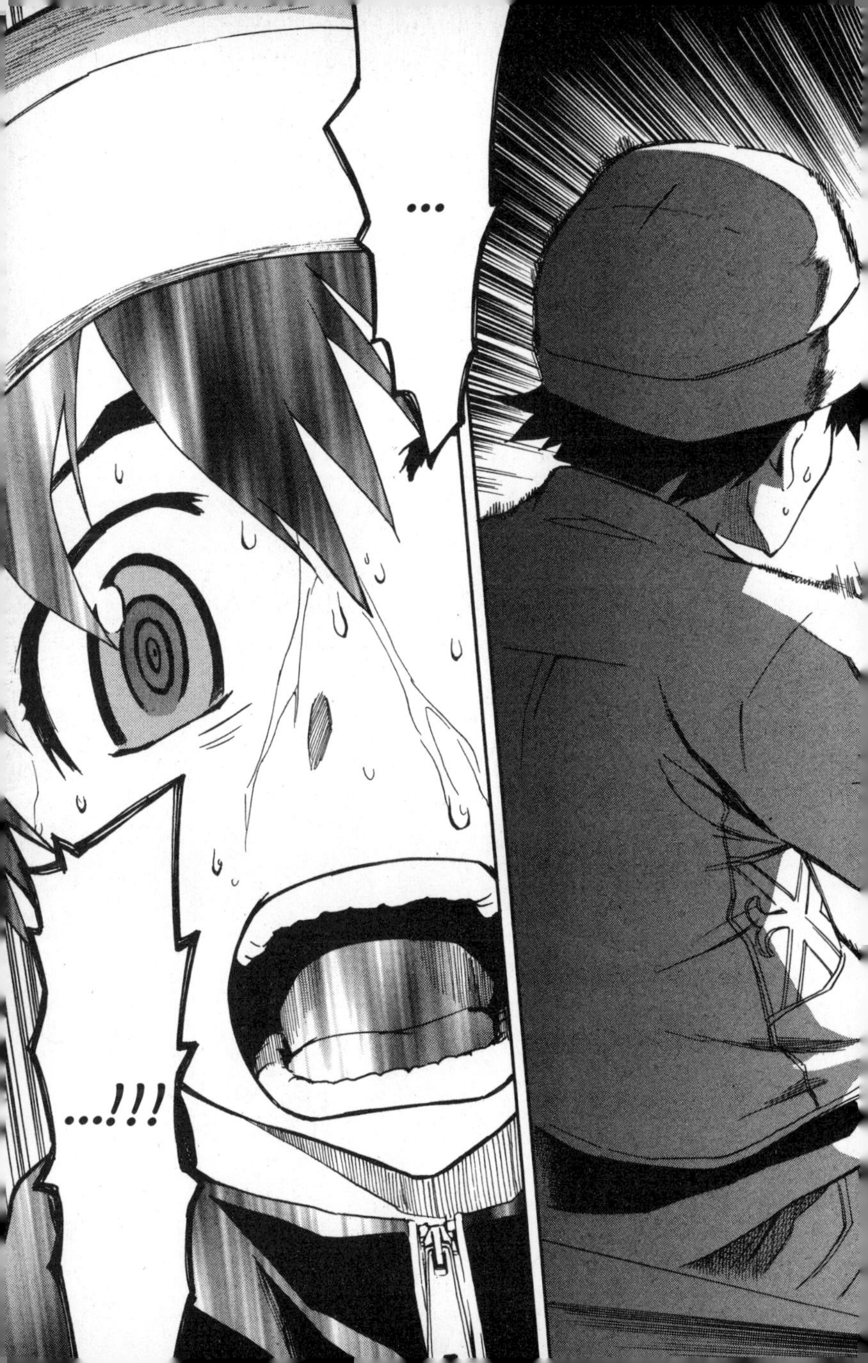

02.05.20XX, 14:04 – SCHULE
NR. 9 GREIFT MICH AN UND ICH KOMME BEI EINER EXPLOSION UMS LEBEN.

DEAD END

ZOOM

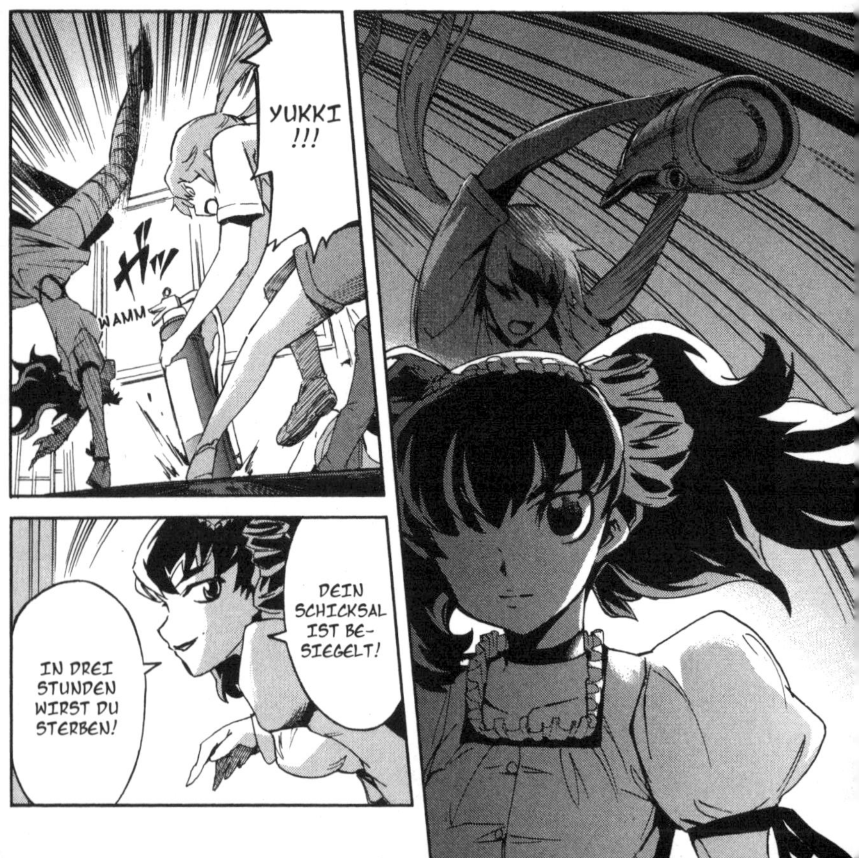

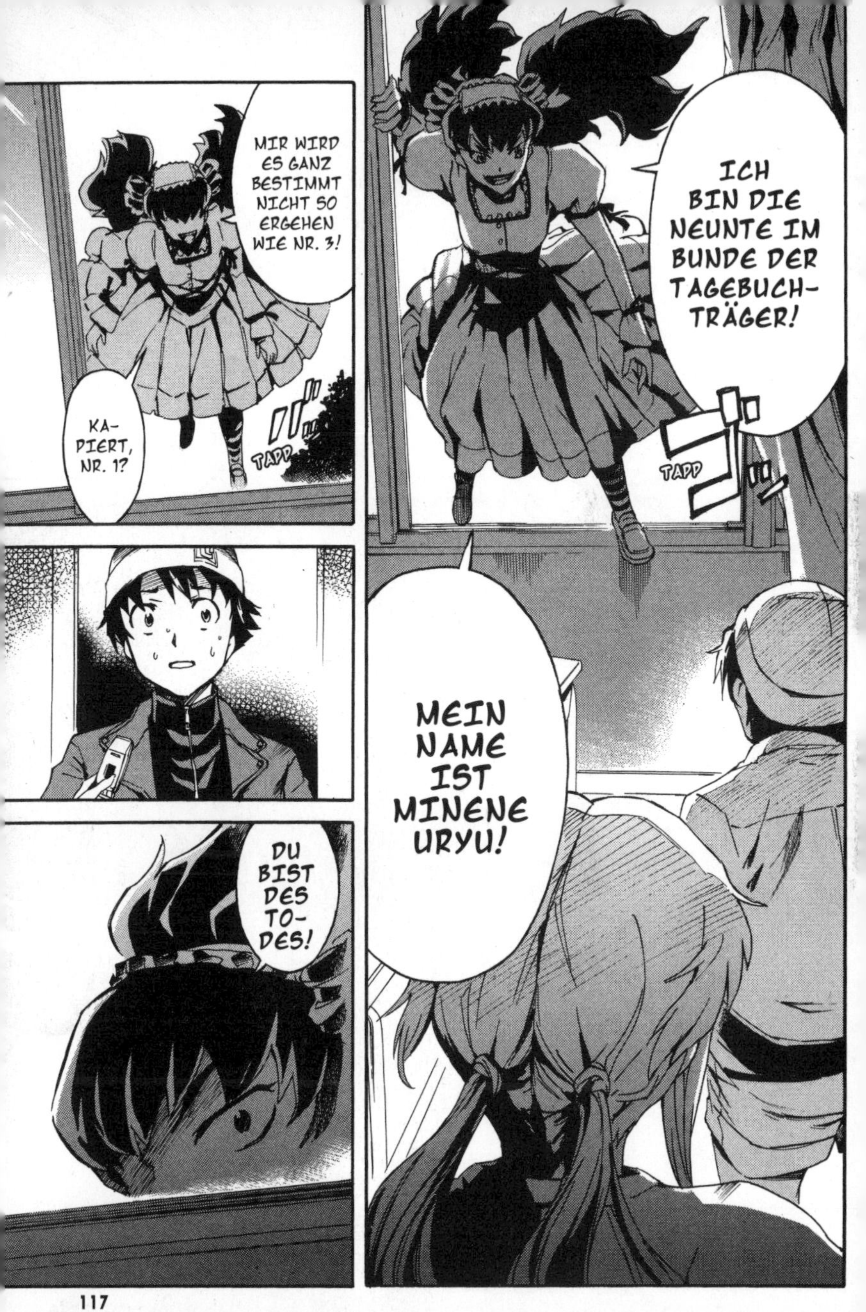

ICH BIN DIE NEUNTE IM BUNDE DER TAGEBUCH-TRÄGER!

TAPP

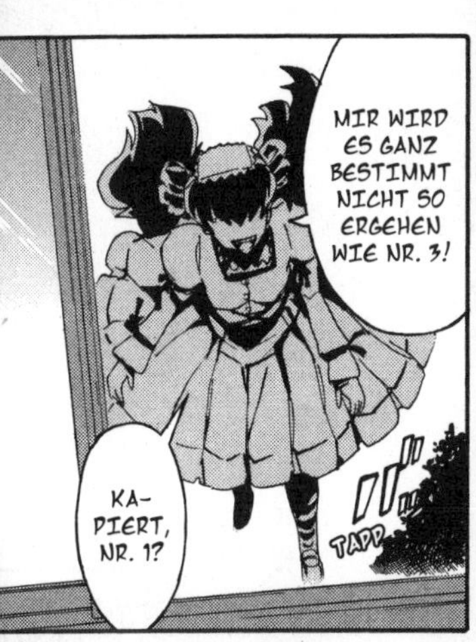


MEIN NAME IST MINENE URYU!

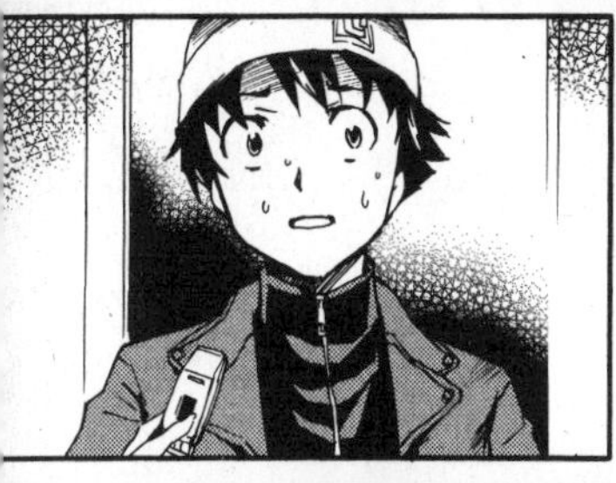

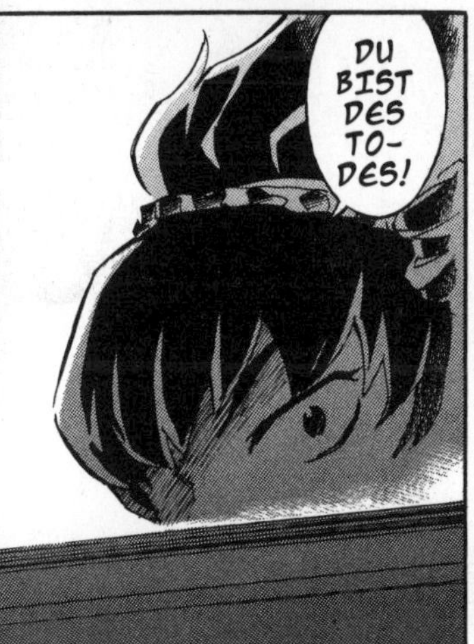

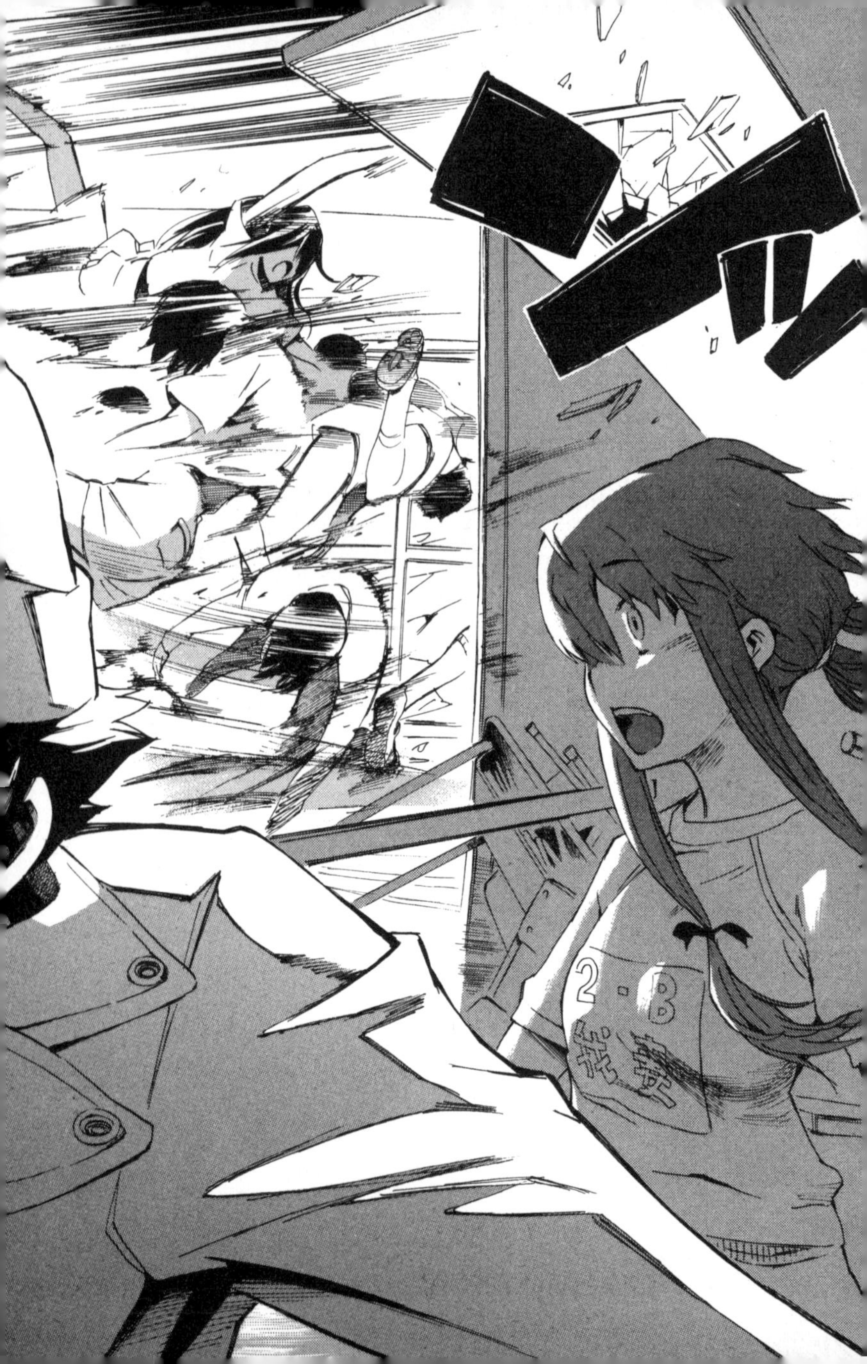
2・B

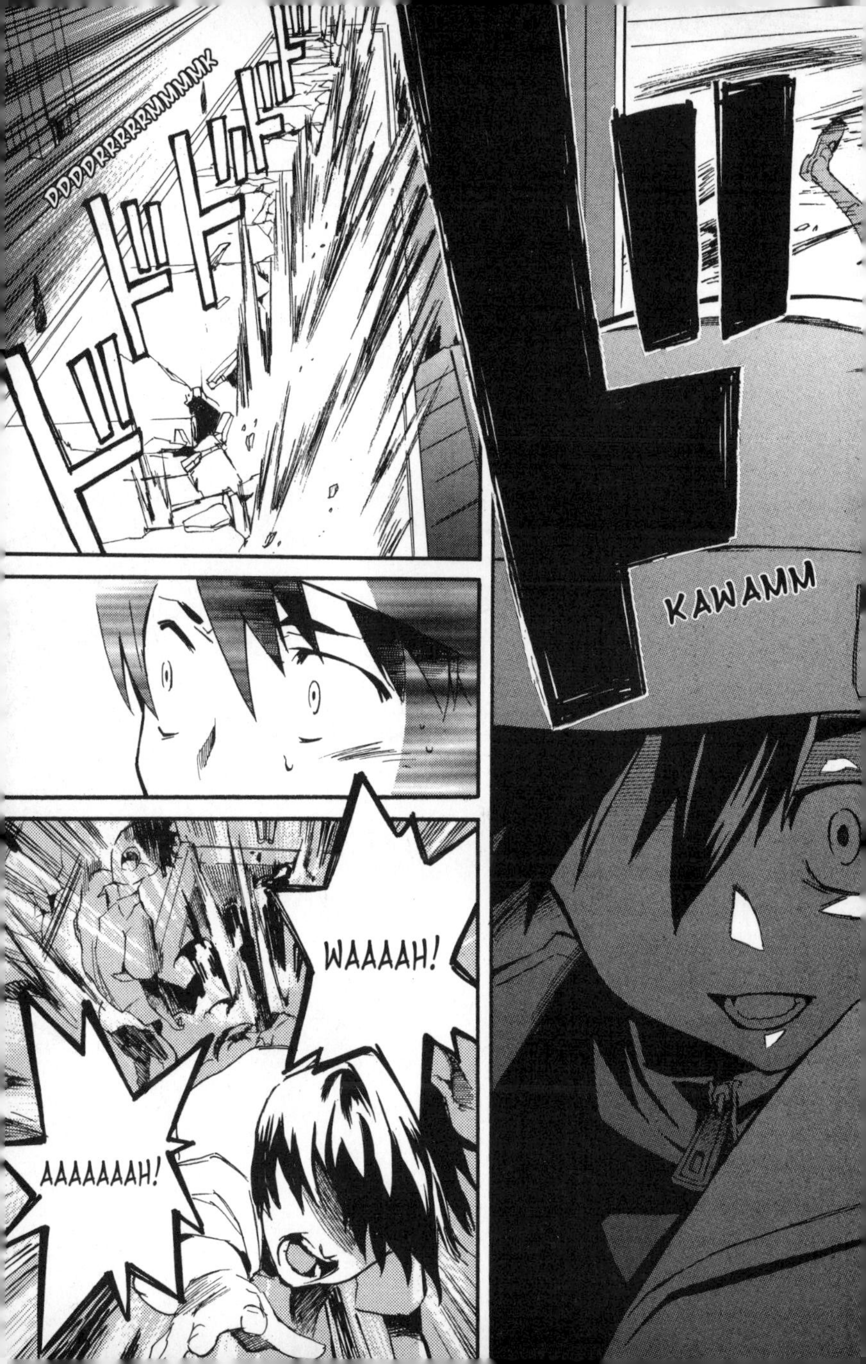
KAWAMM
DDDDRRRRRMMMMK
WAAAAH!
AAAAAAAH!

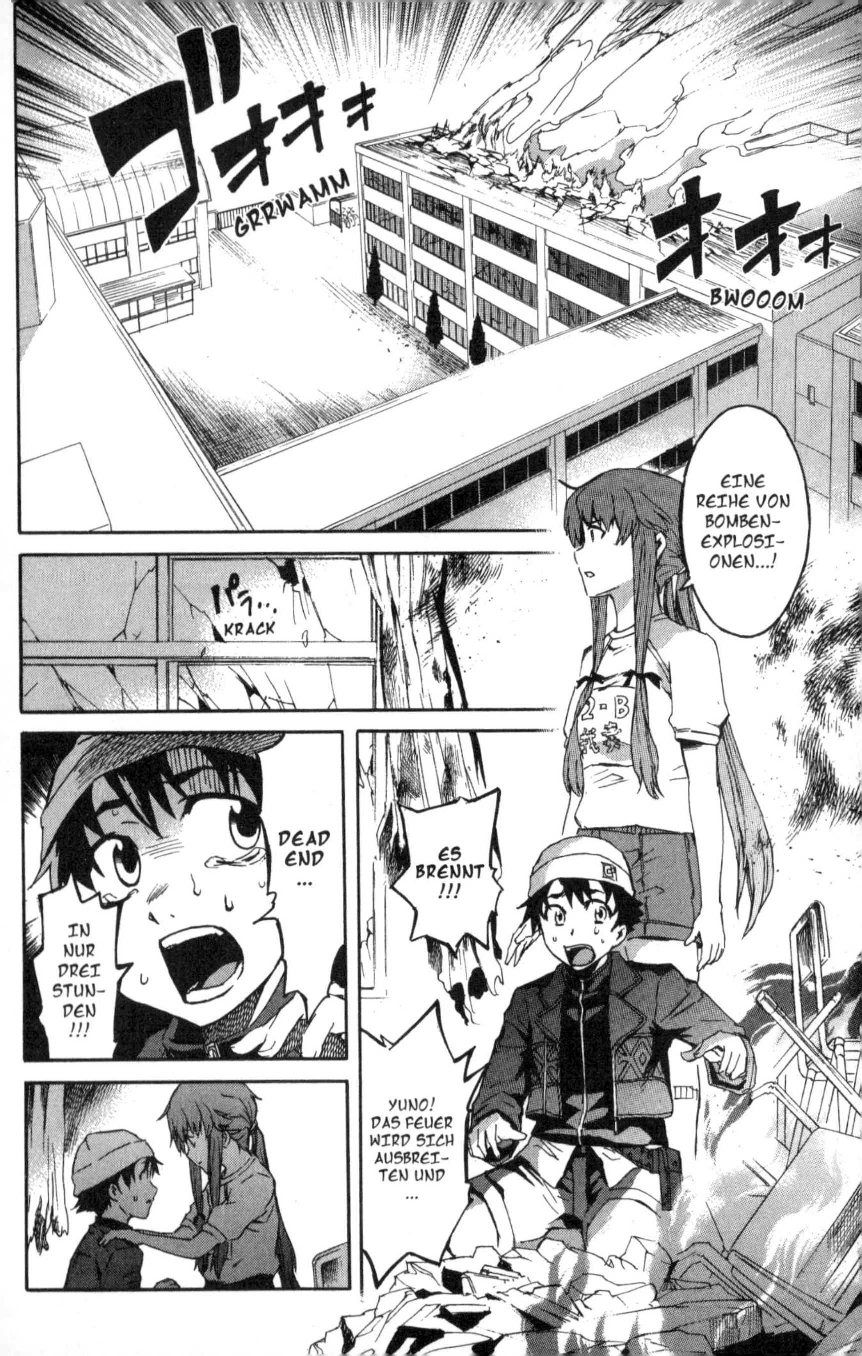
ゴオオォ
GRRWAMM
オオォ
BWOOOM
EINE REIHE VON BOMBEN-EXPLOSIONEN...!
パラ…
KRACK
ES BRENNT!!!
DEAD END ...
IN NUR DREI STUNDEN!!!
YUNO! DAS FEUER WIRD SICH AUSBREITEN UND ...

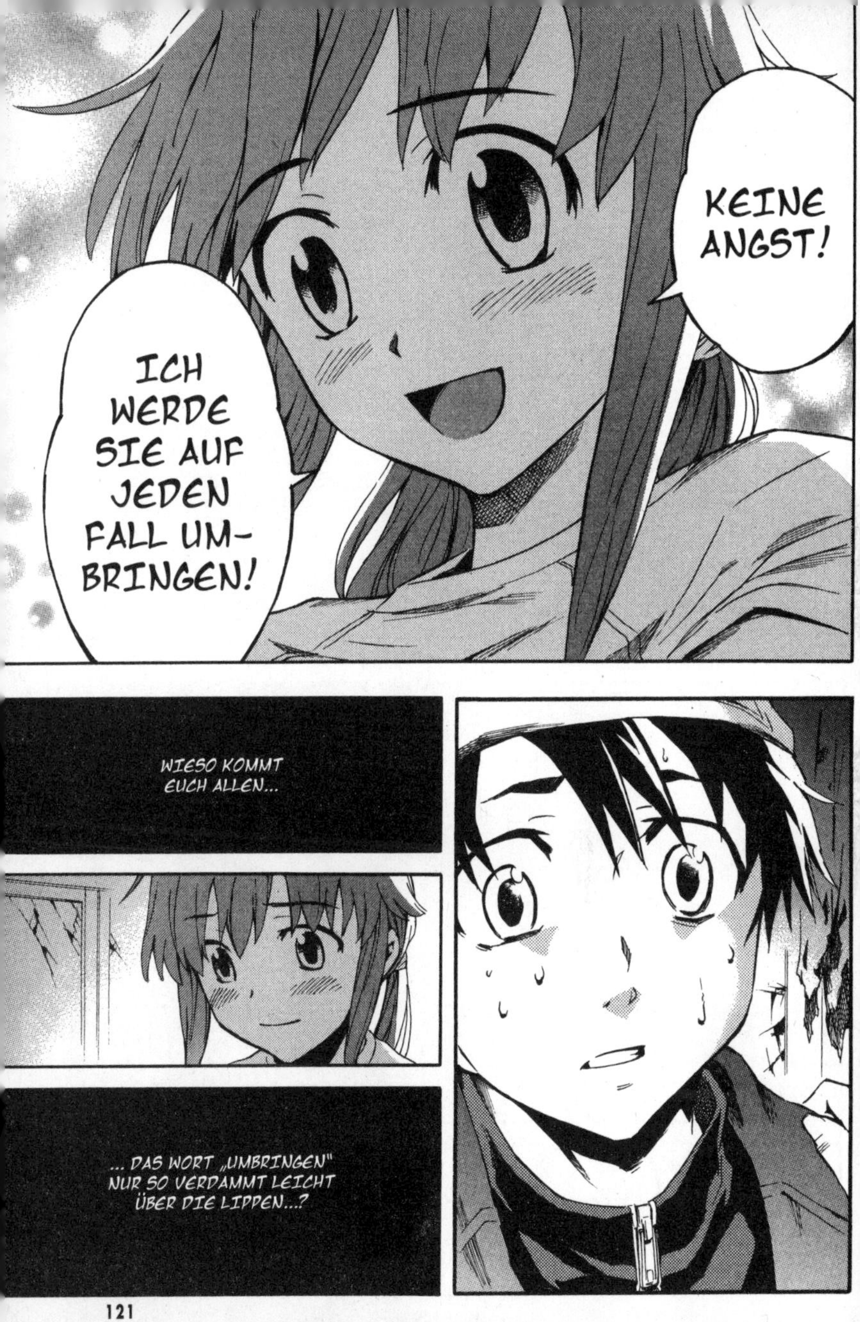

KEINE ANGST!

ICH WERDE SIE AUF JEDEN FALL UMBRINGEN!

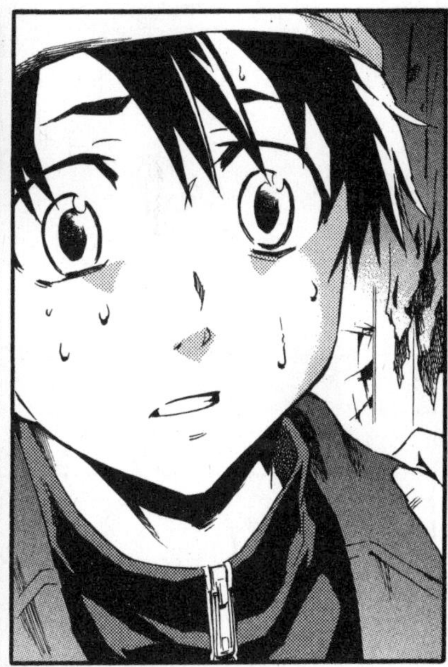

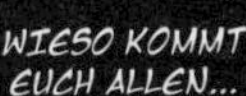


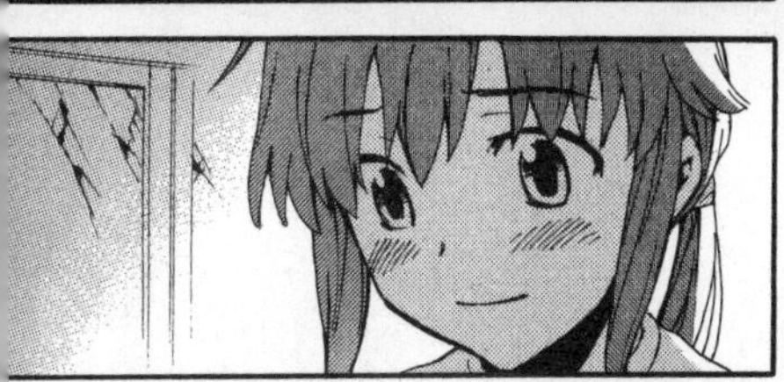

... DAS WORT „UMBRINGEN" NUR SO VERDAMMT LEICHT ÜBER DIE LIPPEN...?

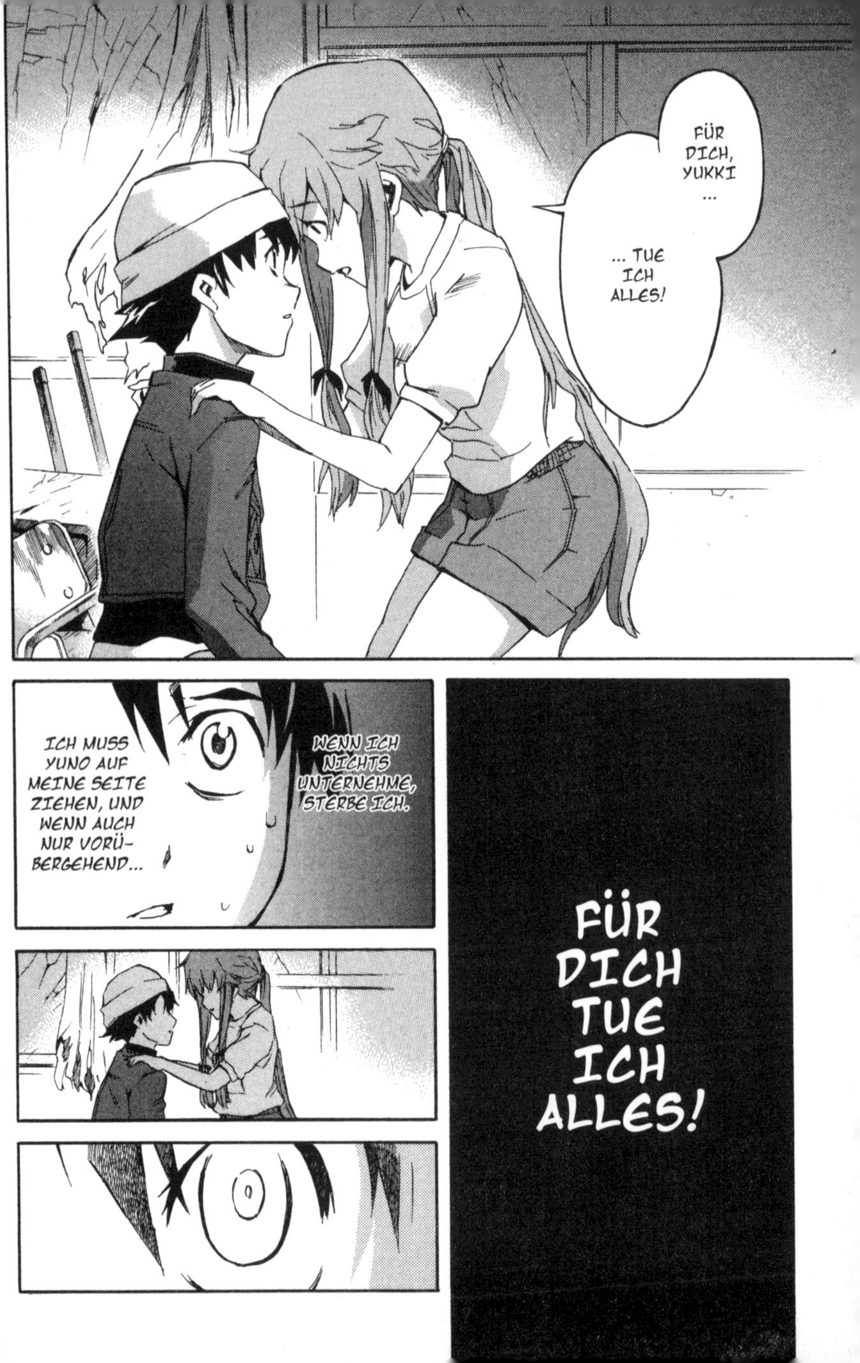

FÜR DICH, YUKKI ...

... TUE ICH ALLES!

FÜR DICH TUE ICH ALLES!

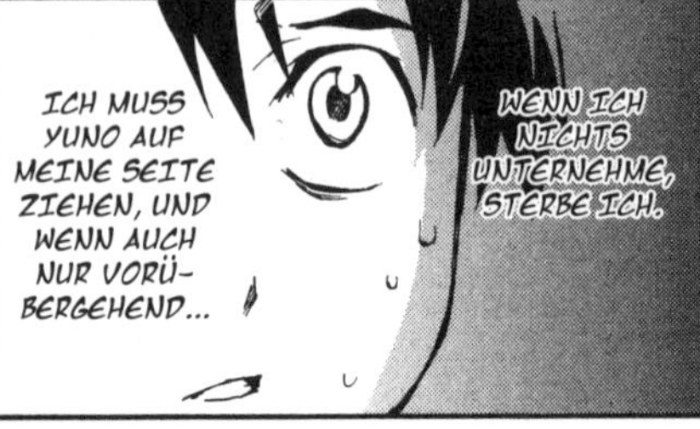


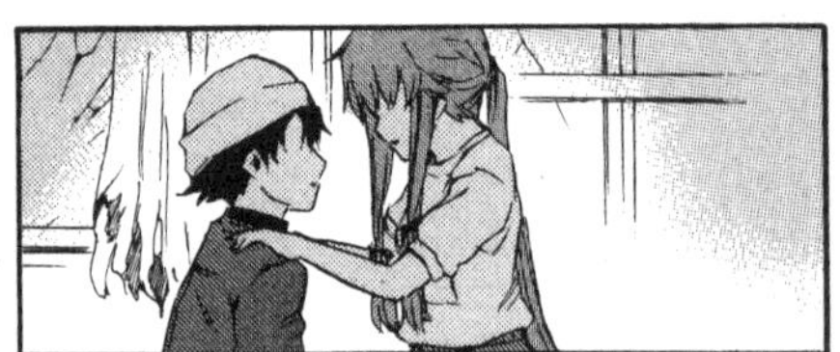

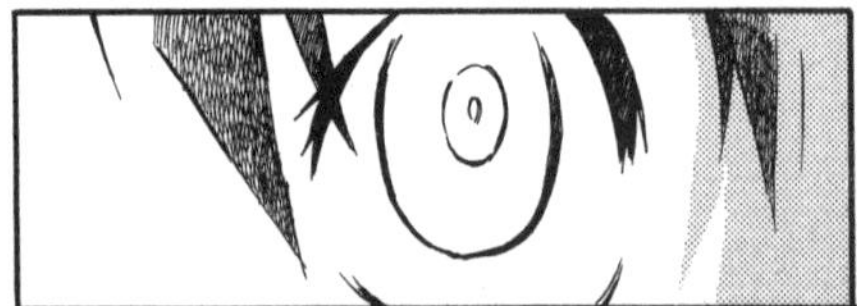

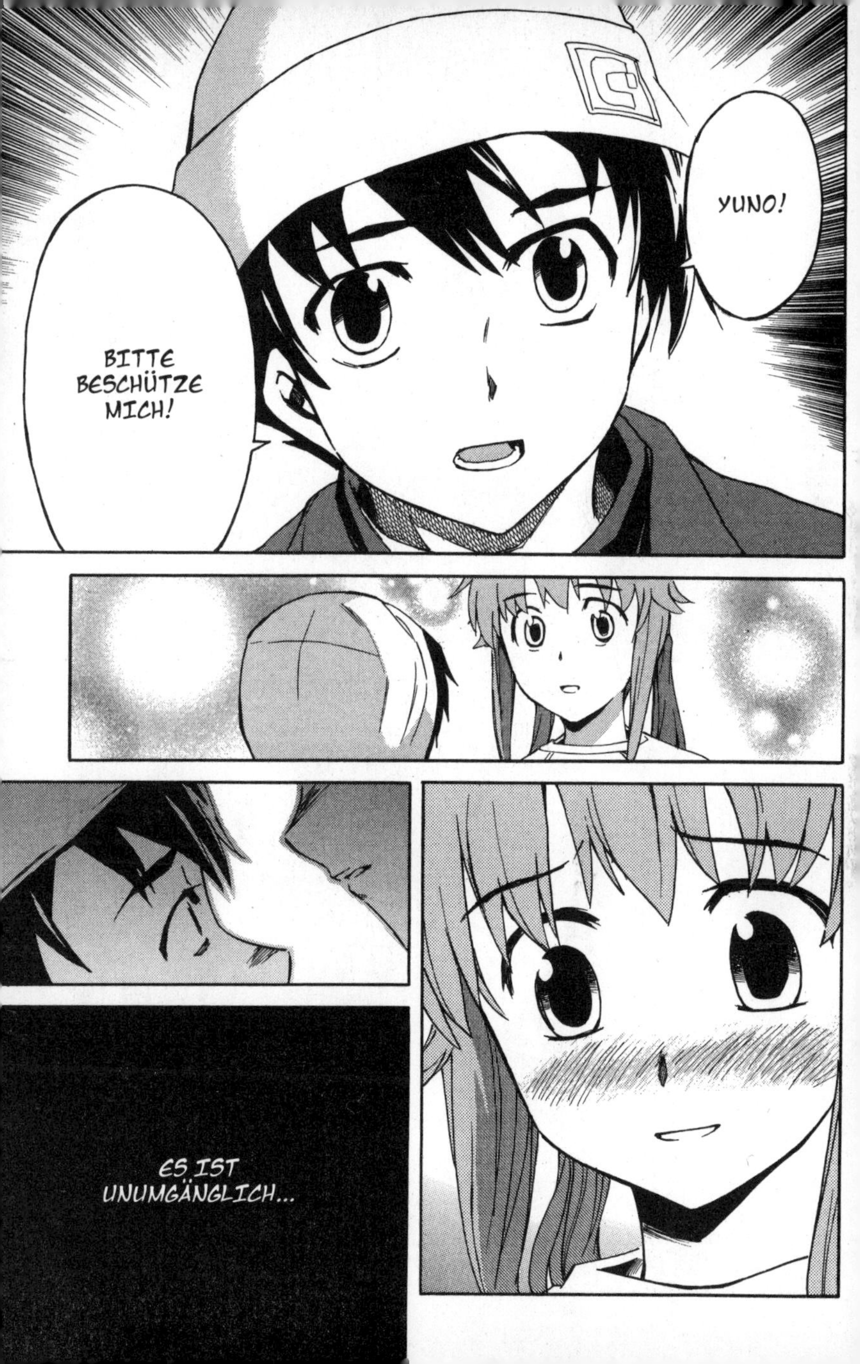

YUNO!

BITTE BESCHÜTZE MICH!

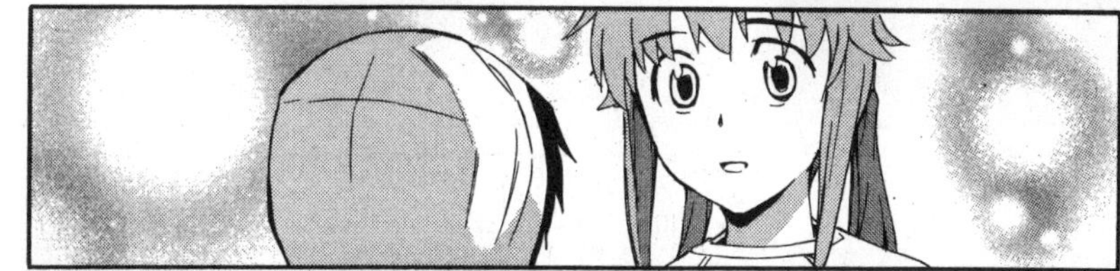

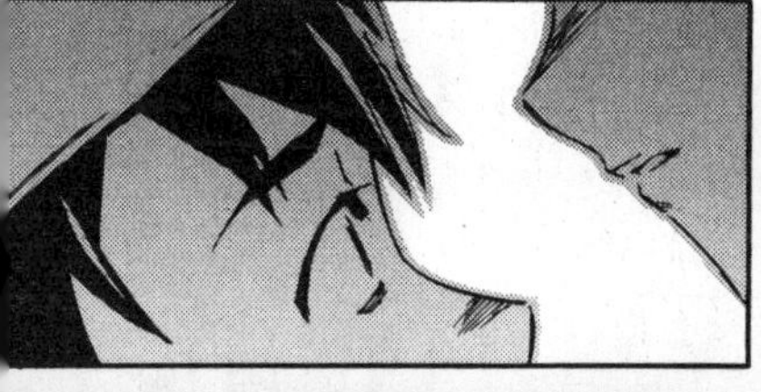

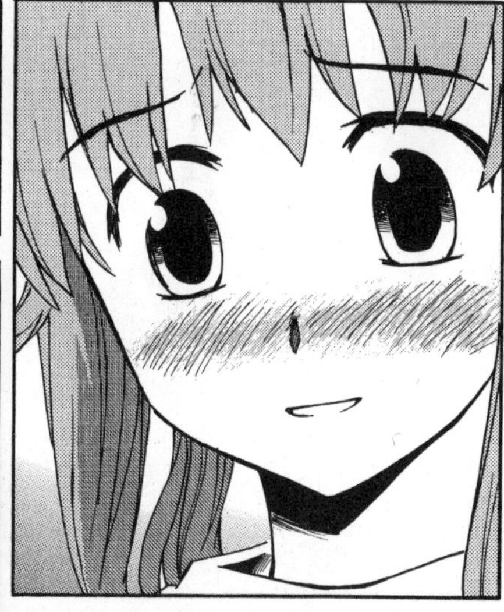

ES IST UNUMGÄNGLICH...

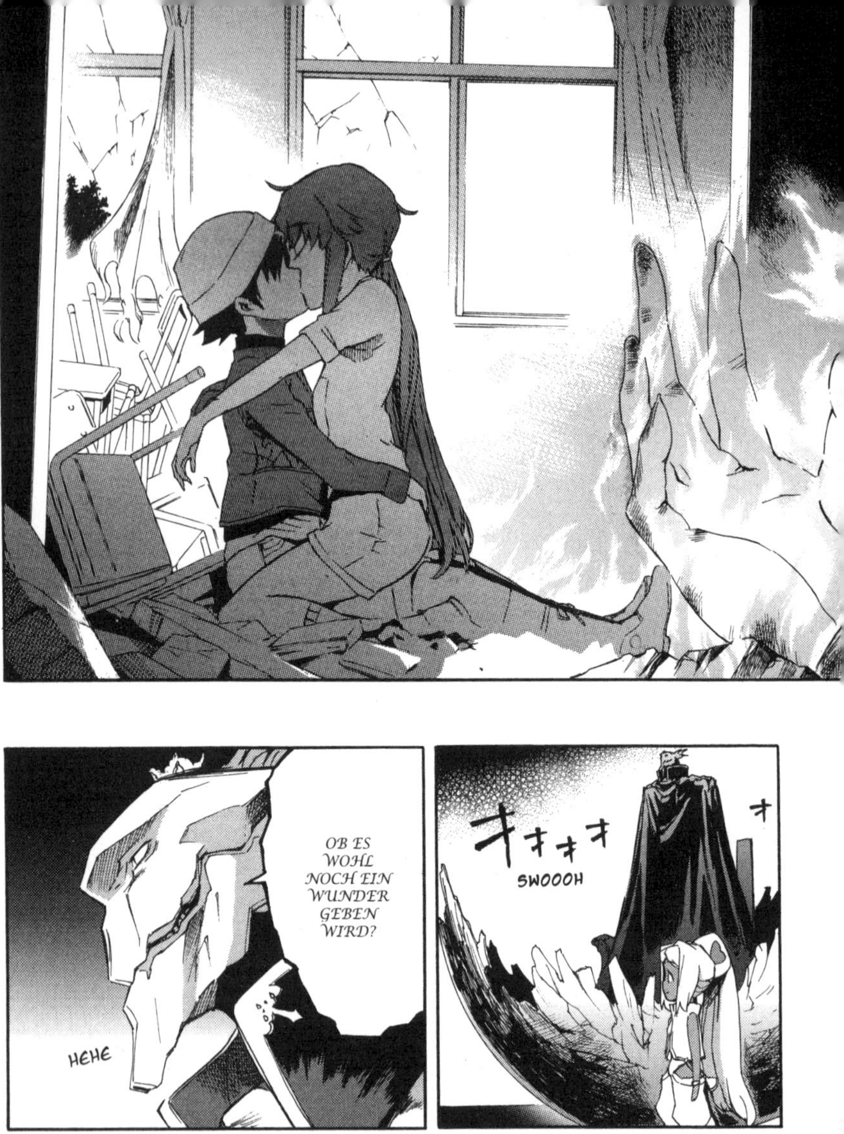

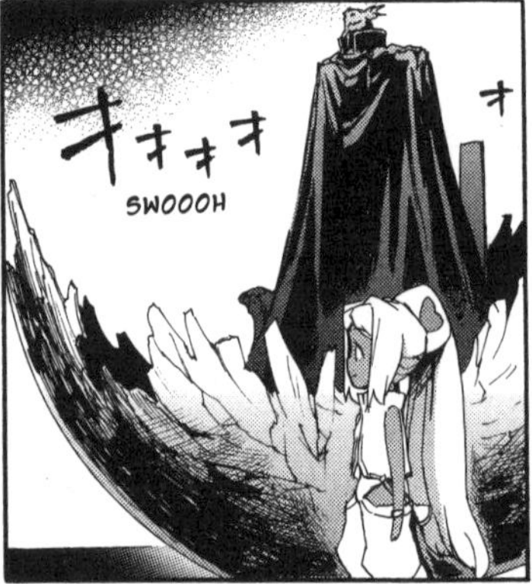


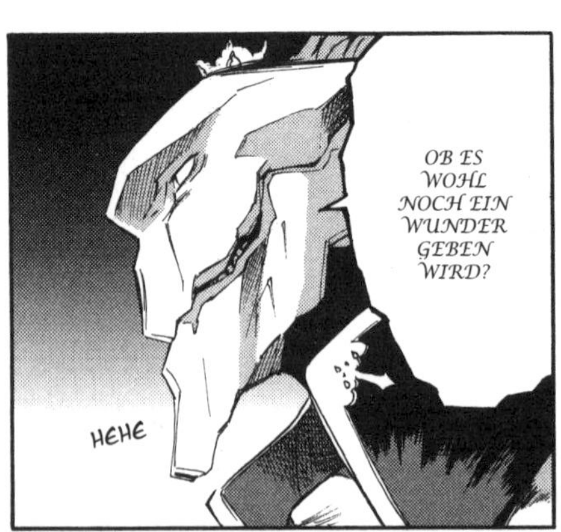


TAGEBUCH 2: ENDE

▸▸▸ NÄCHSTES TAGEBUCH: BEI HERZVERSAGEN „BOOM“!

02.05.20XX, 11:07 – SAKURAMI-MITTELSCHULE

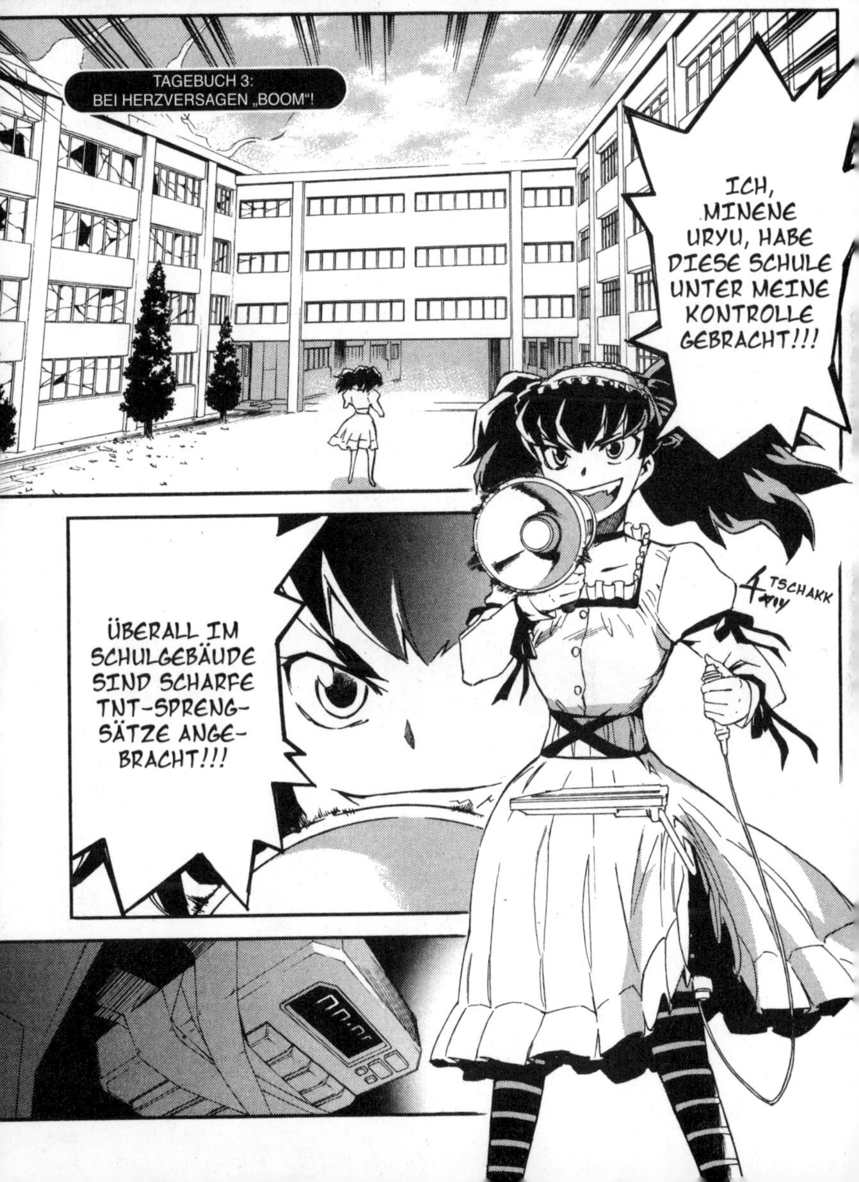

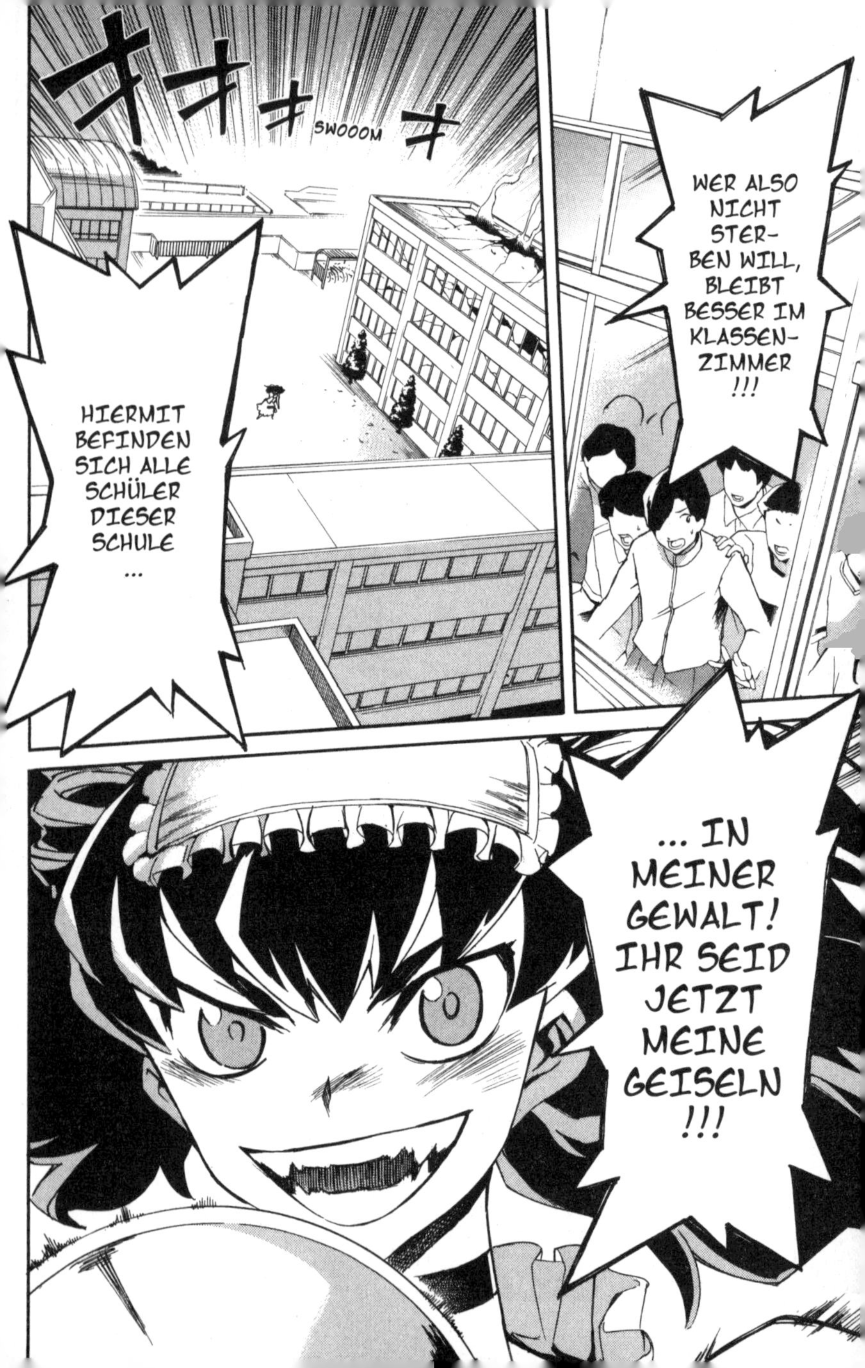
オオォォ
SWOOOM
WER ALSO NICHT STERBEN WILL, BLEIBT BESSER IM KLASSENZIMMER !!!
HIERMIT BEFINDEN SICH ALLE SCHÜLER DIESER SCHULE ...
... IN MEINER GEWALT! IHR SEID JETZT MEINE GEISELN !!!

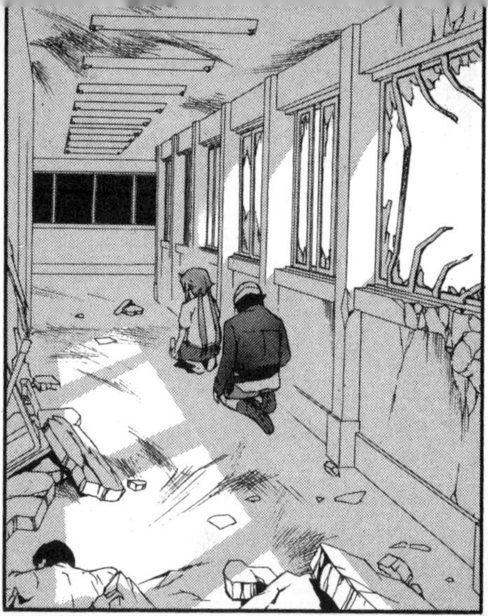
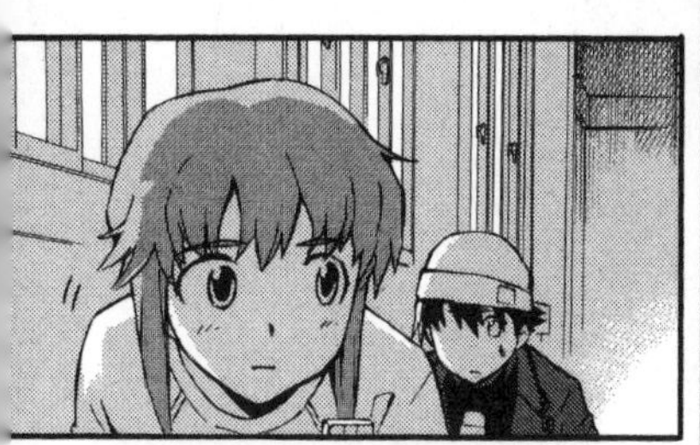
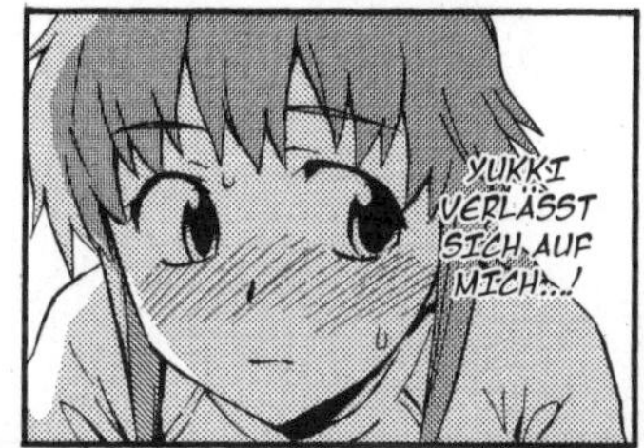
YUKKI VERLÄSST SICH AUF MICH...!
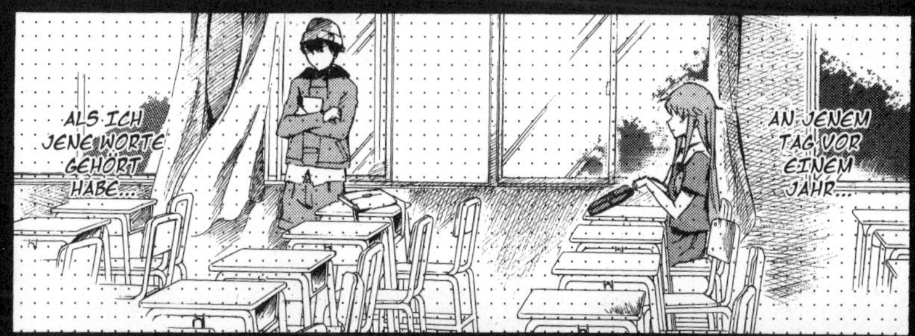
AN JENEM TAG VOR EINEM JAHR...
ALS ICH JENE WORTE GEHÖRT HABE...
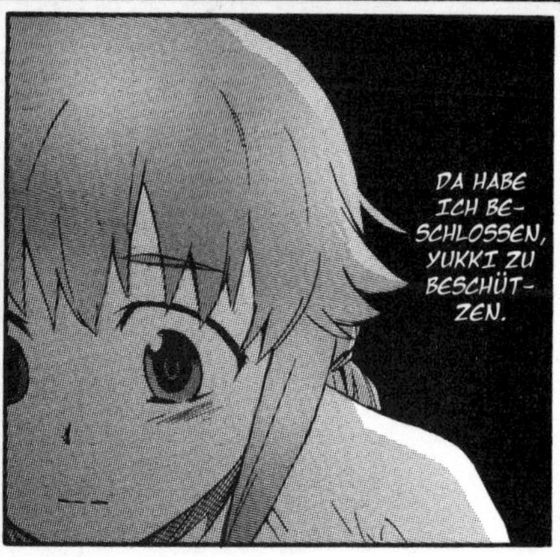
DA HABE ICH BE-SCHLOSSEN, YUKKI ZU BESCHÜT-ZEN.
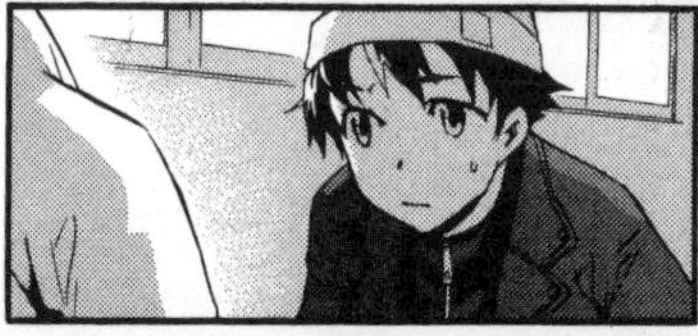
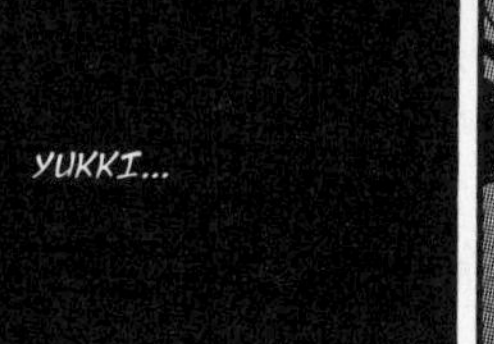
YUKKI...

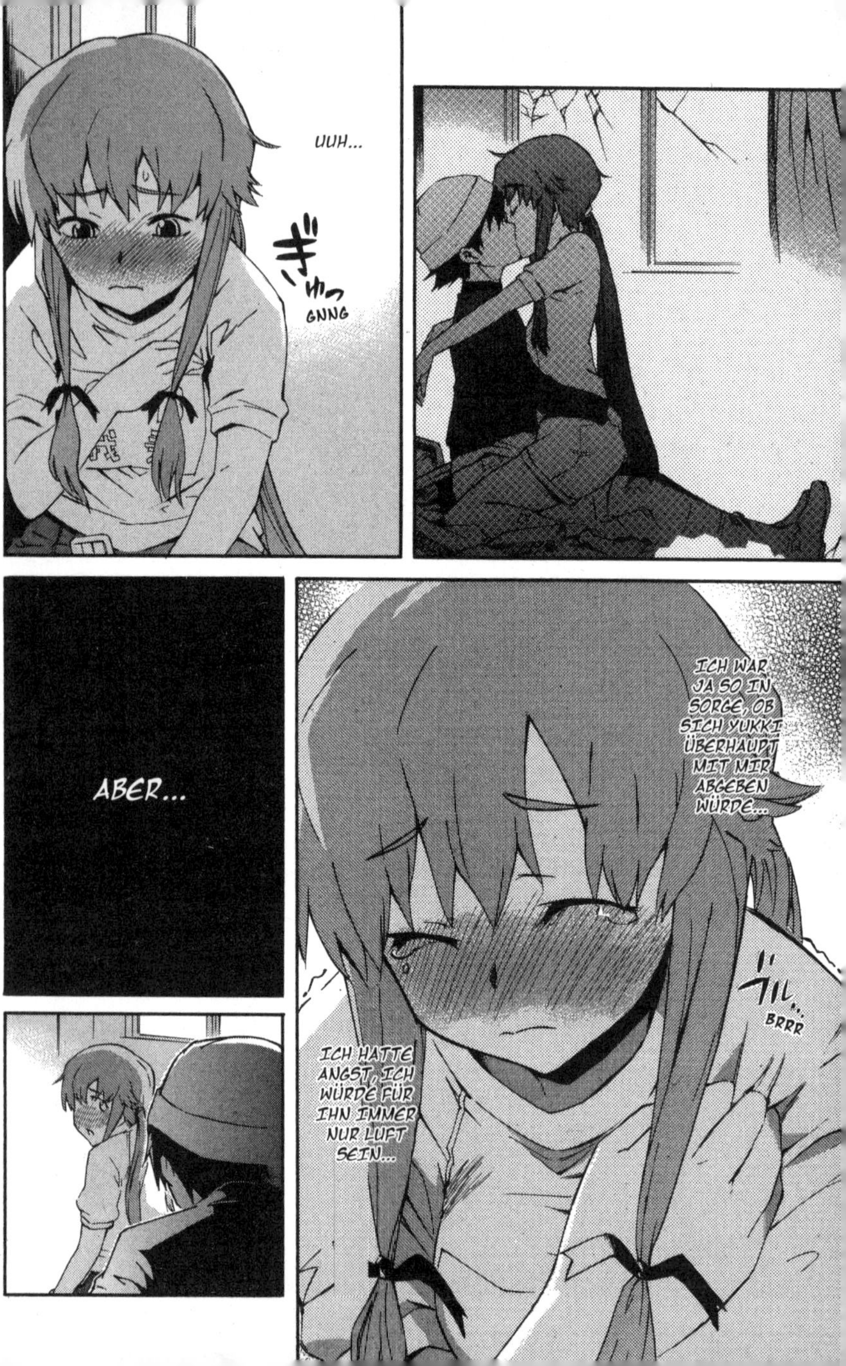

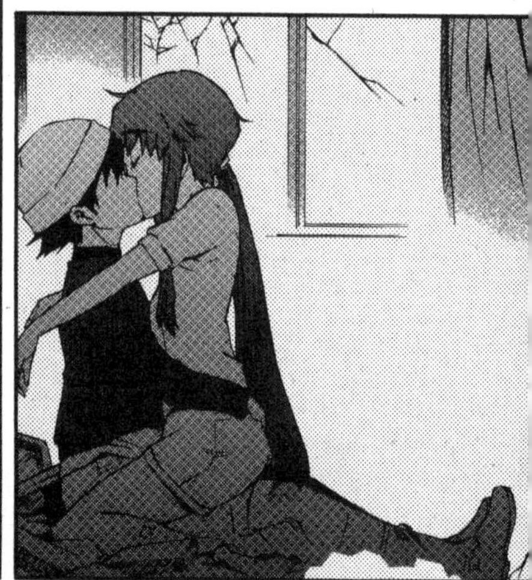

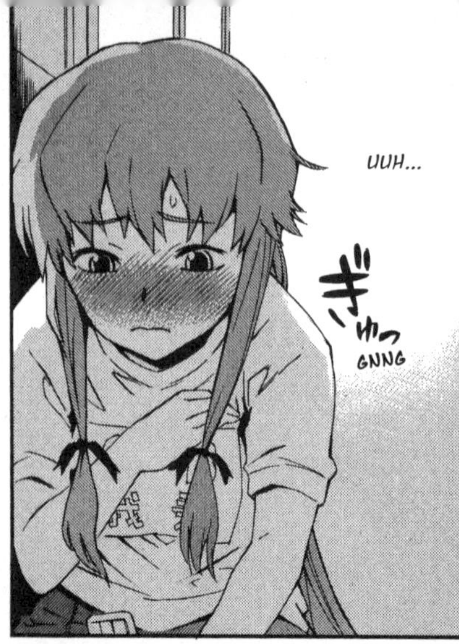


ICH WAR JA SO IN SORGE, OB SICH YUKKI ÜBERHAUPT MIT MIR ABGEBEN WÜRDE...

ブル...
BRRR

ICH HATTE ANGST, ICH WÜRDE FÜR IHN IMMER NUR LUFT SEIN...

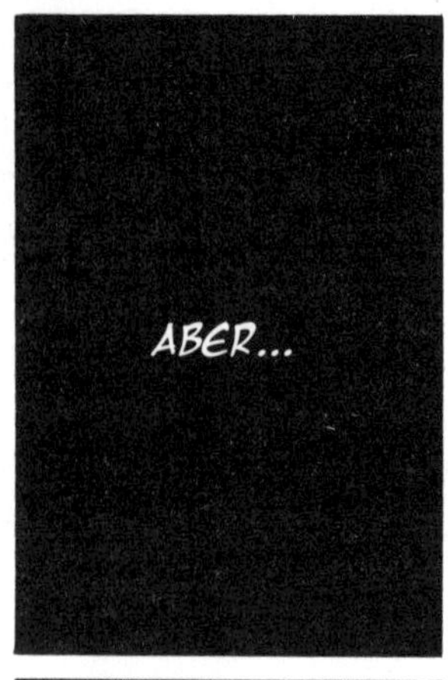


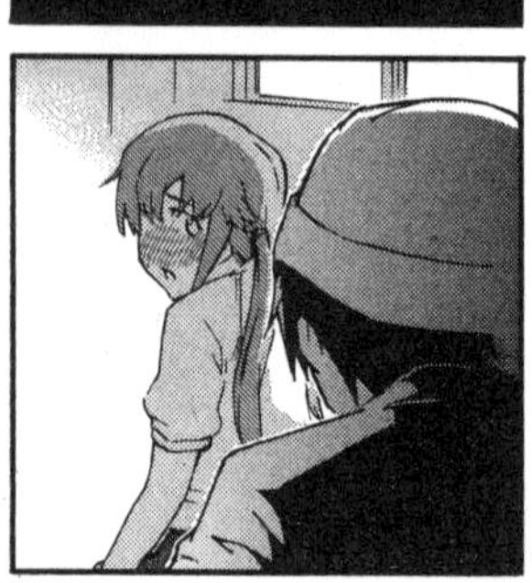

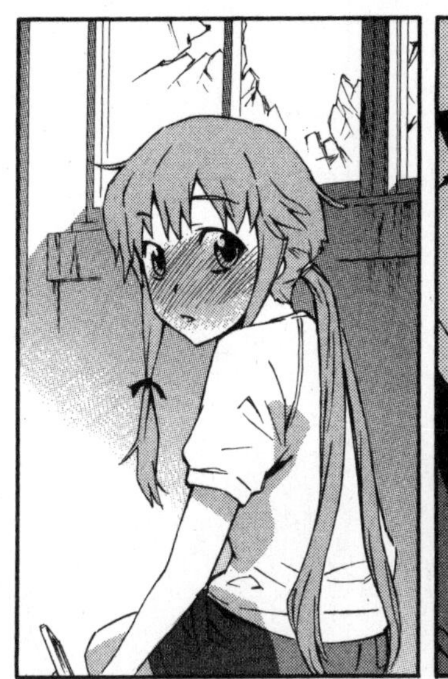

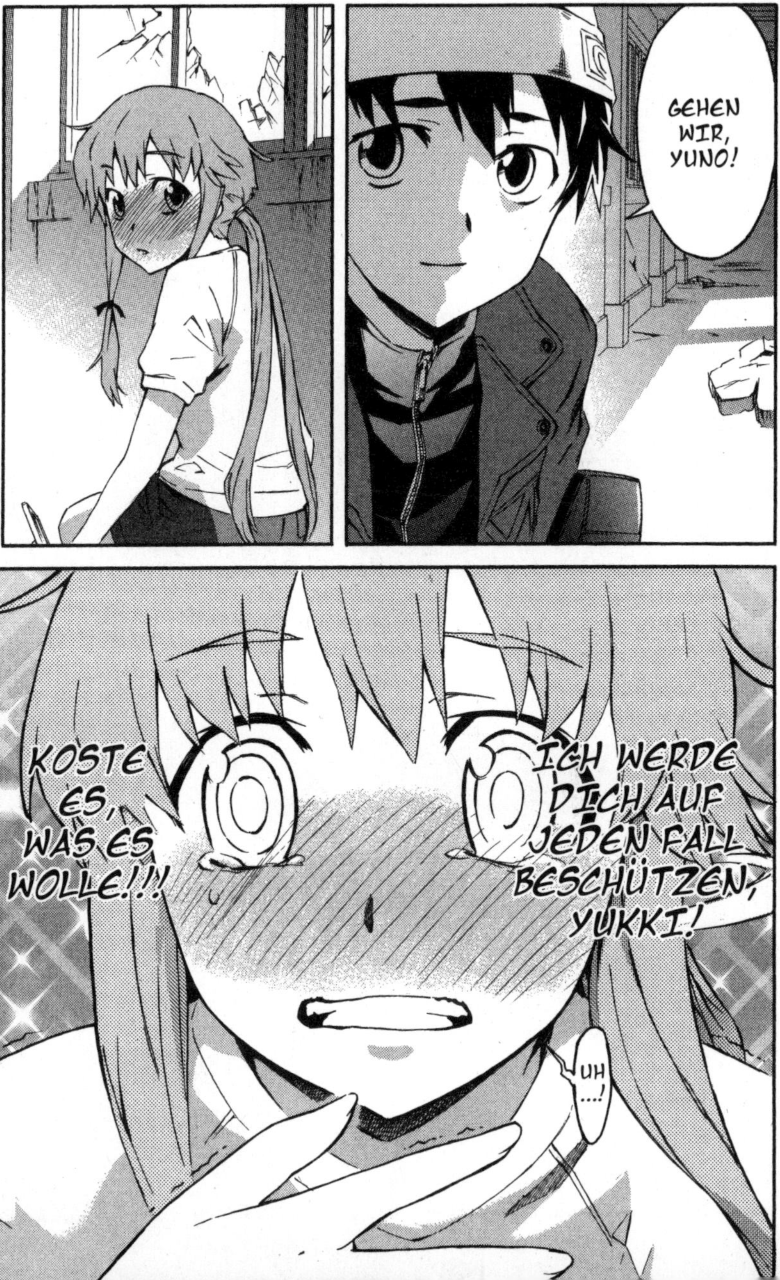

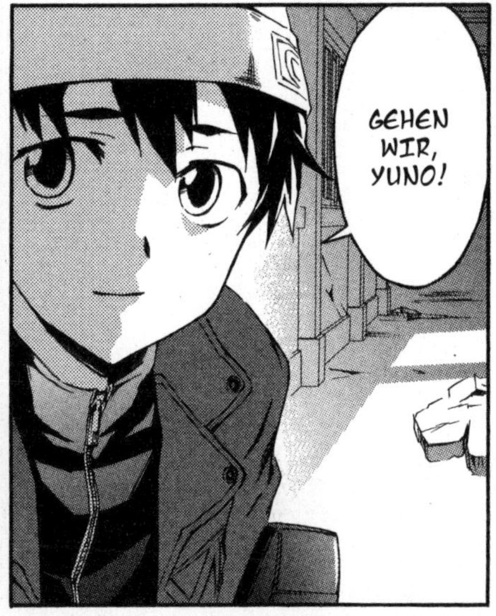


ICH WERDE DICH AUF JEDEN FALL BESCHÜTZEN, YUKKI!

UH...!

KOSTE ES, WAS ES WOLLE!!!

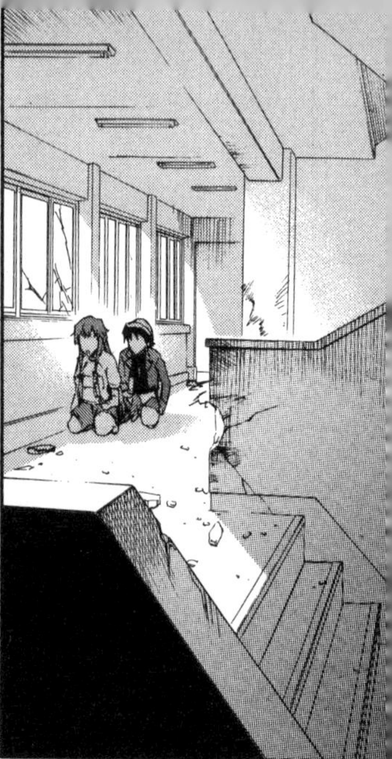
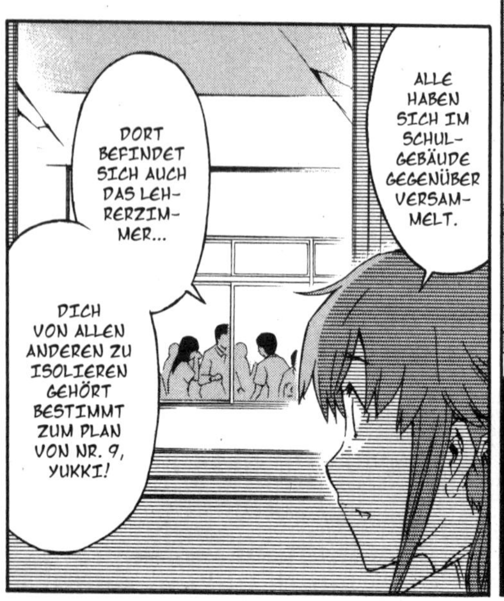
ALLE HABEN SICH IM SCHULGEBÄUDE GEGENÜBER VERSAMMELT.
DORT BEFINDET SICH AUCH DAS LEHRERZIMMER...
DICH VON ALLEN ANDEREN ZU ISOLIEREN GEHÖRT BESTIMMT ZUM PLAN VON NR. 9, YUKKI!
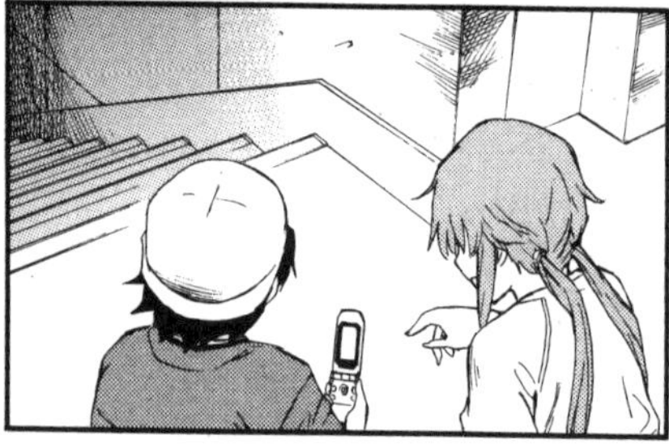
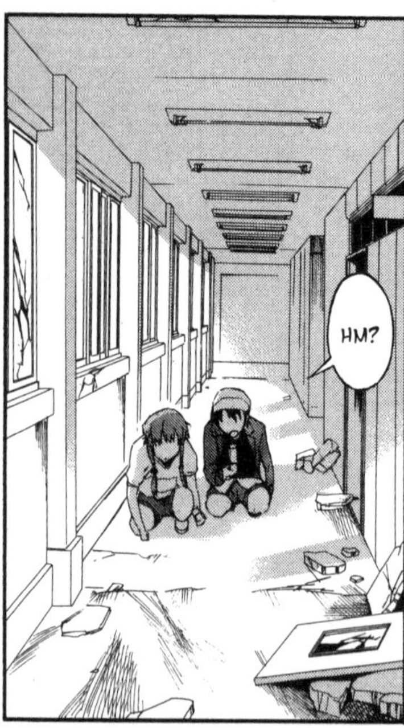
HM?
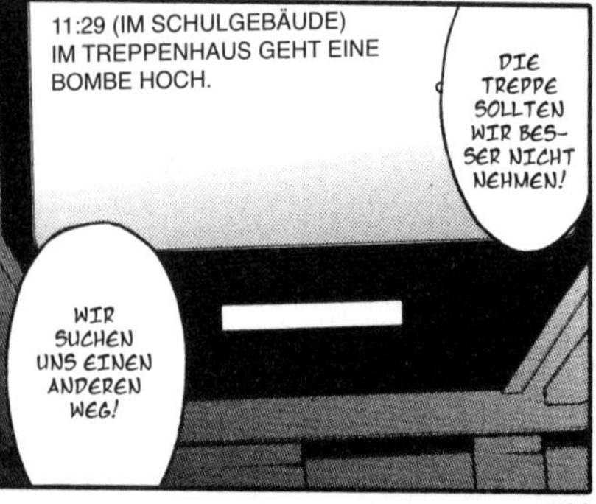
11:29 (IM SCHULGEBÄUDE)
IM TREPPENHAUS GEHT EINE BOMBE HOCH.
DIE TREPPE SOLLTEN WIR BESSER NICHT NEHMEN!
WIR SUCHEN UNS EINEN ANDEREN WEG!

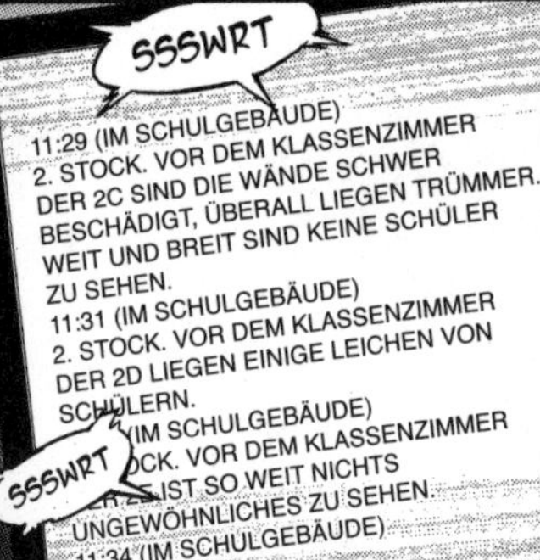
SSSWRT
11:29 (IM SCHULGEBÄUDE)
2. STOCK. VOR DEM KLASSENZIMMER
DER 2C SIND DIE WÄNDE SCHWER
BESCHÄDIGT, ÜBERALL LIEGEN TRÜMMER.
WEIT UND BREIT SIND KEINE SCHÜLER
ZU SEHEN.
11:31 (IM SCHULGEBÄUDE)
2. STOCK. VOR DEM KLASSENZIMMER
DER 2D LIEGEN EINIGE LEICHEN VON
SCHÜLERN.
(IM SCHULGEBÄUDE)
OCK. VOR DEM KLASSENZIMMER
IST SO WEIT NICHTS
UNGEWÖHNLICHES ZU SEHEN.
11:34 (IM SCHULGEBÄUDE)
SSSWRT

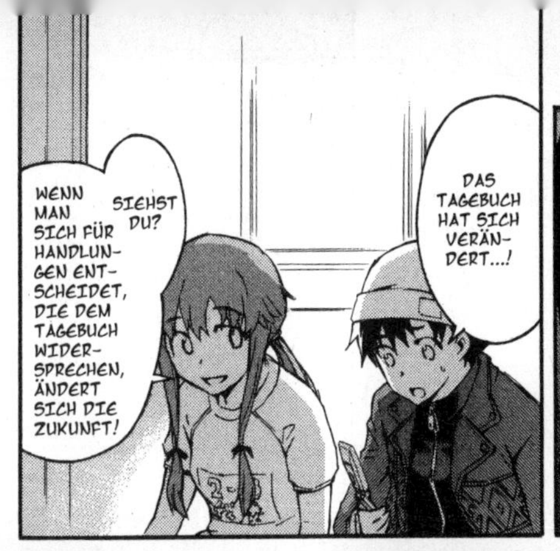
DAS TAGEBUCH HAT SICH VERÄNDERT...!
SIEHST DU?
WENN MAN SICH FÜR HANDLUNGEN ENTSCHEIDET, DIE DEM TAGEBUCH WIDERSPRECHEN, ÄNDERT SICH DIE ZUKUNFT!

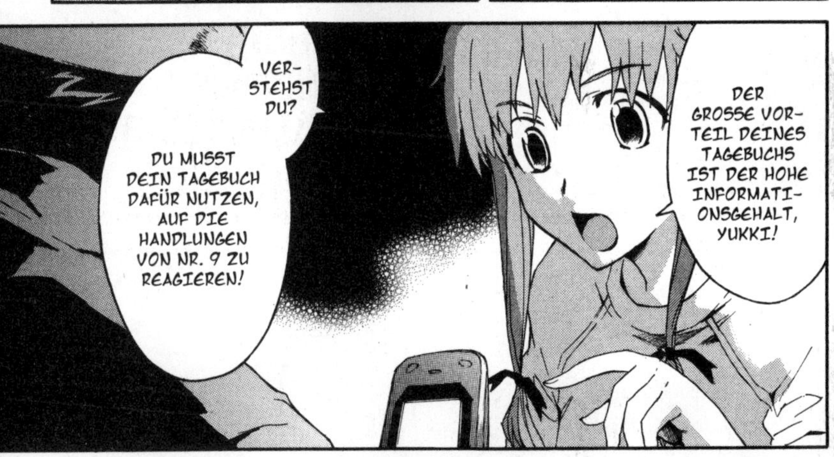
DER GROSSE VORTEIL DEINES TAGEBUCHS IST DER HOHE INFORMATIONSGEHALT, YUKKI!
VERSTEHST DU?
DU MUSST DEIN TAGEBUCH DAFÜR NUTZEN, AUF DIE HANDLUNGEN VON NR. 9 ZU REAGIEREN!

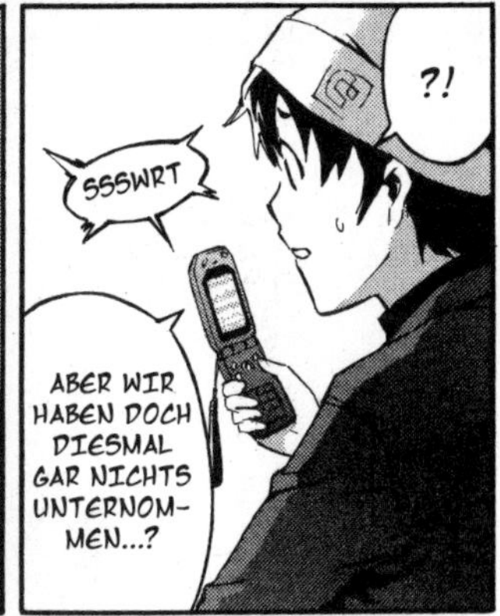
?!
SSSWRT
ABER WIR HABEN DOCH DIESMAL GAR NICHTS UNTERNOMMEN...?

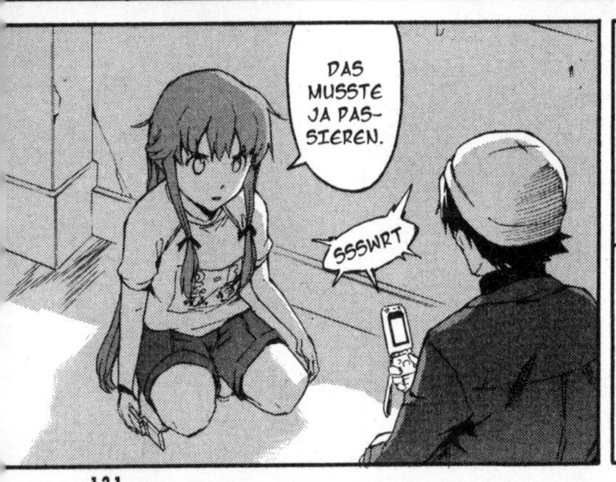
DAS MUSSTE JA PASSIEREN.
SSSWRT

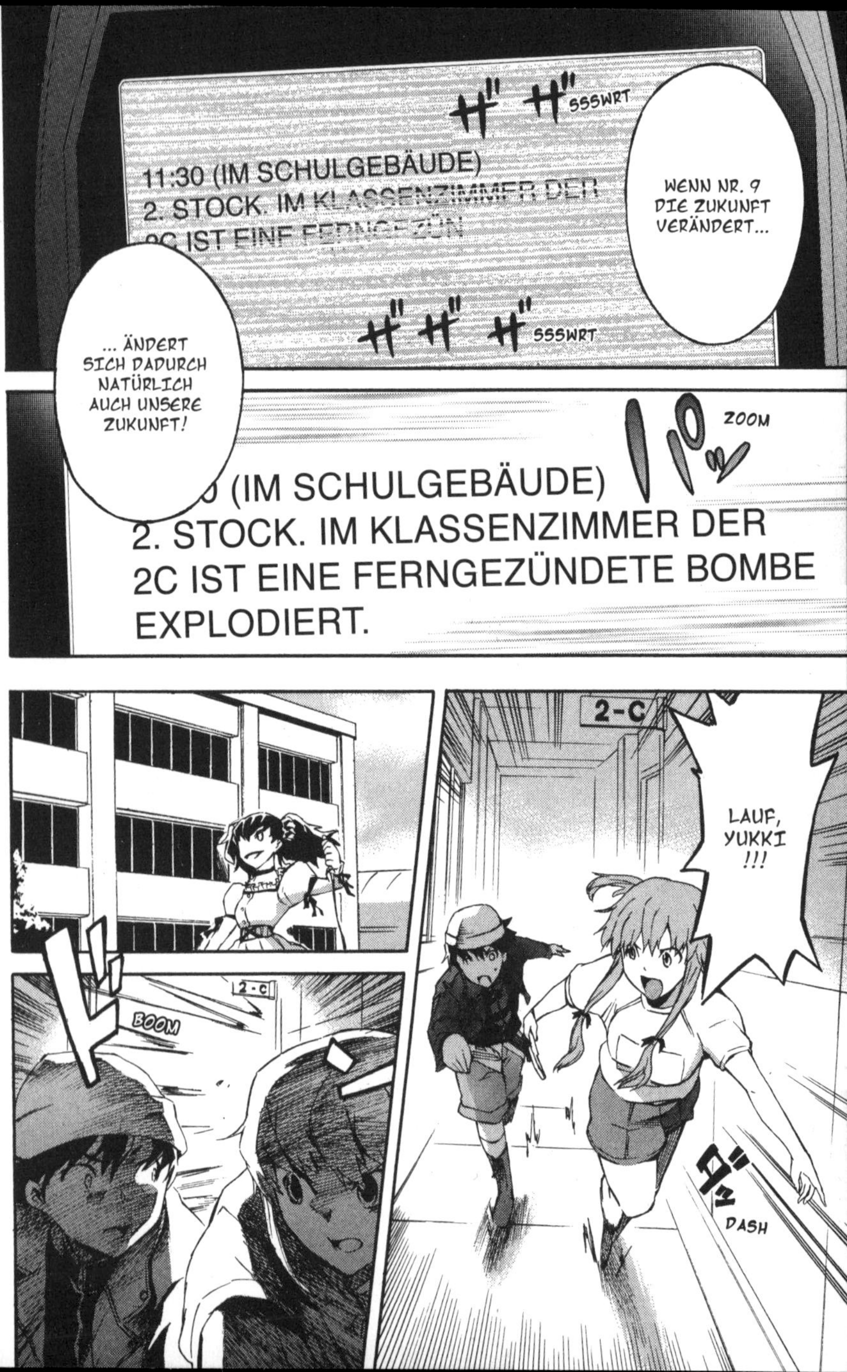

SSSWRT

11:30 (IM SCHULGEBÄUDE)
2. STOCK. IM KLASSENZIMMER DER
2C IST EINE FERNGEZÜN

WENN NR. 9 DIE ZUKUNFT VERÄNDERT...

SSSWRT

... ÄNDERT SICH DADURCH NATÜRLICH AUCH UNSERE ZUKUNFT!

ZOOM

(IM SCHULGEBÄUDE)
2. STOCK. IM KLASSENZIMMER DER
2C IST EINE FERNGEZÜNDETE BOMBE
EXPLODIERT.

2-C

LAUF, YUKKI !!!

DASH

2-C

BOOM

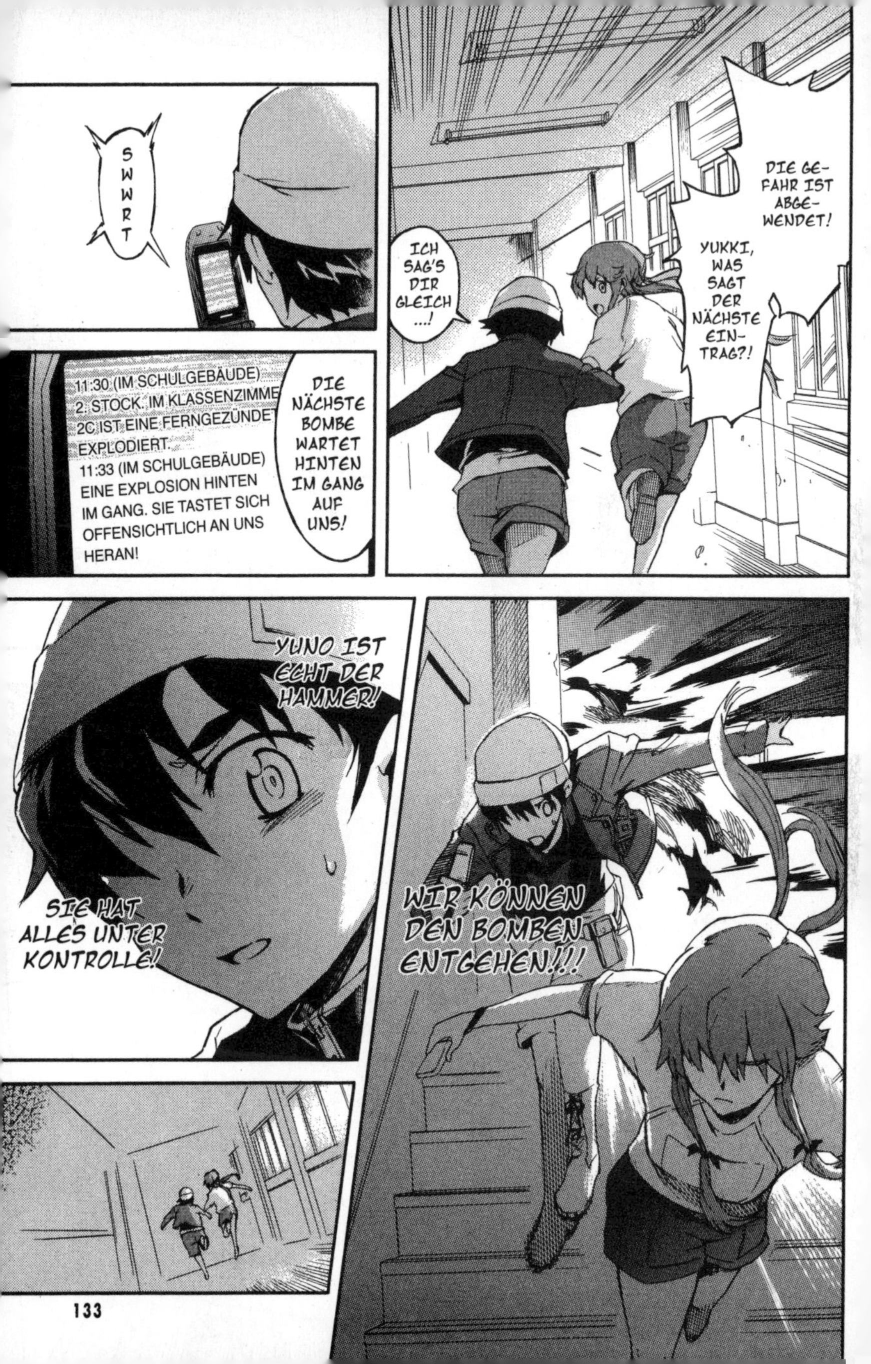

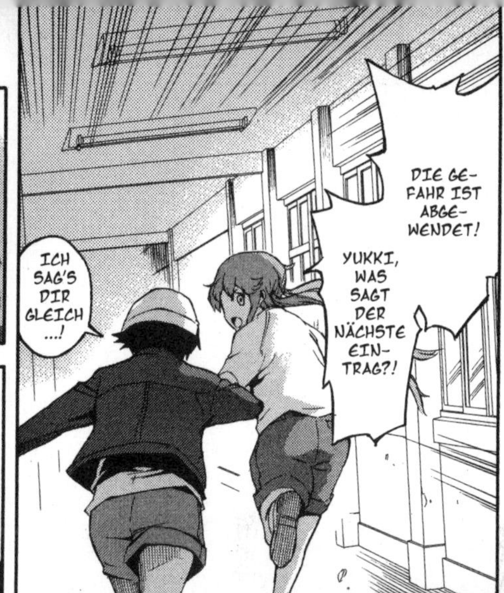


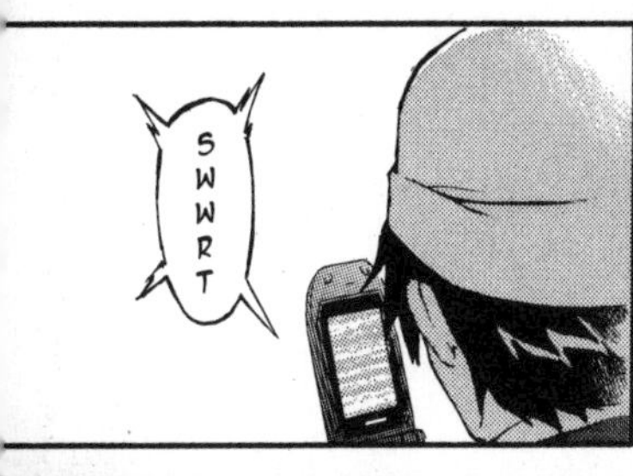


DIE NÄCHSTE BOMBE WARTET HINTEN IM GANG AUF UNS!

11:30 (IM SCHULGEBÄUDE)
2. STOCK. IM KLASSENZIMME
2C IST EINE FERNGEZÜNDET
EXPLODIERT.
11:33 (IM SCHULGEBÄUDE)
EINE EXPLOSION HINTEN
IM GANG. SIE TASTET SICH
OFFENSICHTLICH AN UNS
HERAN!

WIR KÖNNEN DEN BOMBEN ENTGEHEN!!!

YUNO IST ECHT DER HAMMER!

SIE HAT ALLES UNTER KONTROLLE!

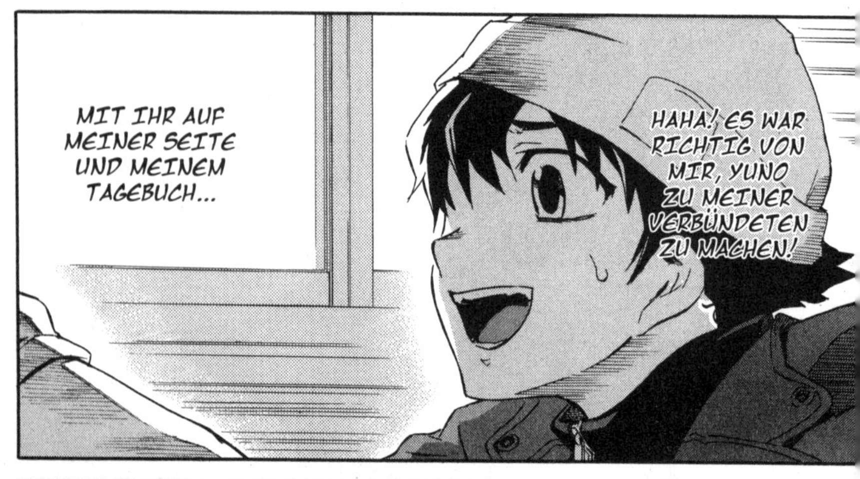
HAHA! ES WAR RICHTIG VON MIR, YUNO ZU MEINER VERBÜNDETEN ZU MACHEN!
MIT IHR AUF MEINER SEITE UND MEINEM TAGEBUCH...

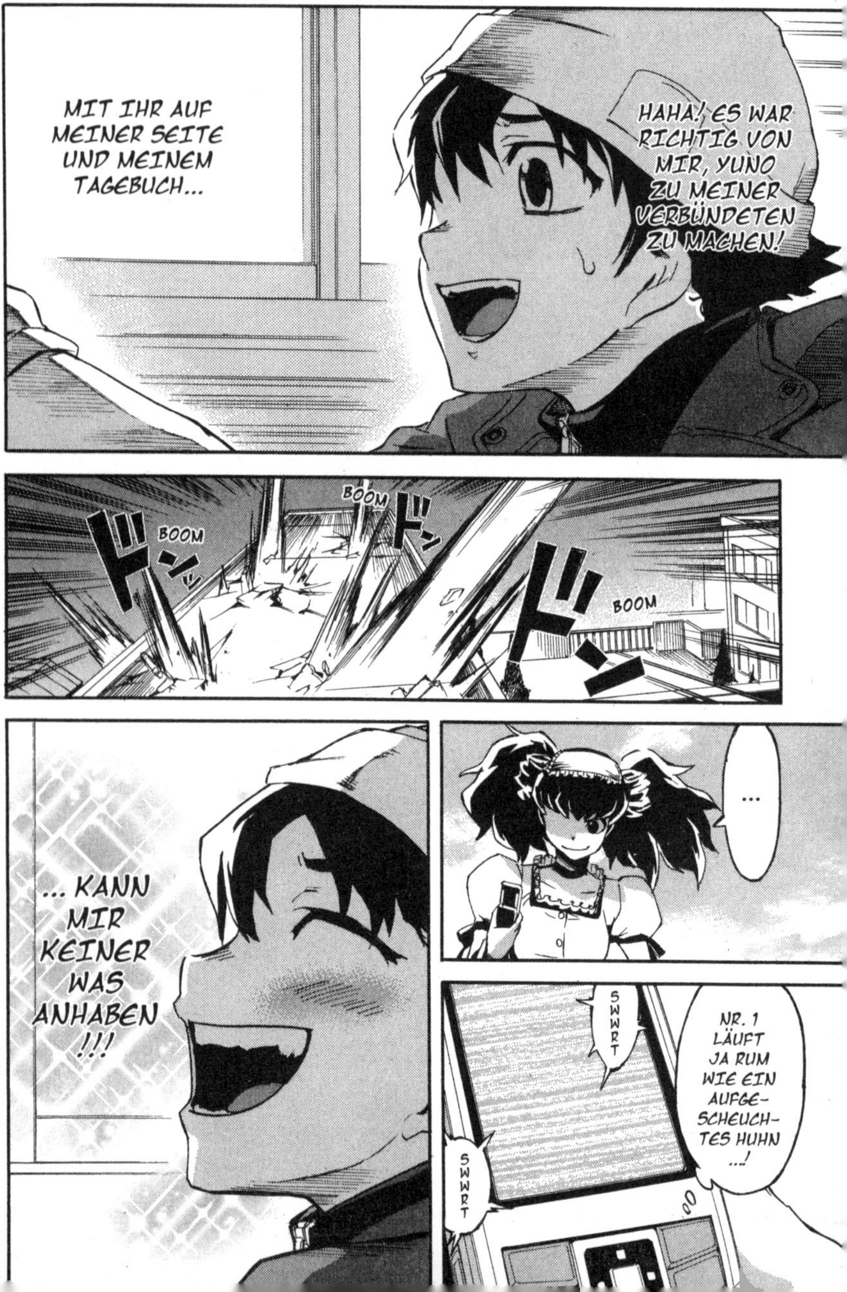

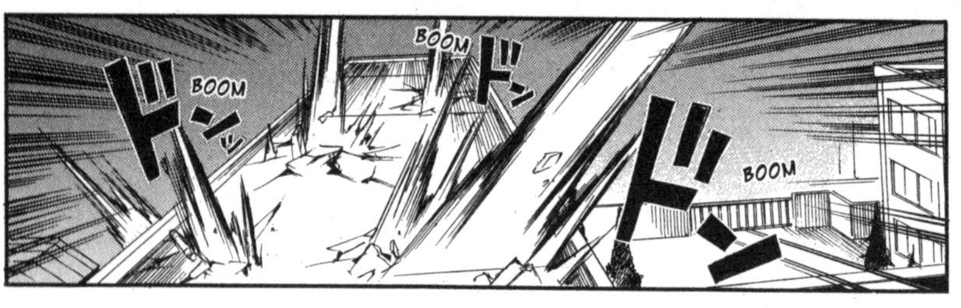
ドン
BOOM
ドン
BOOM
ドン
BOOM

...
... KANN MIR KEINER WAS ANHABEN !!!
SWWRT
NR. 1 LÄUFT JA RUM WIE EIN AUFGE-SCHEUCHTES HUHN ...!
SWWRT

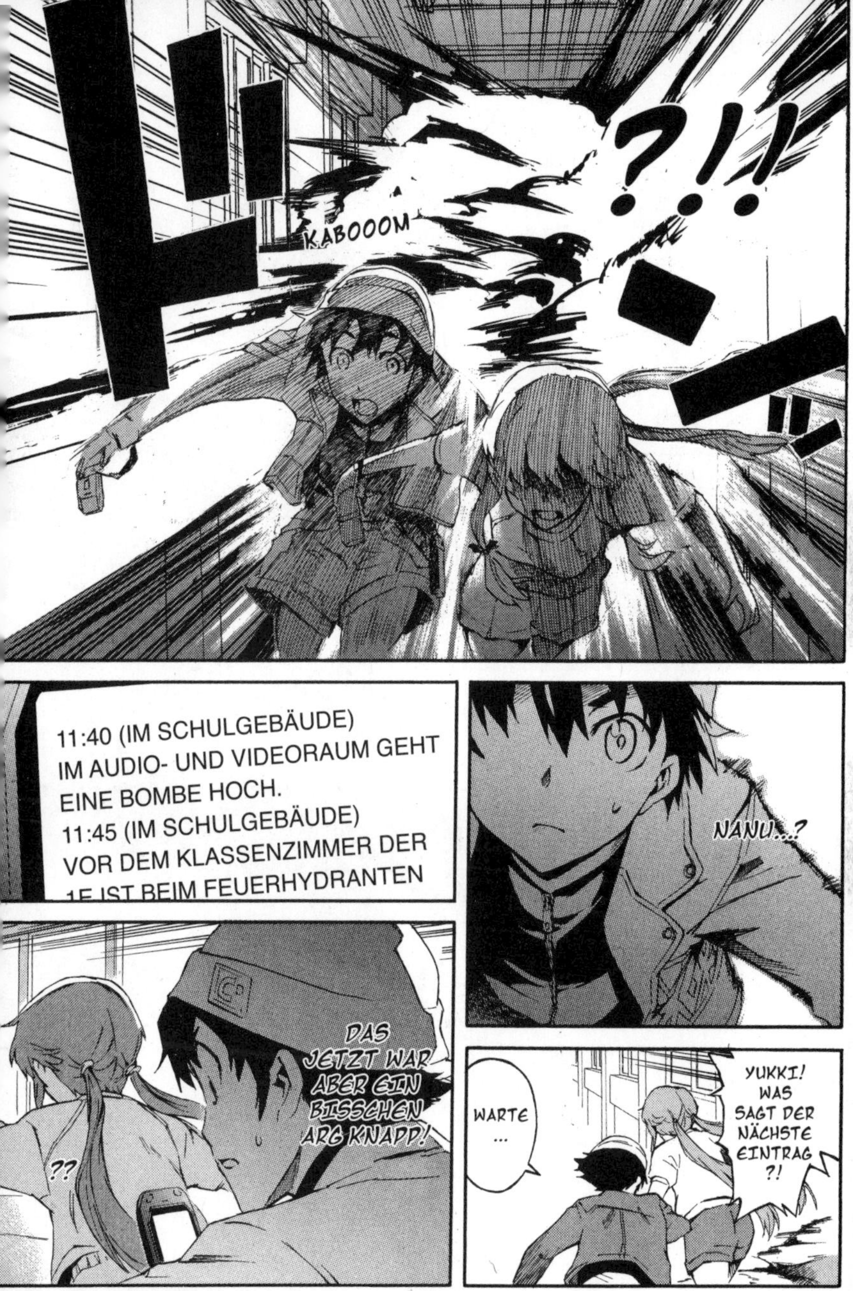

KABOOOM

?!!

11:40 (IM SCHULGEBÄUDE)
IM AUDIO- UND VIDEORAUM GEHT
EINE BOMBE HOCH.
11:45 (IM SCHULGEBÄUDE)
VOR DEM KLASSENZIMMER DER
1F IST BEIM FEUERHYDRANTEN

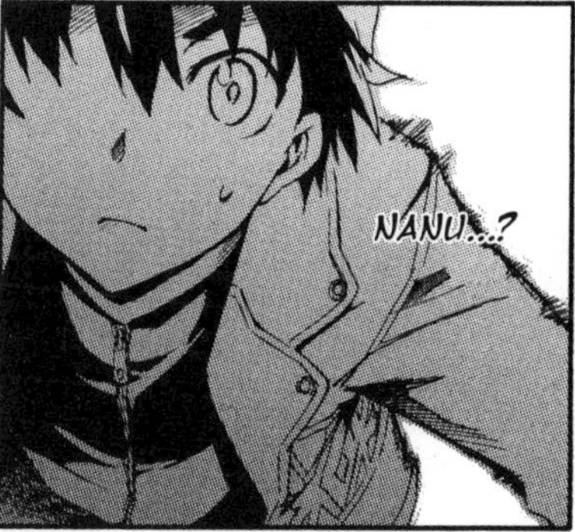


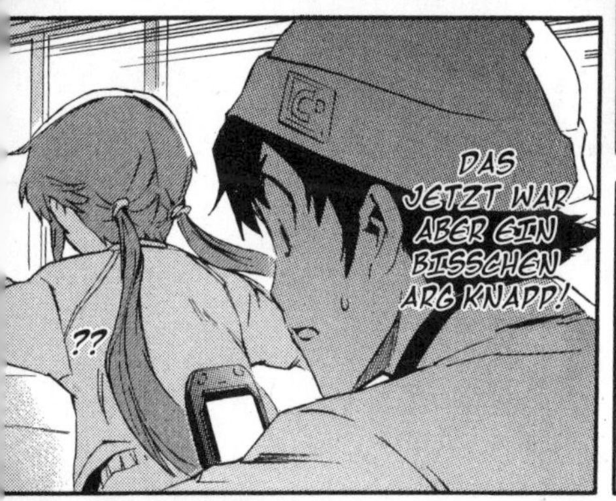


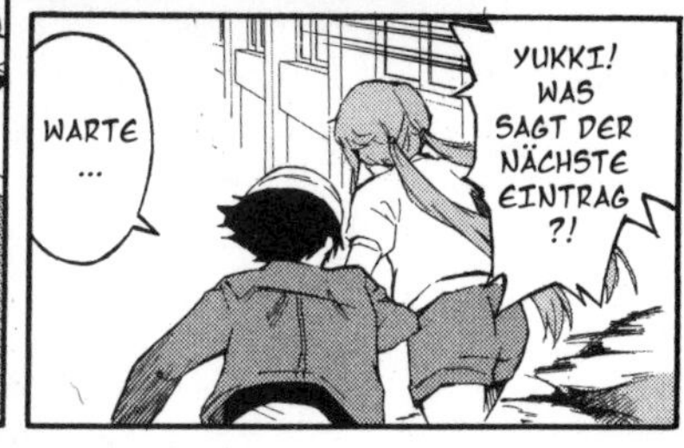

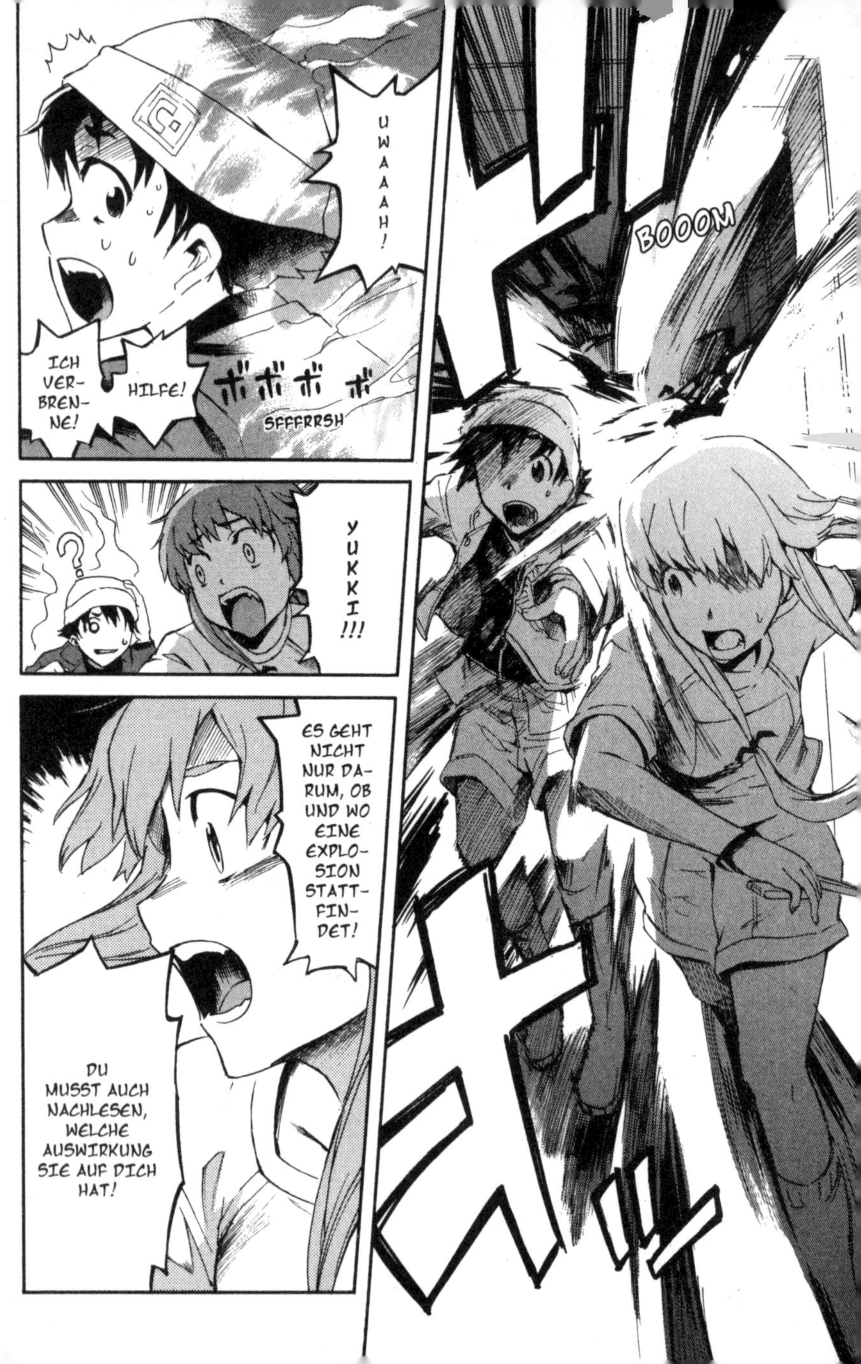
BOOOM
UWAAAAH!
ICH VER-BRENNE!
HILFE!
ボボボボ
SFFFRRSH
YUKKI!!!
ES GEHT NICHT NUR DARUM, OB UND WO EINE EXPLOSION STATTFINDET!
DU MUSST AUCH NACHLESEN, WELCHE AUSWIRKUNG SIE AUF DICH HAT!

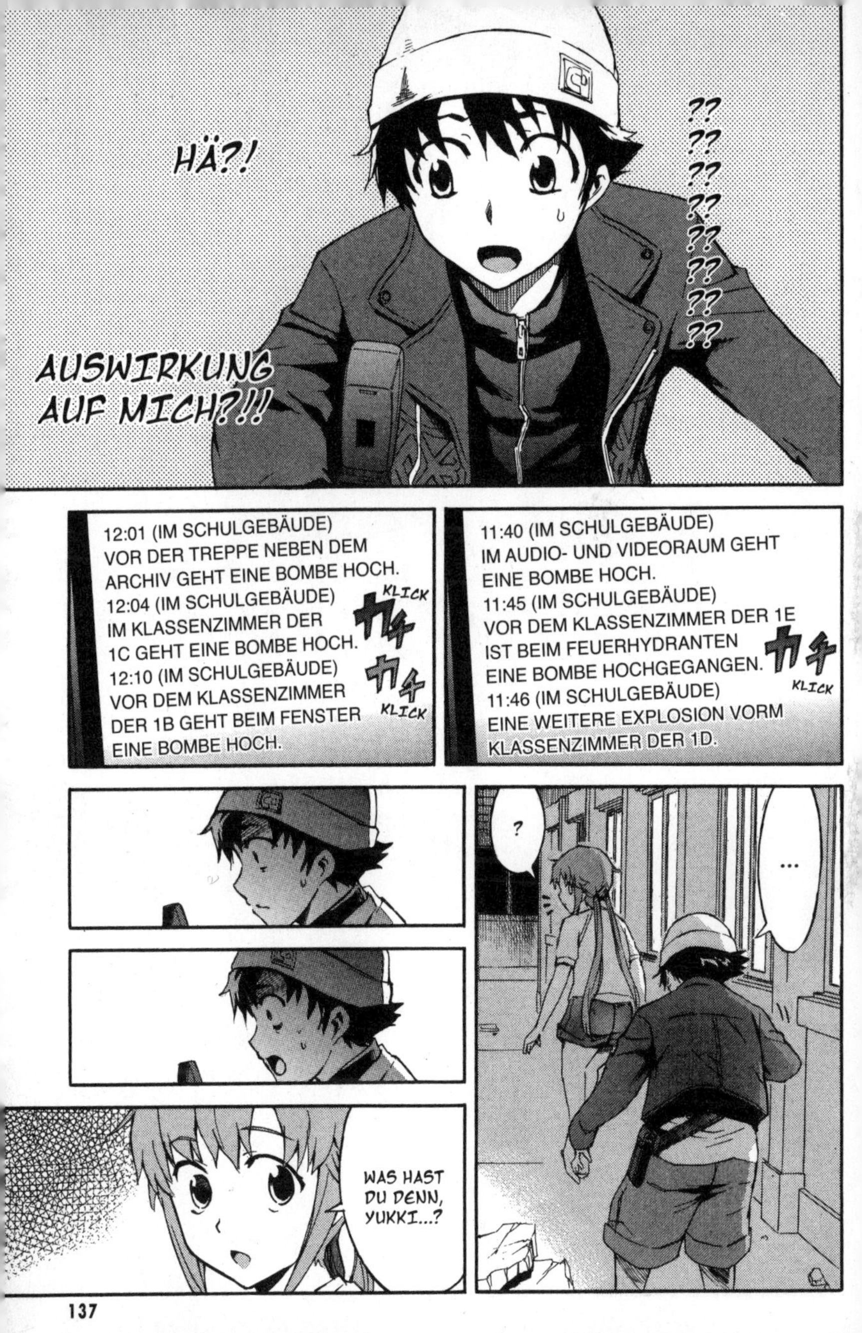

HÄ?!

??
??
??
??
??
??
??
??

AUSWIRKUNG AUF MICH?!!

11:40 (IM SCHULGEBÄUDE)
IM AUDIO- UND VIDEORAUM GEHT EINE BOMBE HOCH.
11:45 (IM SCHULGEBÄUDE)
VOR DEM KLASSENZIMMER DER 1E IST BEIM FEUERHYDRANTEN EINE BOMBE HOCHGEGANGEN.
11:46 (IM SCHULGEBÄUDE)
EINE WEITERE EXPLOSION VORM KLASSENZIMMER DER 1D.

KLICK

12:01 (IM SCHULGEBÄUDE)
VOR DER TREPPE NEBEN DEM ARCHIV GEHT EINE BOMBE HOCH.
12:04 (IM SCHULGEBÄUDE)
IM KLASSENZIMMER DER 1C GEHT EINE BOMBE HOCH.
12:10 (IM SCHULGEBÄUDE)
VOR DEM KLASSENZIMMER DER 1B GEHT BEIM FENSTER EINE BOMBE HOCH.

KLICK

KLICK

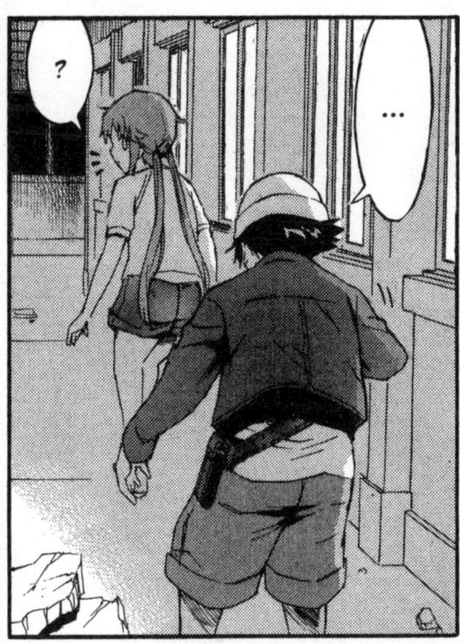


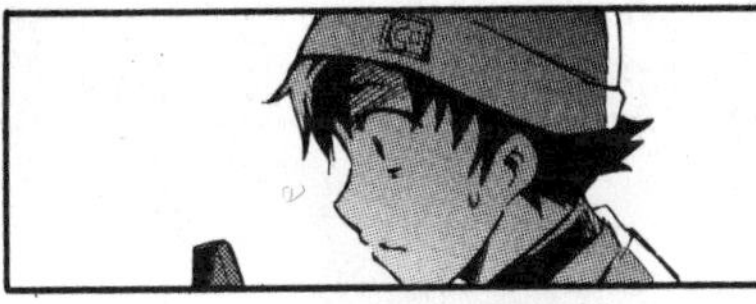

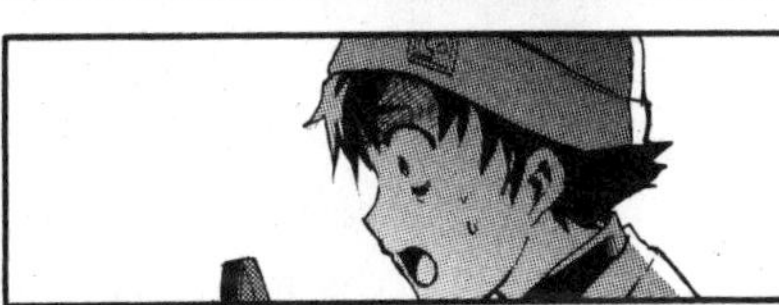

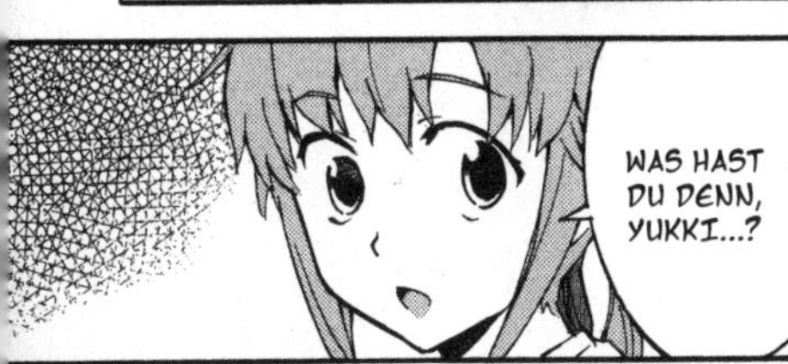

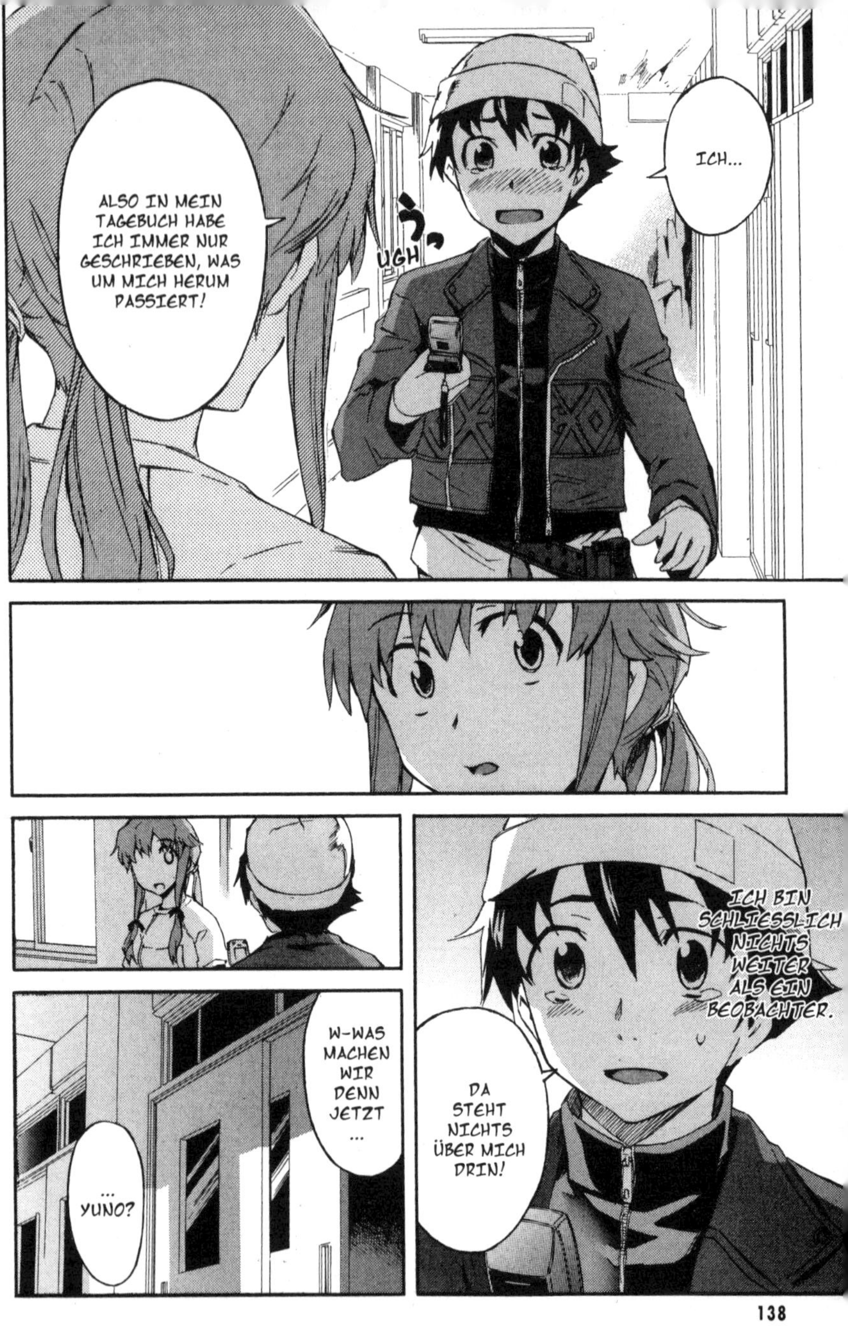

ICH...

う UGH

ALSO IN MEIN TAGEBUCH HABE ICH IMMER NUR GESCHRIEBEN, WAS UM MICH HERUM PASSIERT!

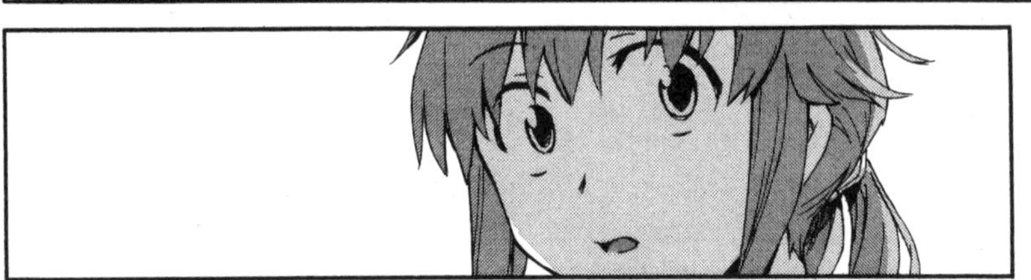

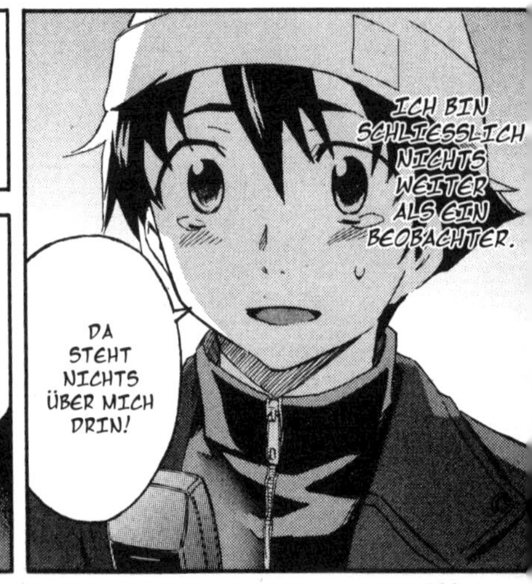


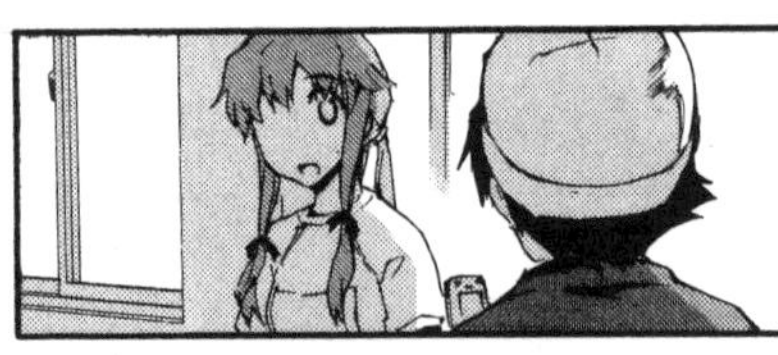

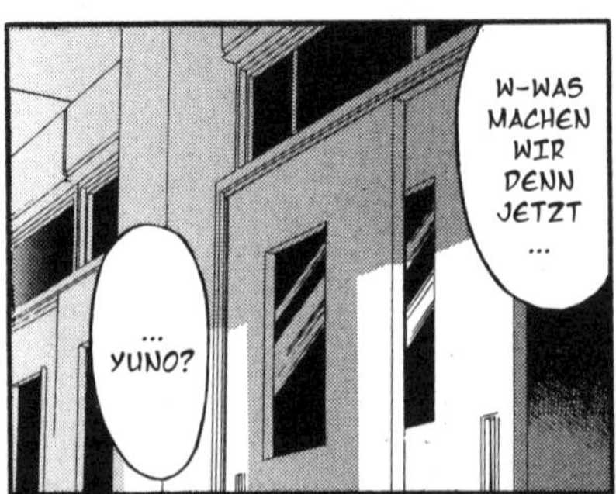

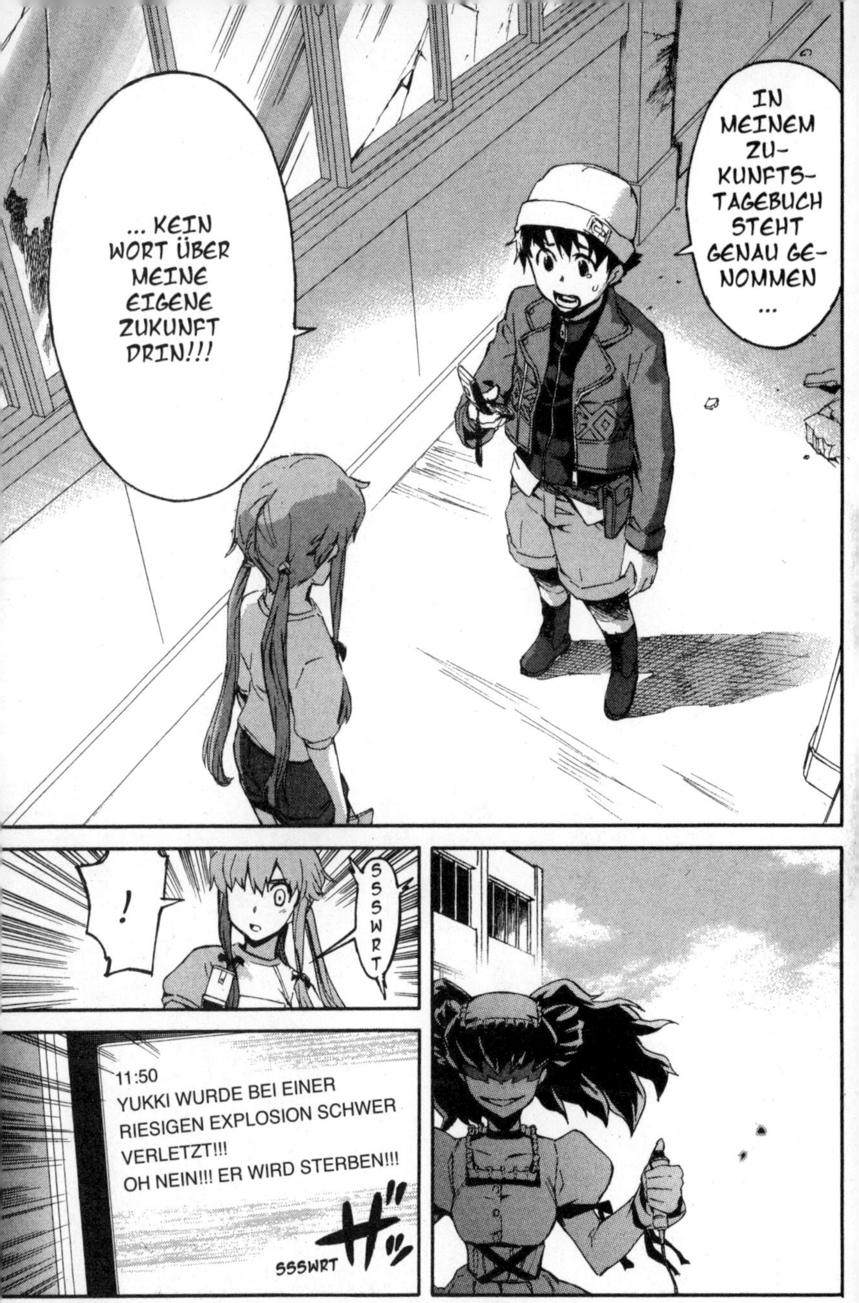

IN MEINEM ZUKUNFTSTAGEBUCH STEHT GENAU GENOMMEN ...

... KEIN WORT ÜBER MEINE EIGENE ZUKUNFT DRIN!!!

SSSWRT

!

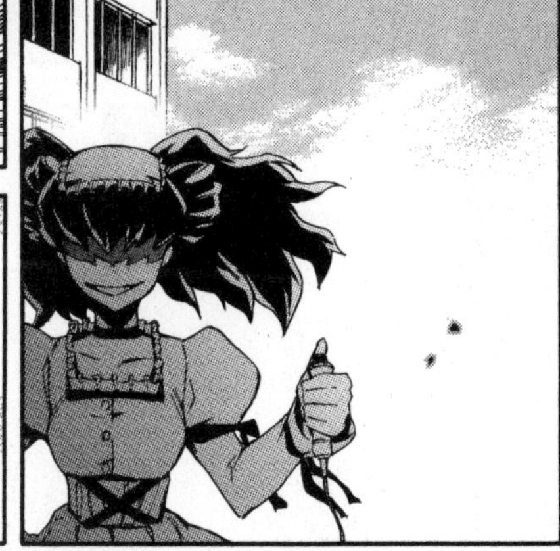

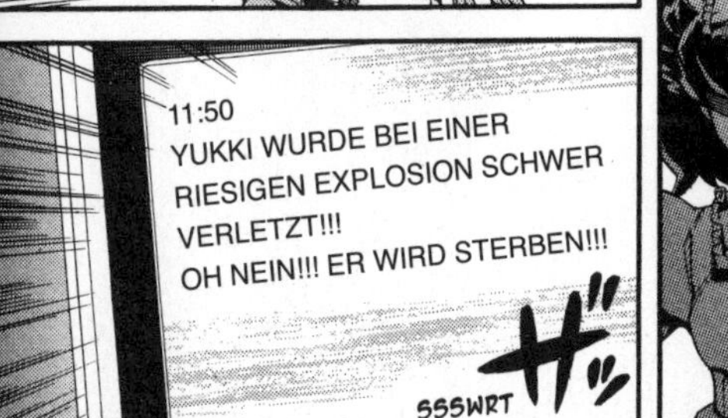

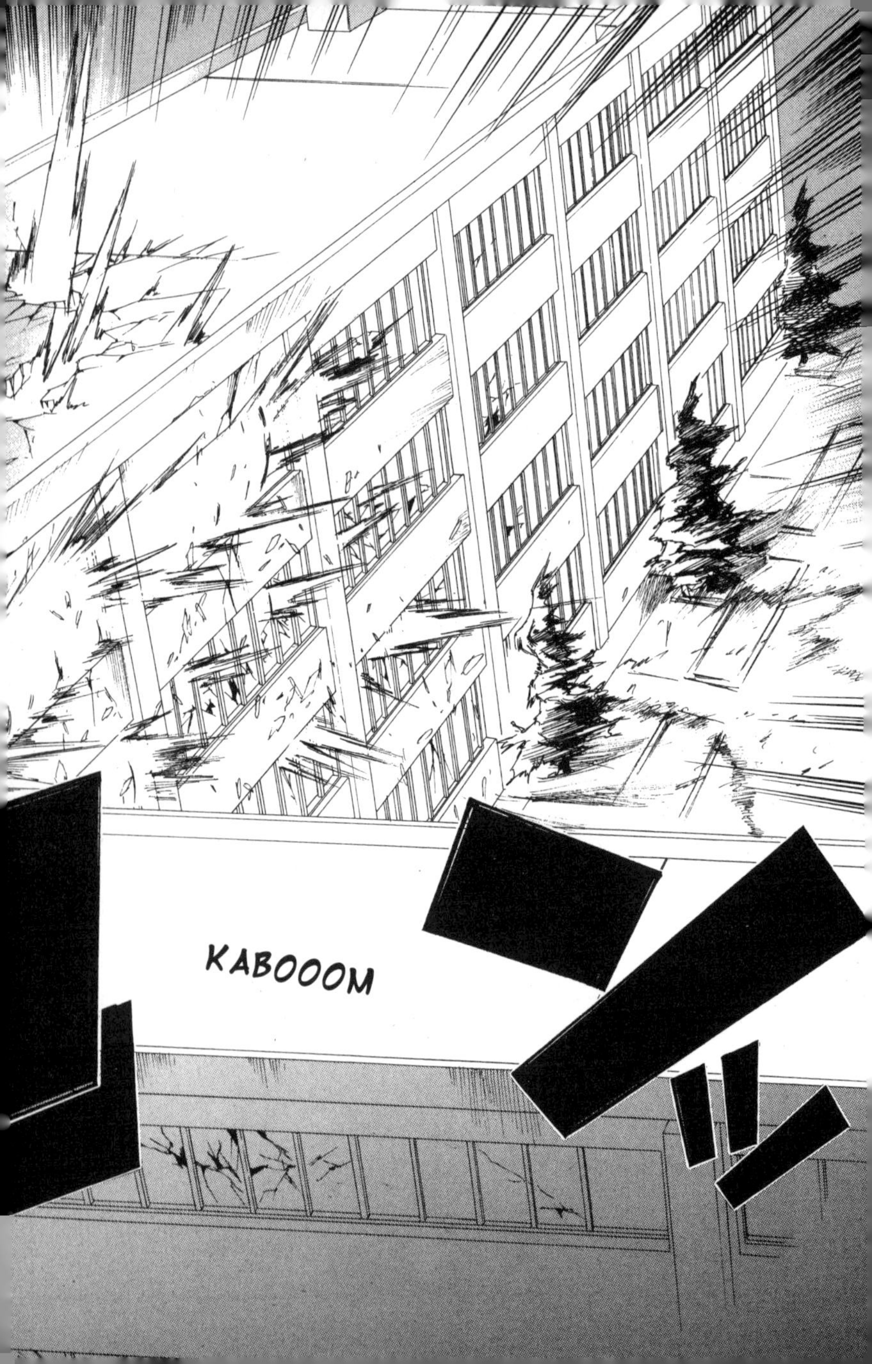
KABOOOM

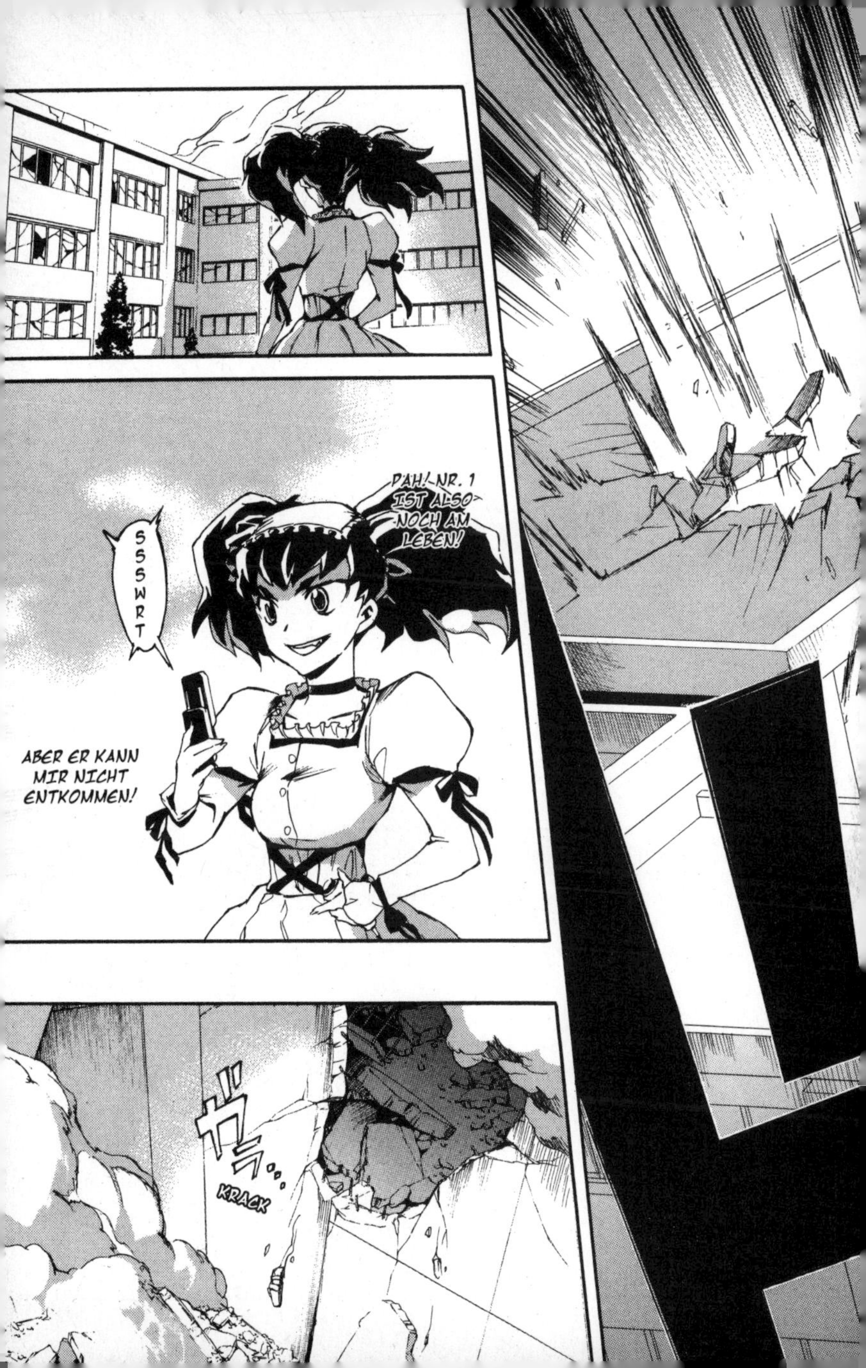
PAH! NR. 1 IST ALSO NOCH AM LEBEN!
SSSWRT
ABER ER KANN MIR NICHT ENTKOMMEN!
KRACK

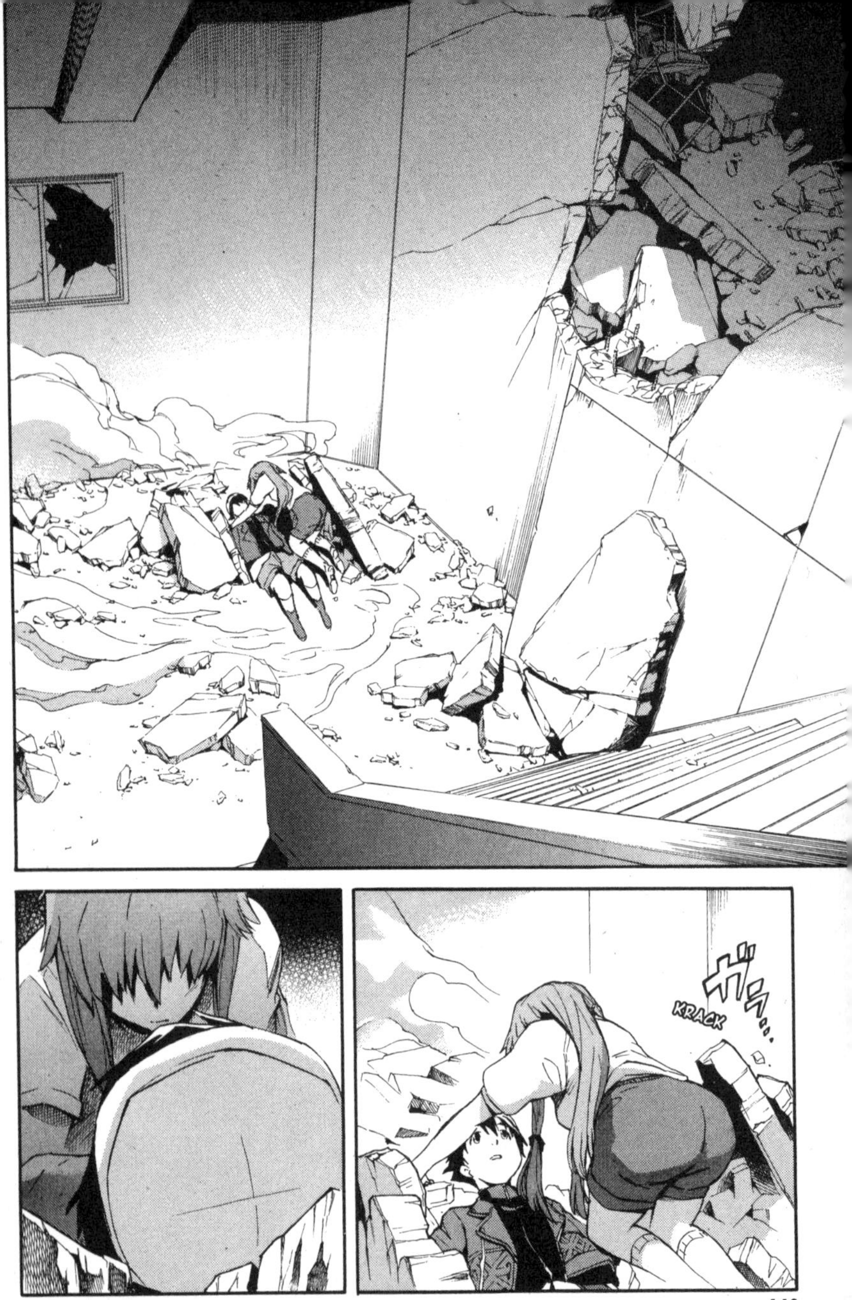

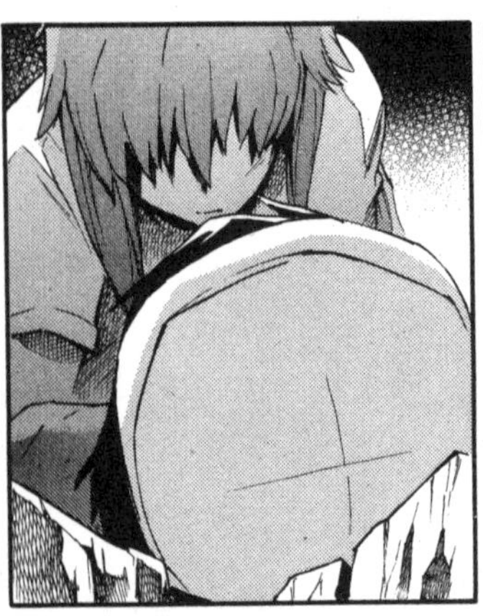

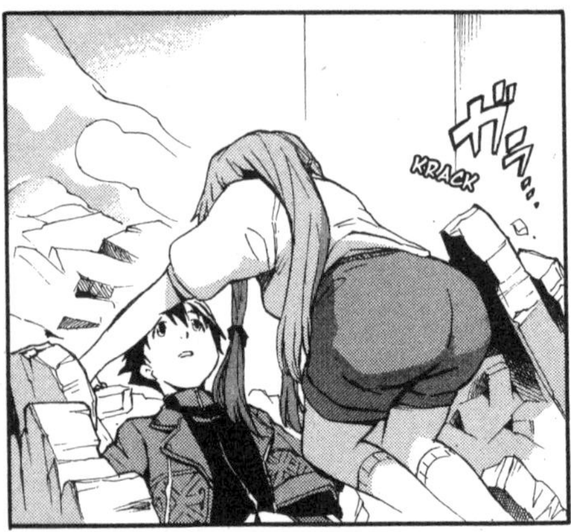
ガラ…
KRACK

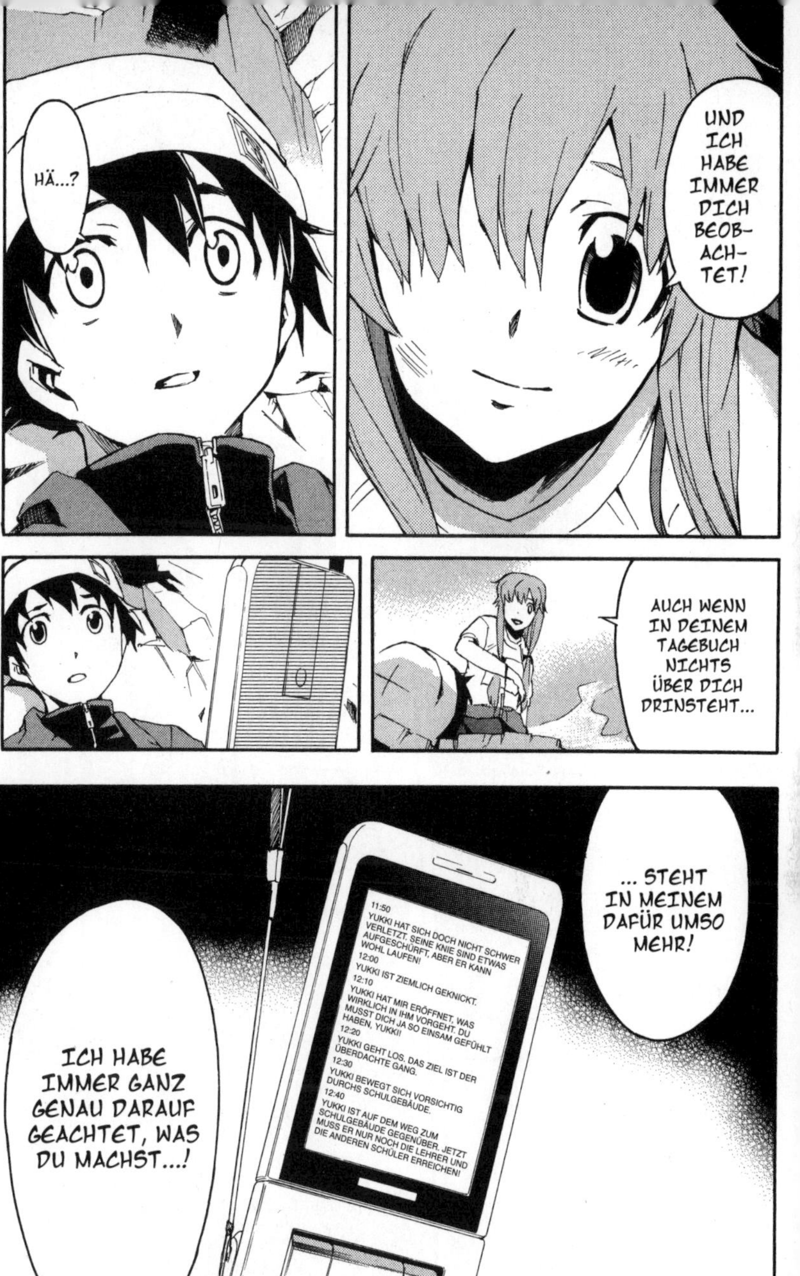

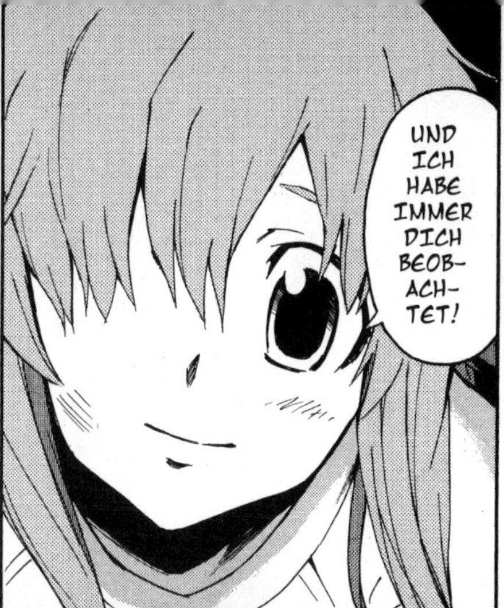


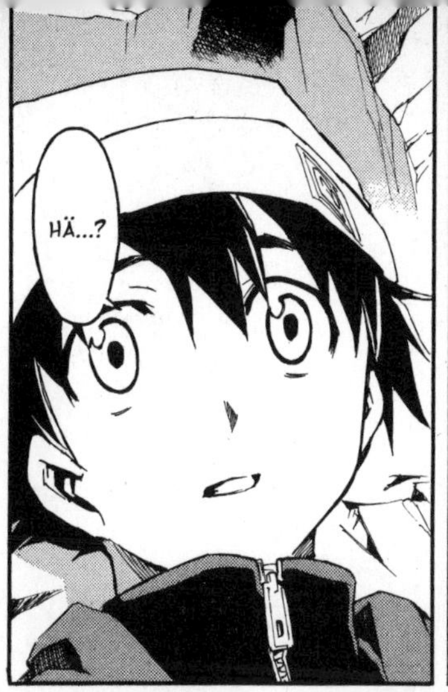


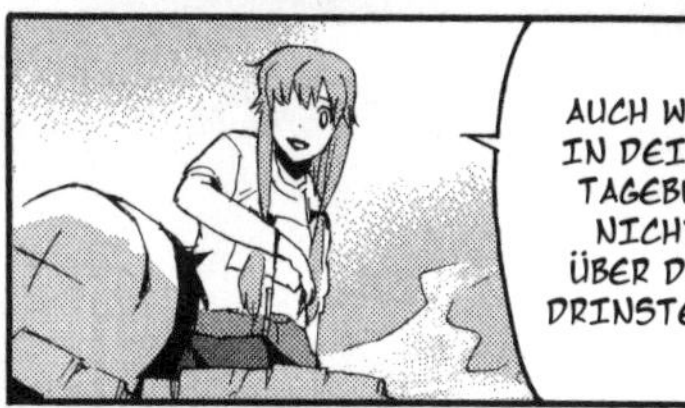


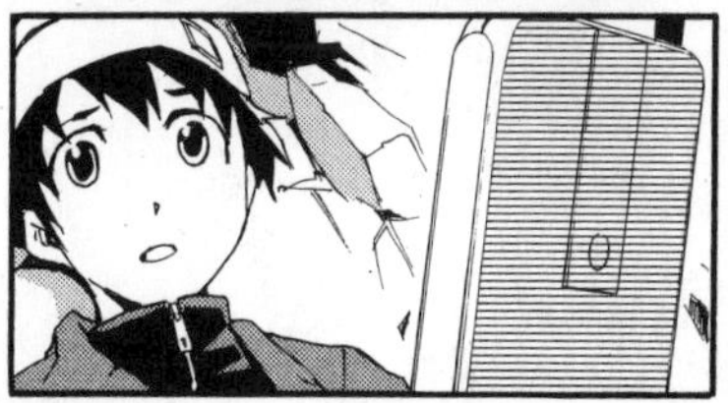

... STEHT IN MEINEM DAFÜR UMSO MEHR!

11:50
YUKKI HAT SICH DOCH NICHT SCHWER VERLETZT. SEINE KNIE SIND ETWAS AUFGESCHÜRFT, ABER ER KANN WOHL LAUFEN!
12:00
YUKKI IST ZIEMLICH GEKNICKT.
12:10
YUKKI HAT MIR ERÖFFNET, WAS WIRKLICH IN IHM VORGEHT. DU MUSST DICH JA SO EINSAM GEFÜHLT HABEN, YUKKI!
12:20
YUKKI GEHT LOS. DAS ZIEL IST DER ÜBERDACHTE GANG.
12:30
YUKKI BEWEGT SICH VORSICHTIG DURCHS SCHULGEBÄUDE.
12:40
YUKKI IST AUF DEM WEG ZUM SCHULGEBÄUDE GEGENÜBER. JETZT MUSS ER NUR NOCH DIE LEHRER UND DIE ANDEREN SCHÜLER ERREICHEN!

ICH HABE IMMER GANZ GENAU DARAUF GEACHTET, WAS DU MACHST...!

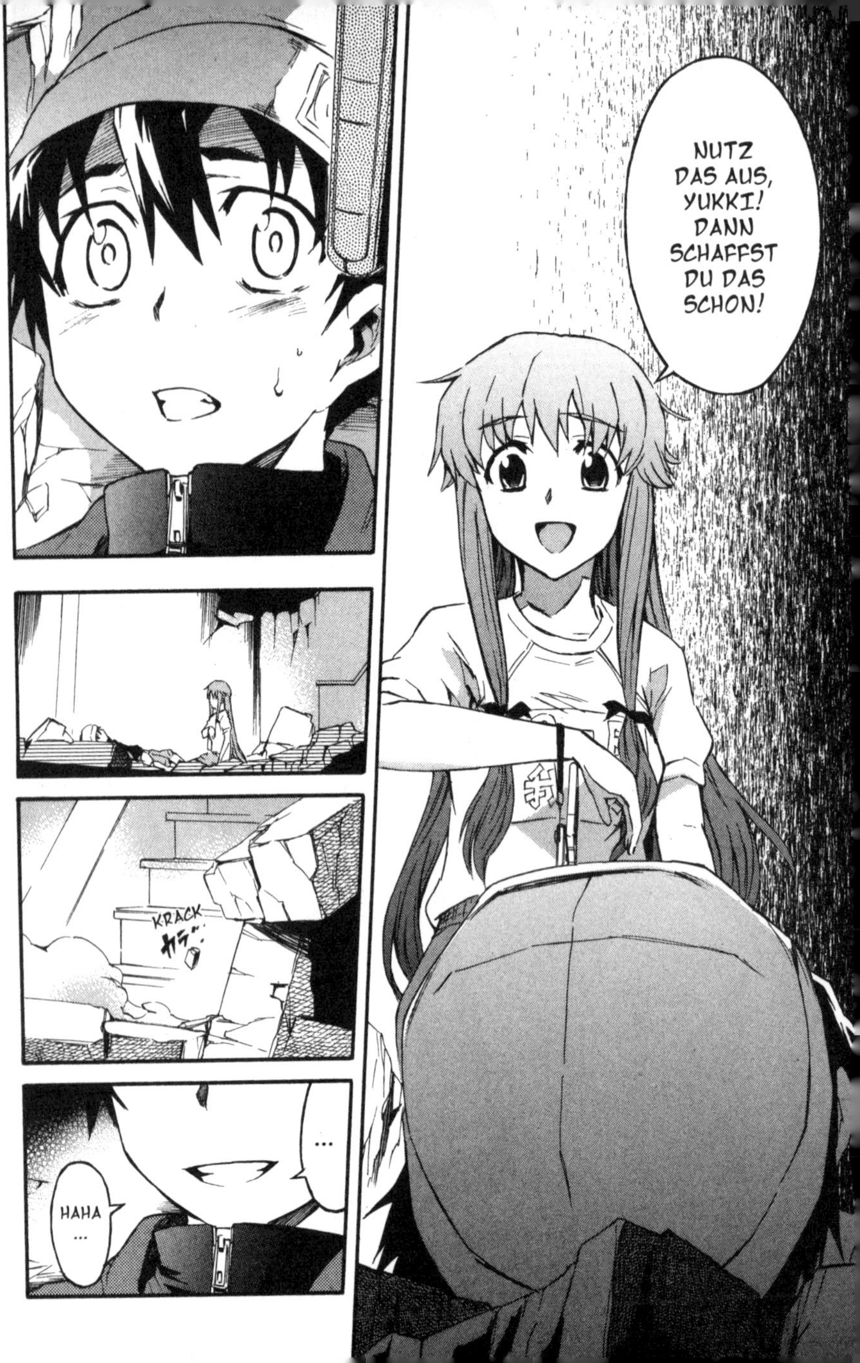

NUTZ DAS AUS, YUKKI! DANN SCHAFFST DU DAS SCHON!

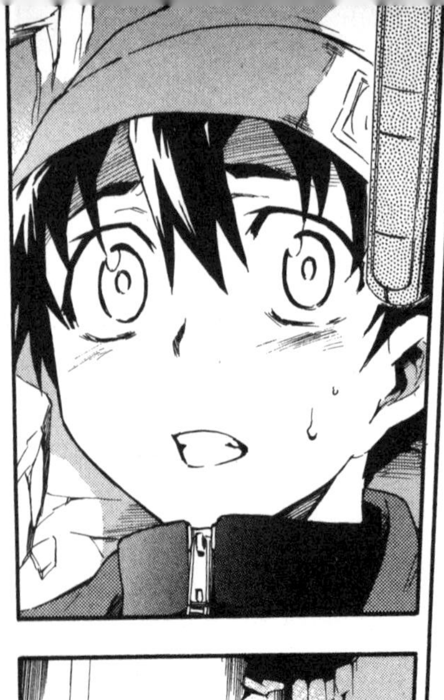

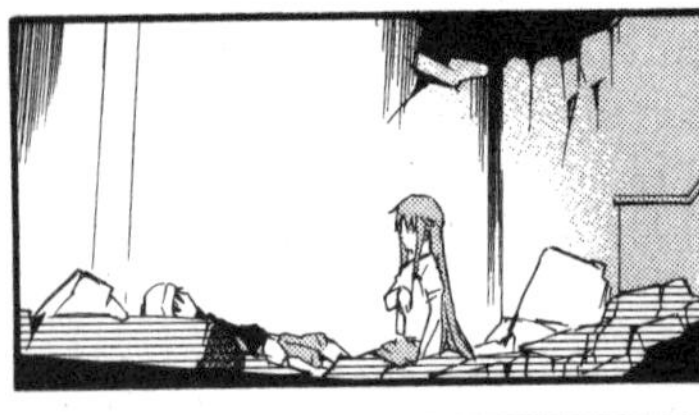

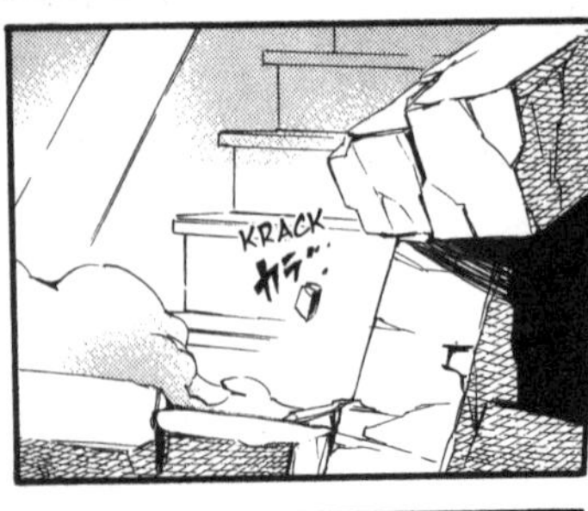


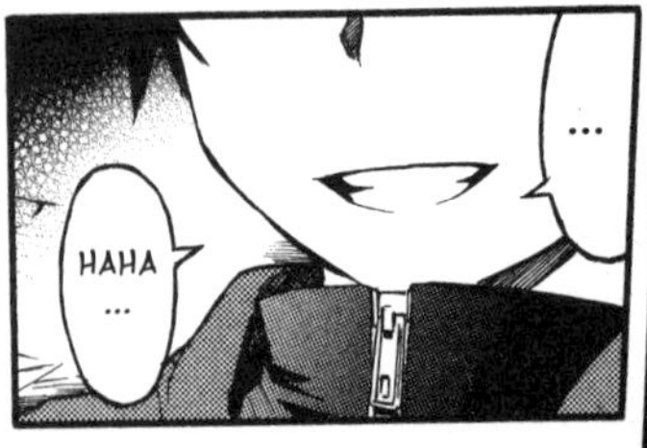

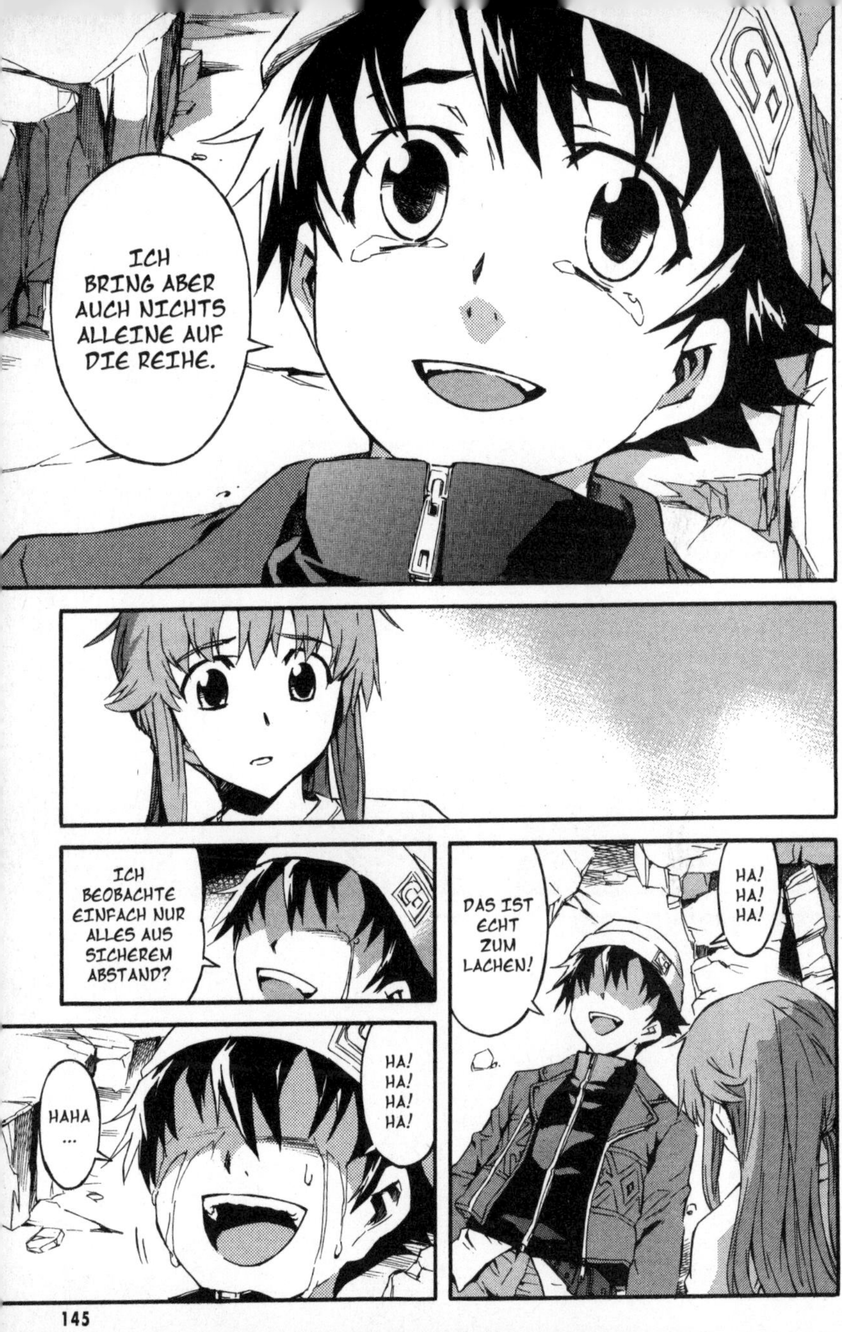

ICH BRING ABER AUCH NICHTS ALLEINE AUF DIE REIHE.

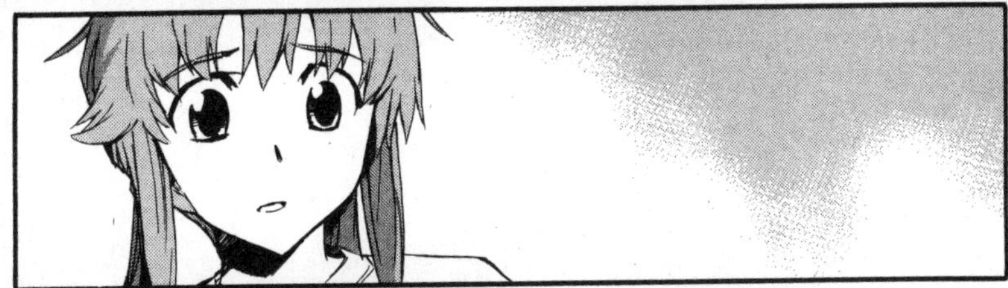

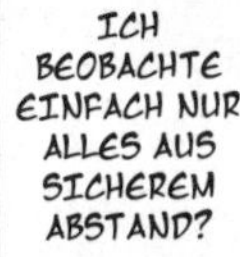


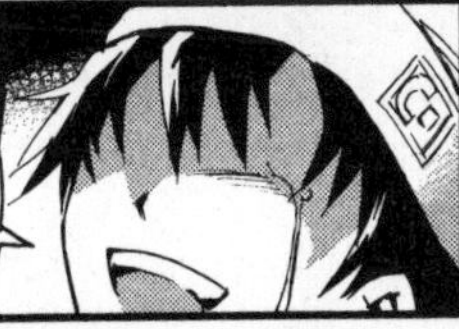

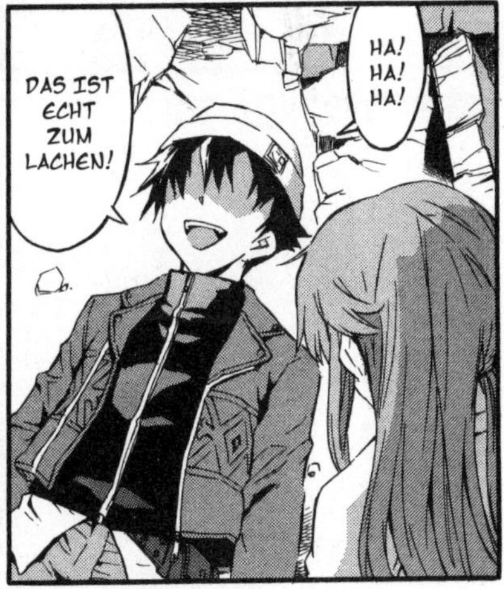


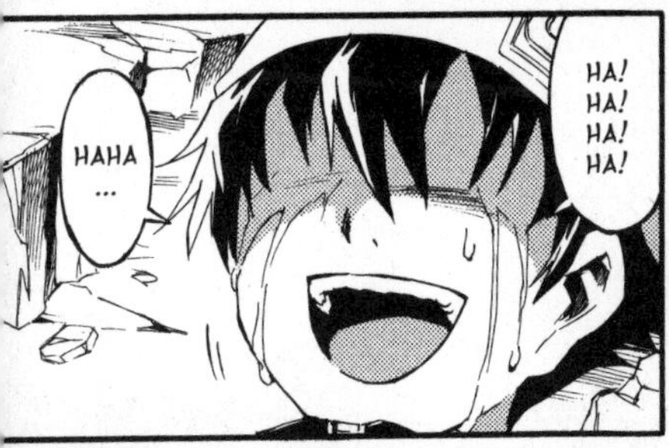

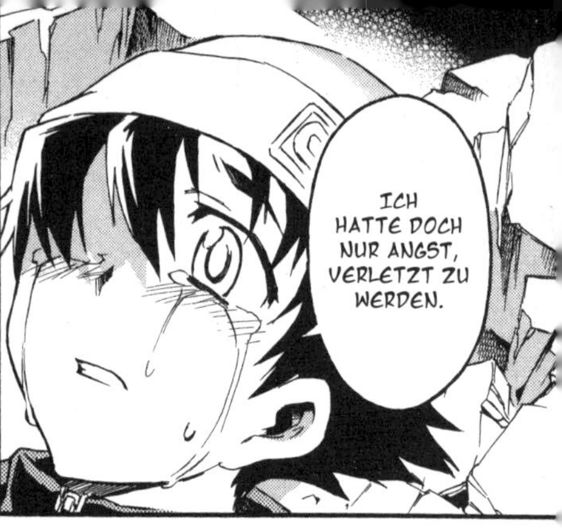
ICH HATTE DOCH NUR ANGST, VERLETZT ZU WERDEN.

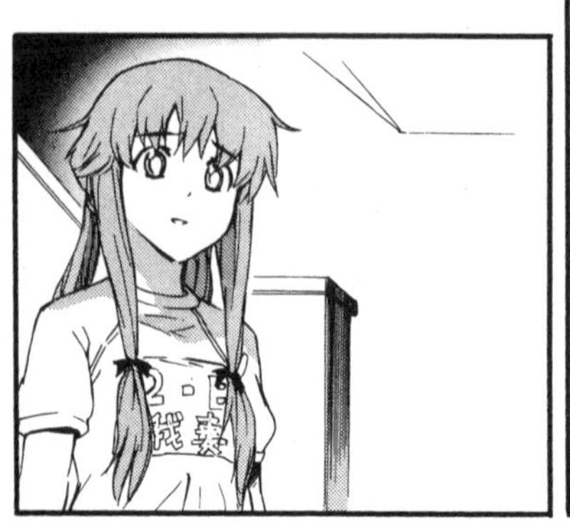

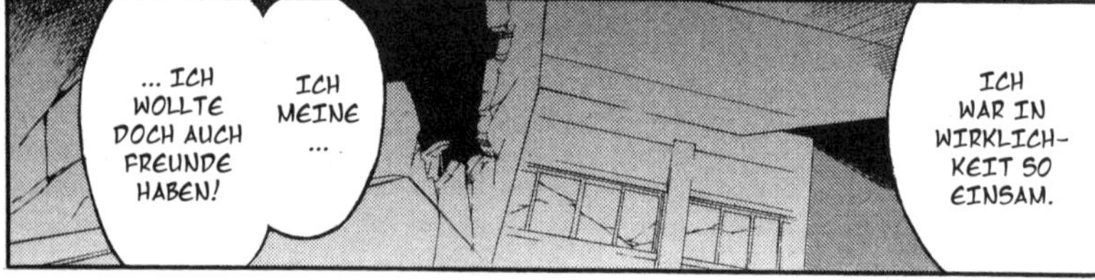
ICH WAR IN WIRKLICH-KEIT SO EINSAM.
ICH MEINE ...
... ICH WOLLTE DOCH AUCH FREUNDE HABEN!

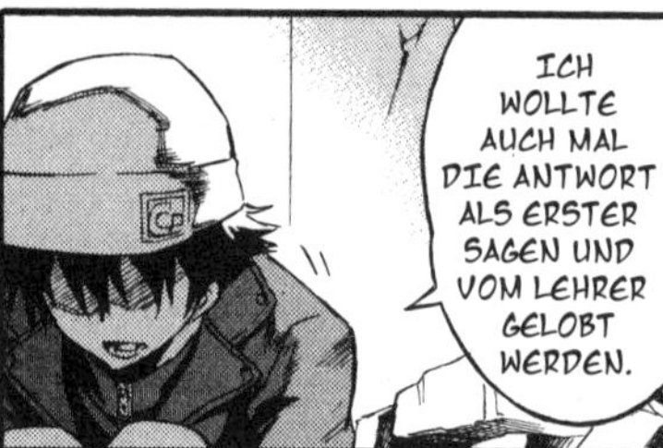
ICH WOLLTE AUCH MAL DIE ANTWORT ALS ERSTER SAGEN UND VOM LEHRER GELOBT WERDEN.

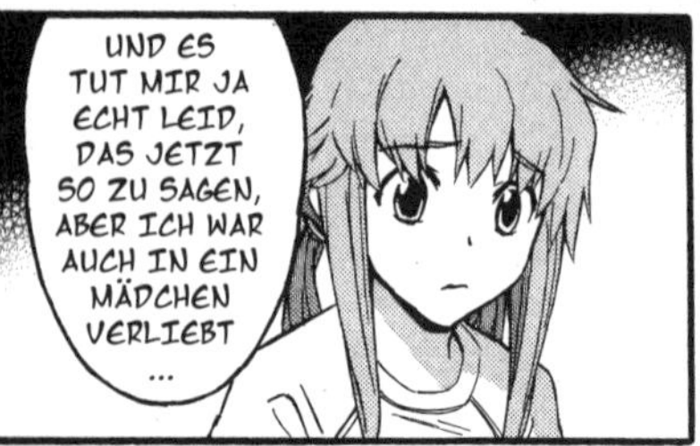
UND ES TUT MIR JA ECHT LEID, DAS JETZT SO ZU SAGEN, ABER ICH WAR AUCH IN EIN MÄDCHEN VERLIEBT ...

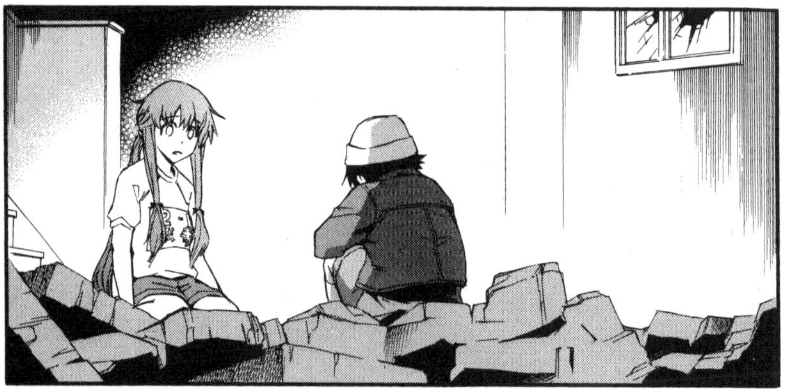

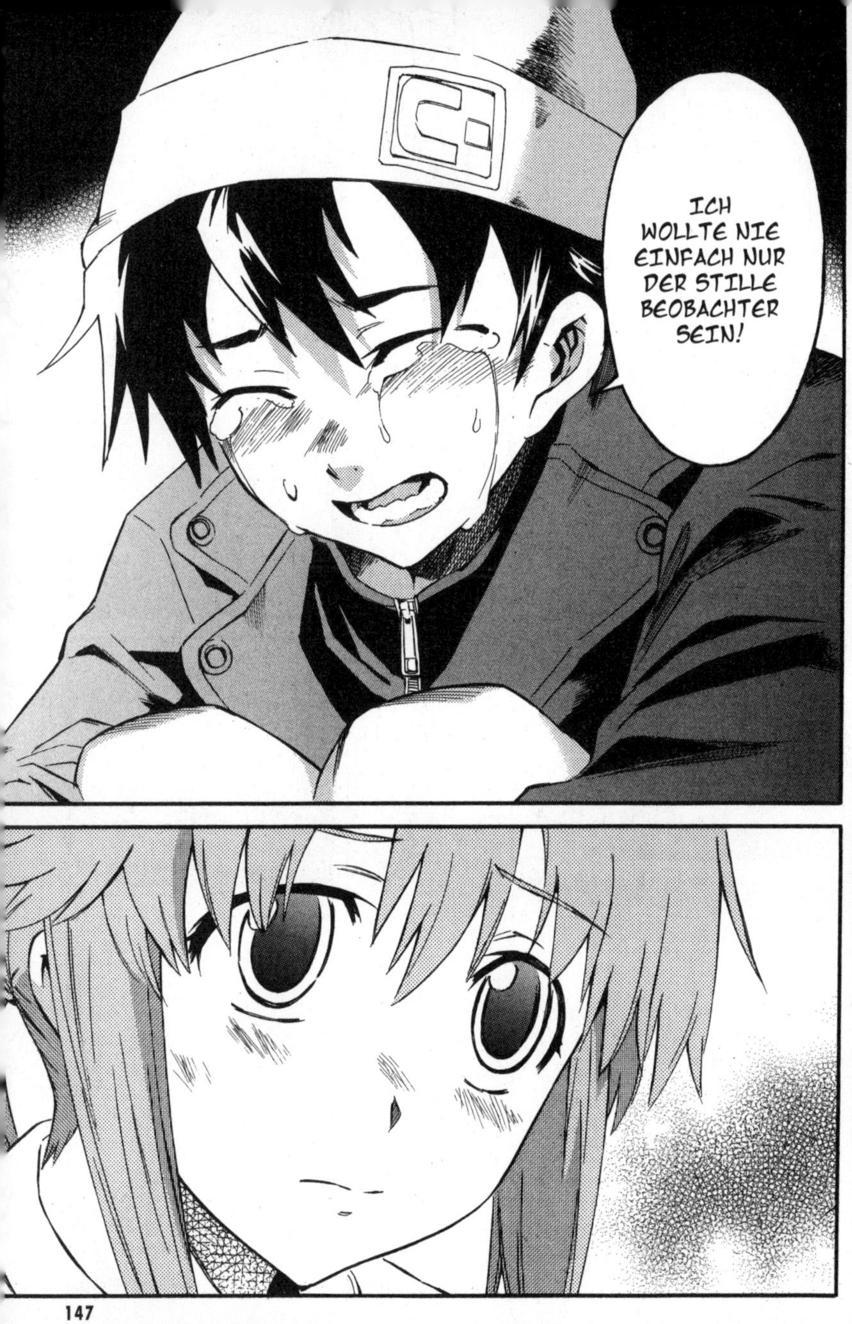

ICH
WOLLTE NIE
EINFACH NUR
DER STILLE
BEOBACHTER
SEIN!

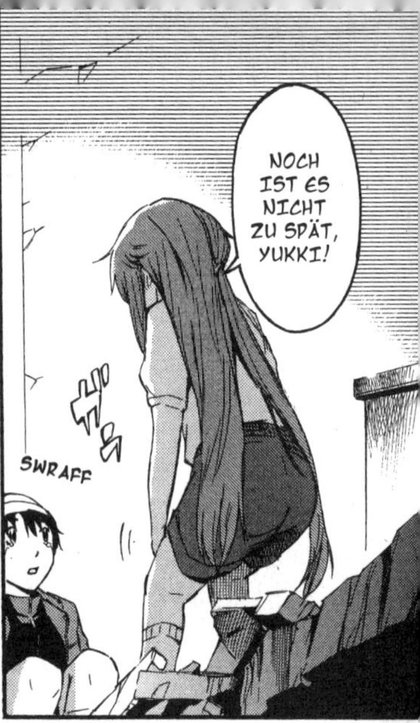
NOCH IST ES NICHT ZU SPÄT, YUKKI!
SWRAFF

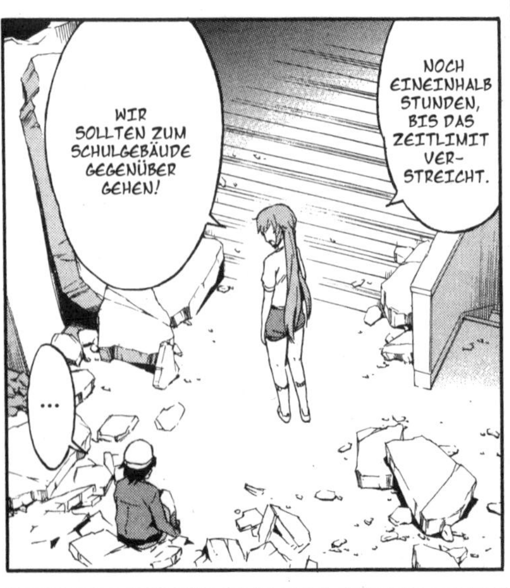
NOCH EINEINHALB STUNDEN, BIS DAS ZEITLIMIT VER-STREICHT.
WIR SOLLTEN ZUM SCHULGEBÄUDE GEGENÜBER GEHEN!
...

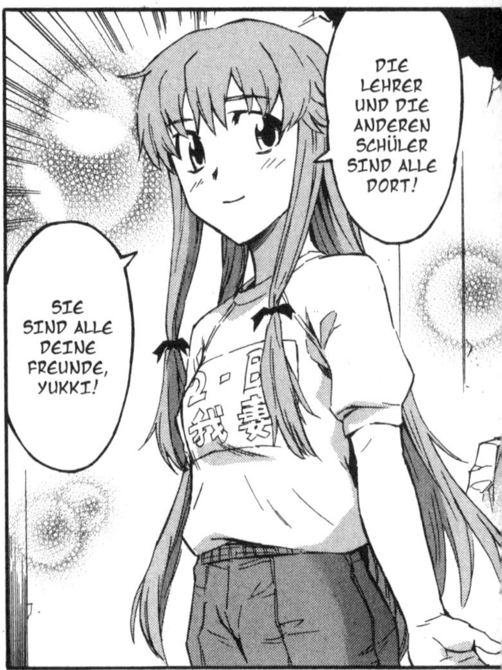
DIE LEHRER UND DIE ANDEREN SCHÜLER SIND ALLE DORT!
SIE SIND ALLE DEINE FREUNDE, YUKKI!

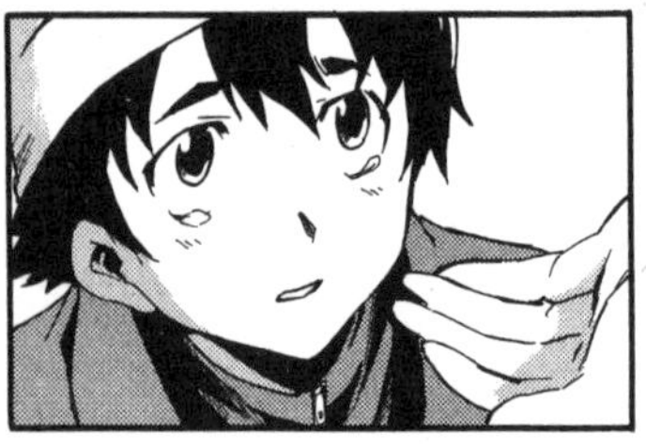

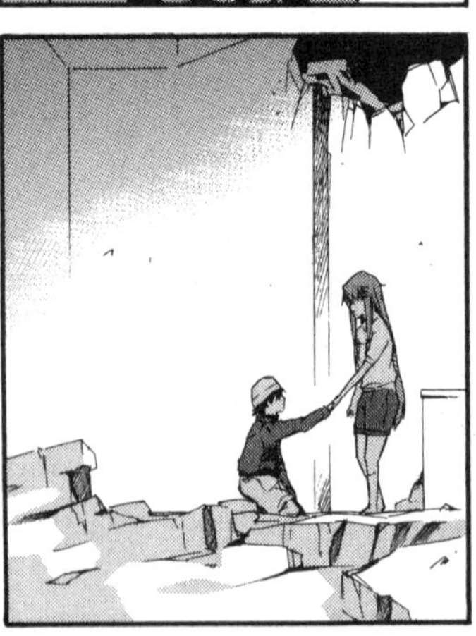

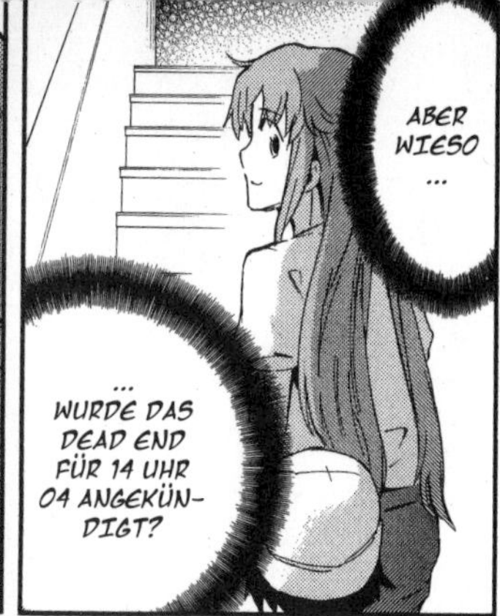


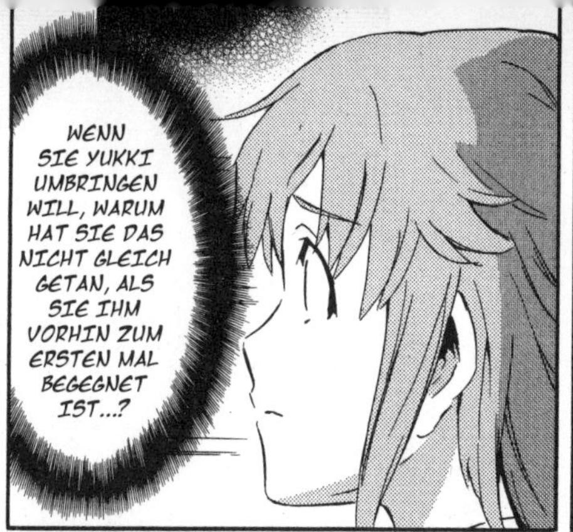


02.05.20XX, 12:32 – POLIZEIABSPERRUNG UM DIE SAKURAMI-MITTELSCHULE

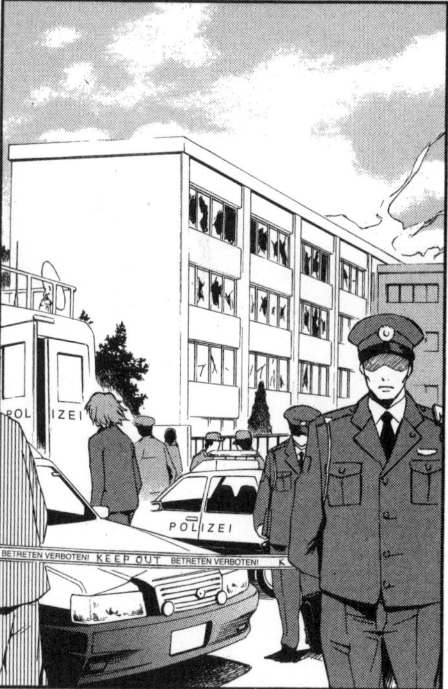


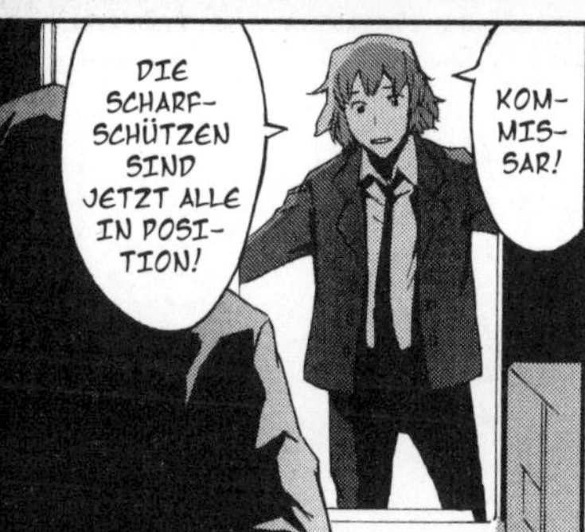


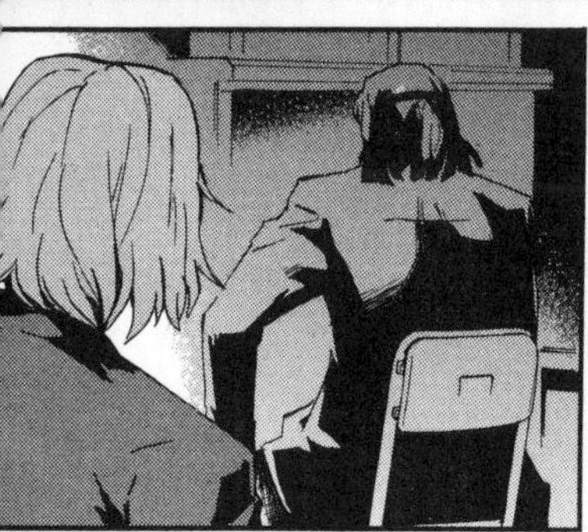

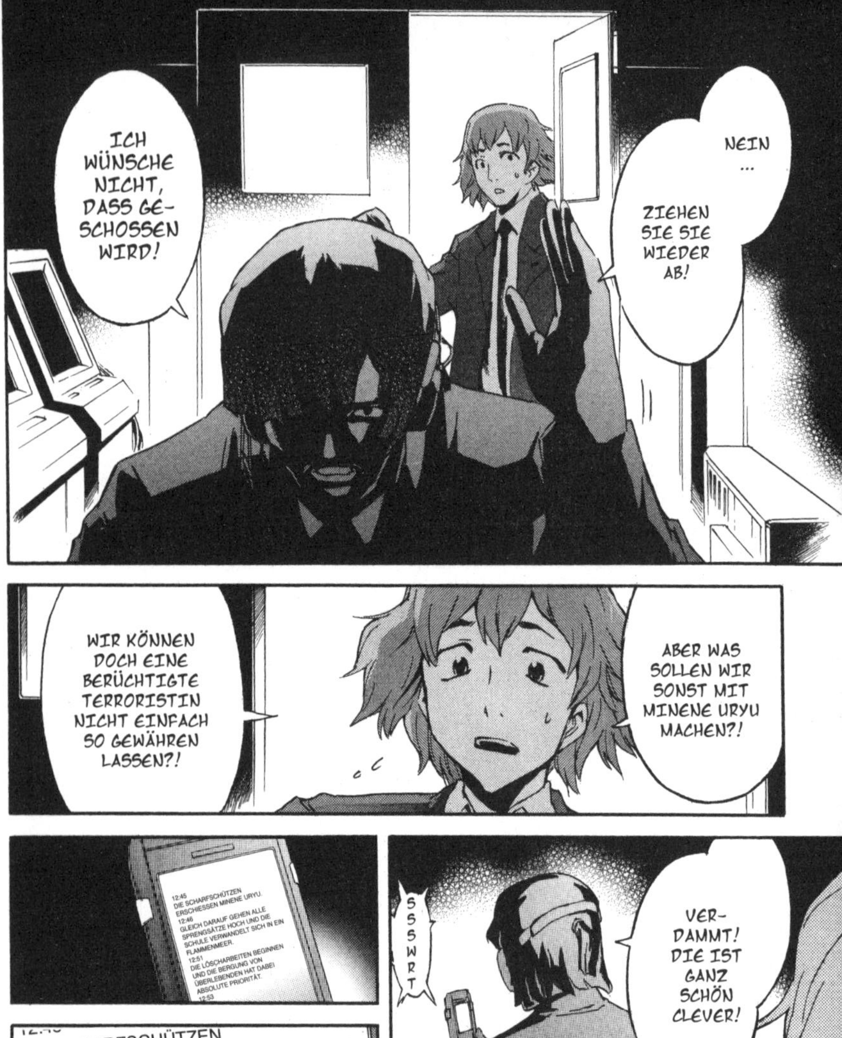

NEIN …

ZIEHEN SIE SIE WIEDER AB!

ICH WÜNSCHE NICHT, DASS GE-SCHOSSEN WIRD!

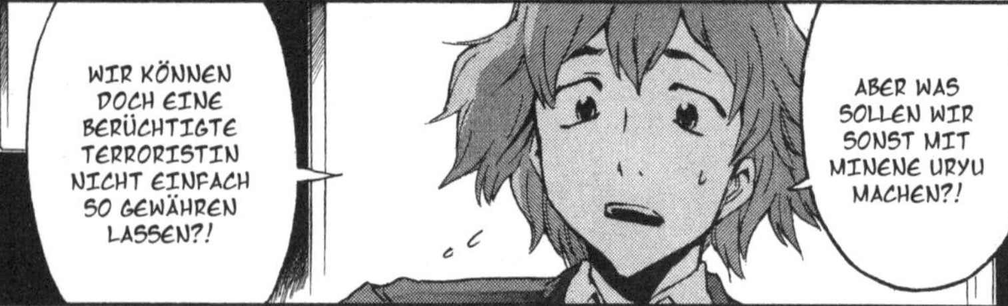


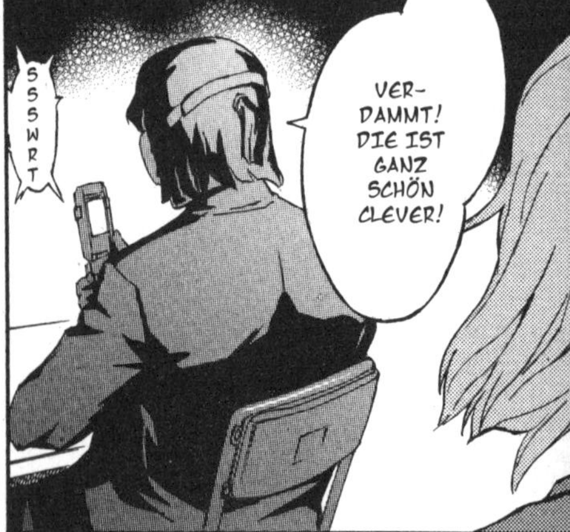


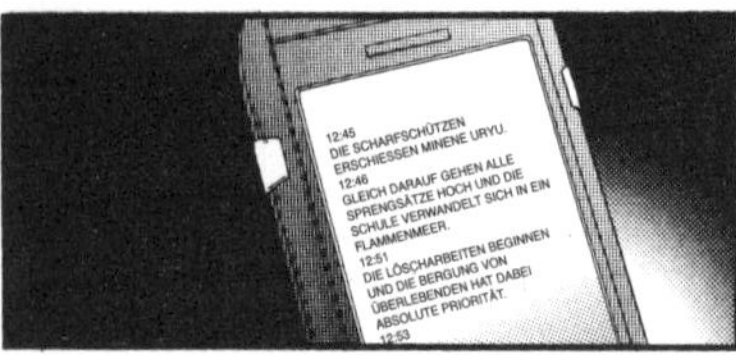


DIE SCHARFSCHÜTZEN ERSCHIESSEN MINENE URYU.

12:46
GLEICH DARAUF GEHEN ALLE SPRENGSÄTZE HOCH UND DIE SCHULE VERWANDELT SICH IN EIN FLAMMENMEER.

12:51
DIE LÖSCHARBEITEN BEGINNEN UND DIE BERGUNG VON

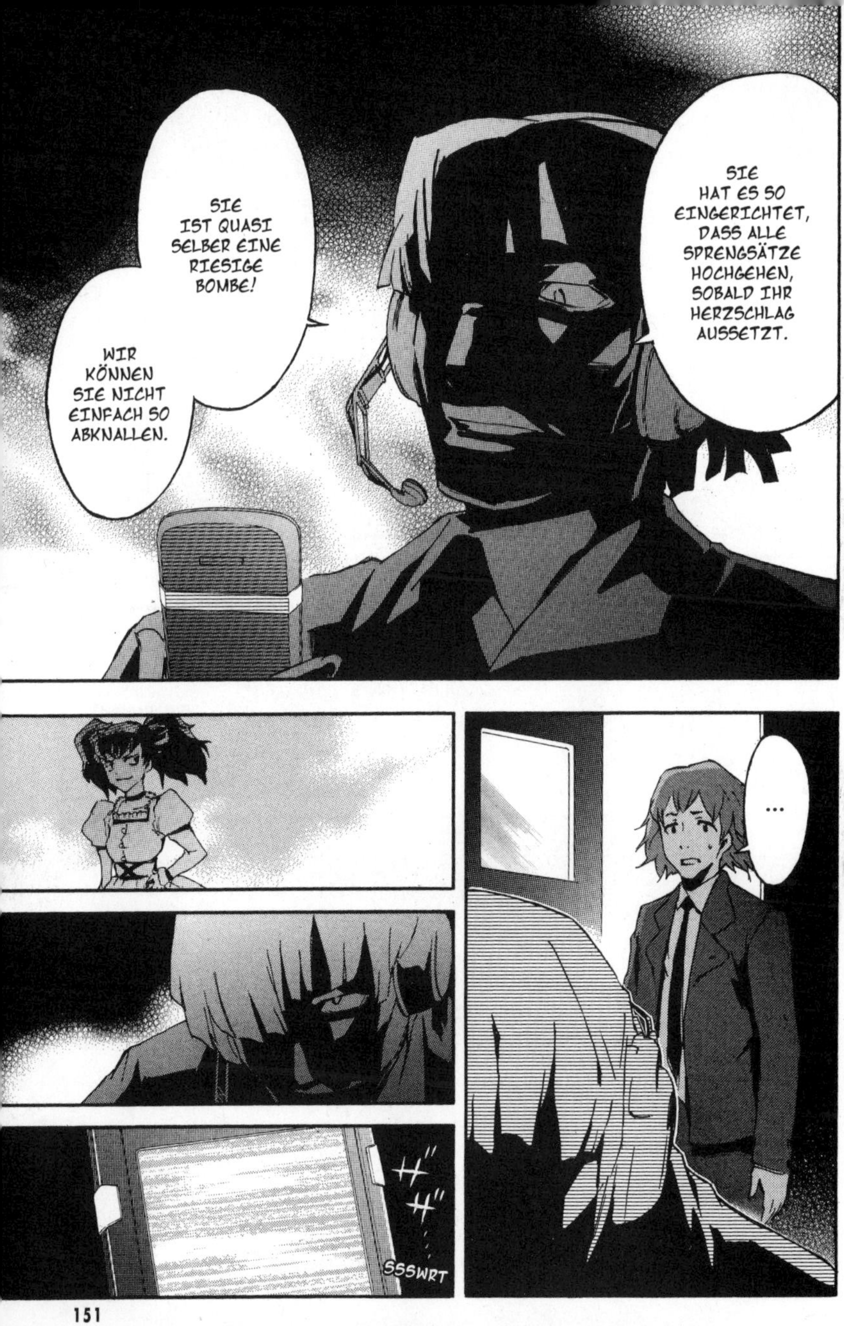

SIE HAT ES SO EINGERICHTET, DASS ALLE SPRENGSÄTZE HOCHGEHEN, SOBALD IHR HERZSCHLAG AUSSETZT.

SIE IST QUASI SELBER EINE RIESIGE BOMBE!

WIR KÖNNEN SIE NICHT EINFACH SO ABKNALLEN.

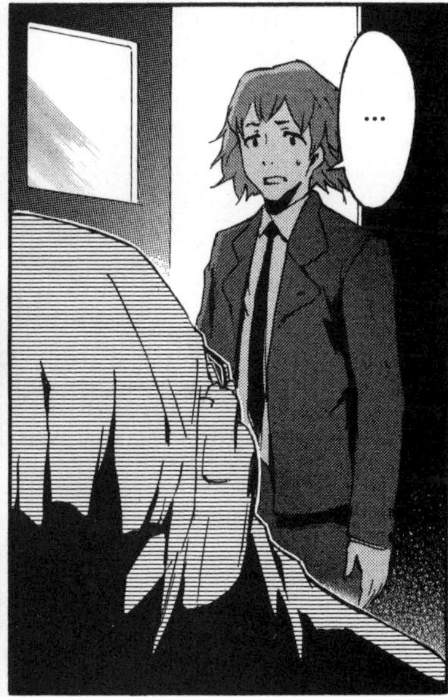


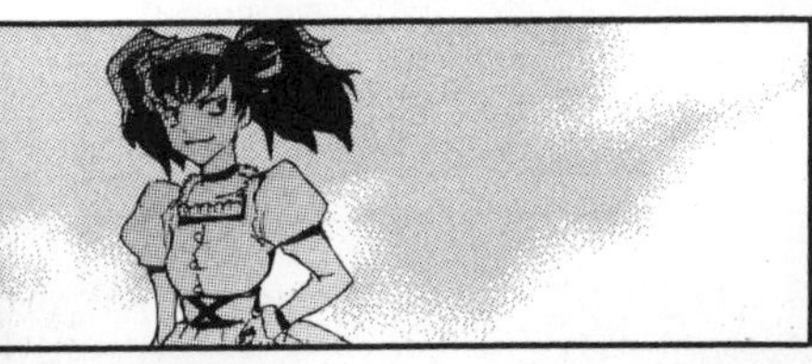

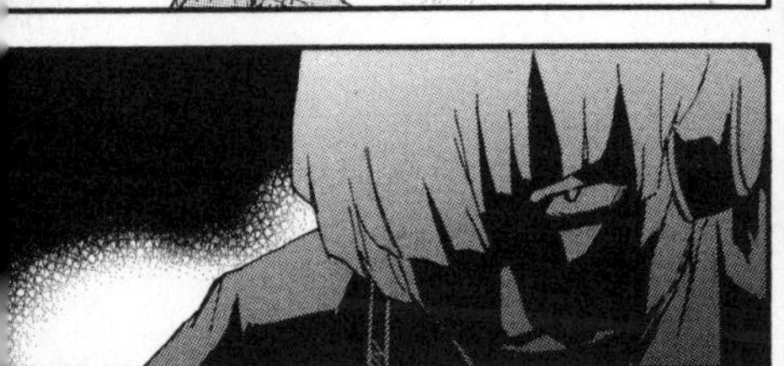

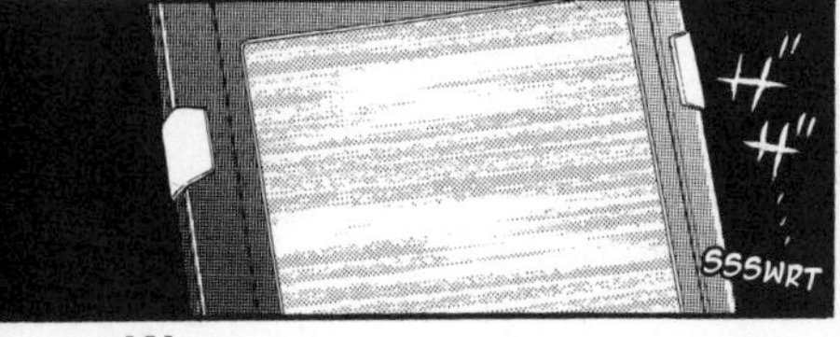

02.05.20XX, 12:38 – SAKURAMI-MITTELSCHULE, ÜBERDACHTER GANG BEIM KLASSENZIMMER DER 2F

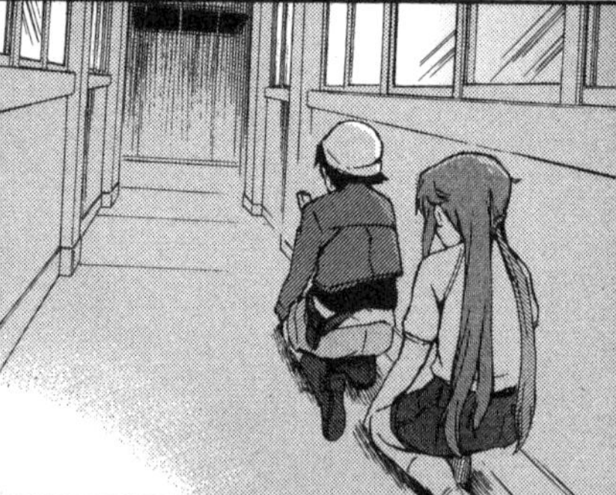

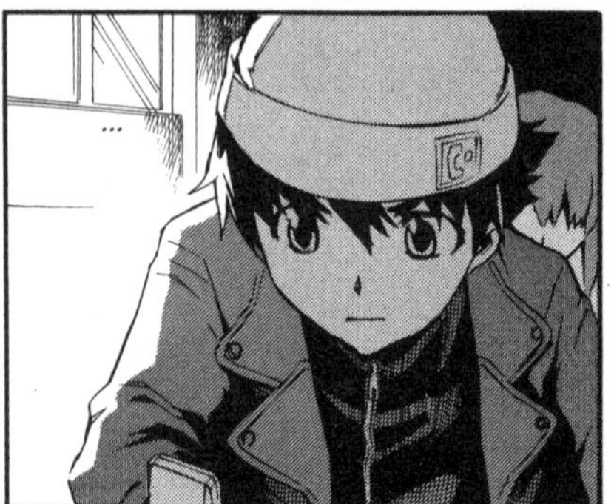


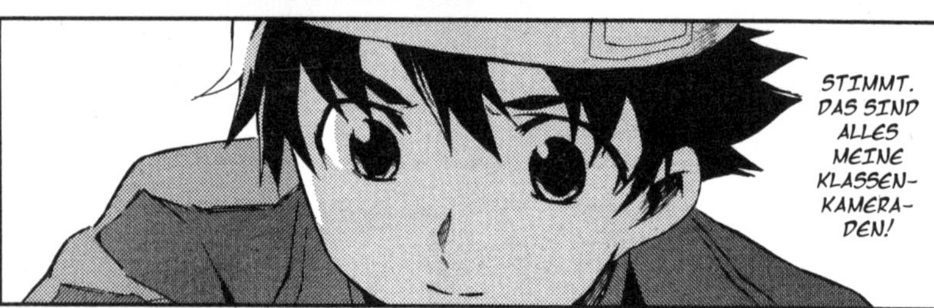


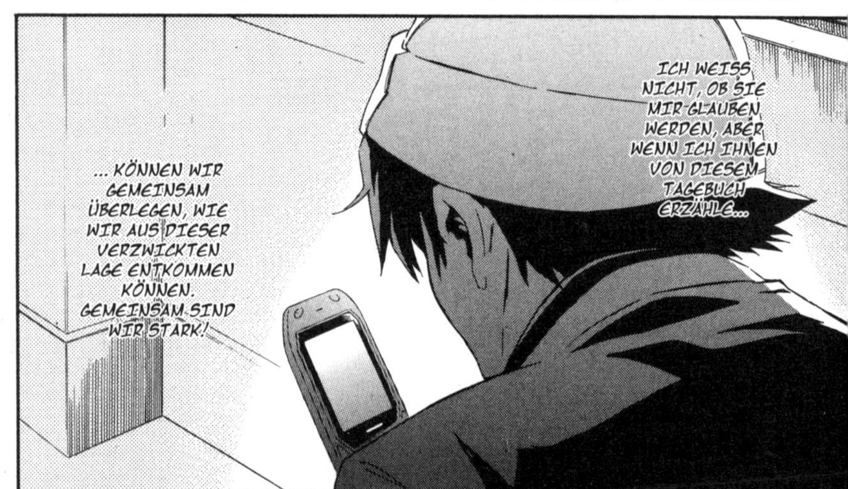

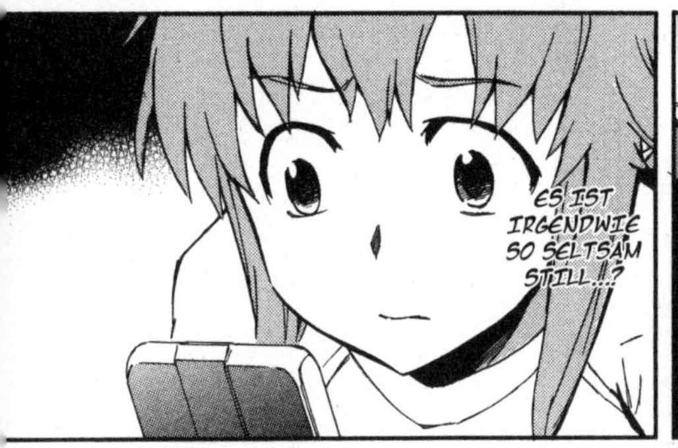
ES IST IRGENDWIE SO SELTSAM STILL...?
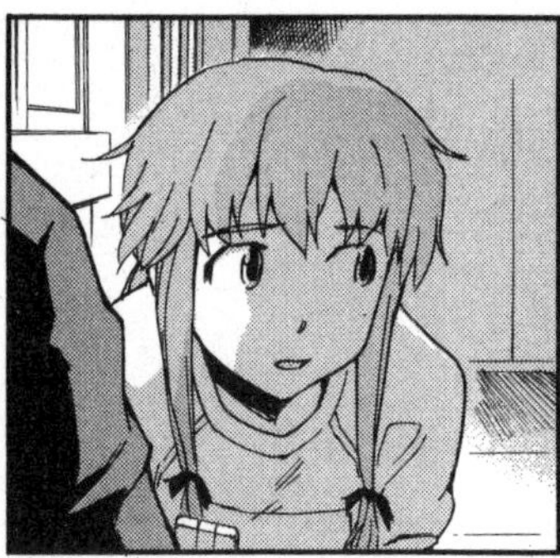
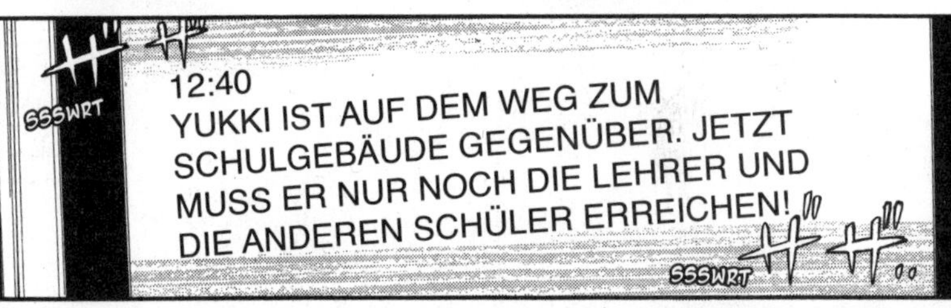
SSSWRT
12:40
YUKKI IST AUF DEM WEG ZUM SCHULGEBÄUDE GEGENÜBER. JETZT MUSS ER NUR NOCH DIE LEHRER UND DIE ANDEREN SCHÜLER ERREICHEN!
SSSWRT
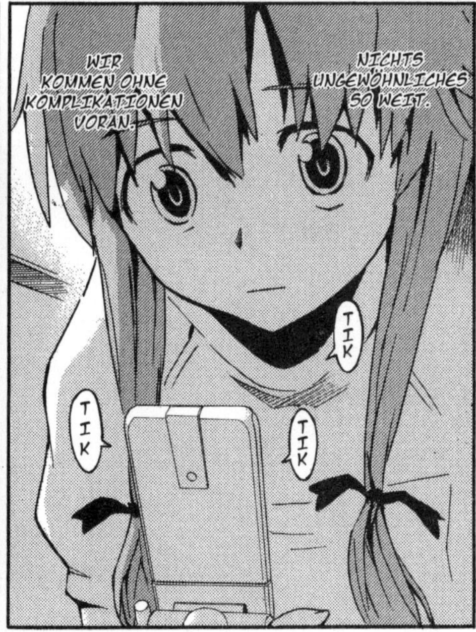
NICHTS UNGEWÖHNLICHES SO WEIT.
WIR KOMMEN OHNE KOMPLIKATIONEN VORAN.
TIK
TIK
TIK
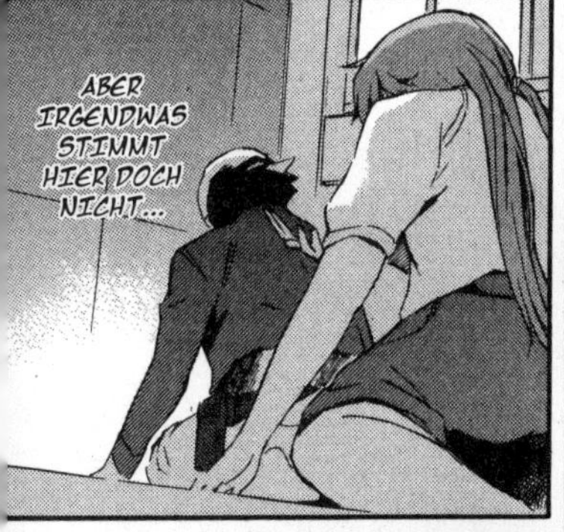
ABER IRGENDWAS STIMMT HIER DOCH NICHT...
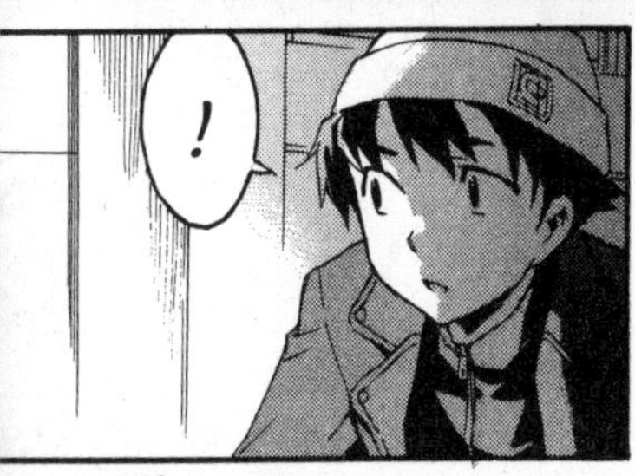
!

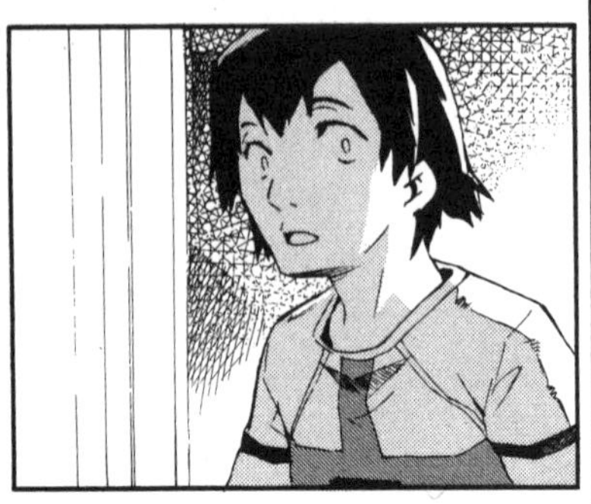

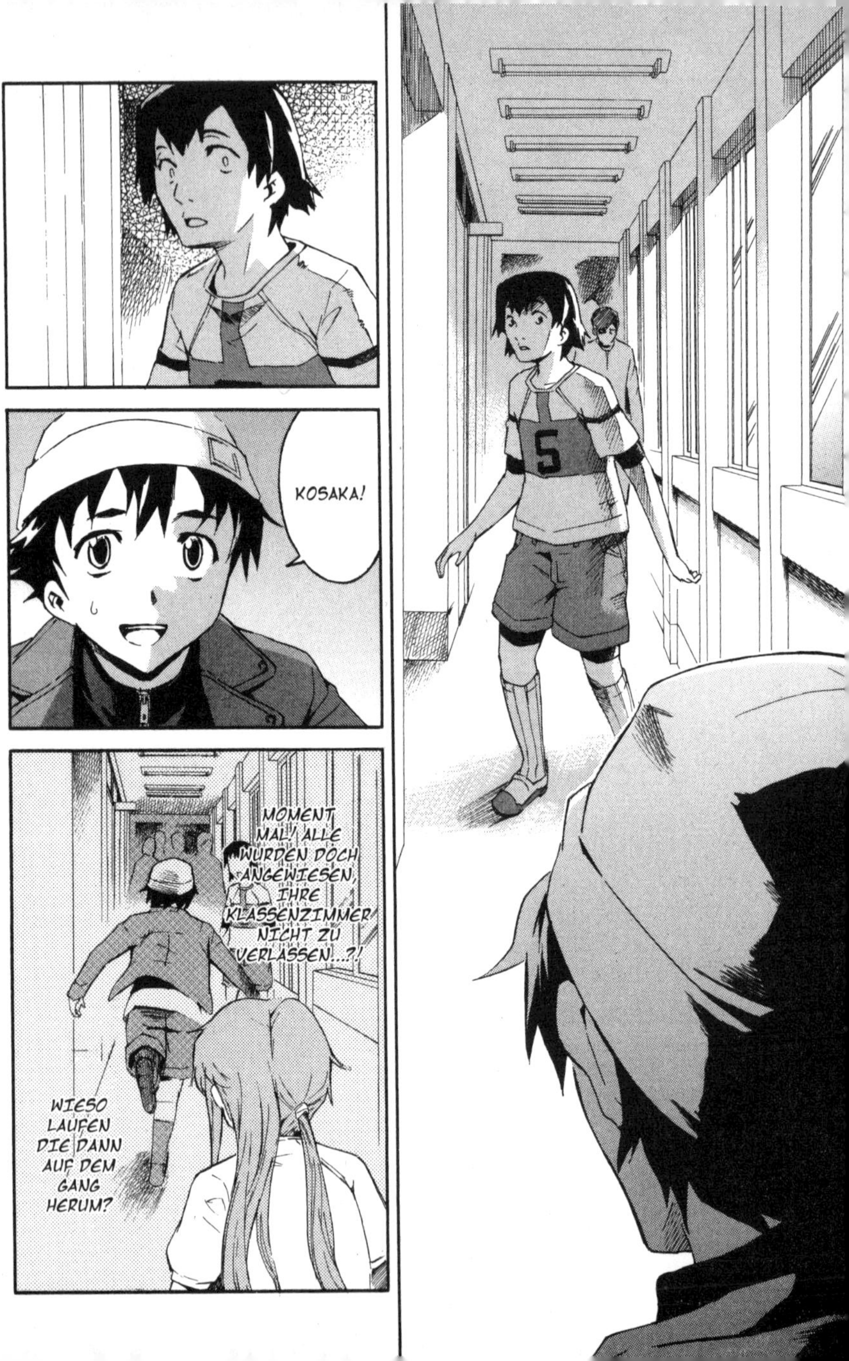

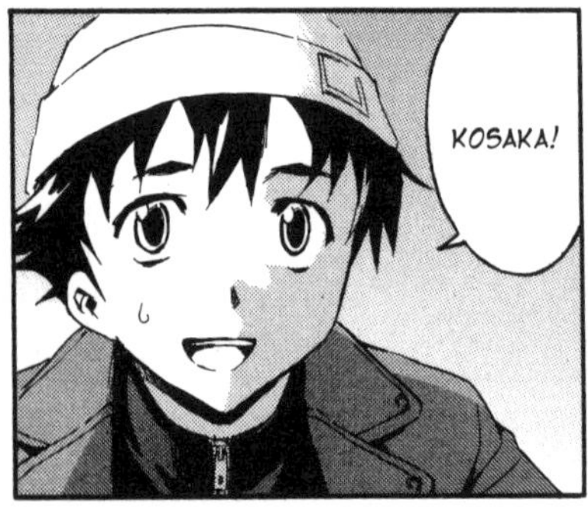
KOSAKA!

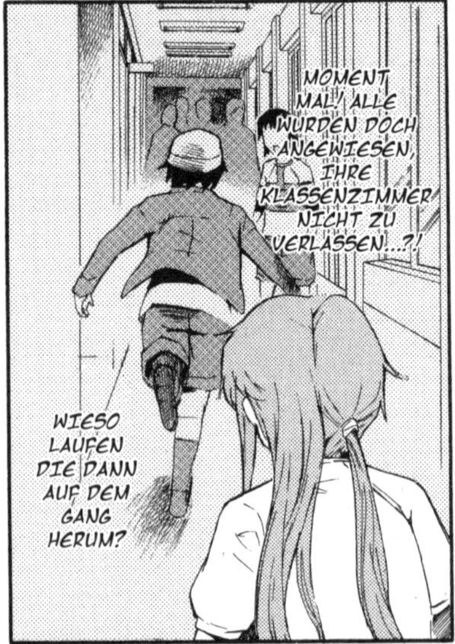
MOMENT MAL! ALLE WURDEN DOCH ANGEWIESEN, IHRE KLASSENZIMMER NICHT ZU VERLASSEN...?!
WIESO LAUFEN DIE DANN AUF DEM GANG HERUM?

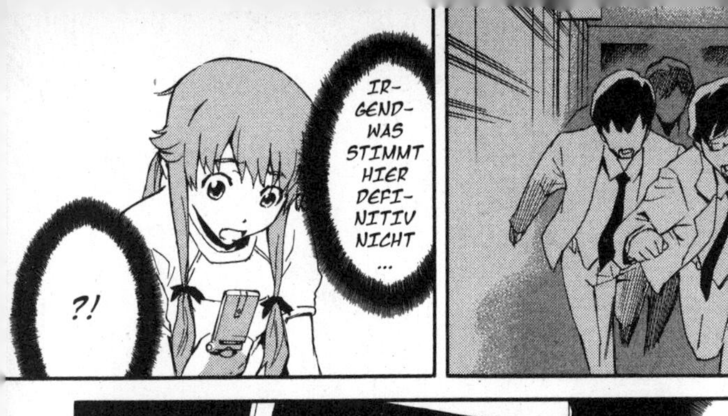
IR-
GEND-
WAS
STIMMT
HIER
DEFI-
NITIV
NICHT
...
?!
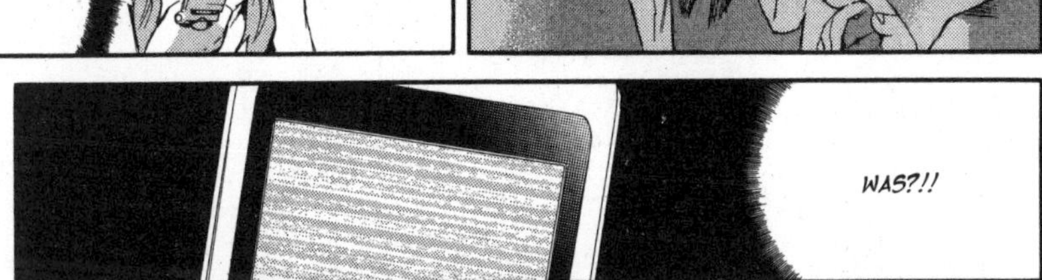
WAS?!!
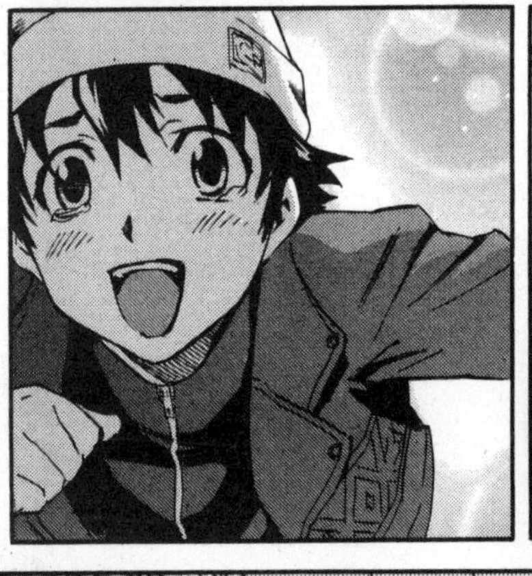
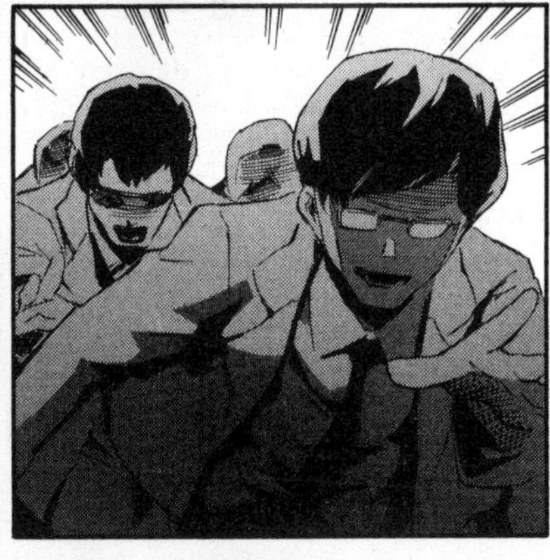
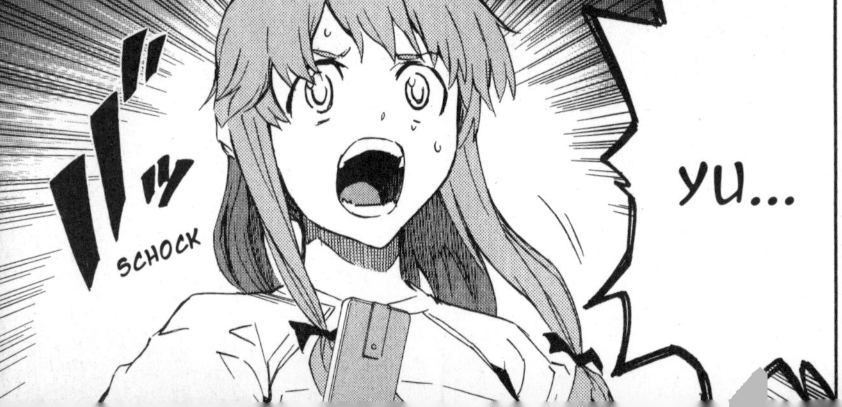
YU...
SCHOCK

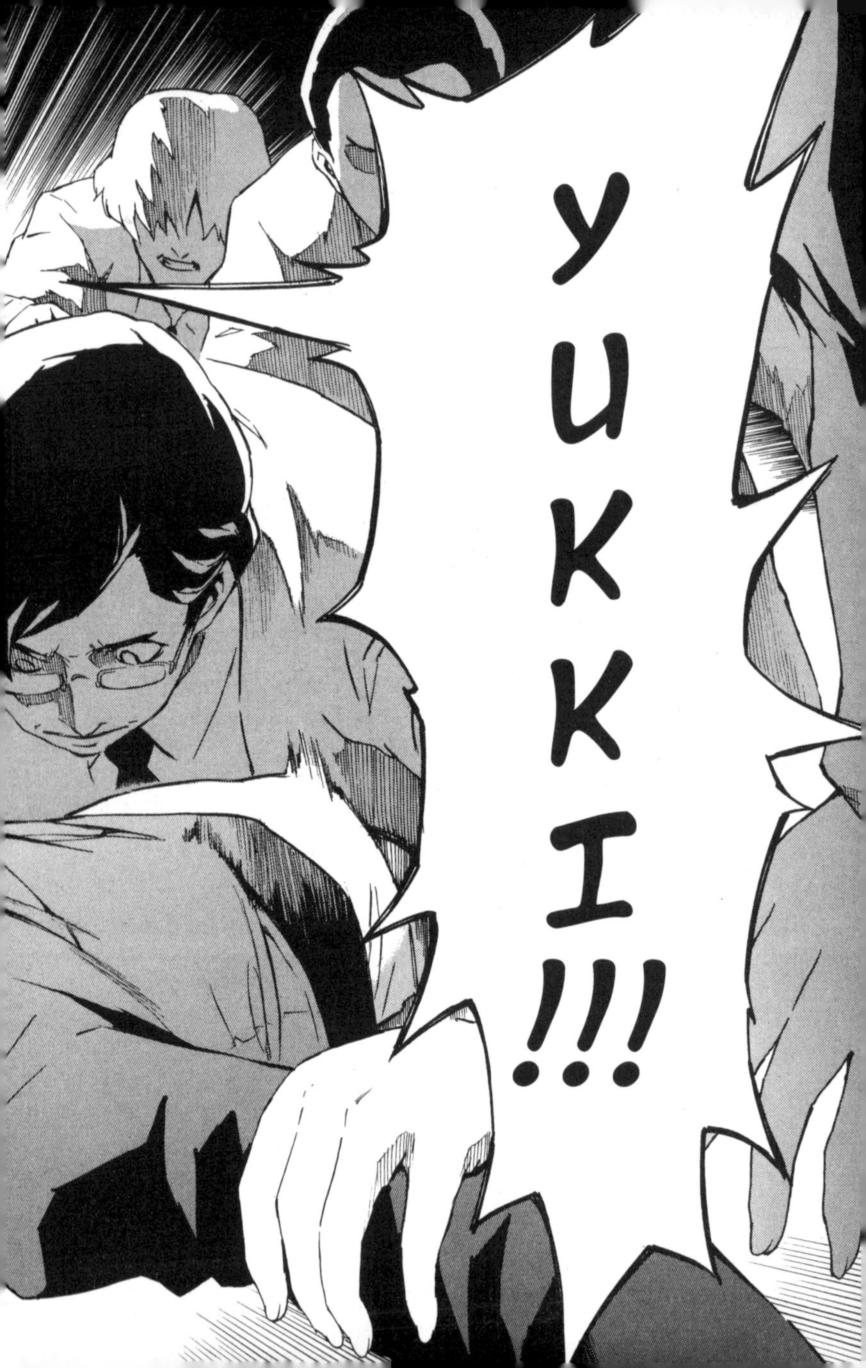
YUKKI!!!

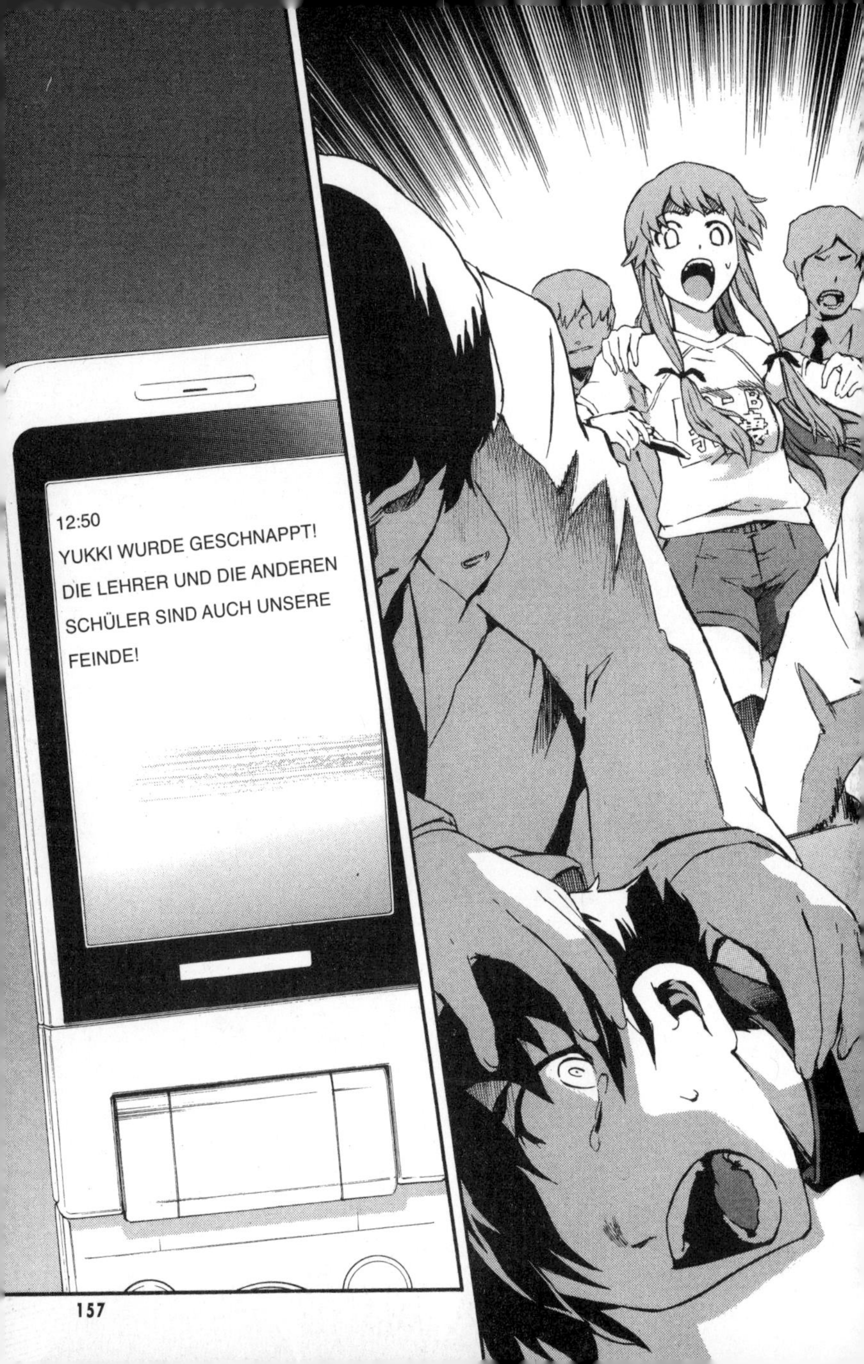
12:50
YUKKI WURDE GESCHNAPPT!
DIE LEHRER UND DIE ANDEREN
SCHÜLER SIND AUCH UNSERE
FEINDE!

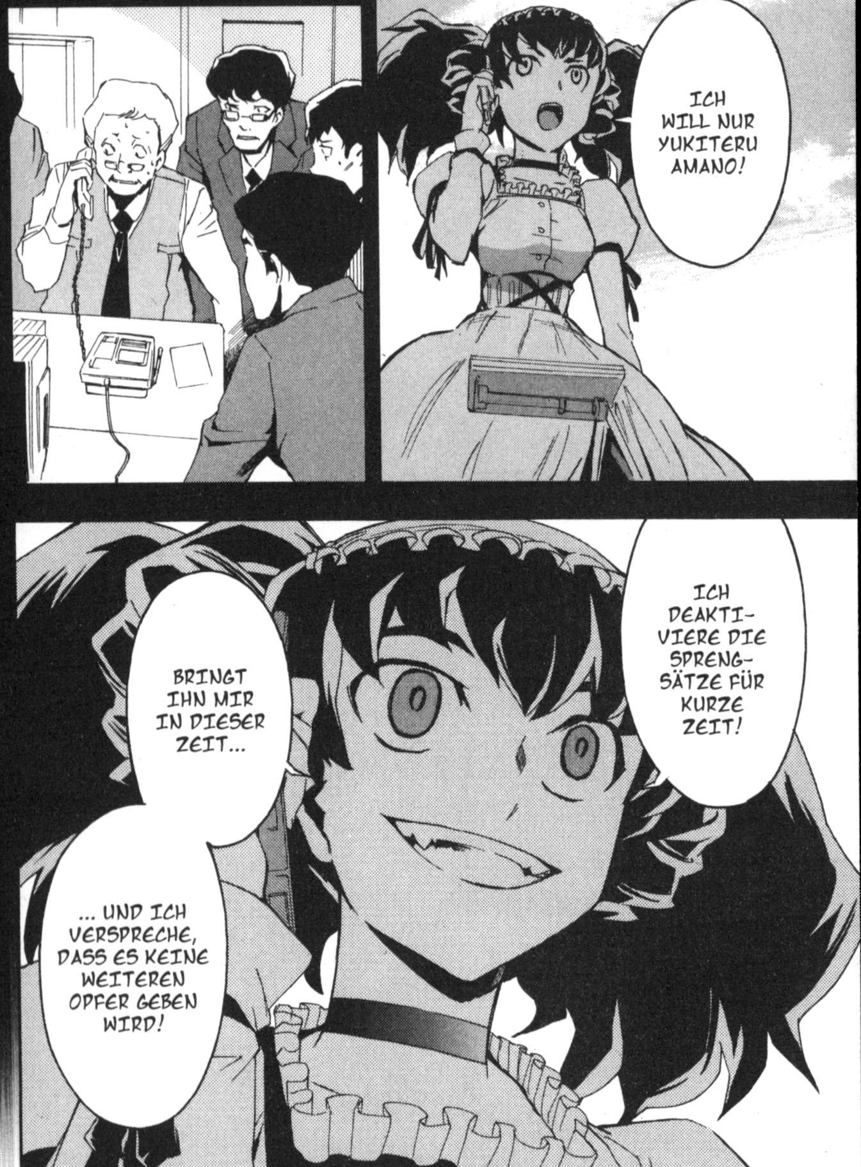

ICH WILL NUR YUKITERU AMANO!

ICH DEAKTIVIERE DIE SPRENGSÄTZE FÜR KURZE ZEIT!

BRINGT IHN MIR IN DIESER ZEIT...

... UND ICH VERSPRECHE, DASS ES KEINE WEITEREN OPFER GEBEN WIRD!

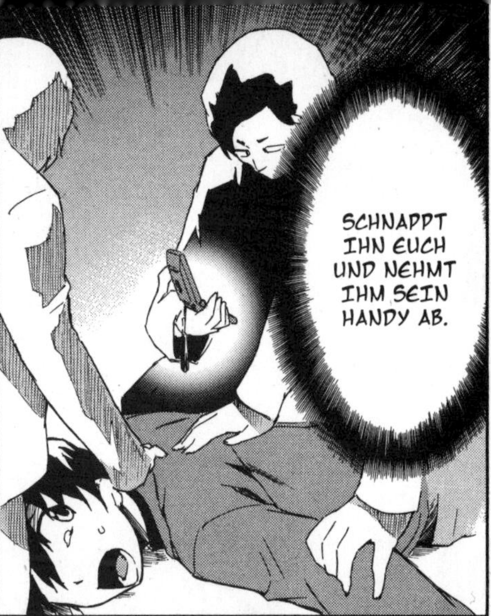
SCHNAPPT IHN EUCH UND NEHMT IHM SEIN HANDY AB.

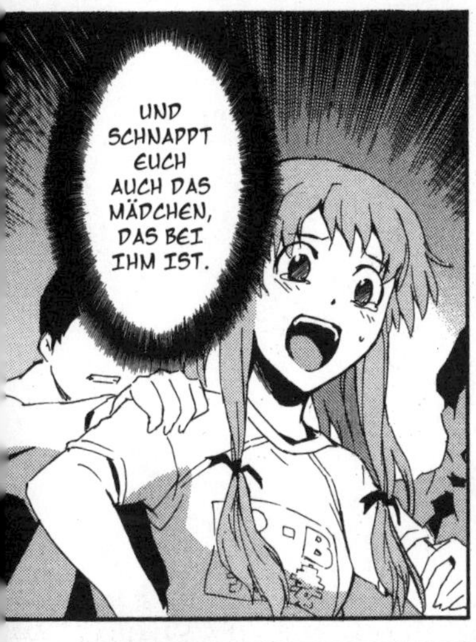
UND SCHNAPPT EUCH AUCH DAS MÄDCHEN, DAS BEI IHM IST.

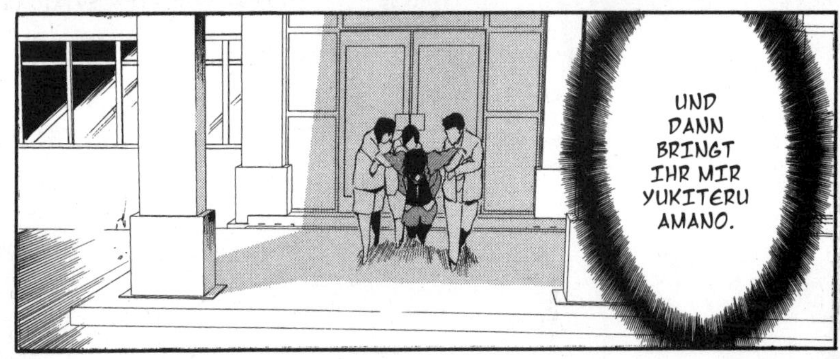
UND DANN BRINGT IHR MIR YUKITERU AMANO.

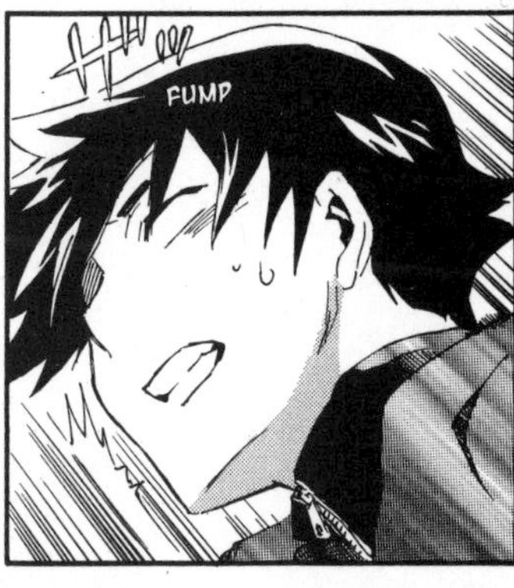
FUMP

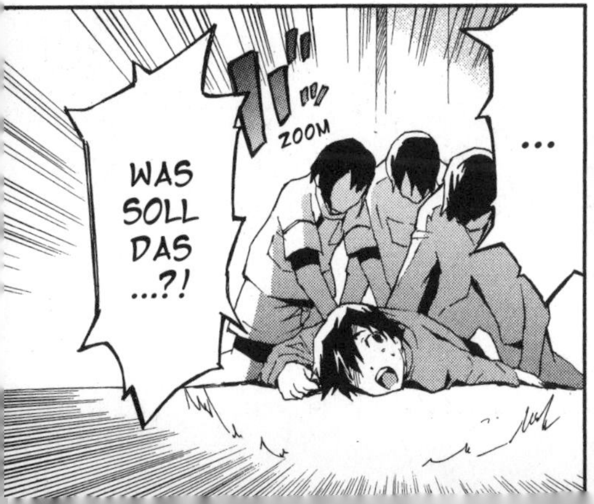
ZOOM
...
WAS SOLL DAS ...?!

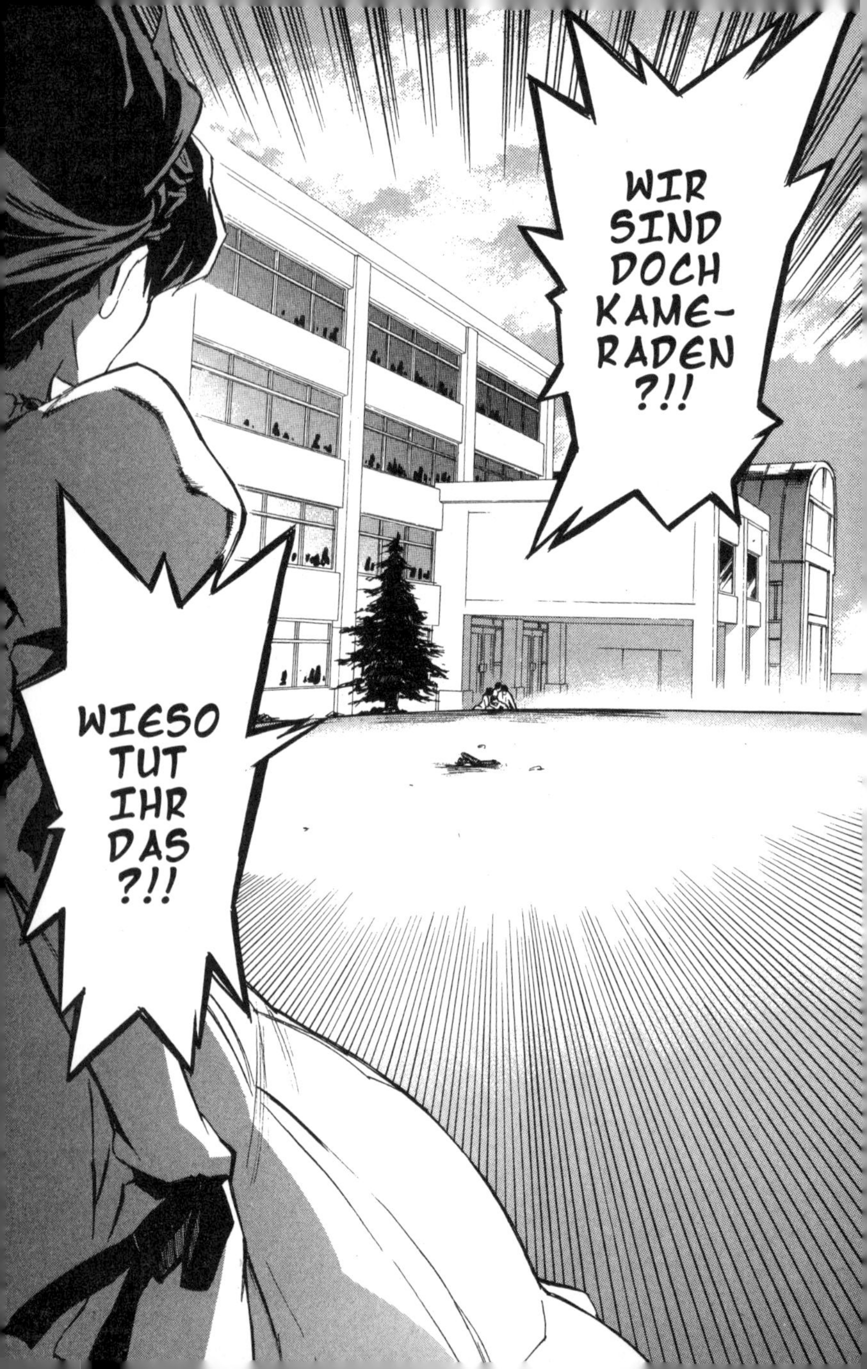
WIR SIND DOCH KAME-RADEN ?!!
WIESO TUT IHR DAS ?!!

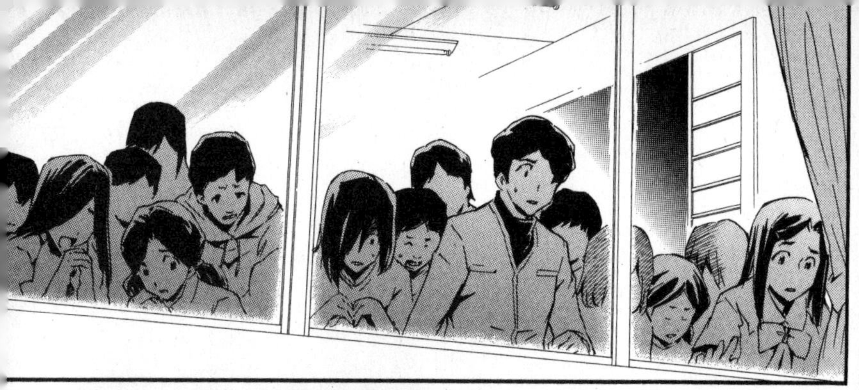

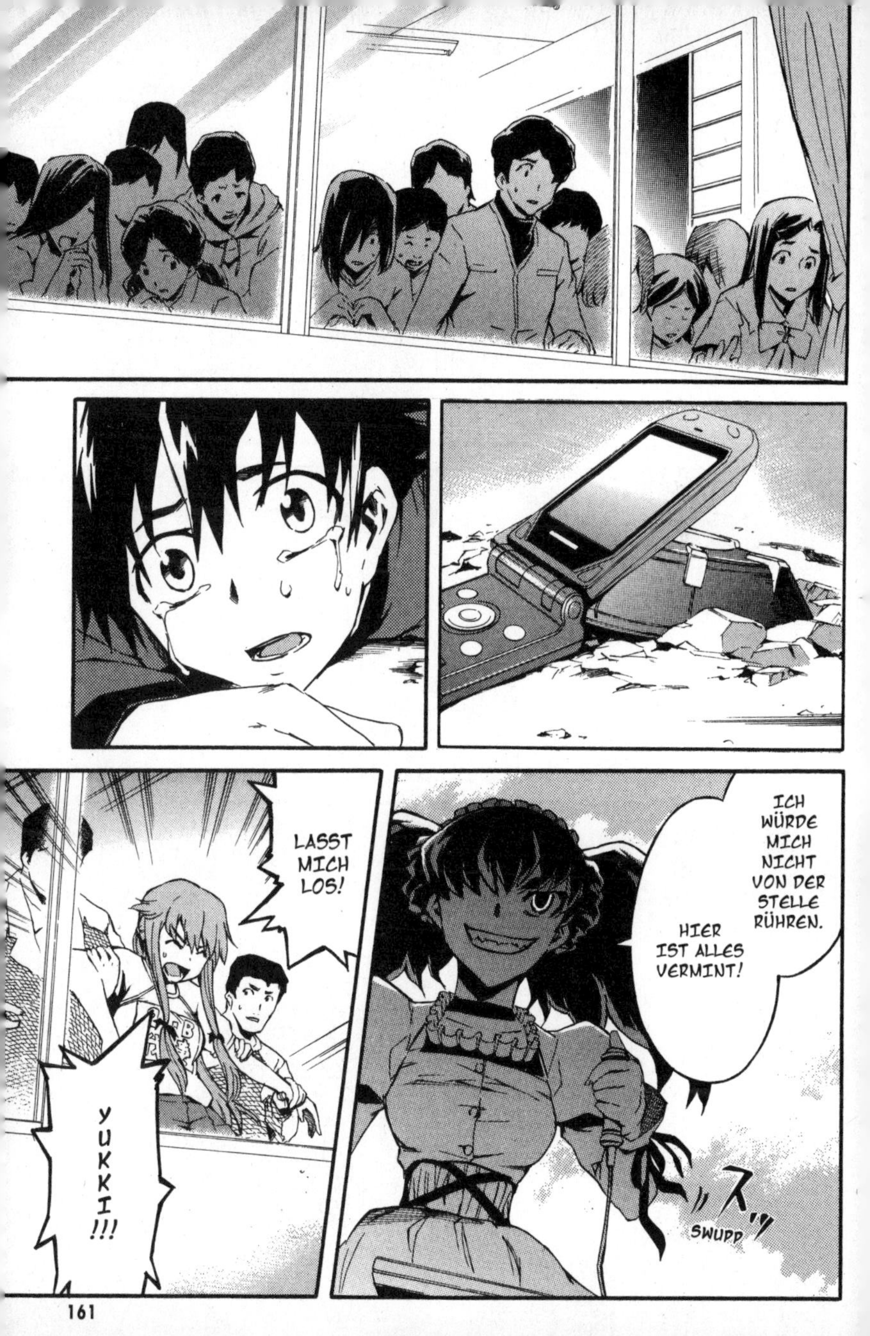

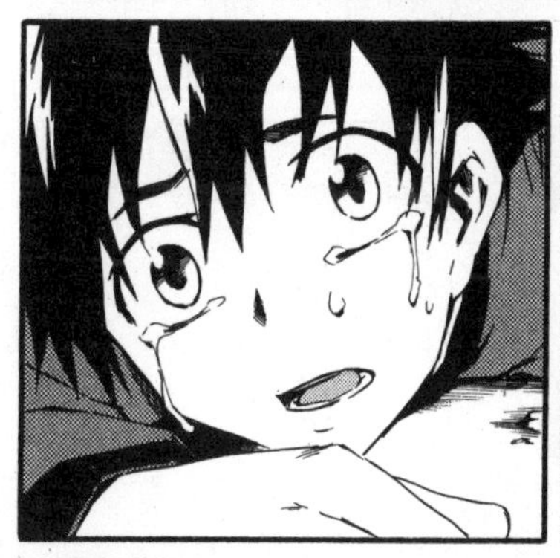

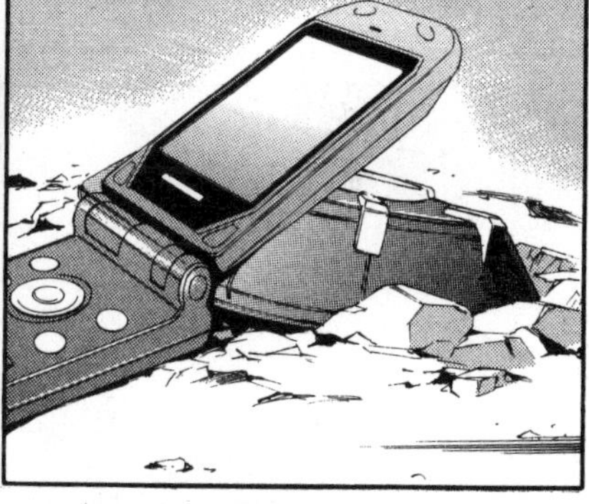

ICH WÜRDE MICH NICHT VON DER STELLE RÜHREN.
HIER IST ALLES VERMINT!
SWUPP
LASST MICH LOS!
YUKKI!!!

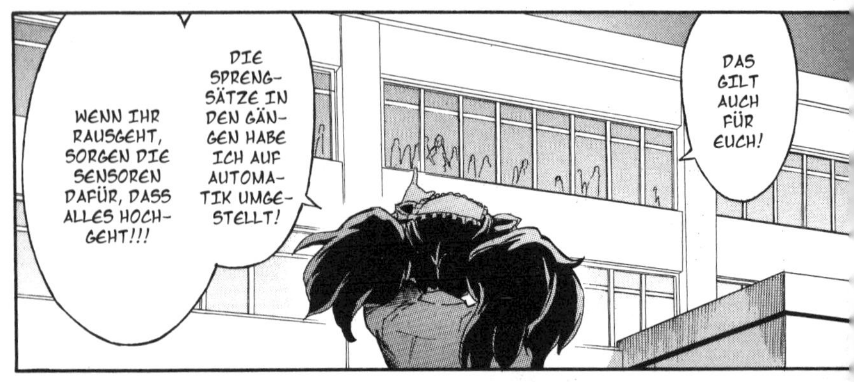

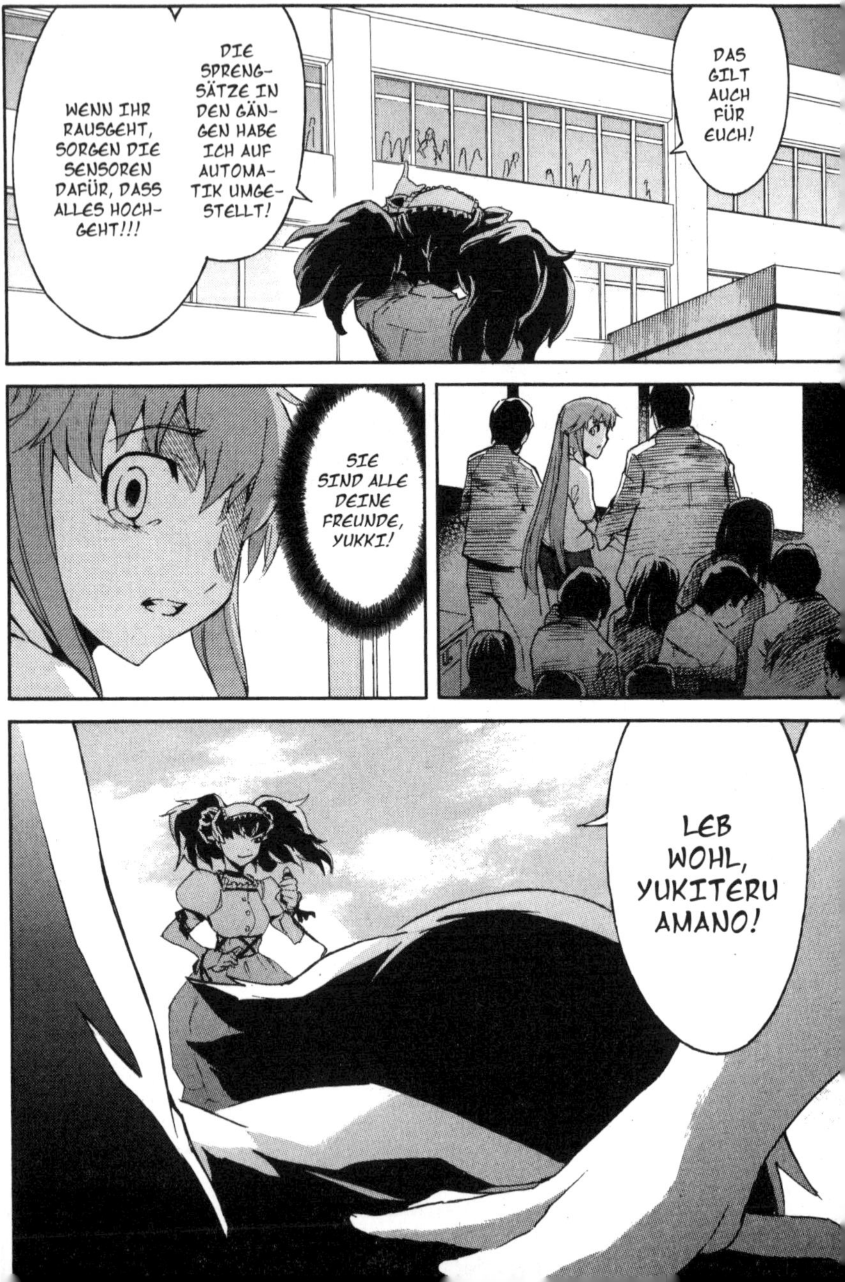

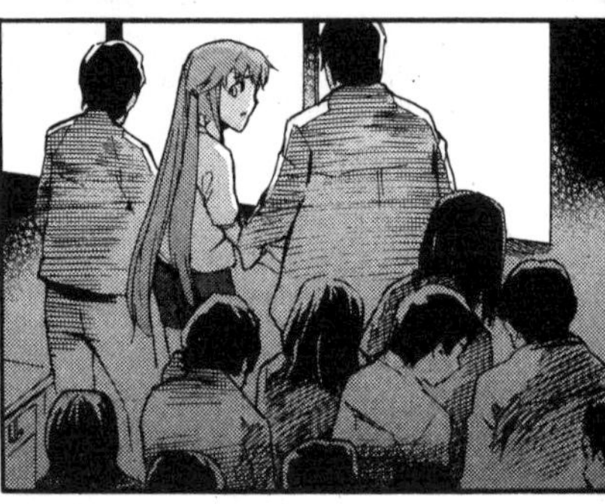

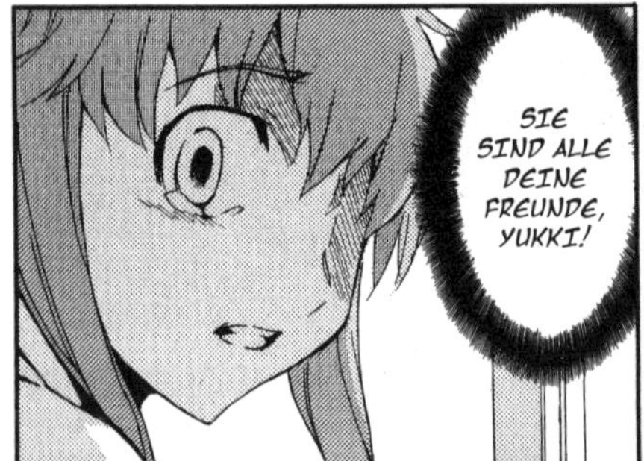


Leb wohl, Yukiteru Amano!

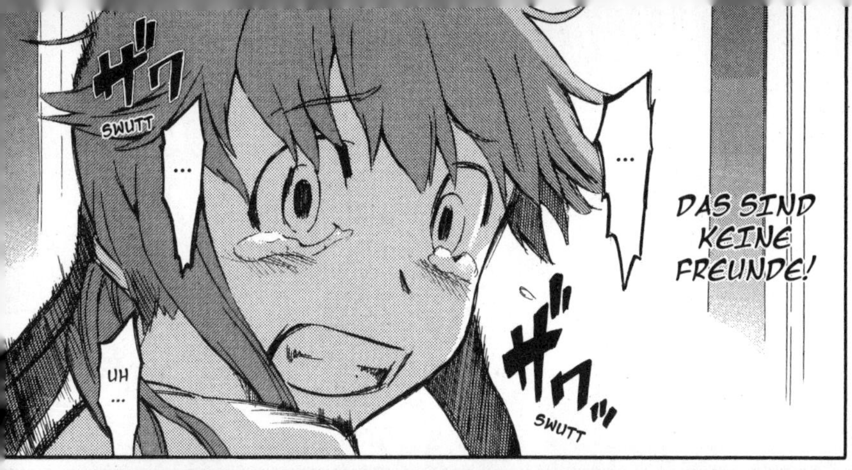
DAS SIND KEINE FREUNDE!
...
ザワッ
SWUTT
...
ザワ
SWUTT
UH ...

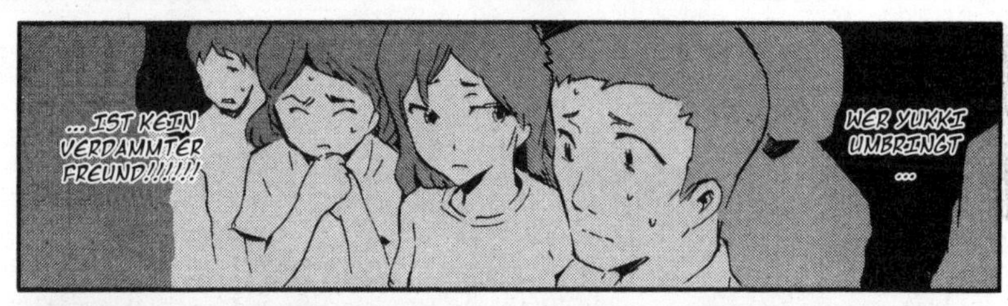
WER YUKKI UMBRINGT ...
... IST KEIN VERDAMMTER FREUND!!!!!!

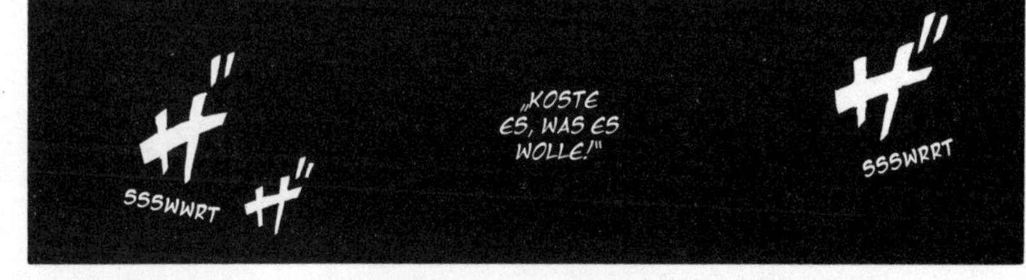
ザ
SSSWRRT
„KOSTE ES, WAS ES WOLLE!"
ザ
ザ
SSSWRRT

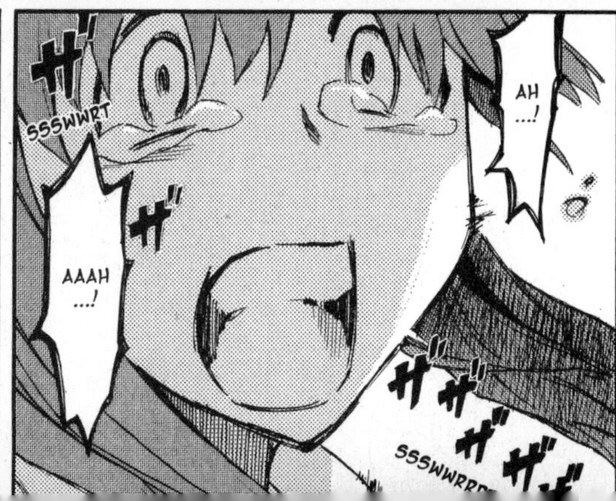
AH ...!
ザ
SSSWWRT
ザ
AAAH ...!

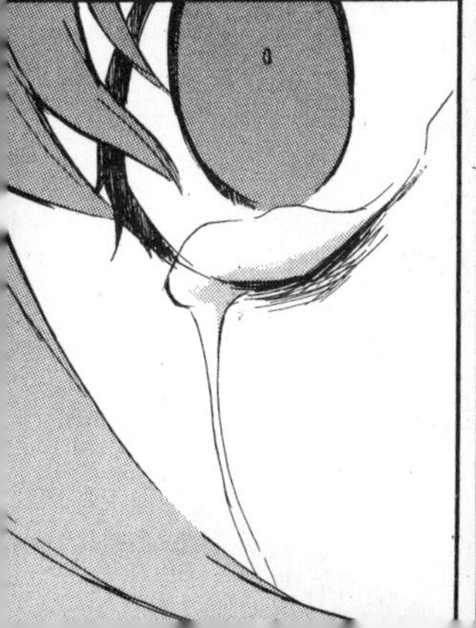

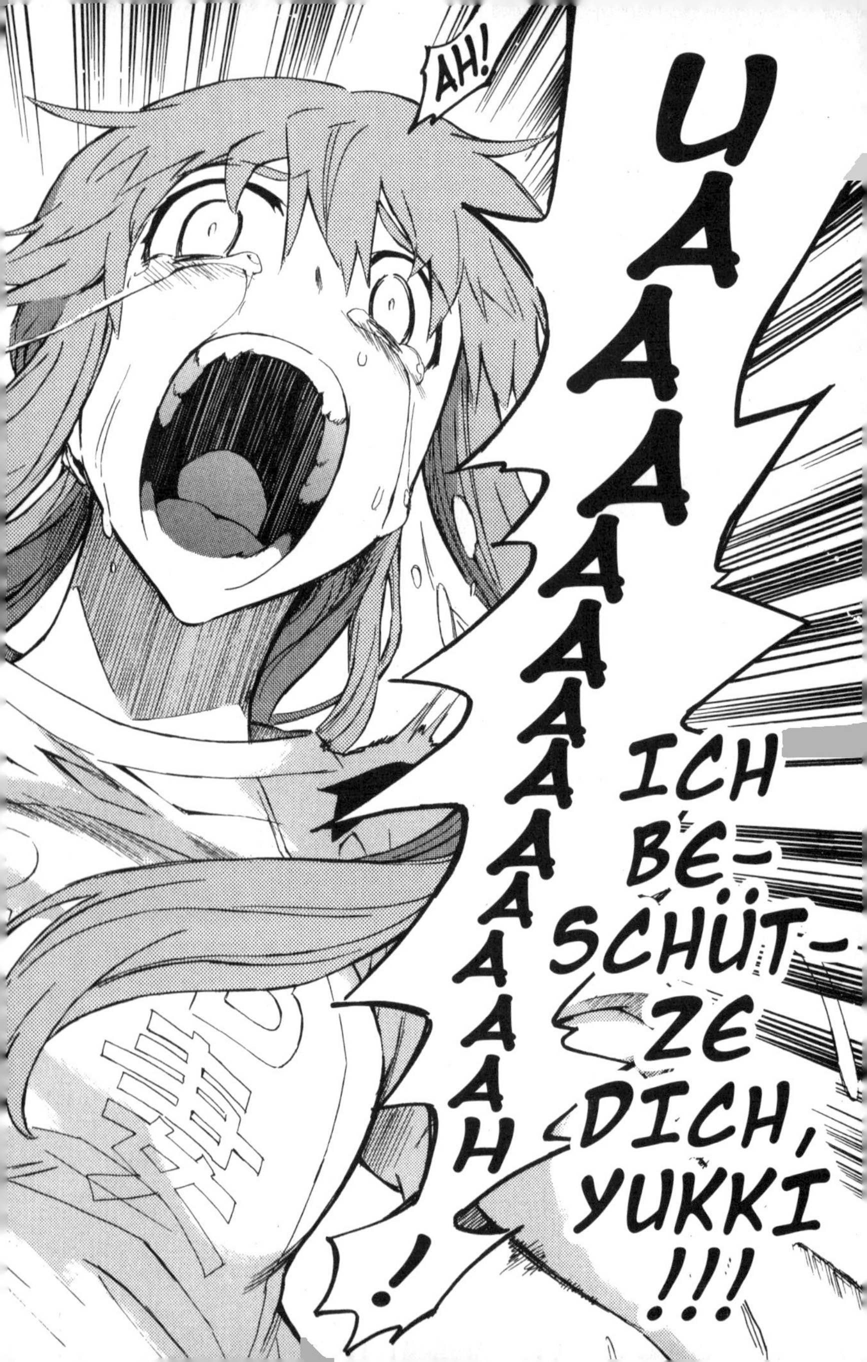
AH!
UAAAAAAAAAAAAAH!
ICH BESCHÜTZE DICH, YUKKI!!!

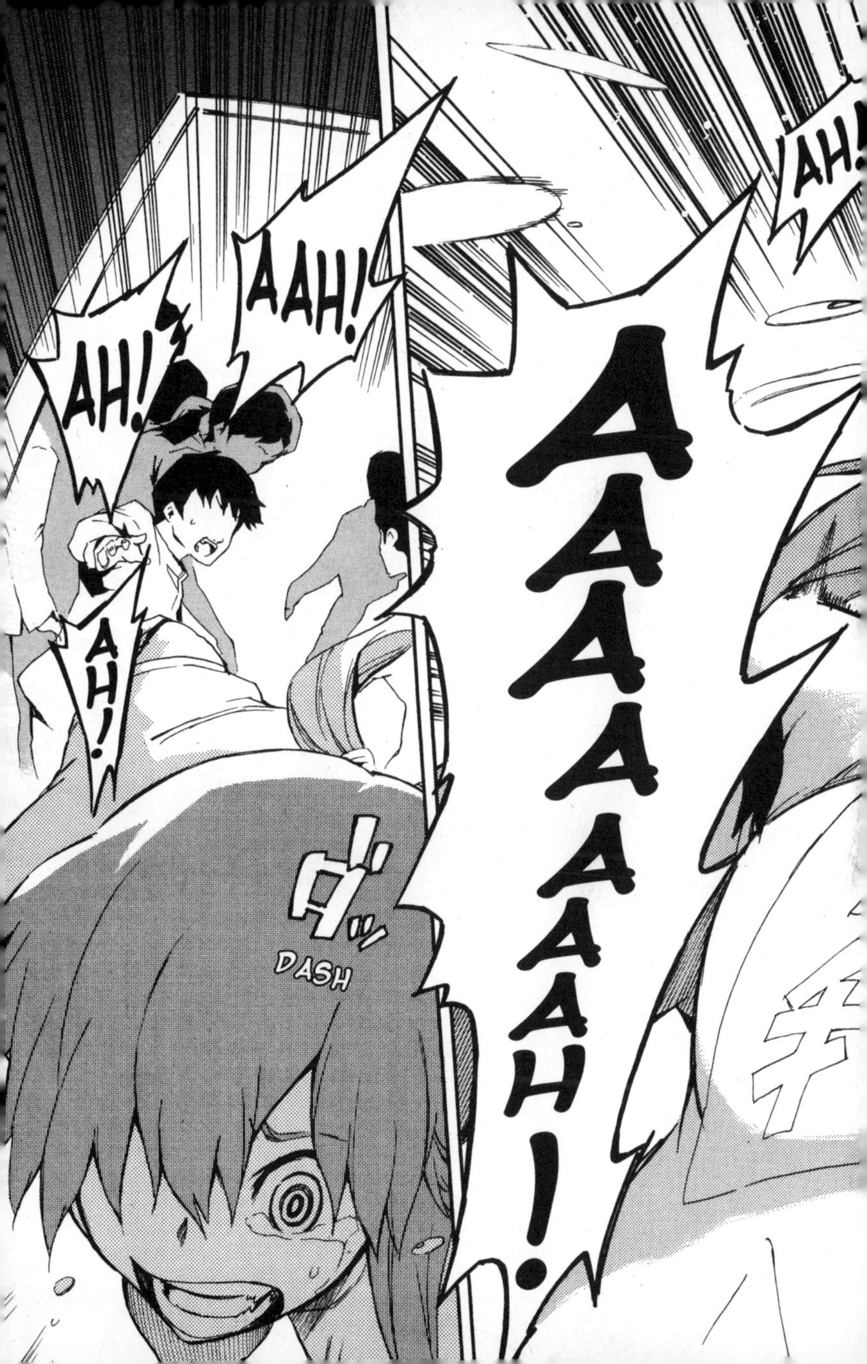
AH!
AAAAAAAAH!
AAH!
AH!
AH!
DASH

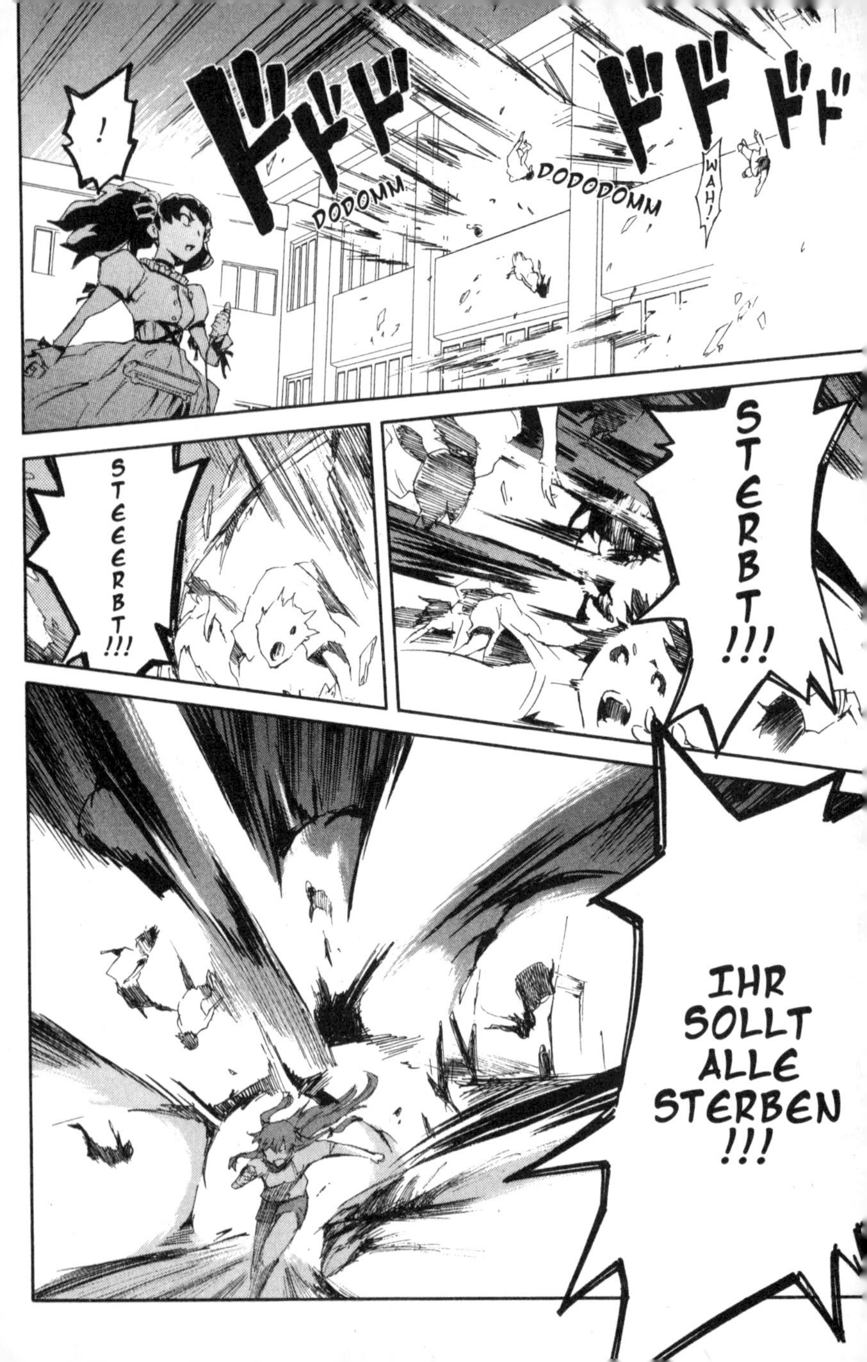

ドドド
DODODOMM
ドドド
WAH!
DODODOMM
!
STERBT!!!
STEEEERBT!!!
IHR SOLLT ALLE STERBEN!!!

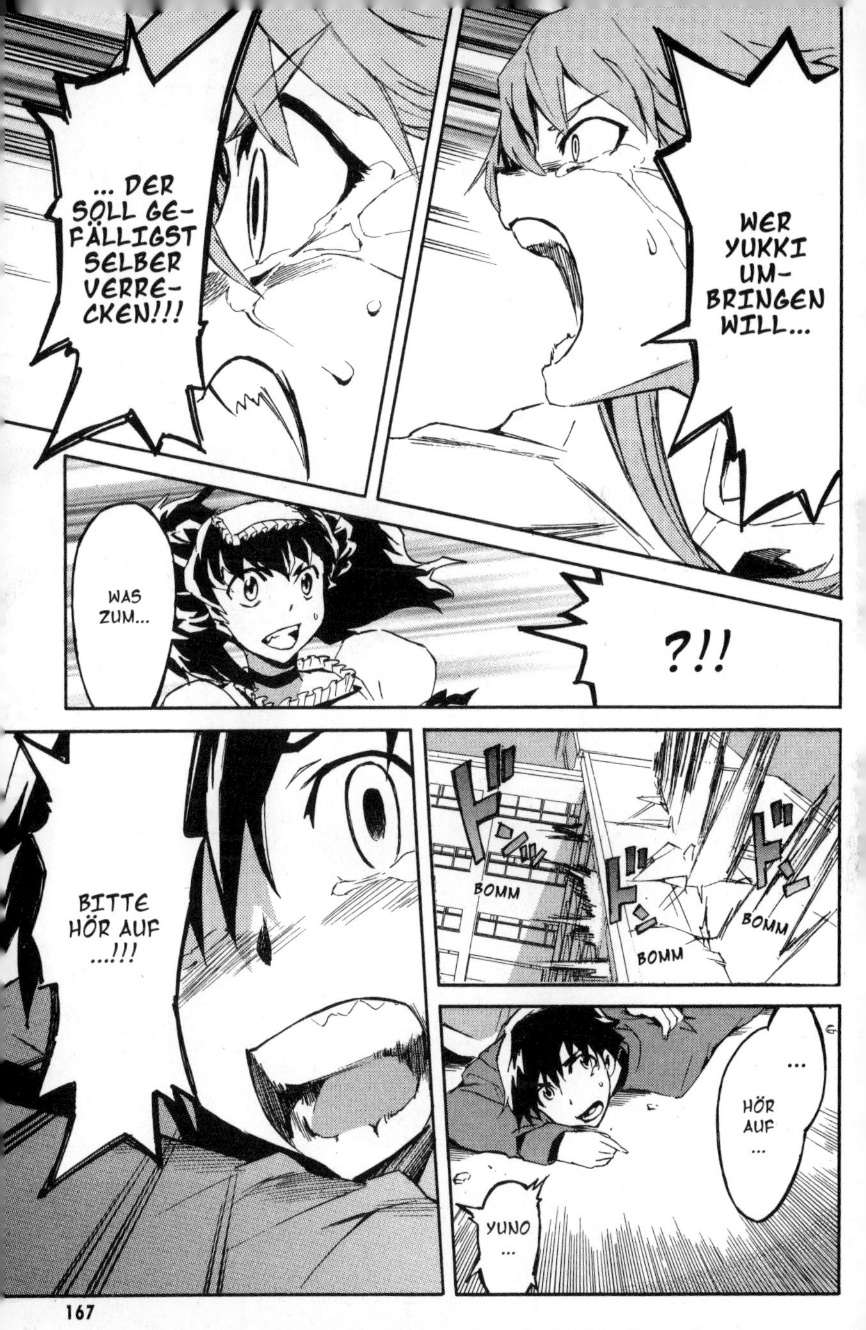

WER YUKKI UM-BRINGEN WILL...

... DER SOLL GE-FÄLLIGST SELBER VERRE-CKEN!!!

?!!

WAS ZUM...

BOMM

BOMM

BOMM

... HÖR AUF ...

YUNO ...

BITTE HÖR AUF ...!!!

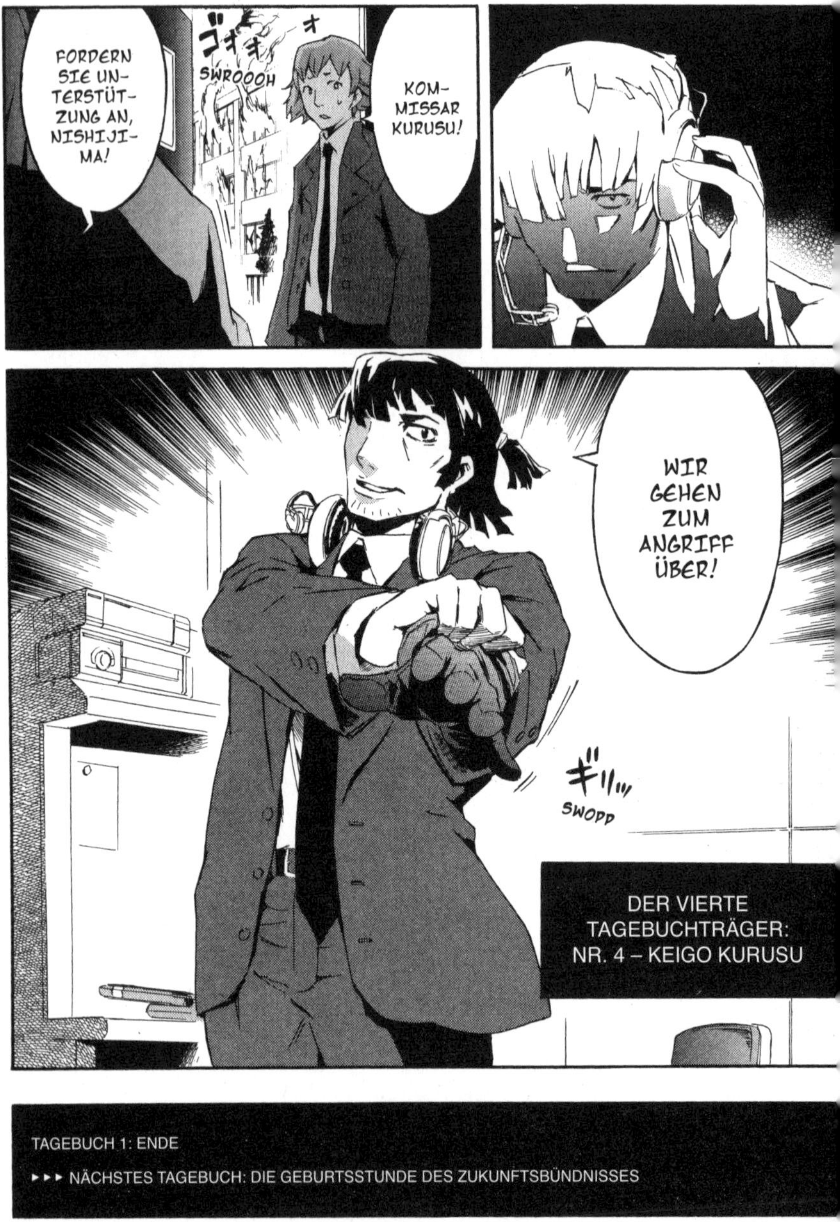

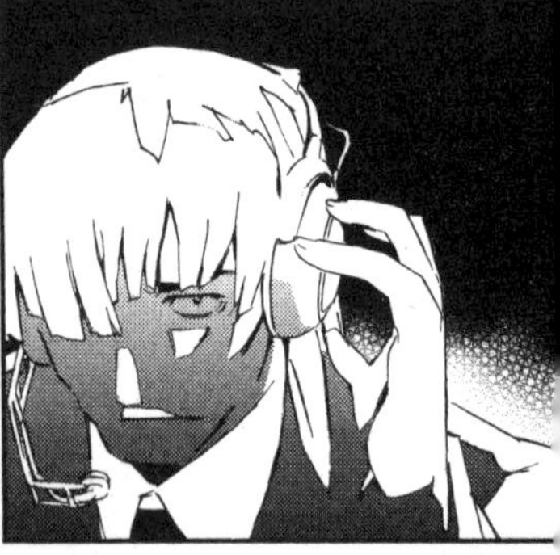

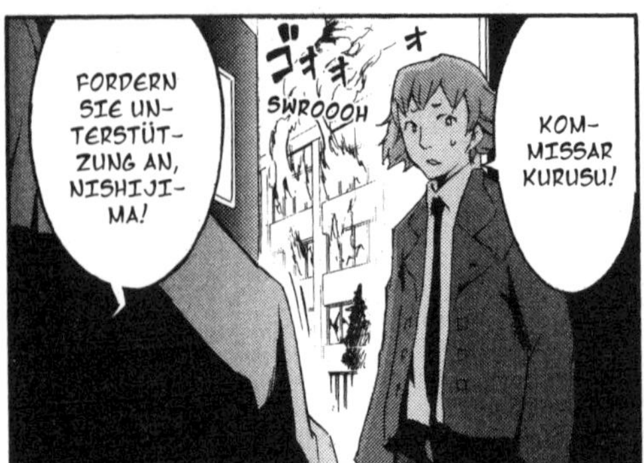


WIR GEHEN ZUM ANGRIFF ÜBER!

SWOPP

DER VIERTE TAGEBUCHTRÄGER: NR. 4 – KEIGO KURUSU

TAGEBUCH 1: ENDE

▸▸▸ NÄCHSTES TAGEBUCH: DIE GEBURTSSTUNDE DES ZUKUNFTSBÜNDNISSES

02.05.20XX, 13:54 – SAKURAMI-MITTELSCHULE

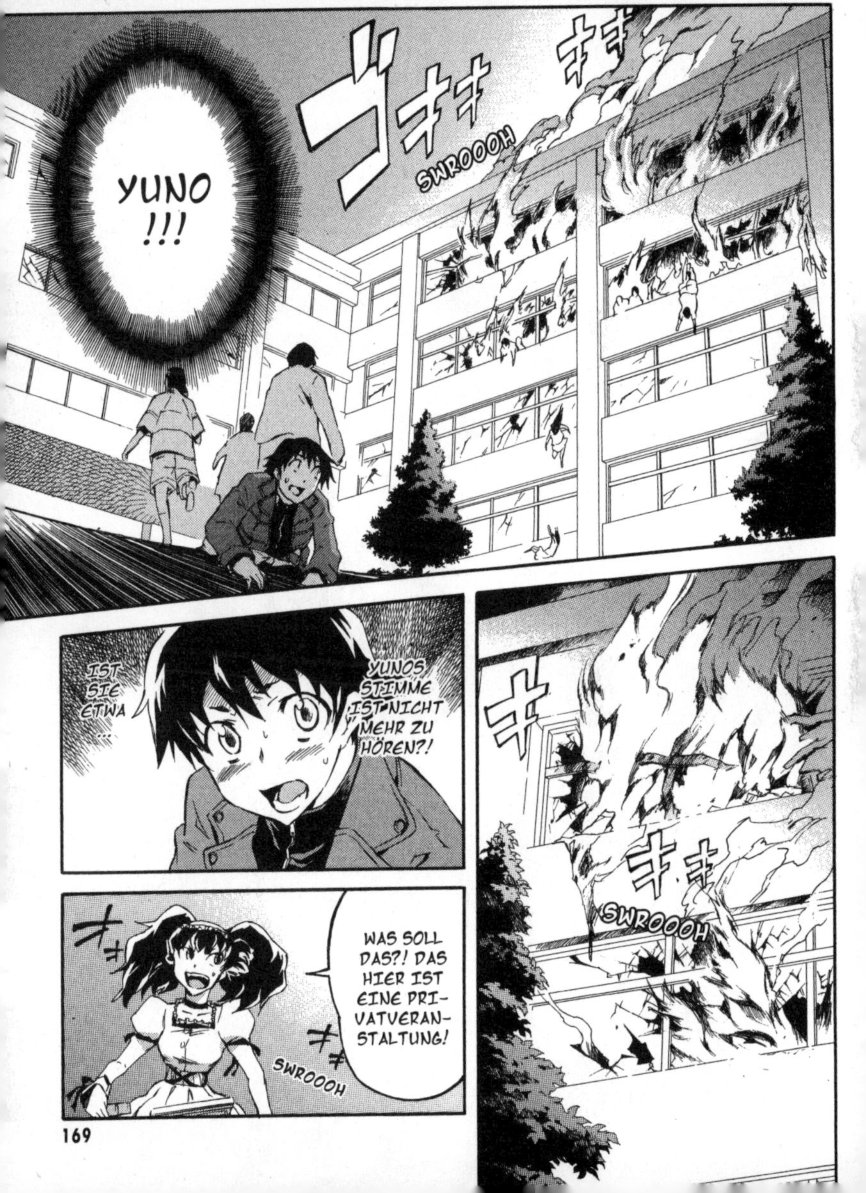

SWROOOH

YUNO !!!

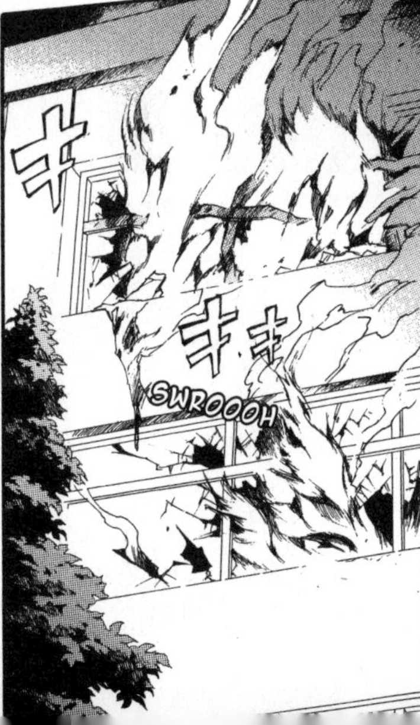


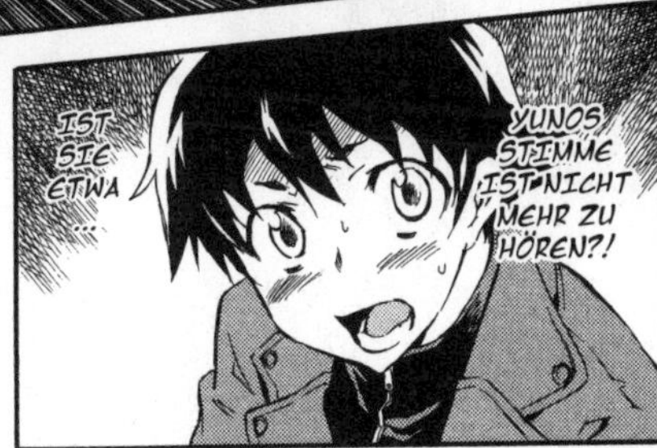


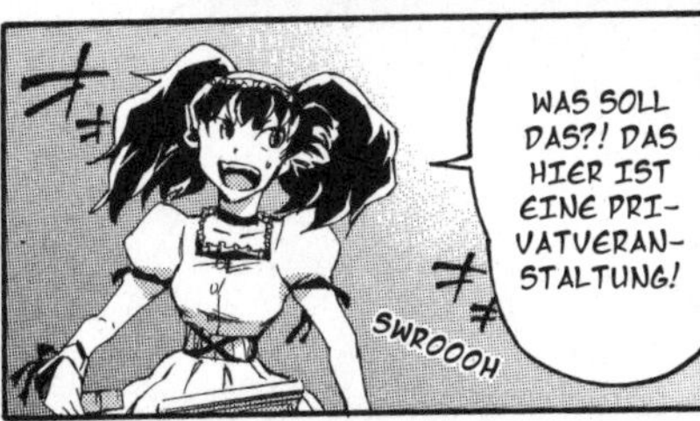

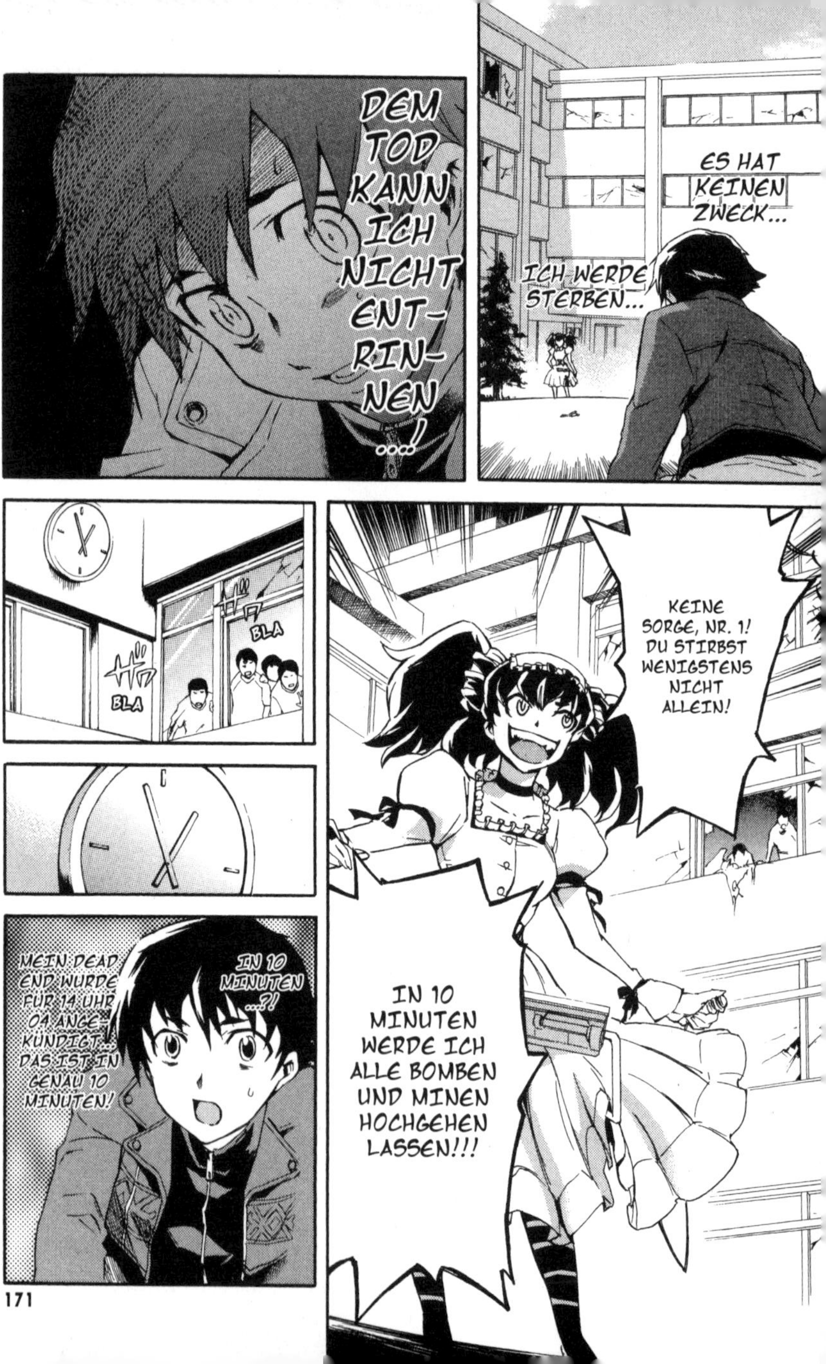

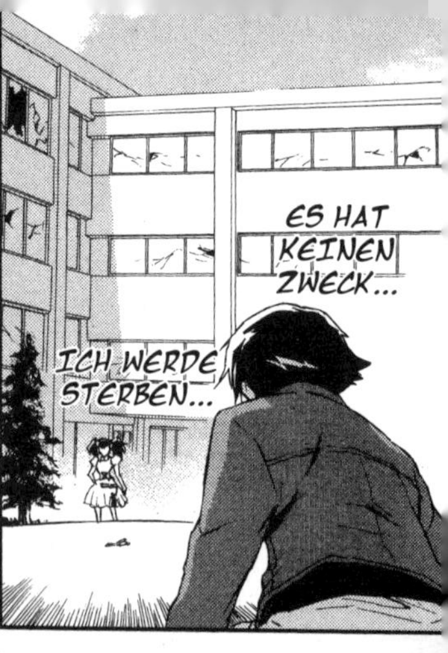


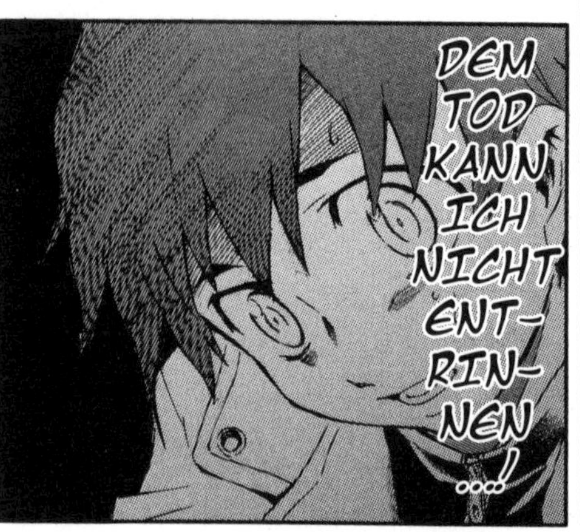


KEINE SORGE, NR. 1! DU STIRBST WENIGSTENS NICHT ALLEIN!

IN 10 MINUTEN WERDE ICH ALLE BOMBEN UND MINEN HOCHGEHEN LASSEN!!!

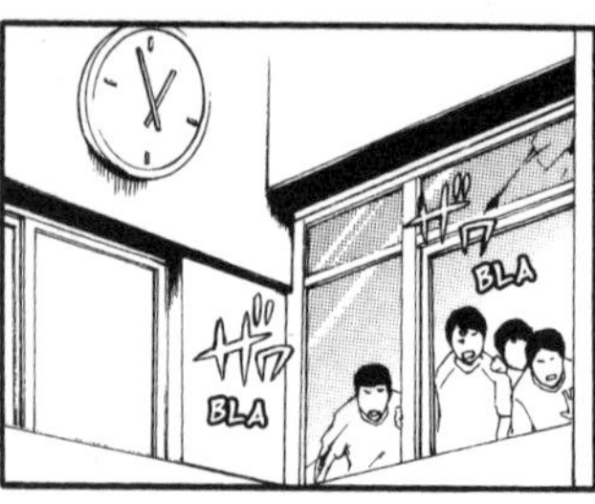


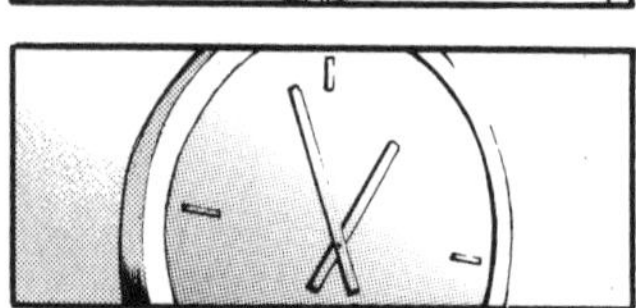

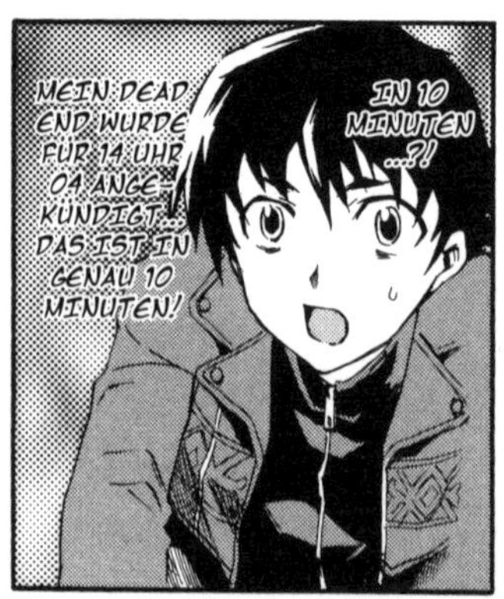

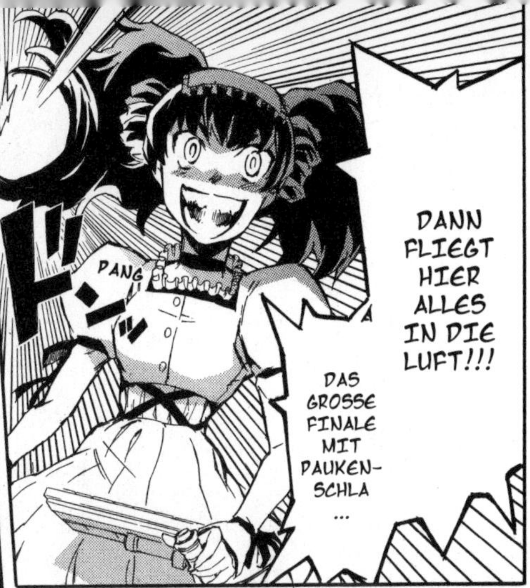
DANN FLIEGT HIER ALLES IN DIE LUFT!!!
DANG
DAS GROSSE FINALE MIT PAUKEN-SCHLA ...
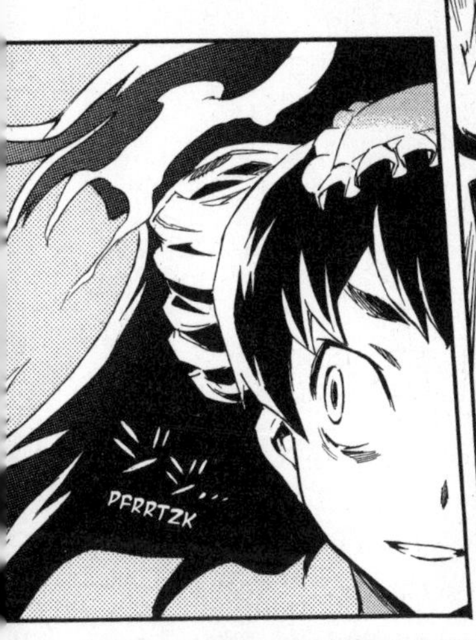
PFRRTZK
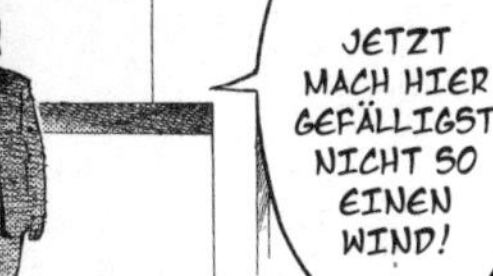
JETZT MACH HIER GEFÄLLIGST NICHT SO EINEN WIND!
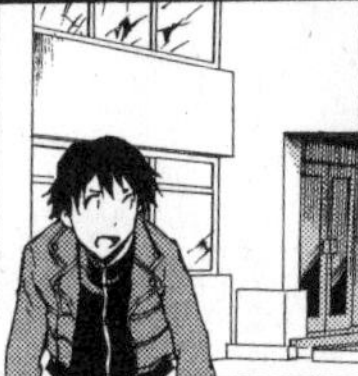
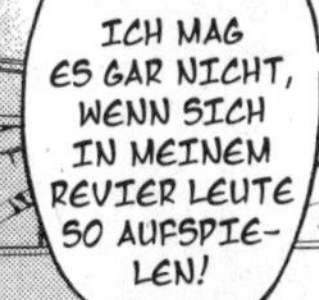
ICH MAG ES GAR NICHT, WENN SICH IN MEINEM REVIER LEUTE SO AUFSPIE-LEN!
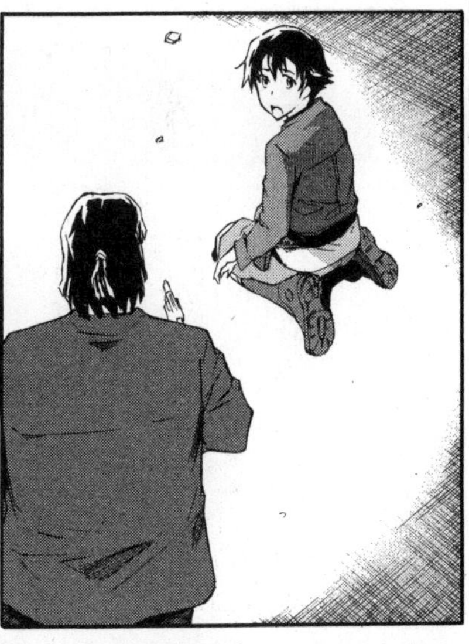
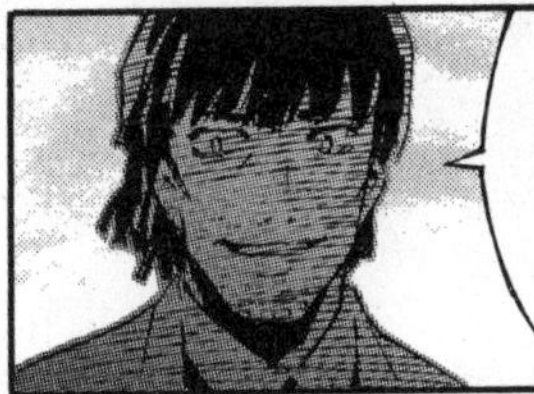
ENDLICH TREFFEN WIR UNS ALSO, NR. 1!
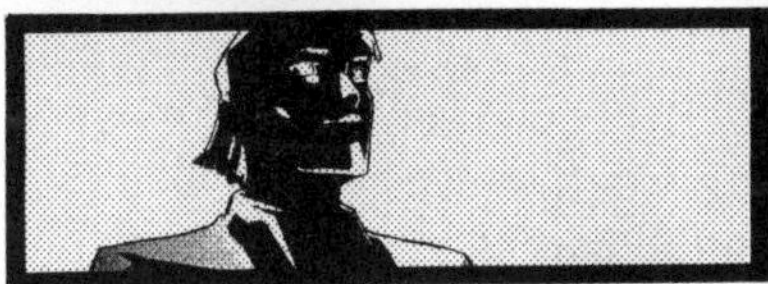
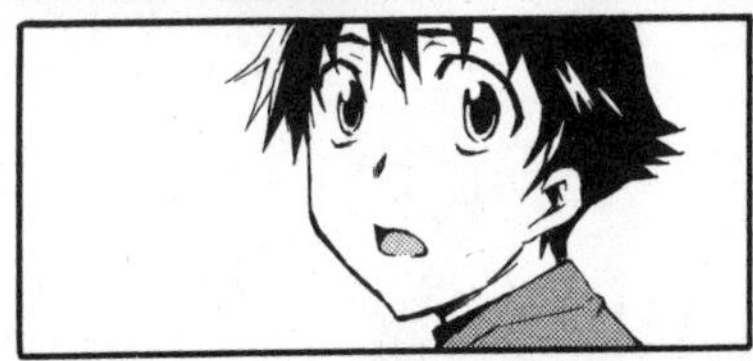

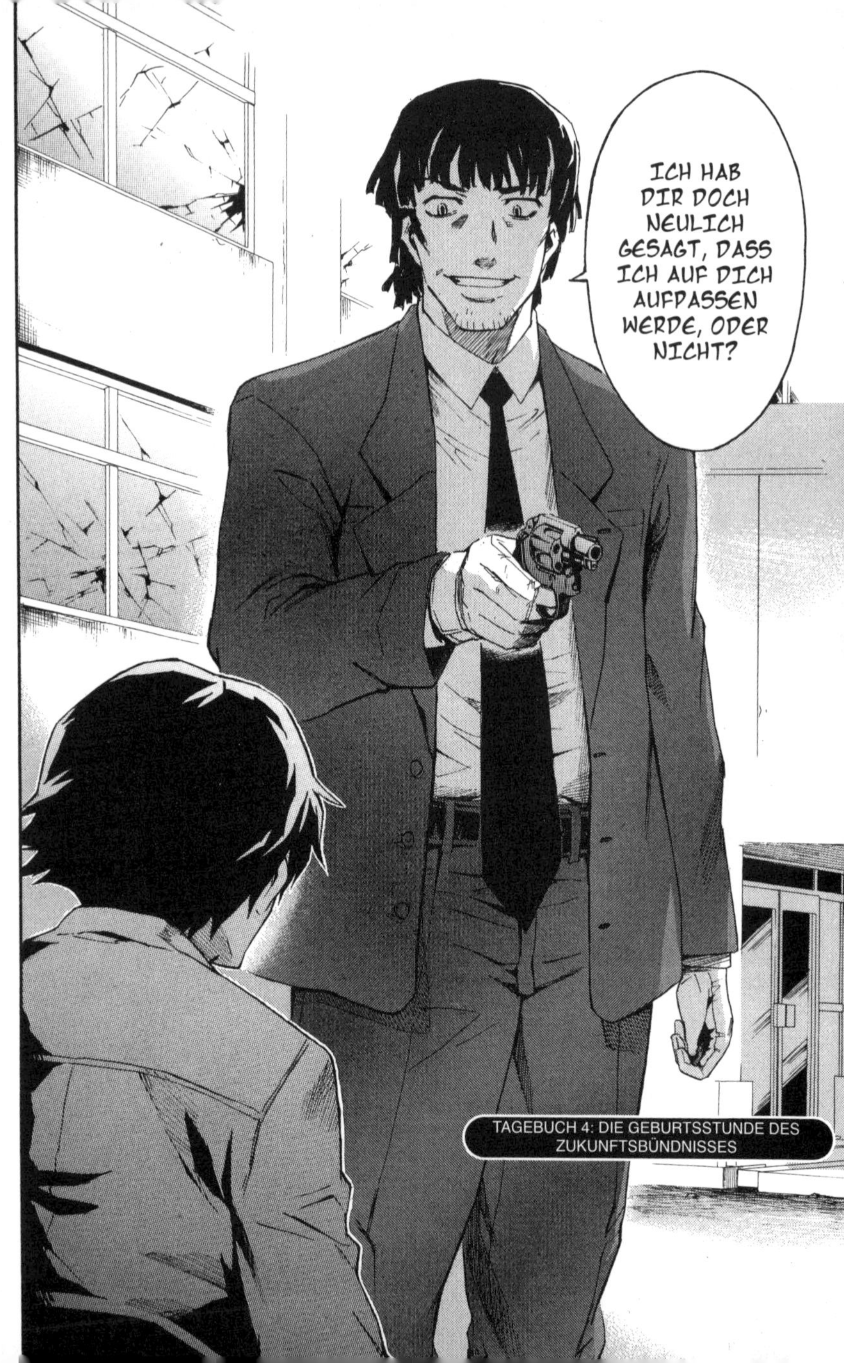
ICH HAB DIR DOCH NEULICH GESAGT, DASS ICH AUF DICH AUFPASSEN WERDE, ODER NICHT?
TAGEBUCH 4: DIE GEBURTSSTUNDE DES ZUKUNFTSBÜNDNISSES

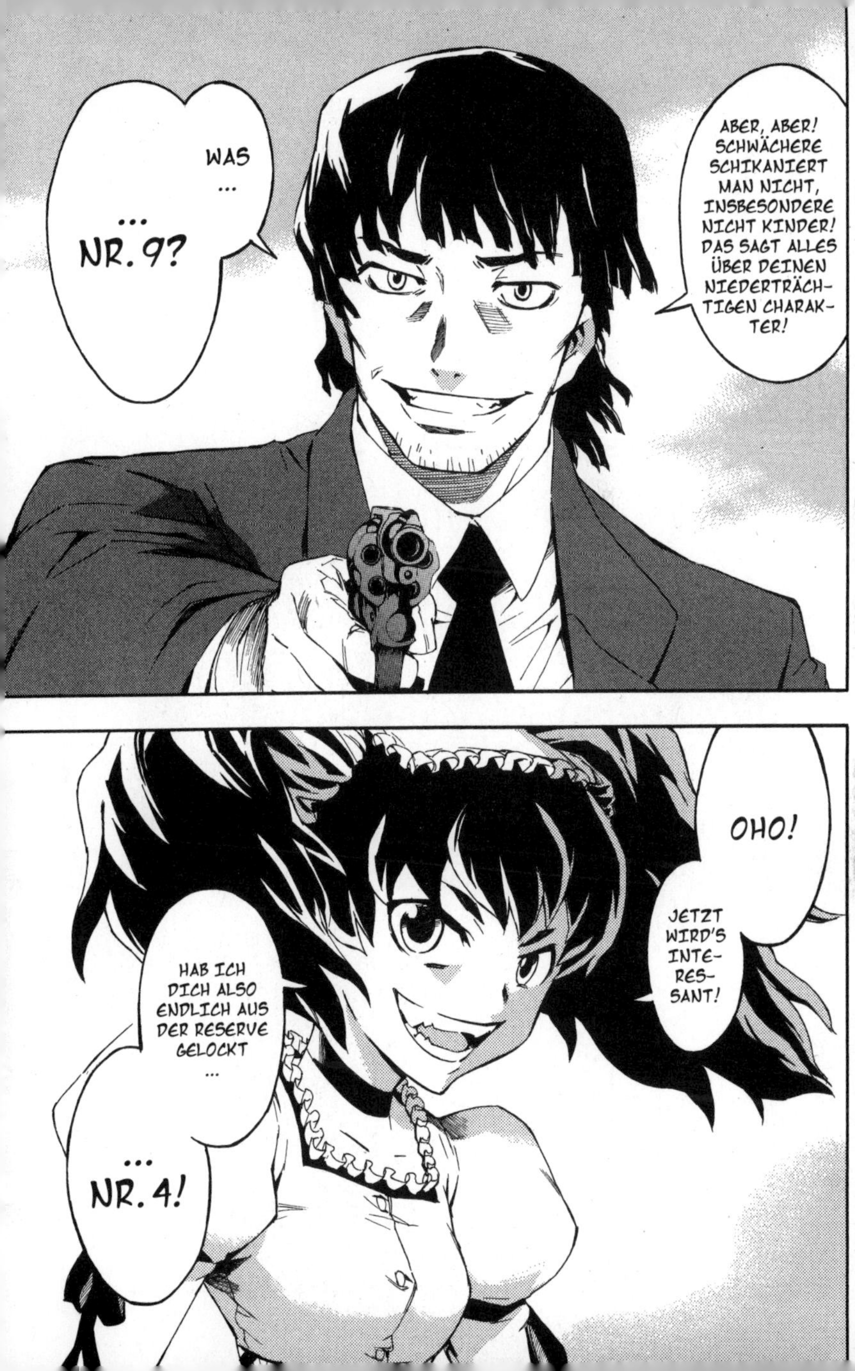

ABER, ABER! SCHWÄCHERE SCHIKANIERT MAN NICHT, INSBESONDERE NICHT KINDER! DAS SAGT ALLES ÜBER DEINEN NIEDERTRÄCHTIGEN CHARAKTER!

WAS ...

... NR. 9?

OHO!

JETZT WIRD'S INTERESSANT!

HAB ICH DICH ALSO ENDLICH AUS DER RESERVE GELOCKT ...

... NR. 4!

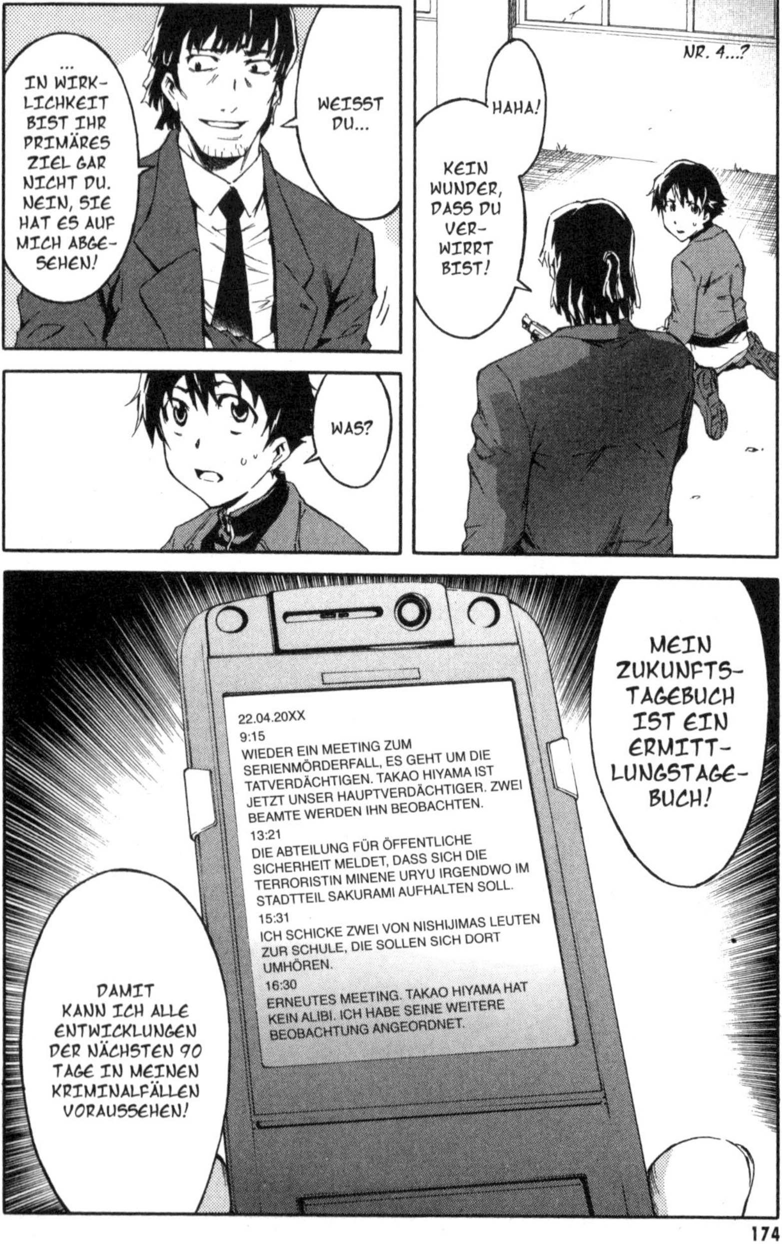

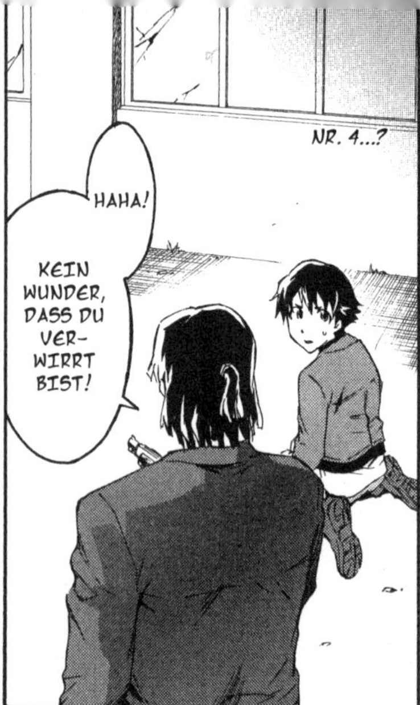


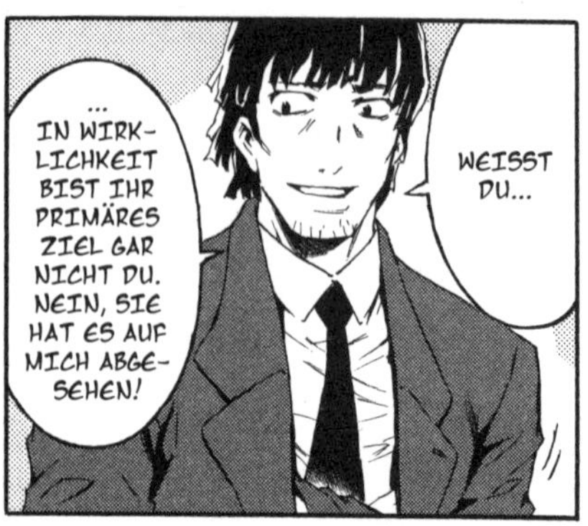


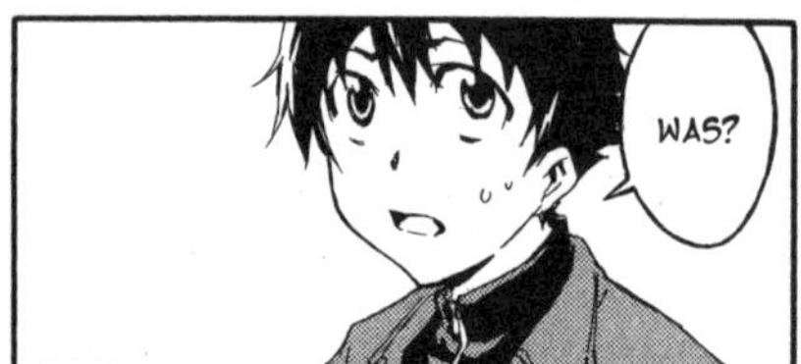


MEIN ZUKUNFTSTAGEBUCH IST EIN ERMITTLUNGSTAGEBUCH!

22.04.20XX

9:15
WIEDER EIN MEETING ZUM SERIENMÖRDERFALL, ES GEHT UM DIE TATVERDÄCHTIGEN. TAKAO HIYAMA IST JETZT UNSER HAUPTVERDÄCHTIGER. ZWEI BEAMTE WERDEN IHN BEOBACHTEN.

13:21
DIE ABTEILUNG FÜR ÖFFENTLICHE SICHERHEIT MELDET, DASS SICH DIE TERRORISTIN MINENE URYU IRGENDWO IM STADTTEIL SAKURAMI AUFHALTEN SOLL.

15:31
ICH SCHICKE ZWEI VON NISHIJIMAS LEUTEN ZUR SCHULE, DIE SOLLEN SICH DORT UMHÖREN.

16:30
ERNEUTES MEETING. TAKAO HIYAMA HAT KEIN ALIBI. ICH HABE SEINE WEITERE BEOBACHTUNG ANGEORDNET.

DAMIT KANN ICH ALLE ENTWICKLUNGEN DER NÄCHSTEN 90 TAGE IN MEINEN KRIMINALFÄLLEN VORAUSSEHEN!

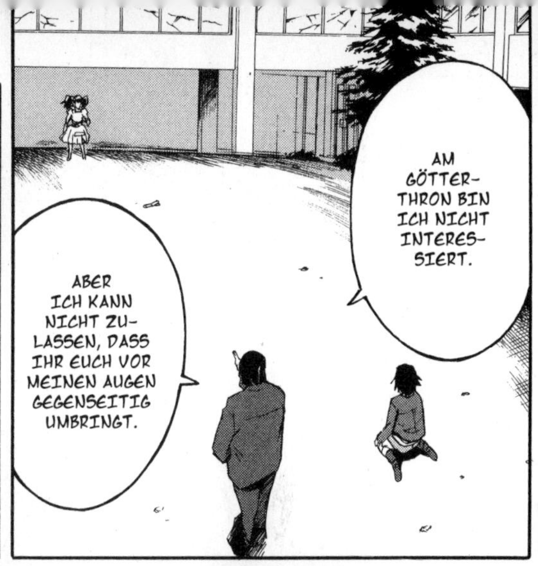
AM GÖTTER-THRON BIN ICH NICHT INTERES-SIERT.
ABER ICH KANN NICHT ZU-LASSEN, DASS IHR EUCH VOR MEINEN AUGEN GEGENSEITIG UMBRINGT.

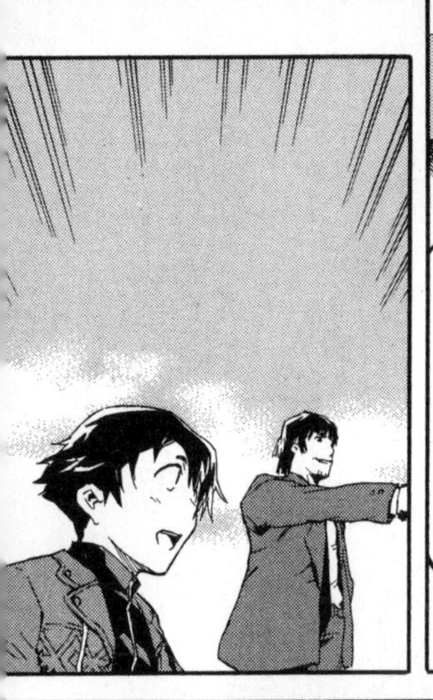

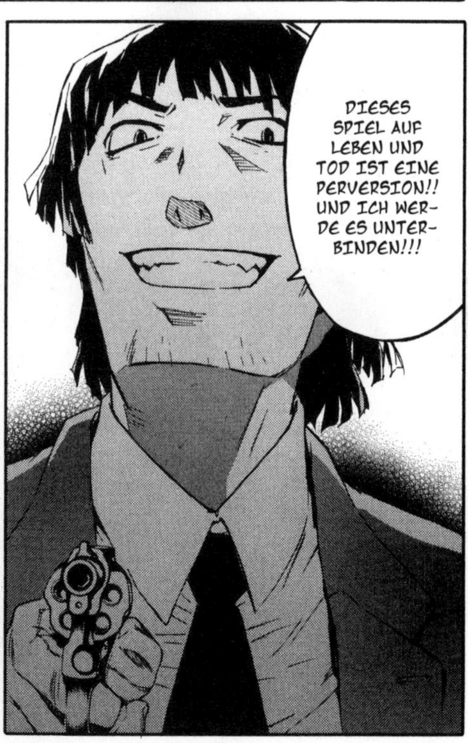
DIESES SPIEL AUF LEBEN UND TOD IST EINE PERVERSION!! UND ICH WER-DE ES UNTER-BINDEN!!!

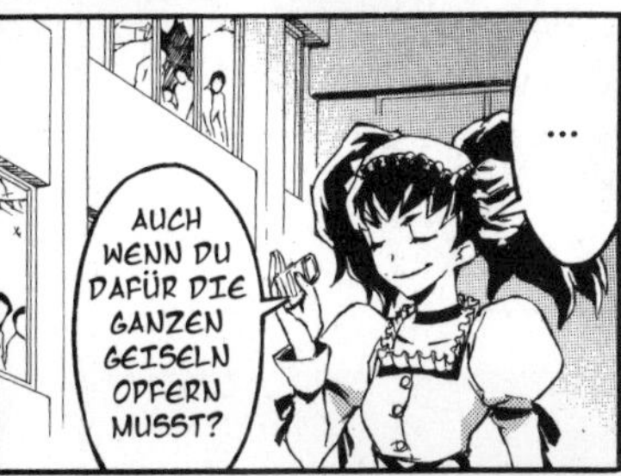
...
AUCH WENN DU DAFÜR DIE GANZEN GEISELN OPFERN MUSST?

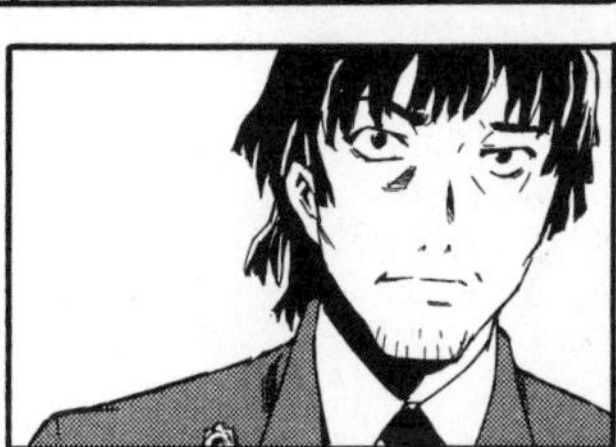

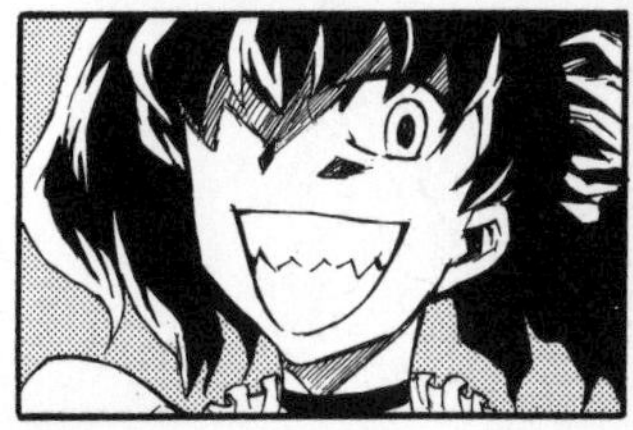

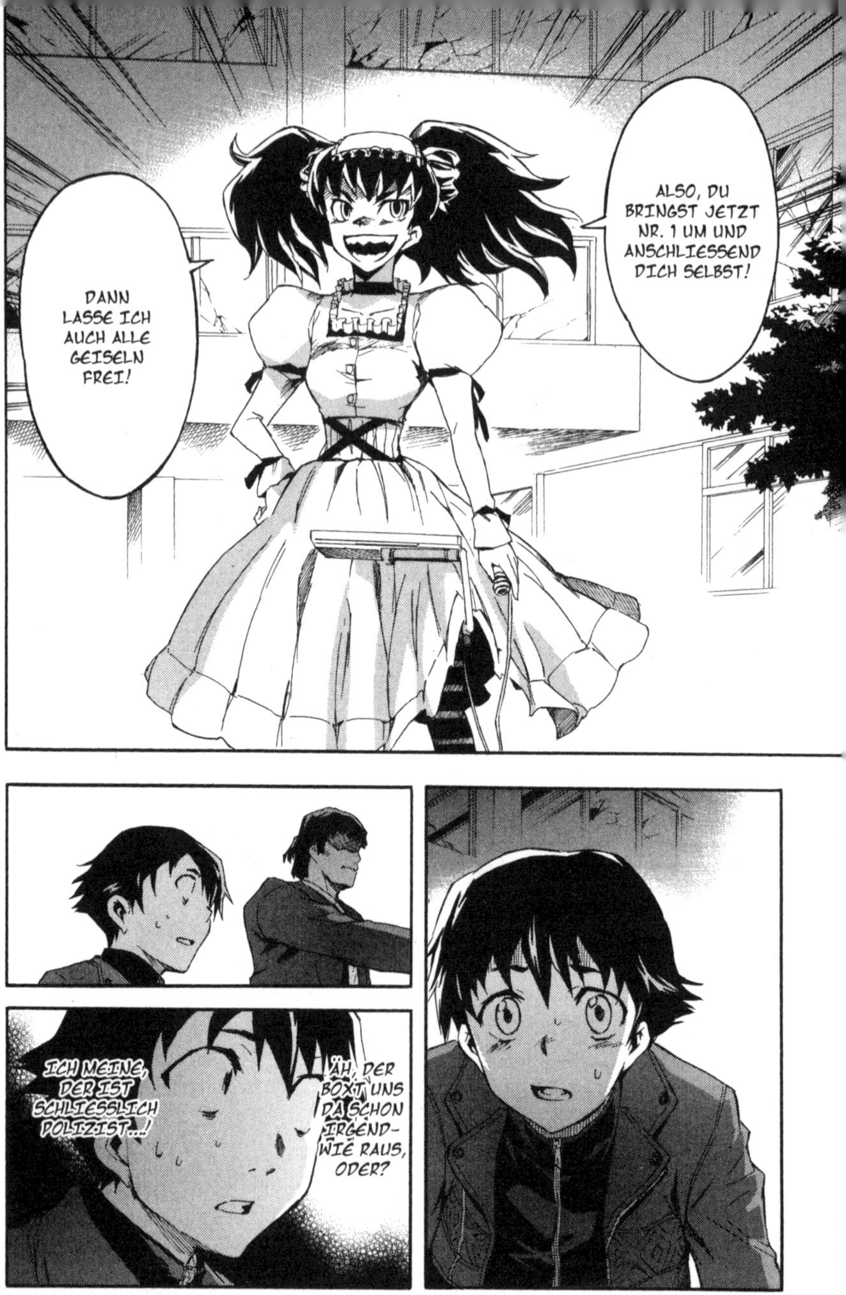

ALSO, DU BRINGST JETZT NR. 1 UM UND ANSCHLIESSEND DICH SELBST!

DANN LASSE ICH AUCH ALLE GEISELN FREI!

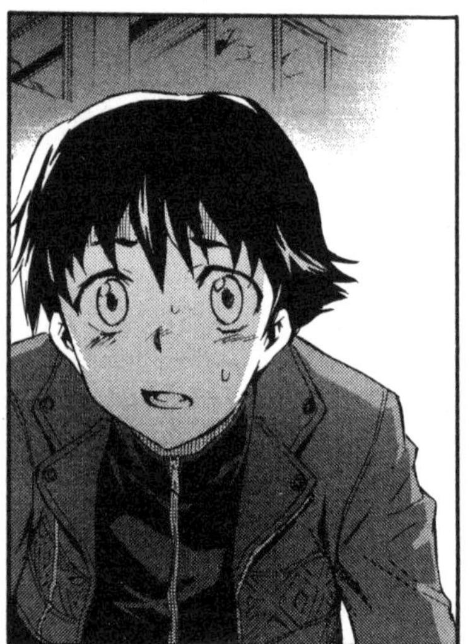

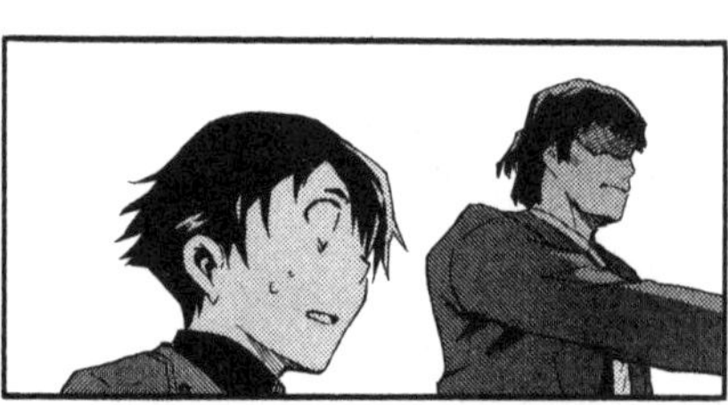

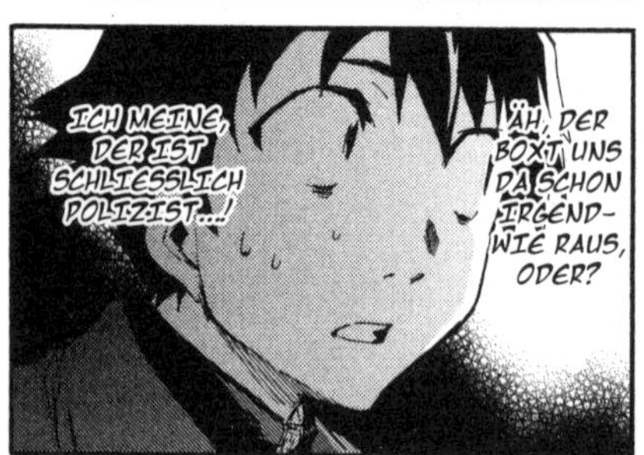

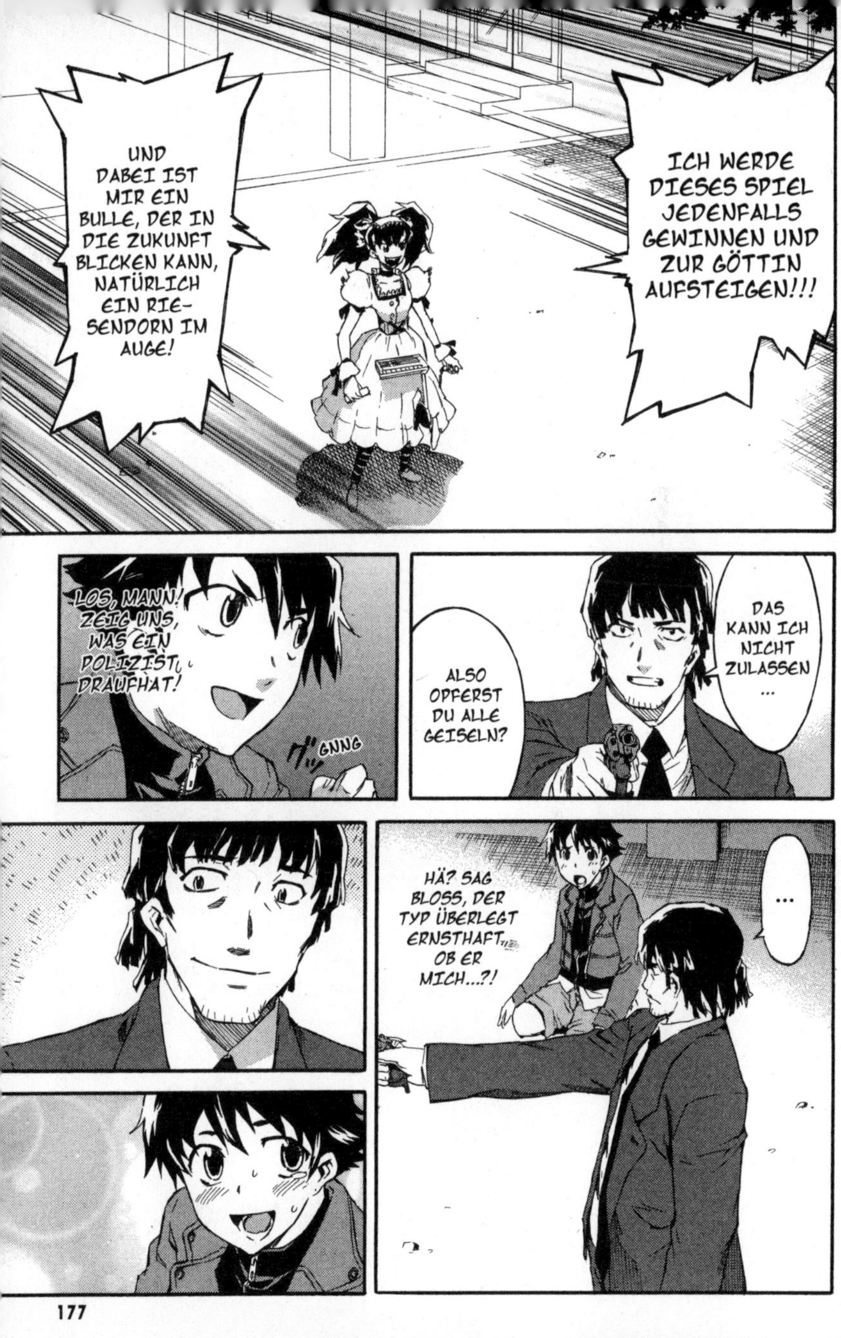

ICH WERDE DIESES SPIEL JEDENFALLS GEWINNEN UND ZUR GÖTTIN AUFSTEIGEN!!!

UND DABEI IST MIR EIN BULLE, DER IN DIE ZUKUNFT BLICKEN KANN, NATÜRLICH EIN RIESENDORN IM AUGE!

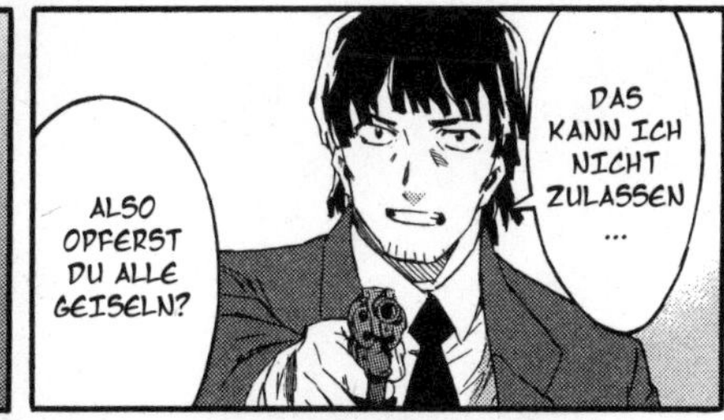


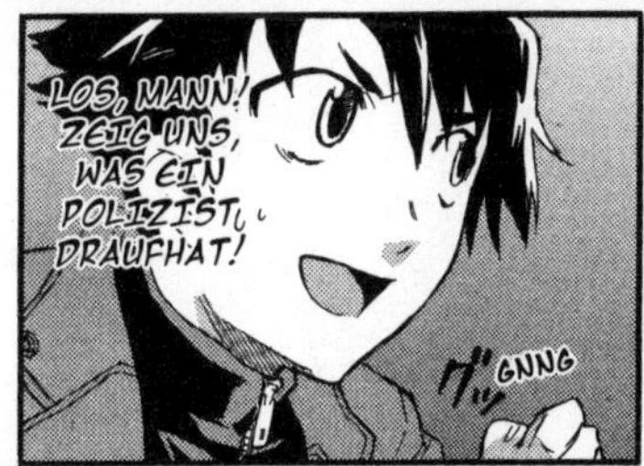


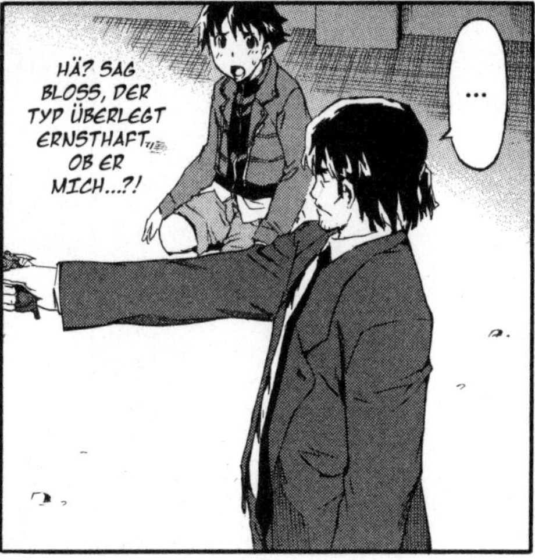


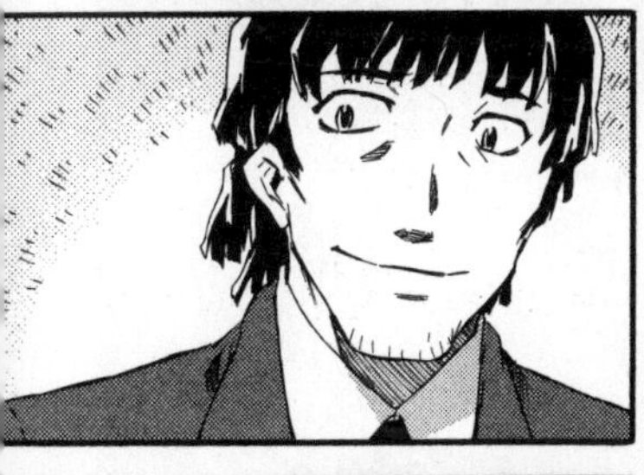

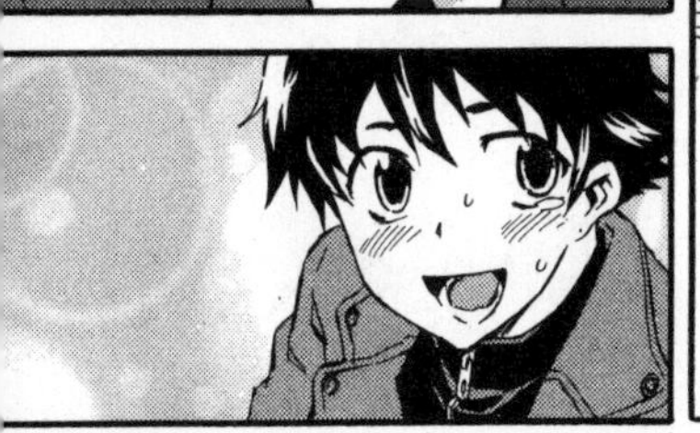

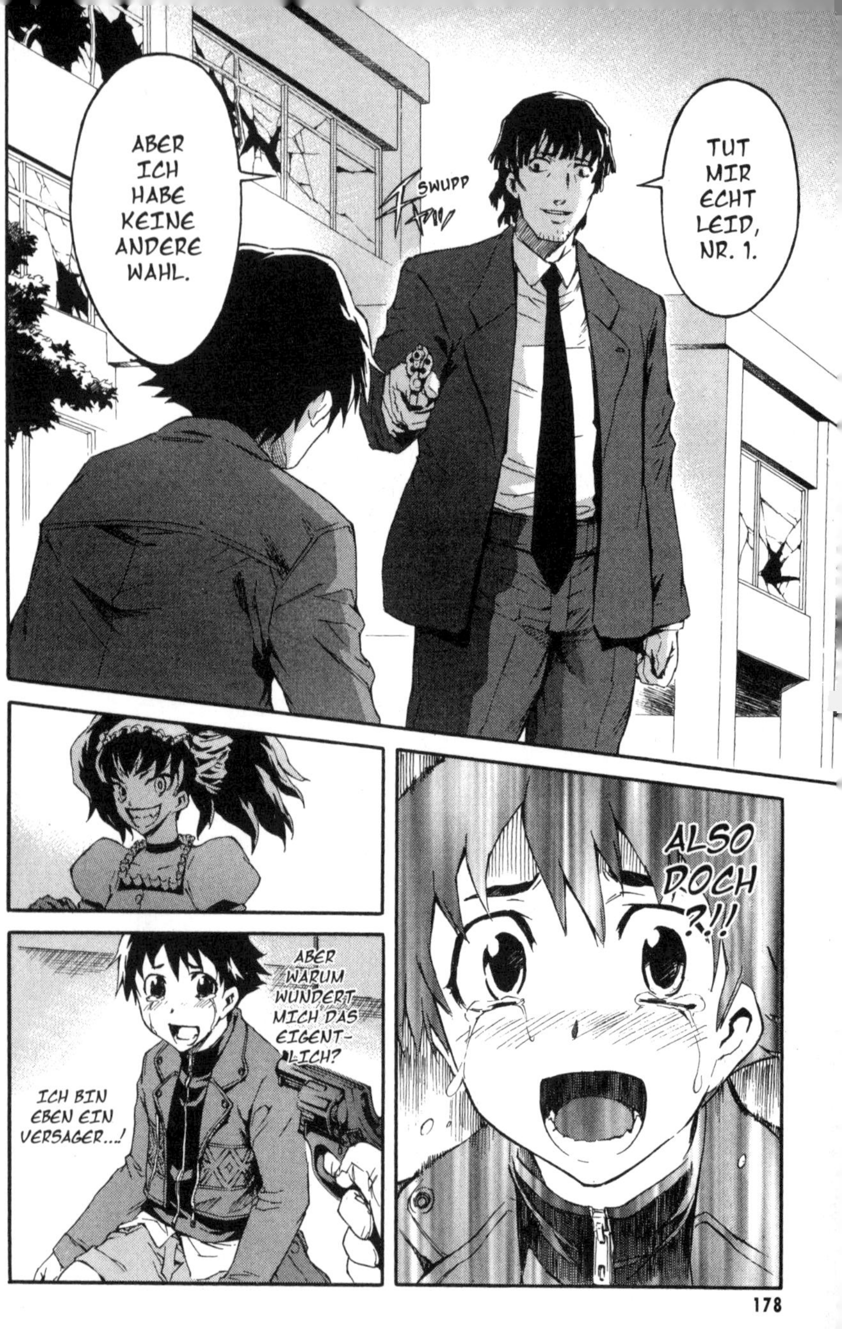

TUT MIR ECHT LEID, NR. 1.

SWUPP

ABER ICH HABE KEINE ANDERE WAHL.

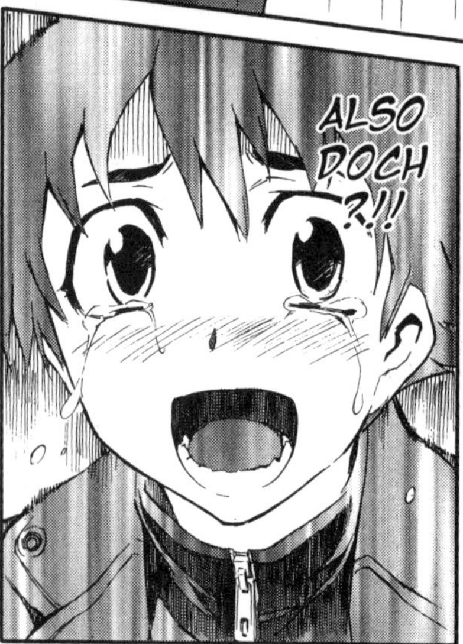


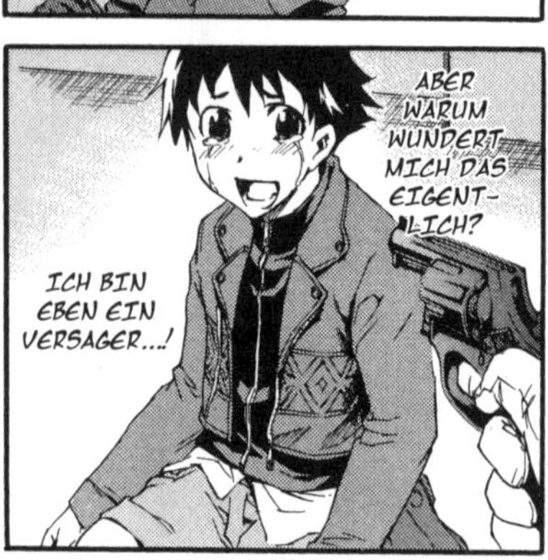

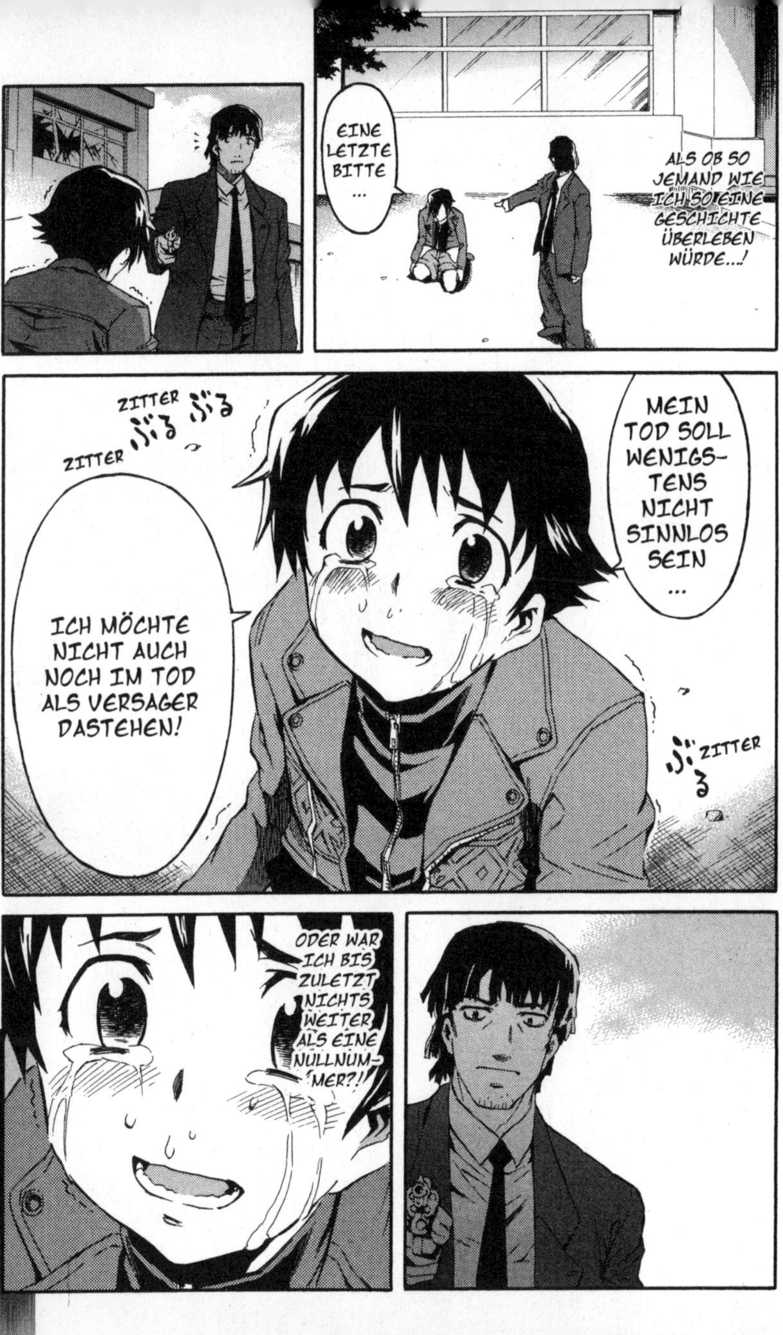

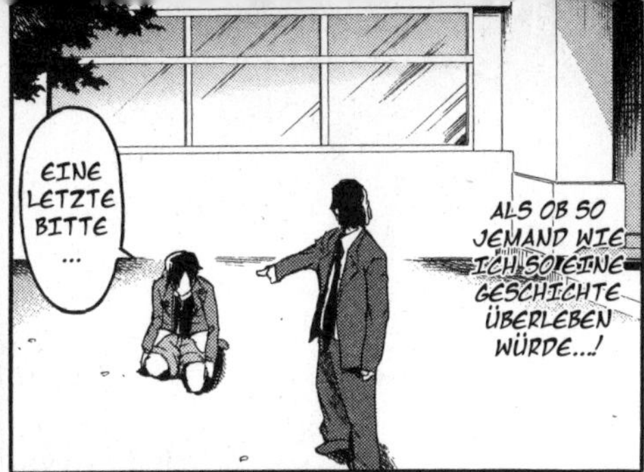


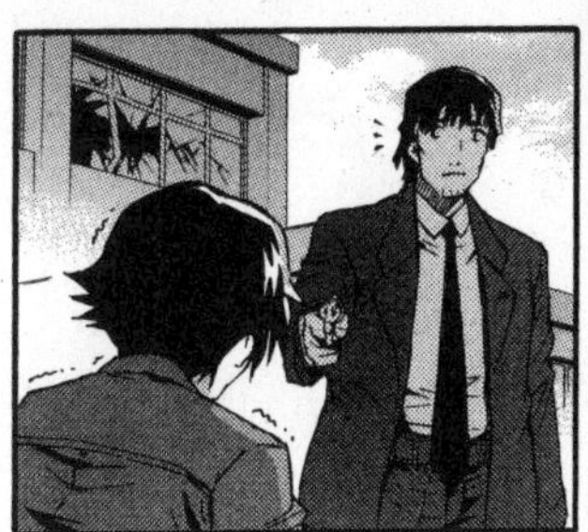

MEIN TOD SOLL WENIGSTENS NICHT SINNLOS SEIN ...

ZITTER ぶる ZITTER ぶる

ICH MÖCHTE NICHT AUCH NOCH IM TOD ALS VERSAGER DASTEHEN!

ぶる ZITTER

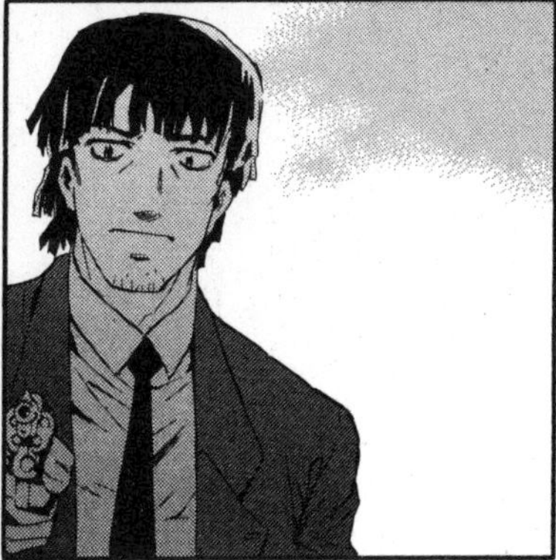

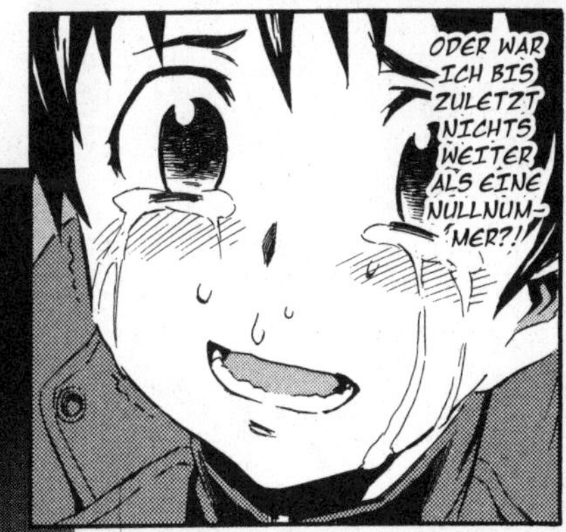

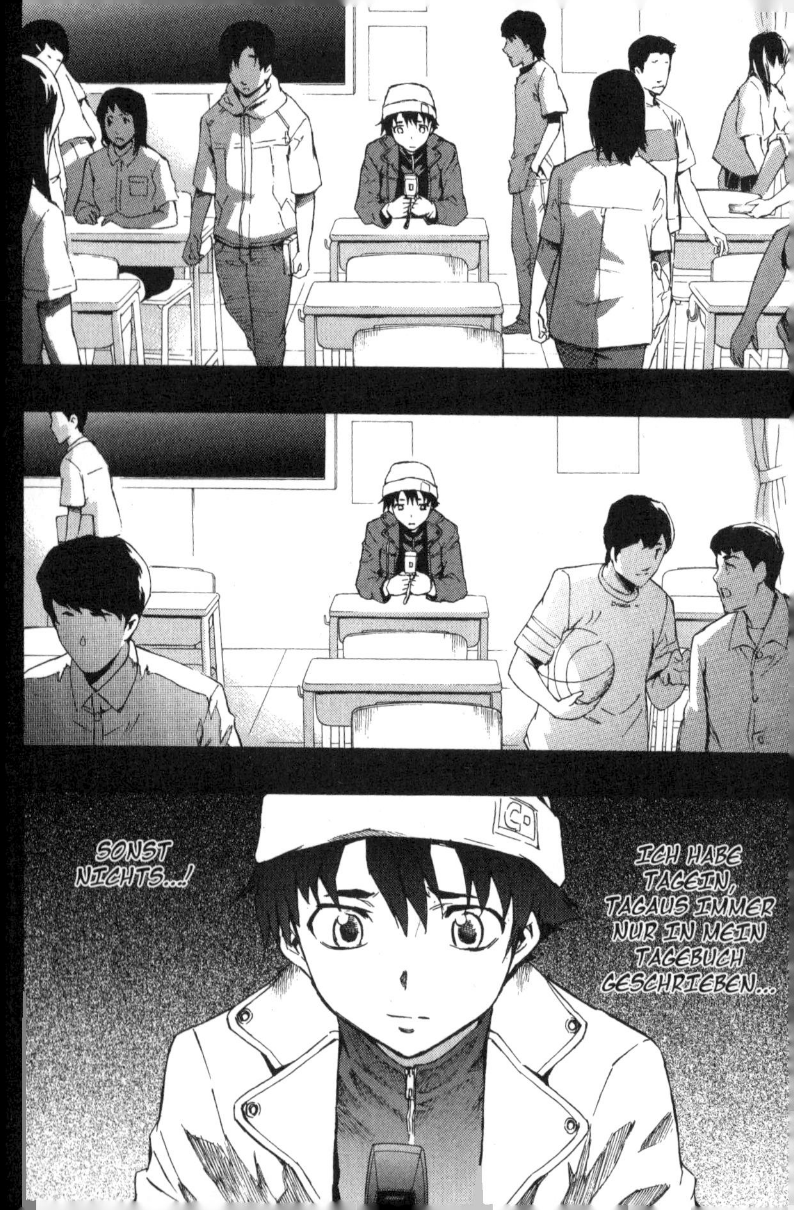
ICH HABE
TAGEIN,
TAGAUS IMMER
NUR IN MEIN
TAGEBUCH
GESCHRIEBEN...
SONST
NICHTS...!

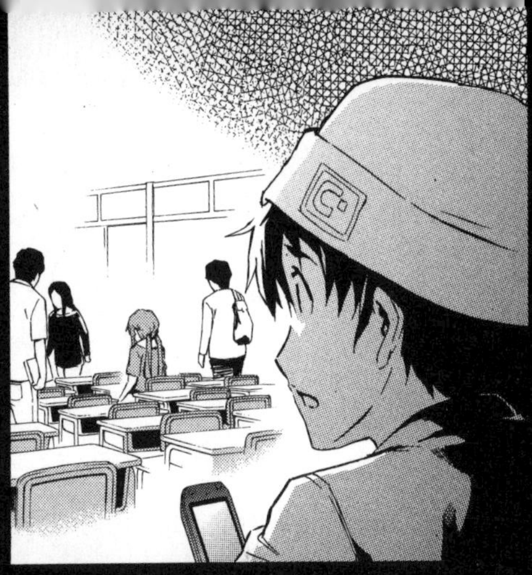

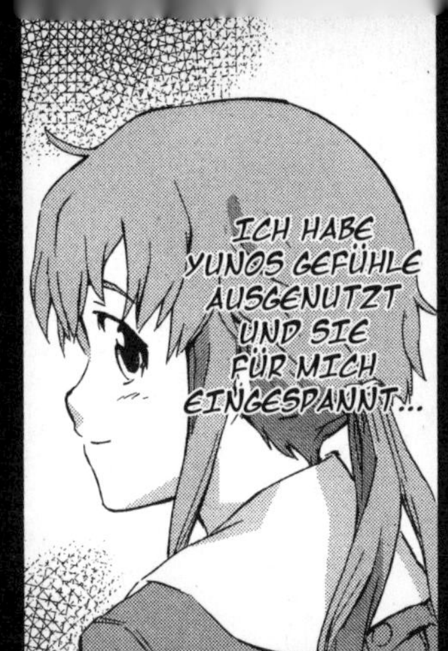
ICH HABE YUNOS GEFÜHLE AUSGENUTZT UND SIE FÜR MICH EINGESPANNT...

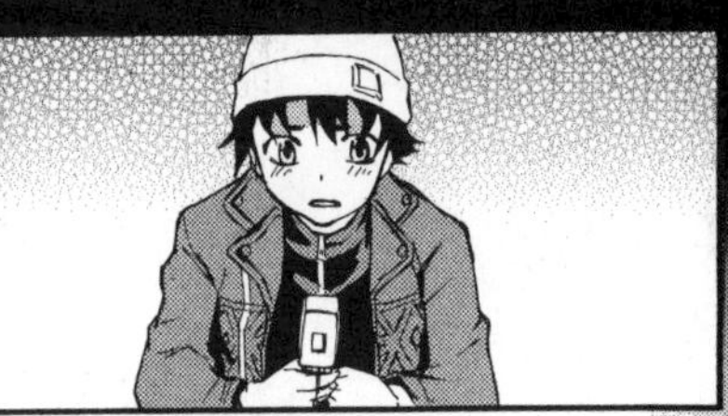

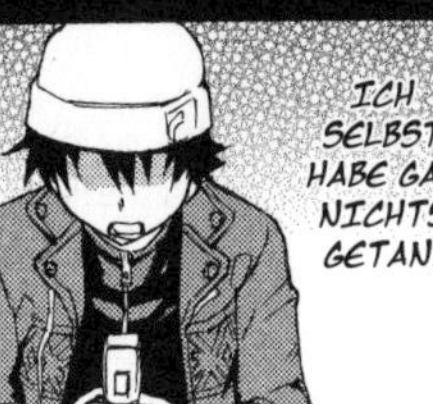
ICH SELBST HABE GAR NICHTS GETAN.
DA IST ES NUR GERECHT, WENN ICH JETZT AUSGE-LÖSCHT WERDE...

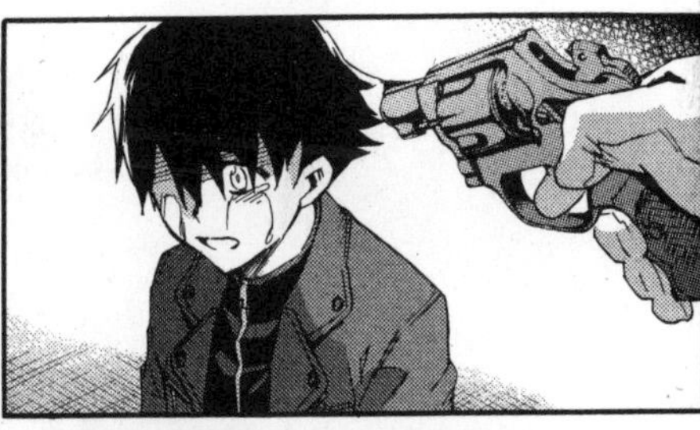

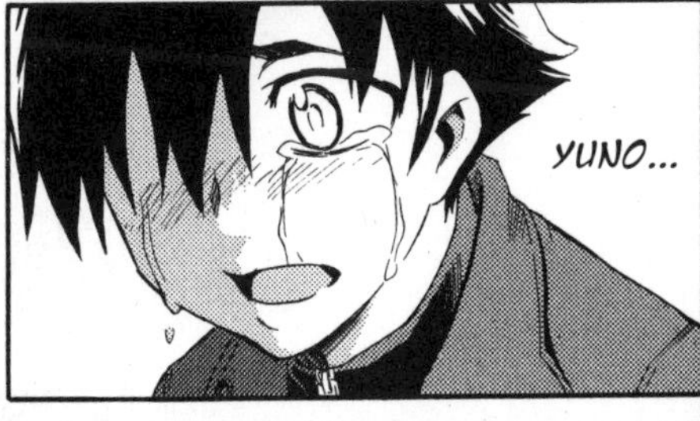
YUNO...

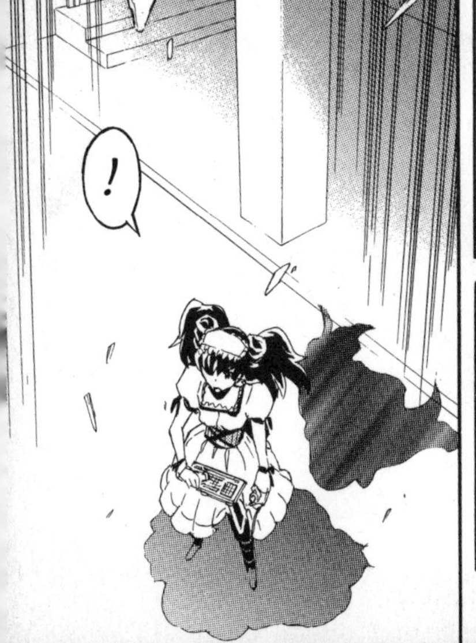
!

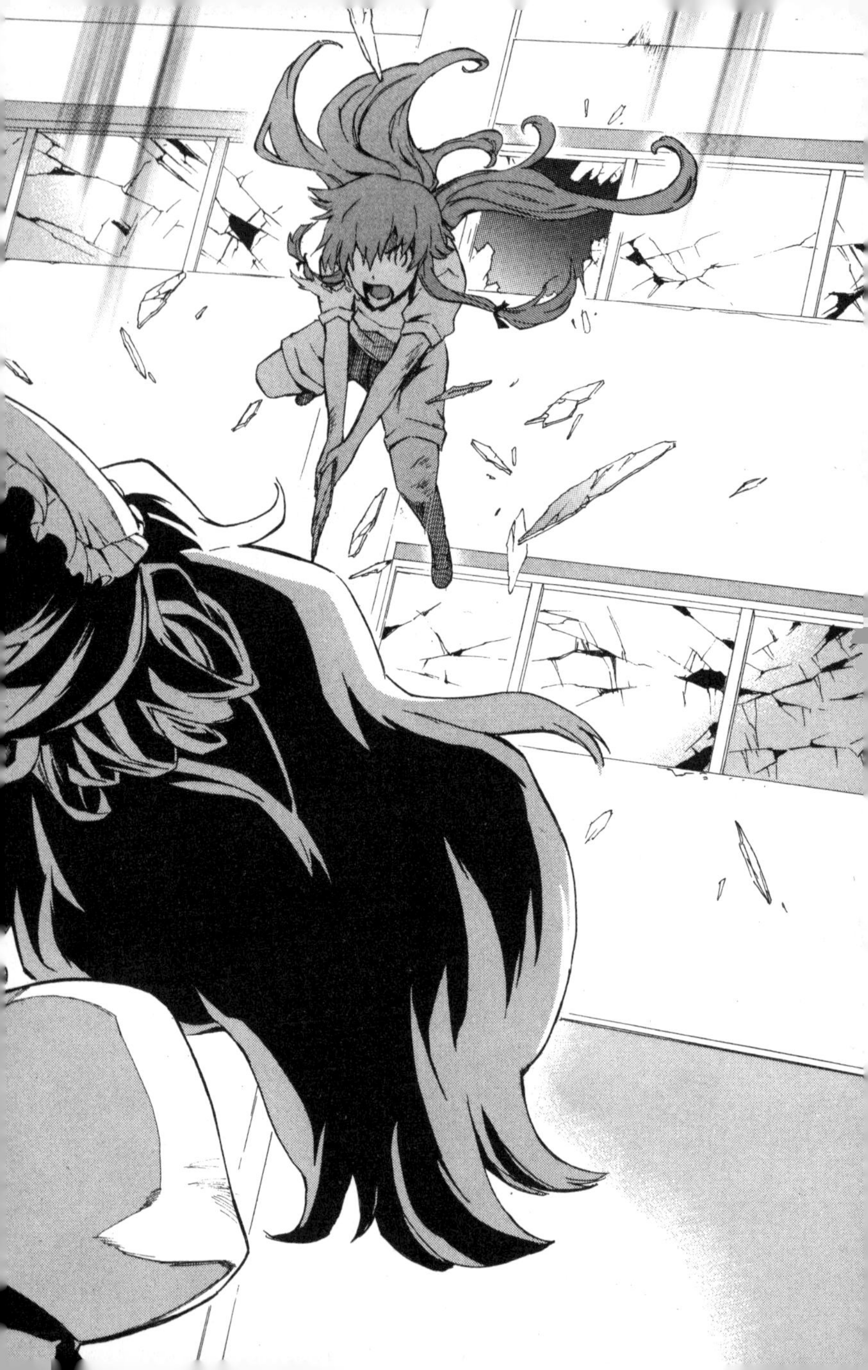

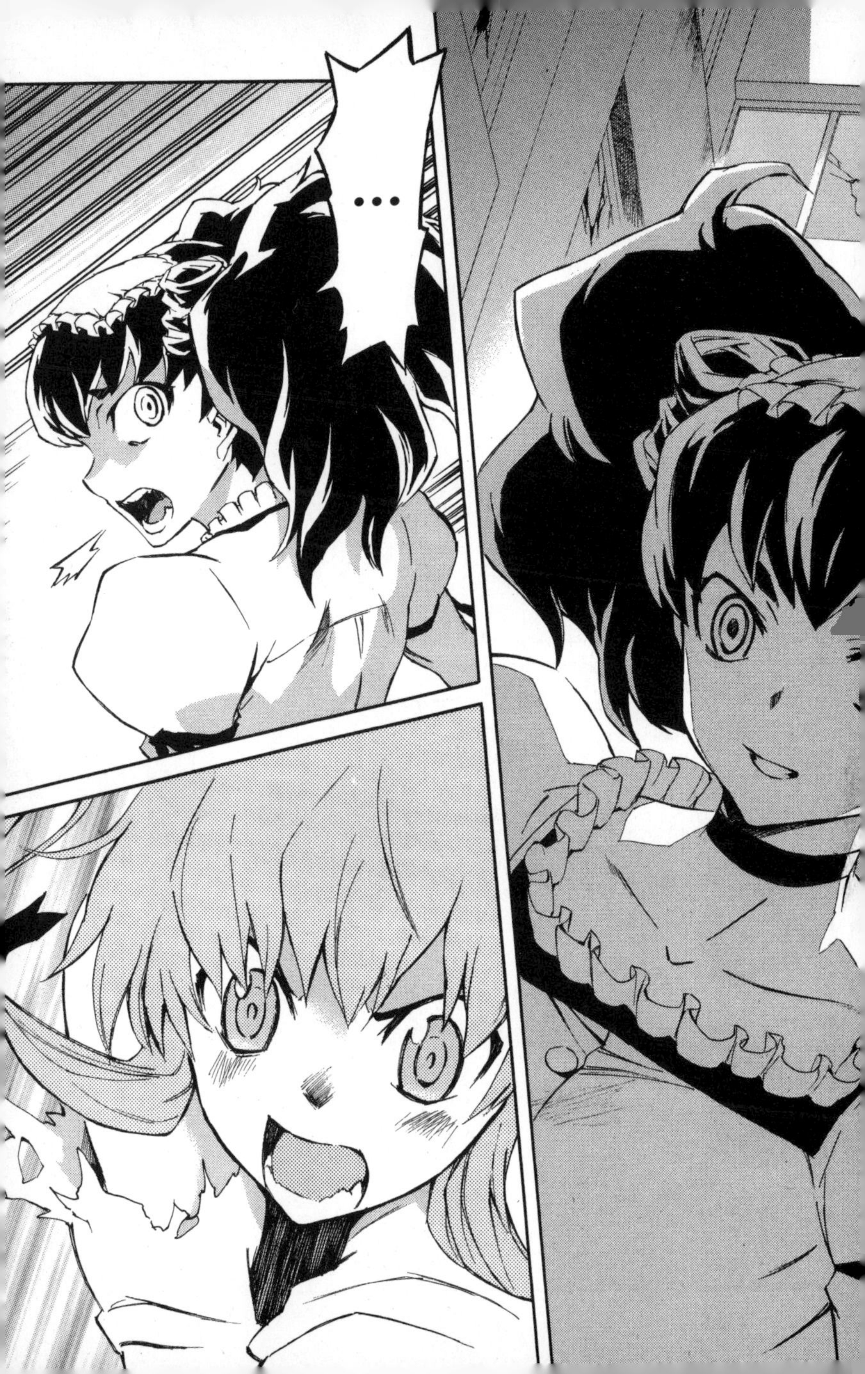

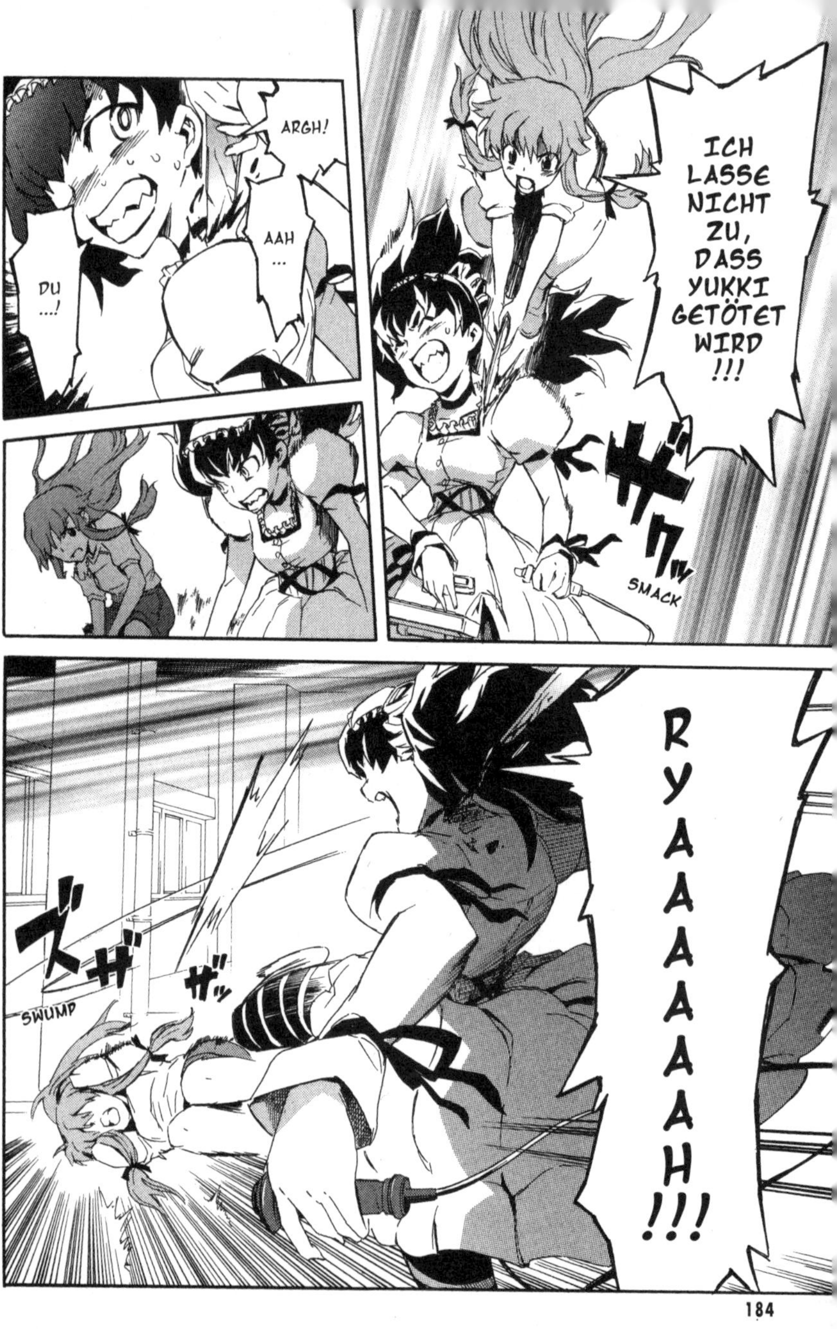

ICH LASSE NICHT ZU, DASS YUKKI GETÖTET WIRD!!!
ARGH!
AAH ...
DU ...!
SMACK
RYAAAAAAAH!!!
SWUMP

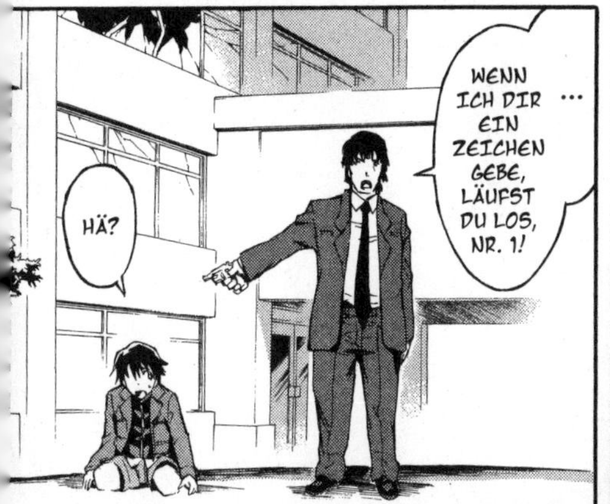
WENN ICH DIR EIN ZEICHEN GEBE, LÄUFST DU LOS, NR. 1!
…
HÄ?

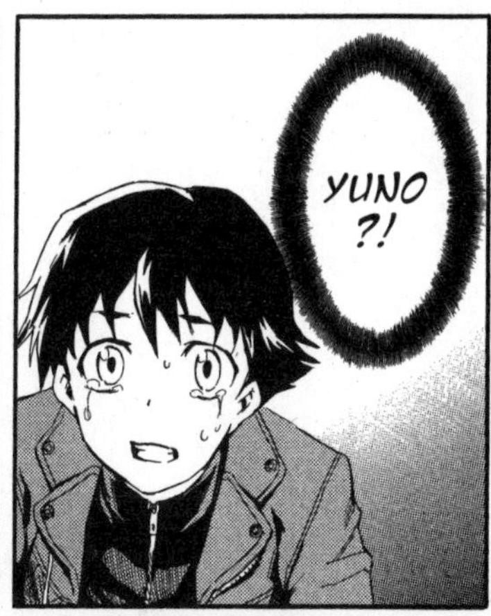
YUNO ?!

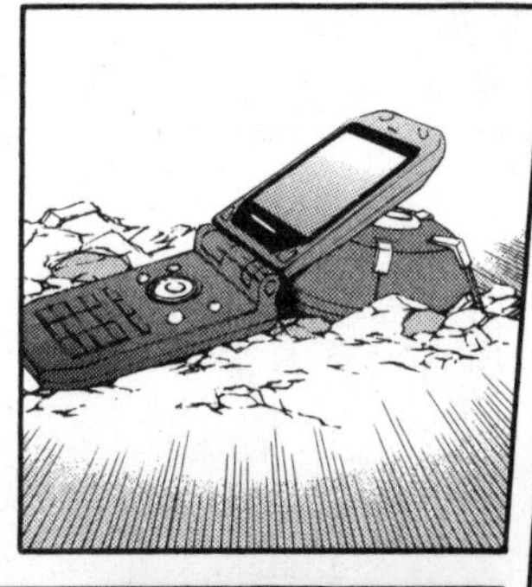

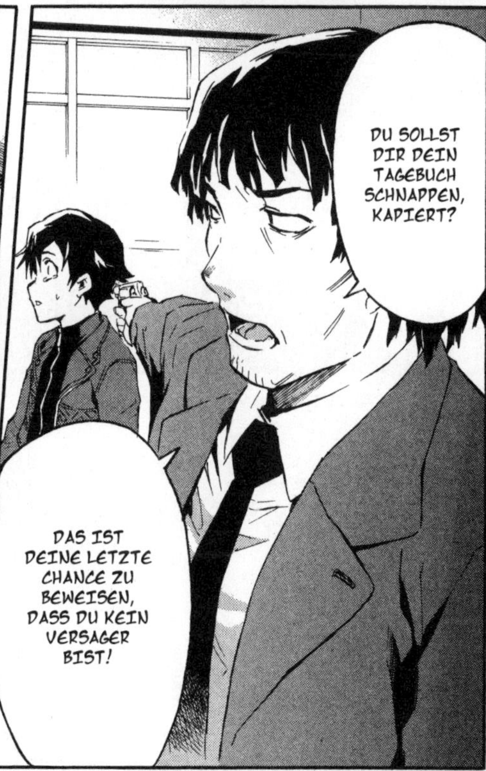
DU SOLLST DIR DEIN TAGEBUCH SCHNAPPEN, KAPIERT?
DAS IST DEINE LETZTE CHANCE ZU BEWEISEN, DASS DU KEIN VERSAGER BIST!

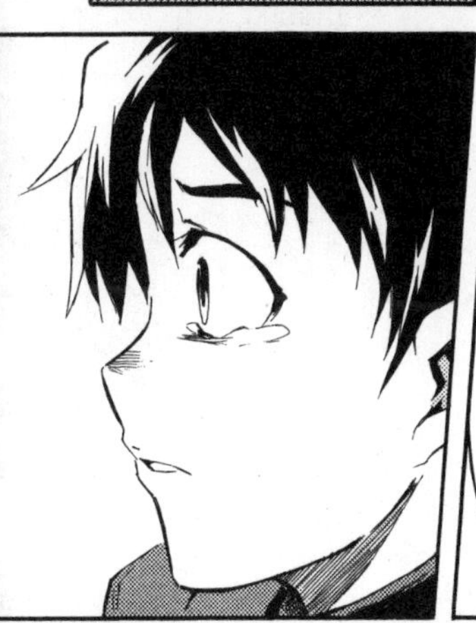

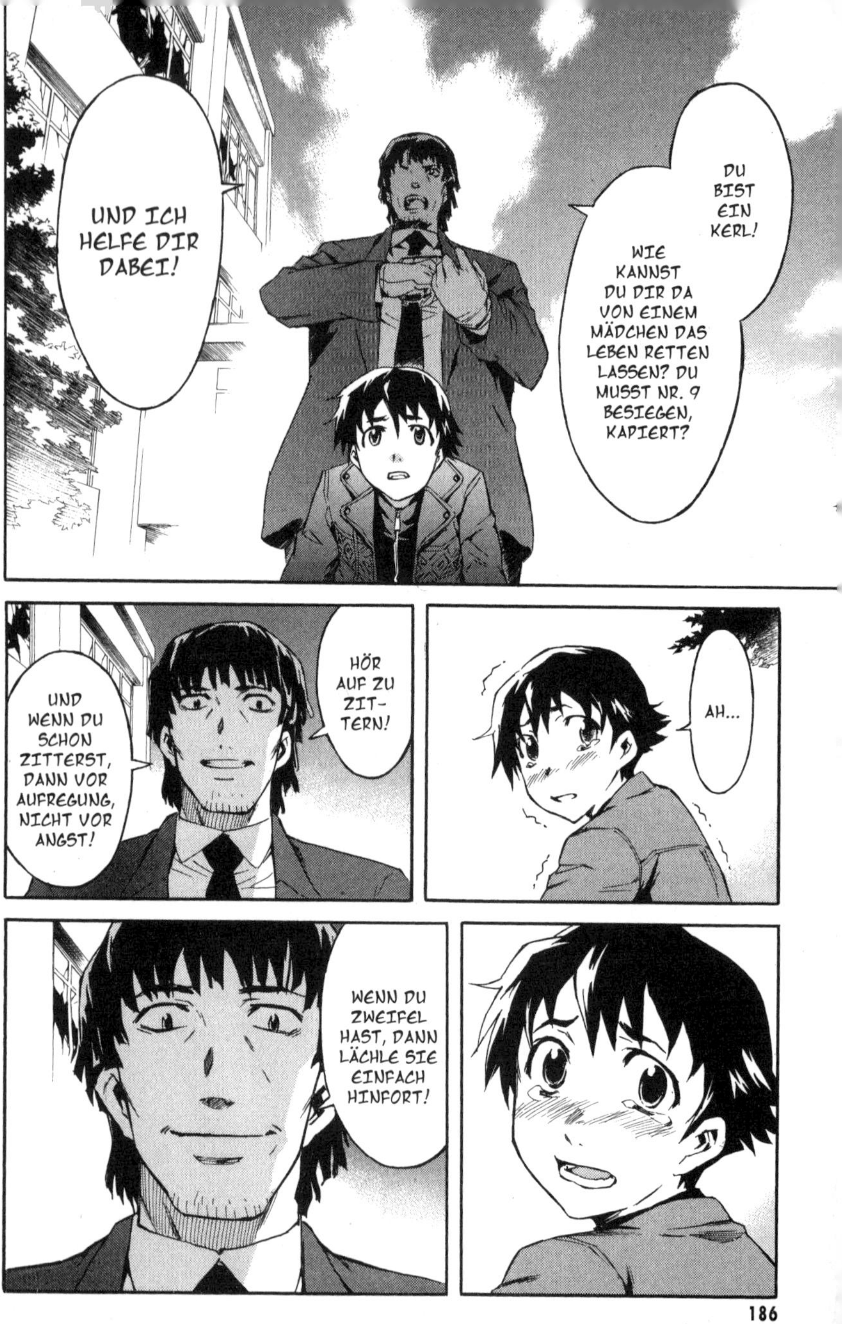

DU BIST EIN KERL!
WIE KANNST DU DIR DA VON EINEM MÄDCHEN DAS LEBEN RETTEN LASSEN? DU MUSST NR. 9 BESIEGEN, KAPIERT?
UND ICH HELFE DIR DABEI!

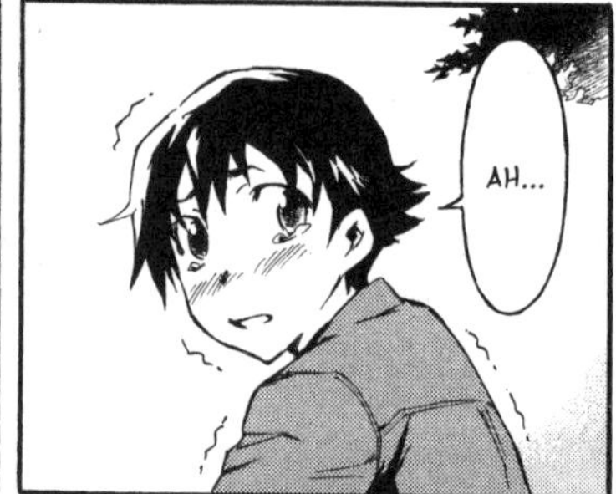


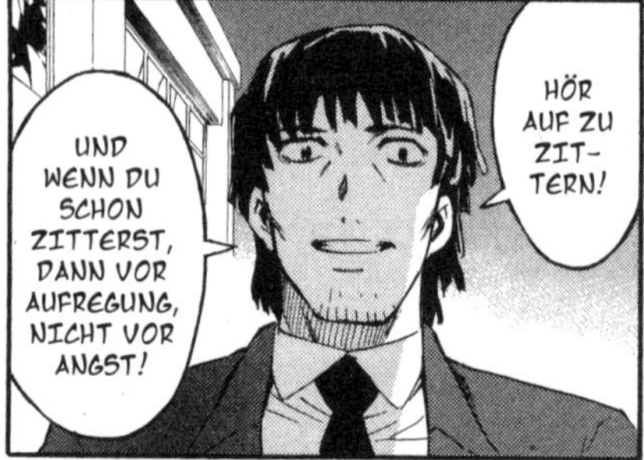


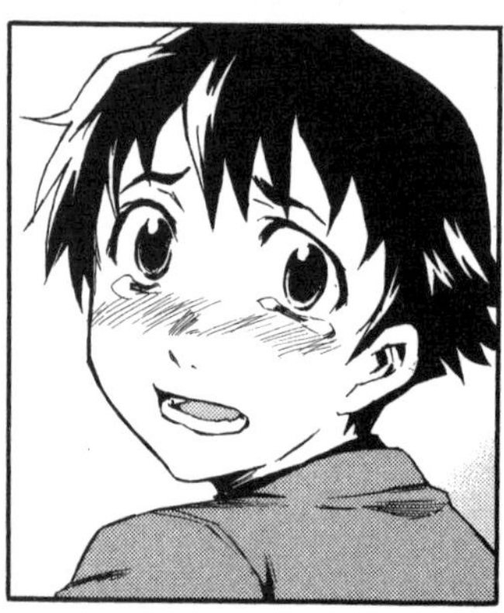

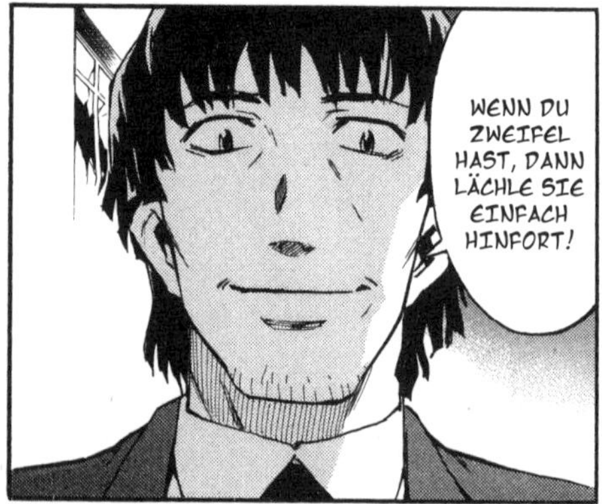

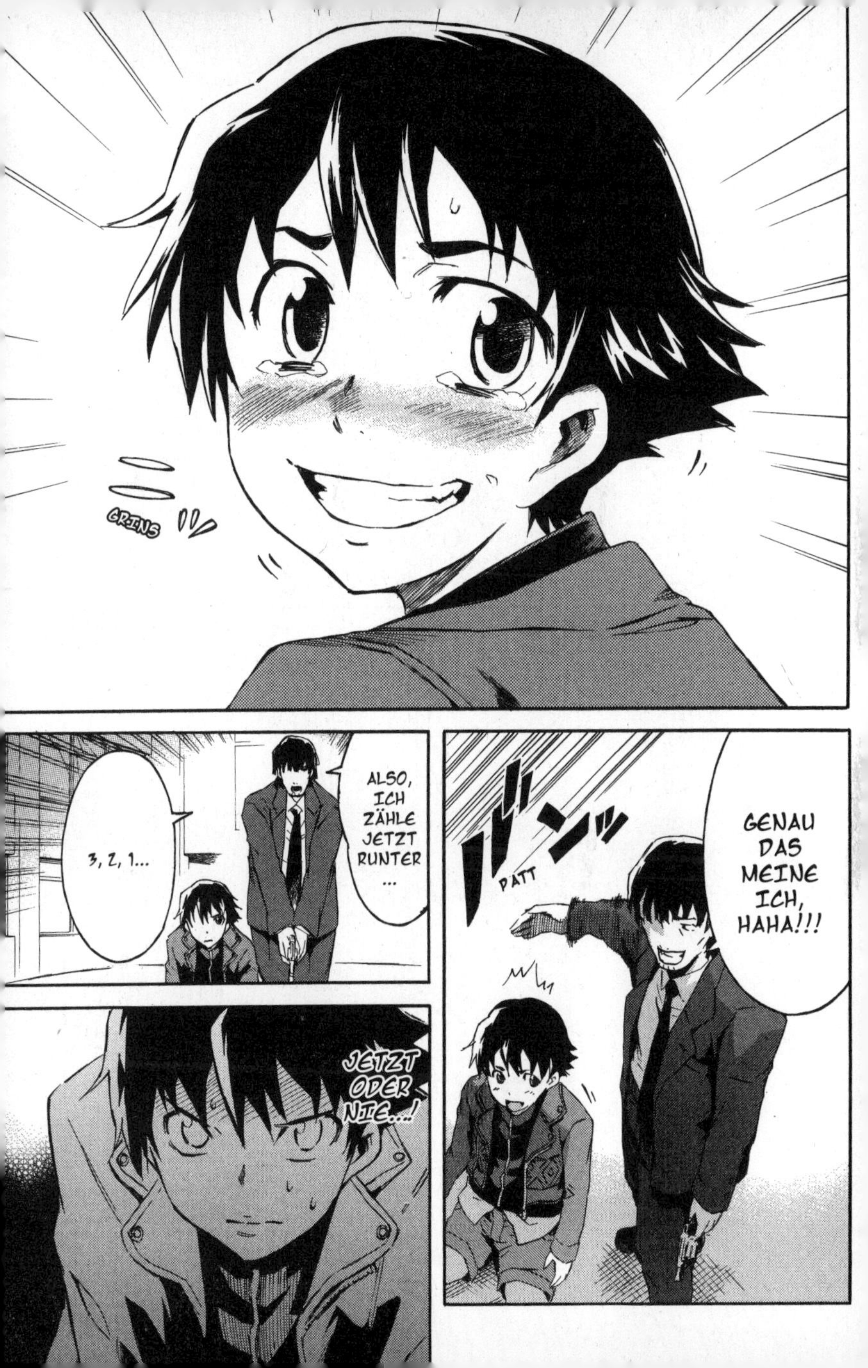

GRINS

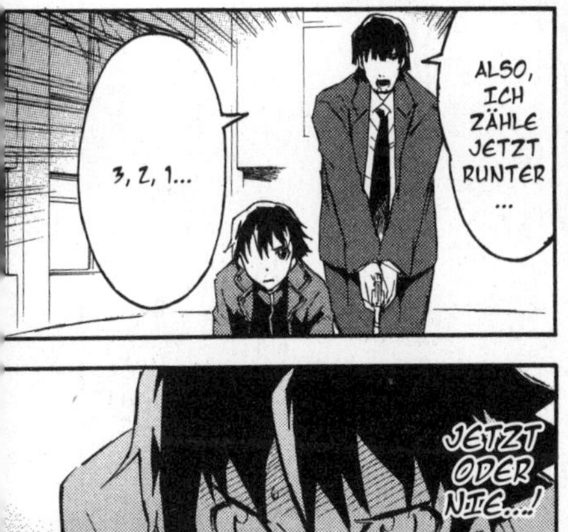
ALSO, ICH ZÄHLE JETZT RUNTER ...
3, 2, 1...

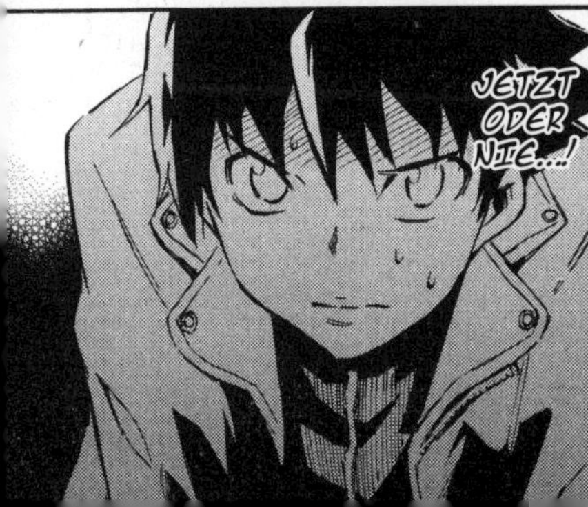
JETZT ODER NIE...!

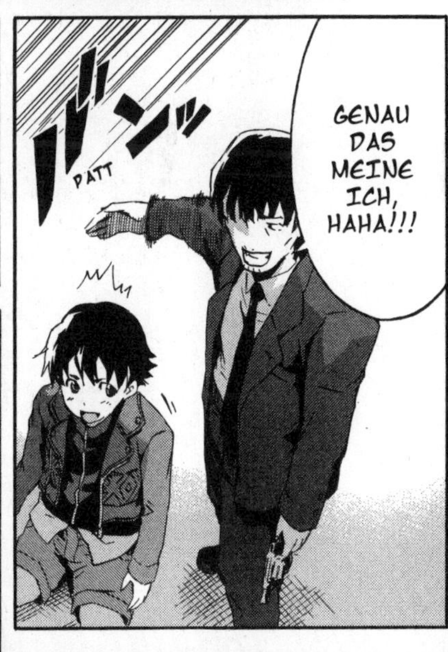
PATT
GENAU DAS MEINE ICH, HAHA!!!

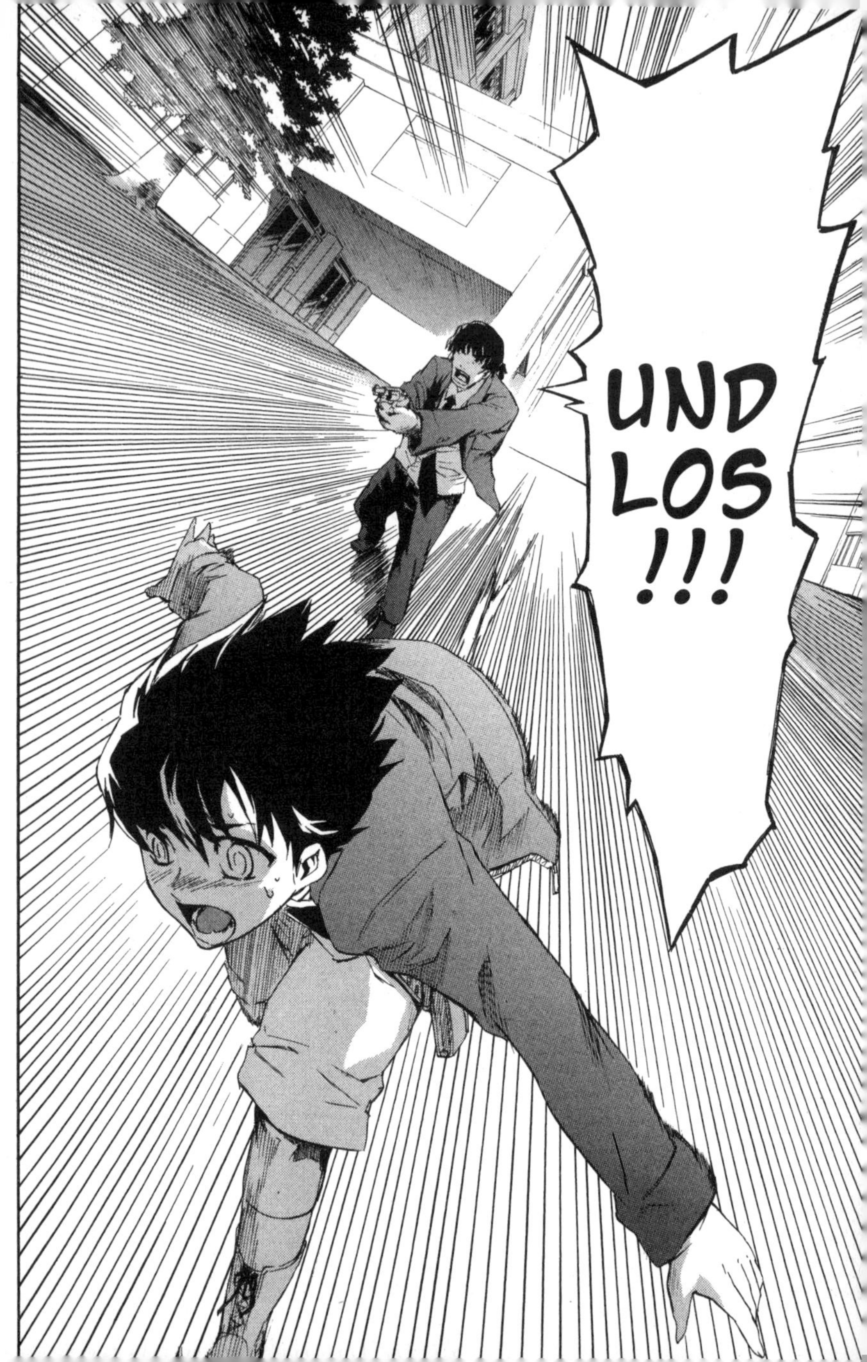
UND LOS !!!

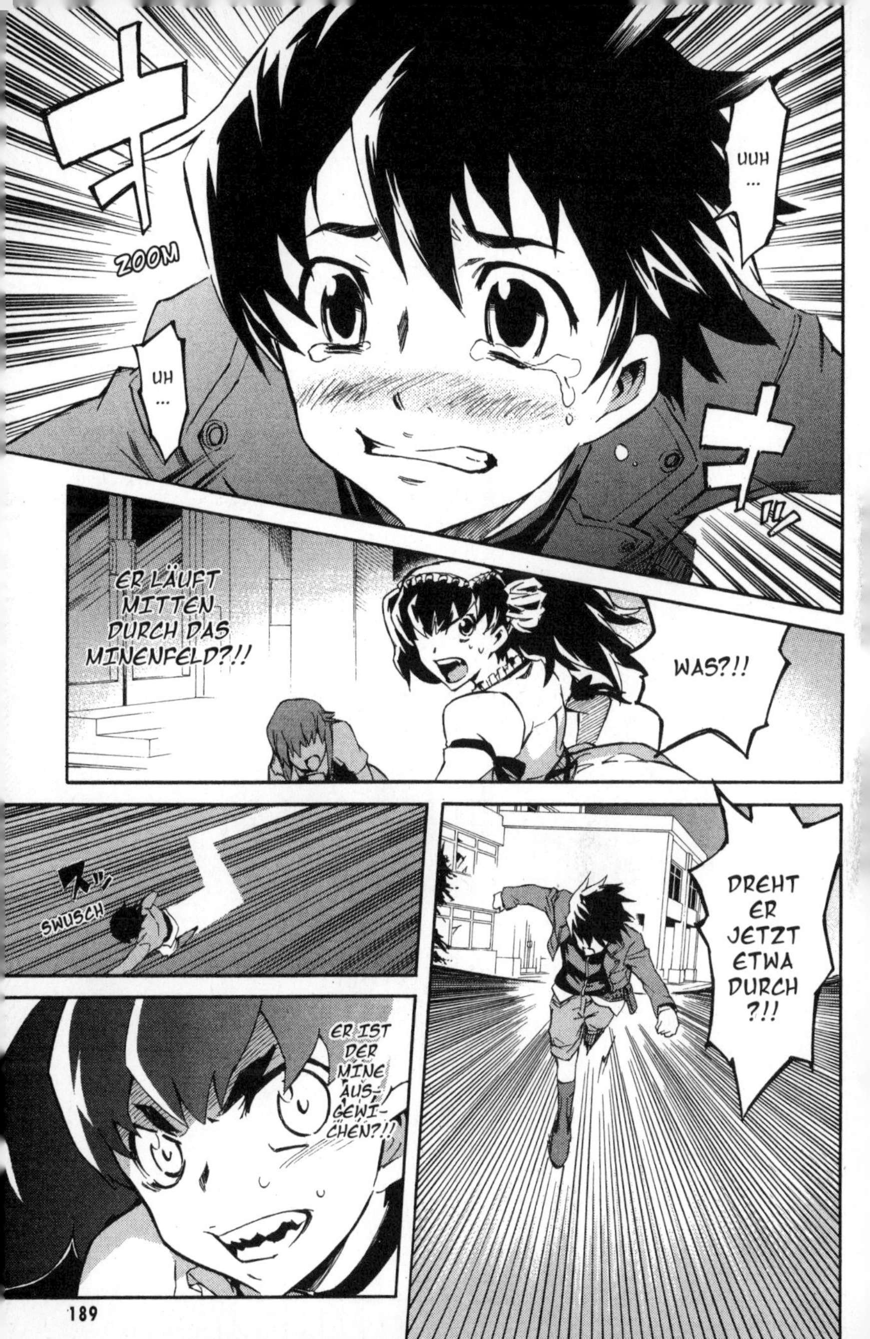

UUH ...

ZOOM

UH ...

WAS?!!

ER LÄUFT MITTEN DURCH DAS MINENFELD?!!

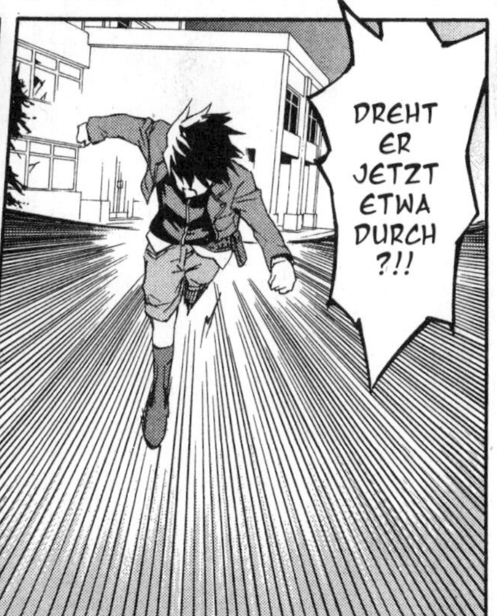


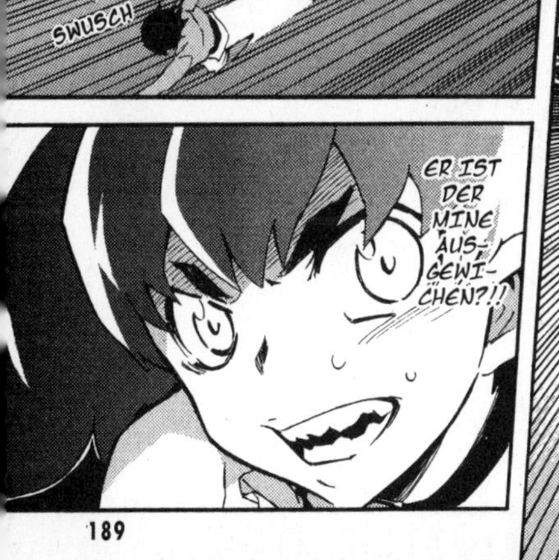

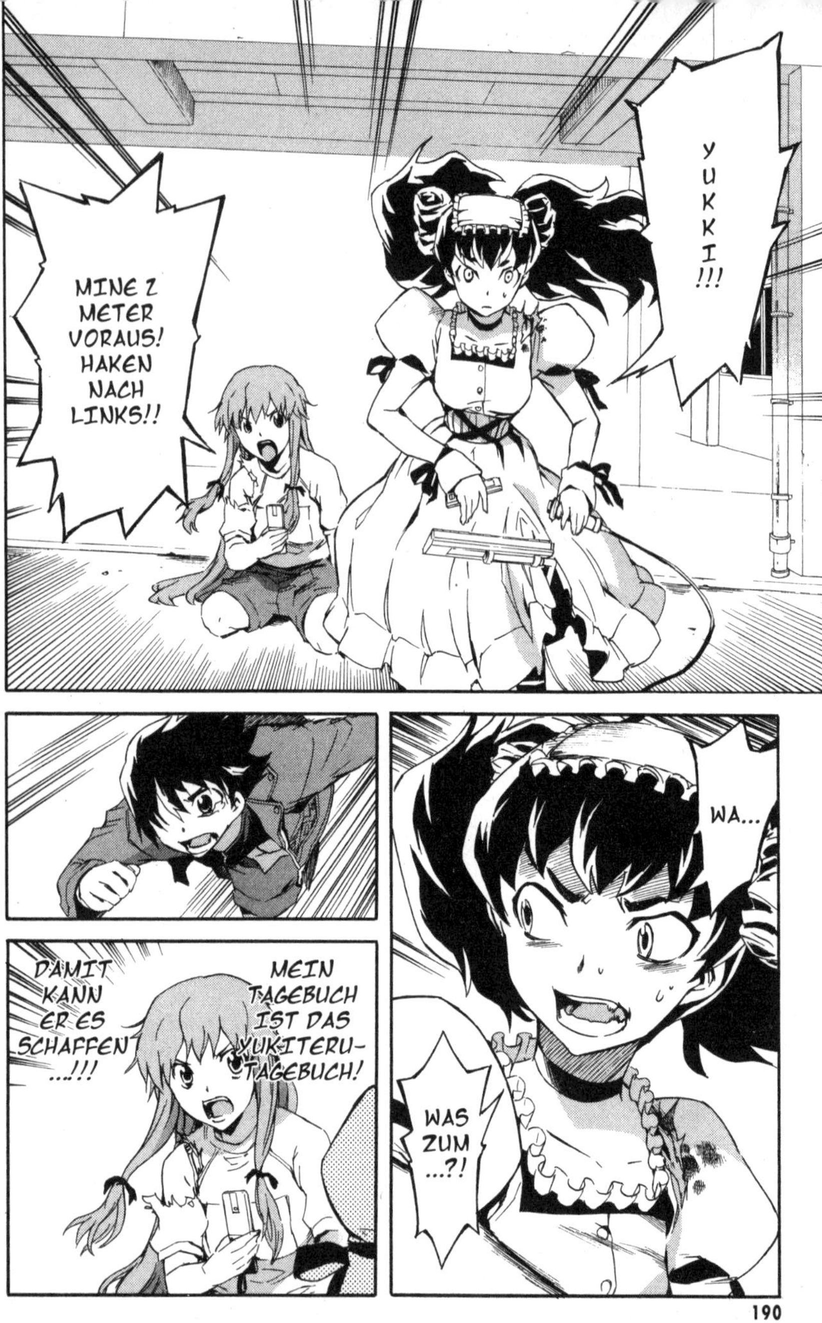

YUKKI!!!

MINE 2 METER VORAUS! HAKEN NACH LINKS!!

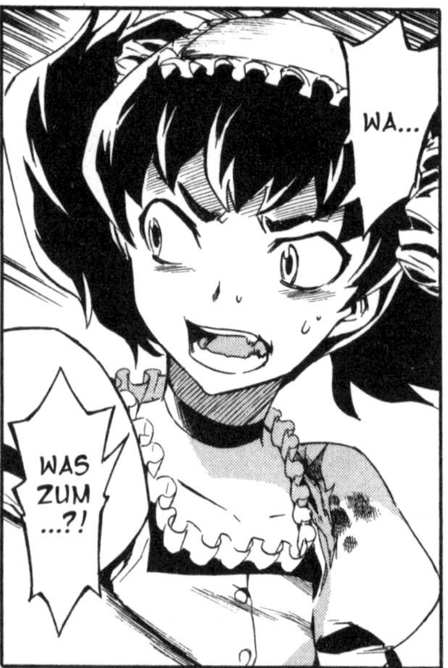


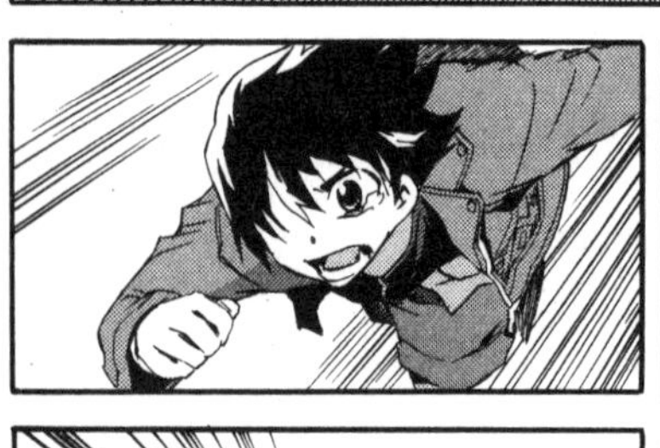

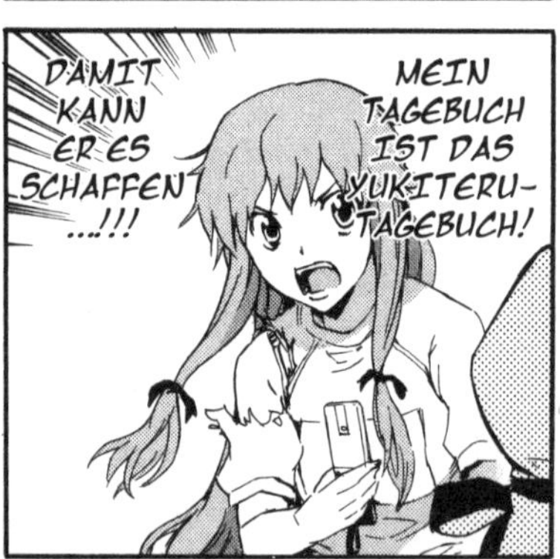

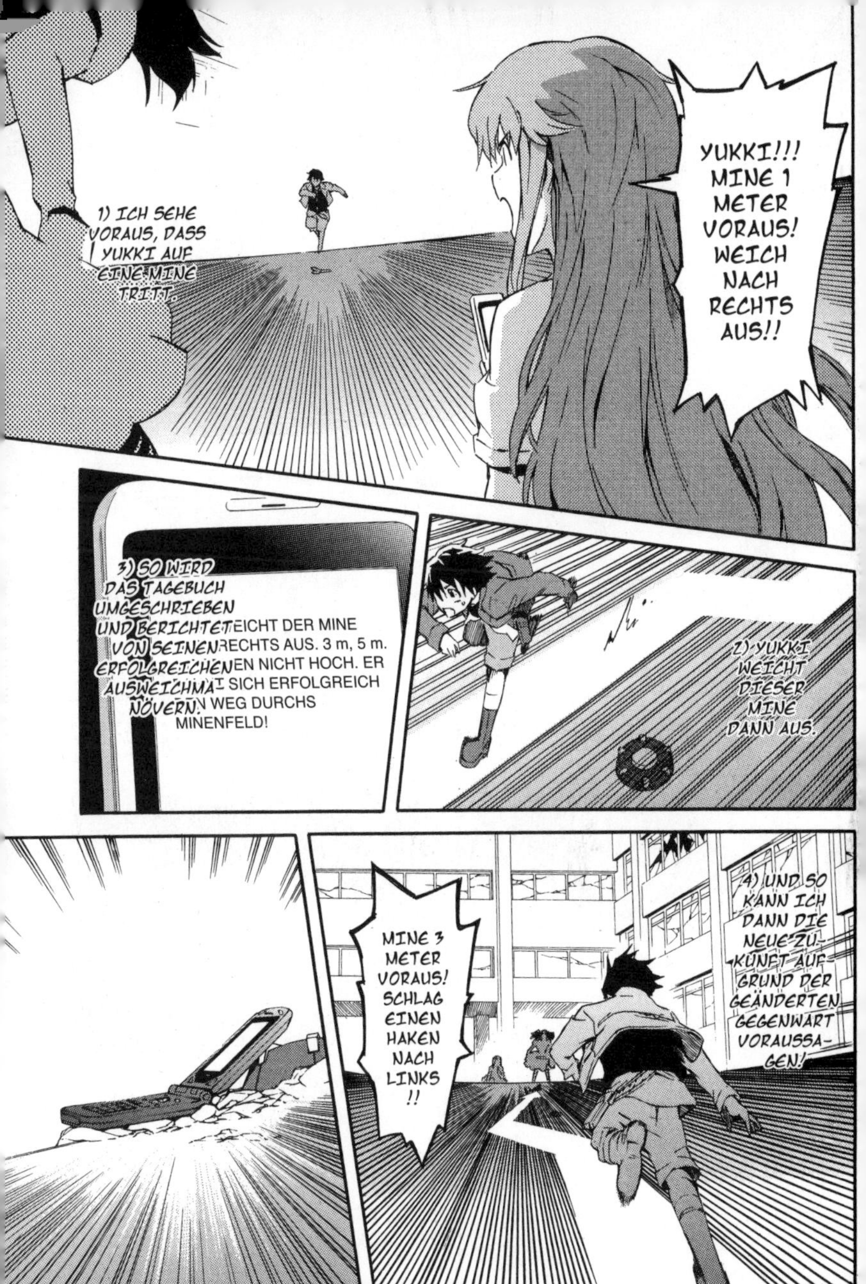
YUKKI!!! MINE 1 METER VORAUS! WEICH NACH RECHTS AUS!!
1) ICH SEHE VORAUS, DASS YUKKI AUF EINE MINE TRITT.
2) YUKKI WEICHT DIESER MINE DANN AUS.
3) SO WIRD DAS TAGEBUCH UMGESCHRIEBEN UND BERICHTET VON SEINEN ERFOLGREICHEN AUSWEICHMANÖVERN.
EICHT DER MINE
RECHTS AUS. 3 m, 5 m.
EN NICHT HOCH. ER
SICH ERFOLGREICH
N WEG DURCHS
MINENFELD!
4) UND SO KANN ICH DANN DIE NEUE ZUKUNFT AUFGRUND DER GEÄNDERTEN GEGENWART VORAUSSAGEN!
MINE 3 METER VORAUS! SCHLAG EINEN HAKEN NACH LINKS!!

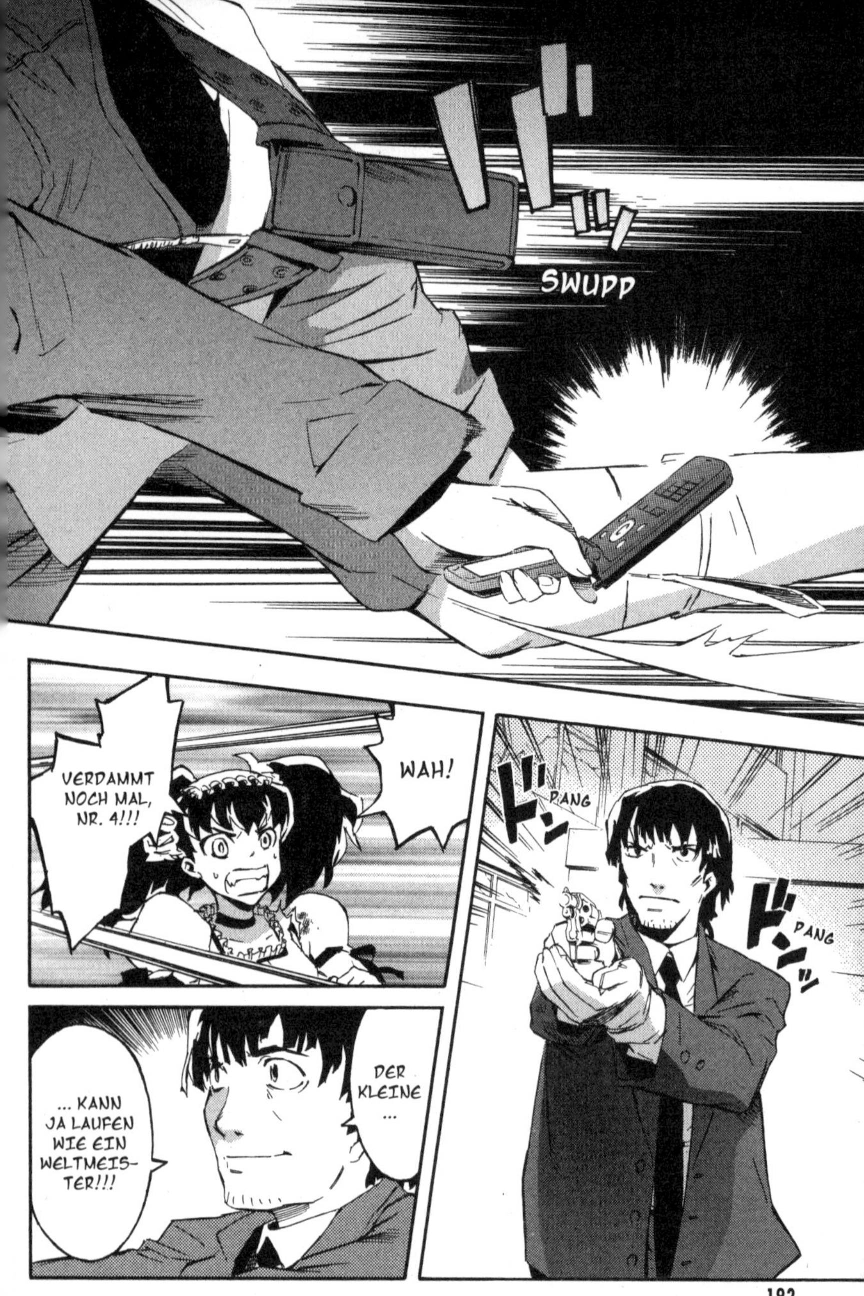
SWUPP
PANG
PANG
WAH!
VERDAMMT NOCH MAL, NR. 4!!!
DER KLEINE ...
... KANN JA LAUFEN WIE EIN WELTMEISTER!!!

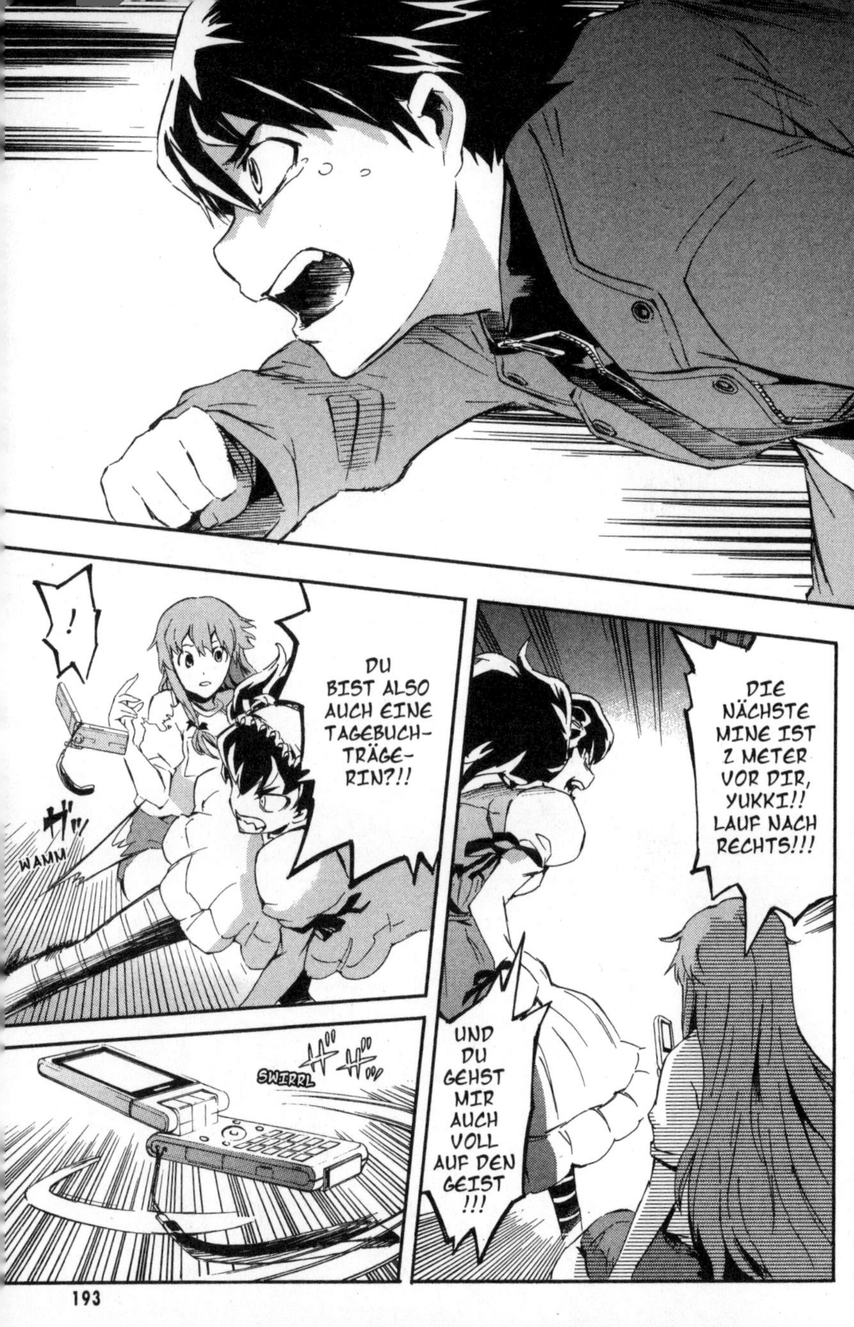
DIE NÄCHSTE MINE IST 2 METER VOR DIR, YUKKI!! LAUF NACH RECHTS!!!
!
DU BIST ALSO AUCH EINE TAGEBUCH-TRÄGERIN?!!
WAMM
UND DU GEHST MIR AUCH VOLL AUF DEN GEIST!!!
SWIRRL

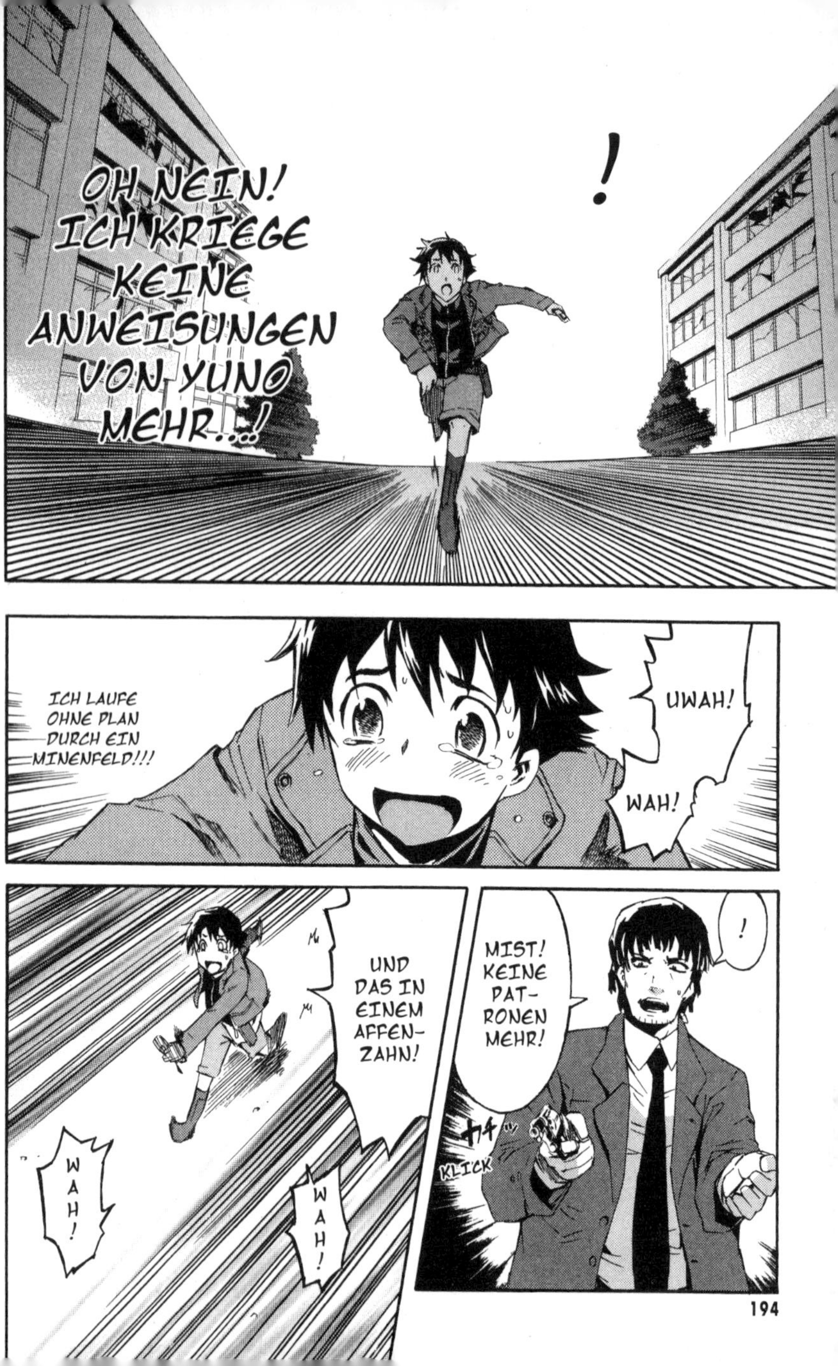

!

OH NEIN! ICH KRIEGE KEINE ANWEISUNGEN VON YUNO MEHR...!

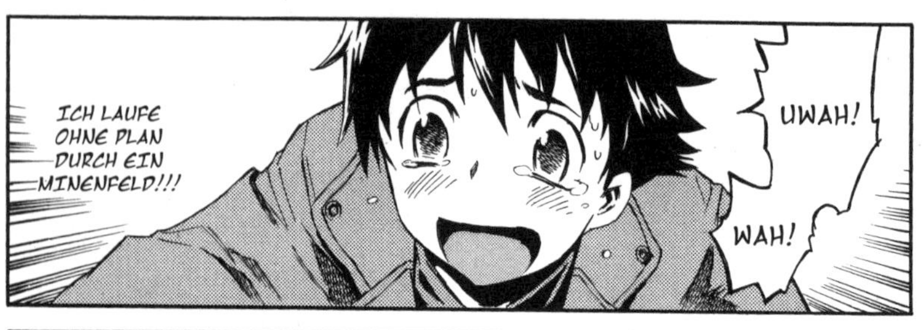


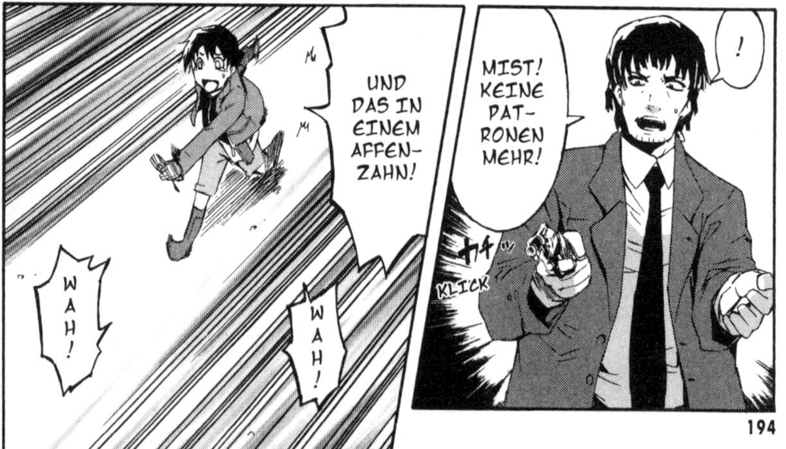

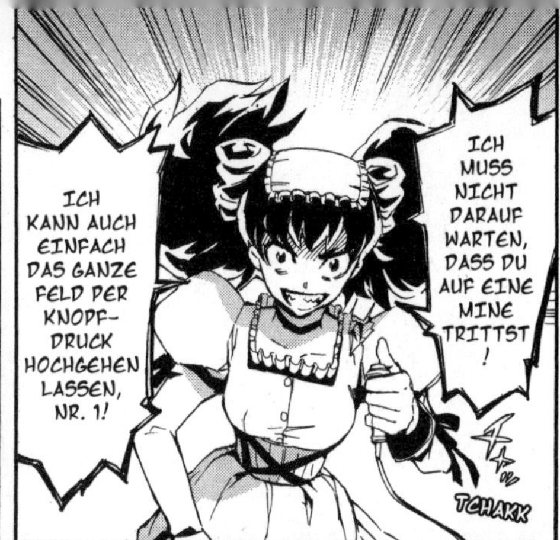
ICH MUSS NICHT DARAUF WARTEN, DASS DU AUF EINE MINE TRITTST!
ICH KANN AUCH EINFACH DAS GANZE FELD PER KNOPF-DRUCK HOCHGEHEN LASSEN, NR. 1!
TCHAKK
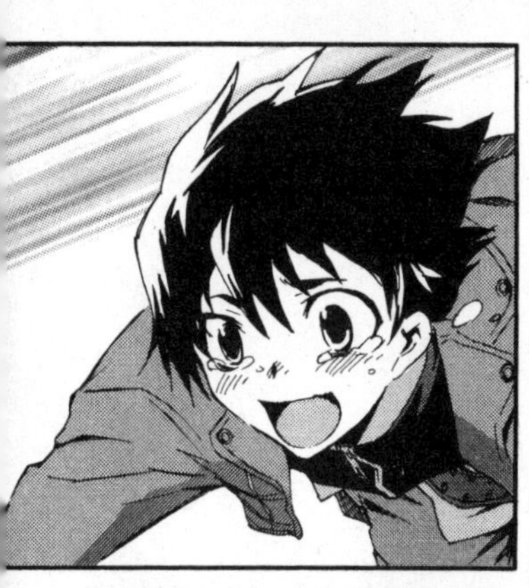
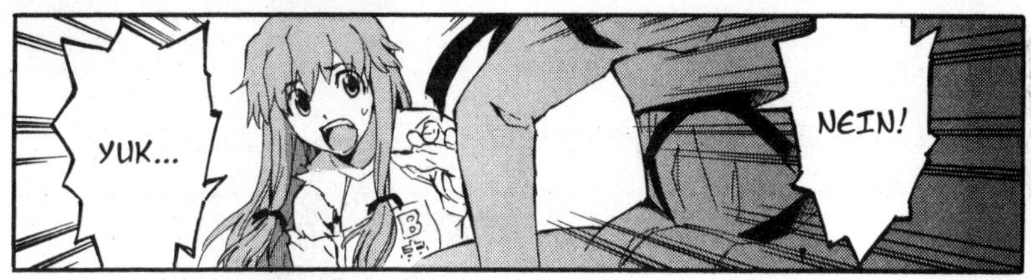
NEIN!
YUK...
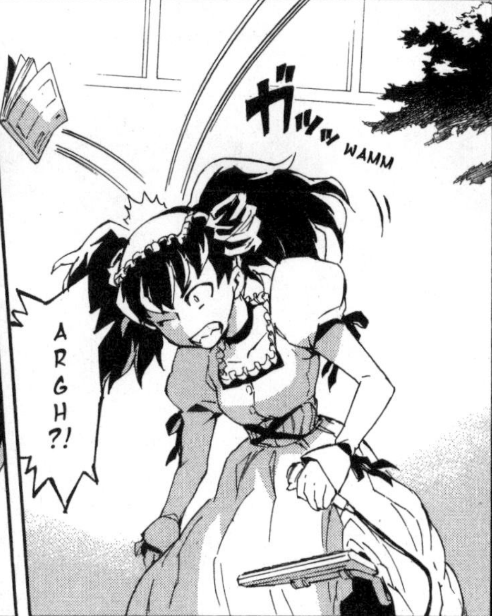
WAMM
ARGH?!
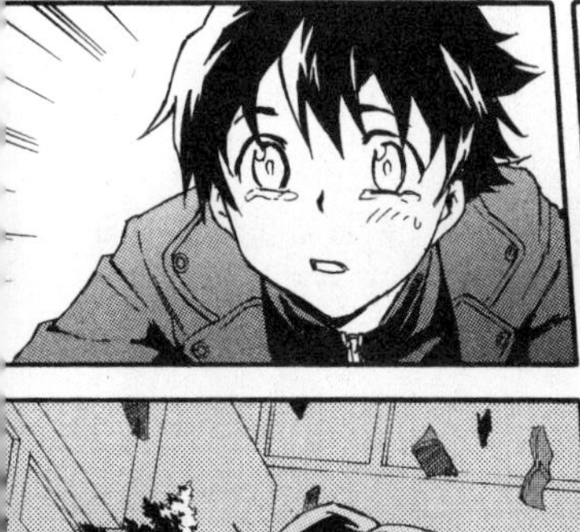
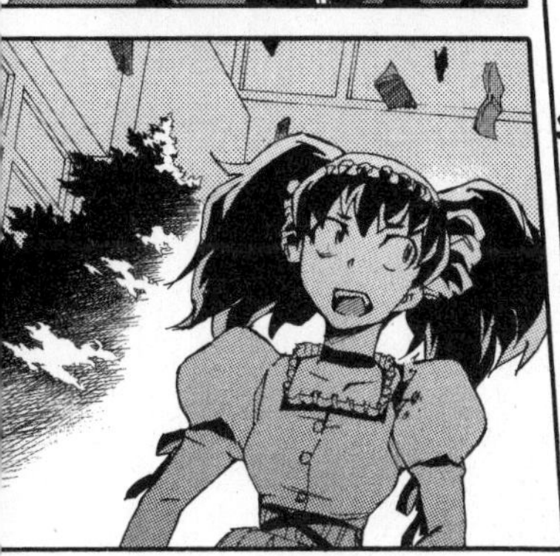

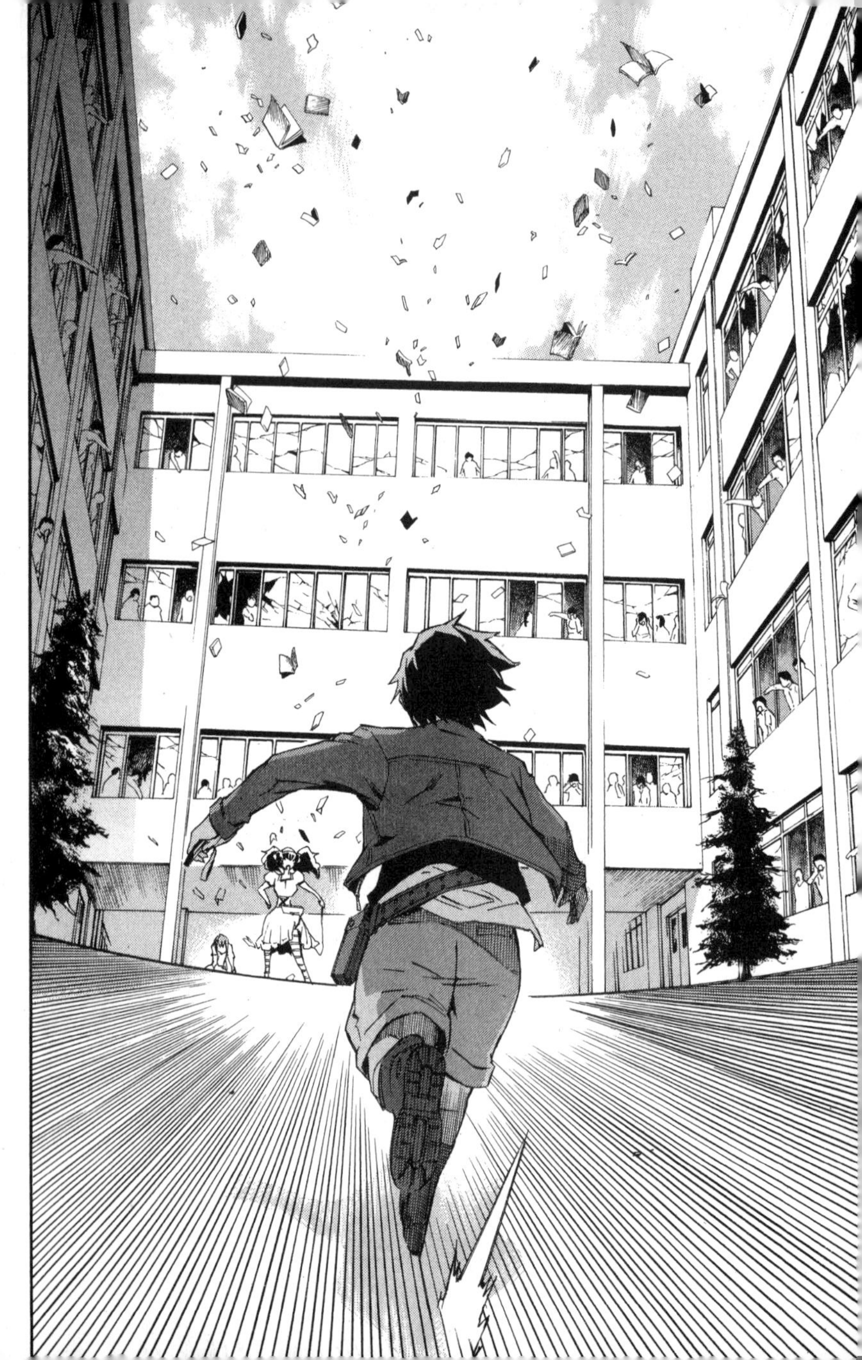

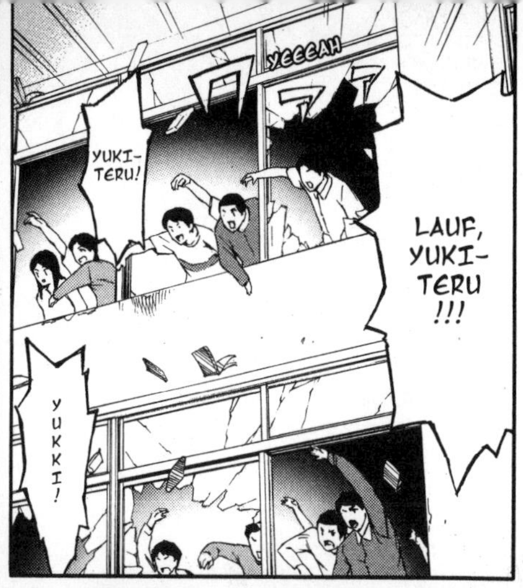
YEEEAH
LAUF, YUKI-TERU!!!
YUKI-TERU!
YUKKI!

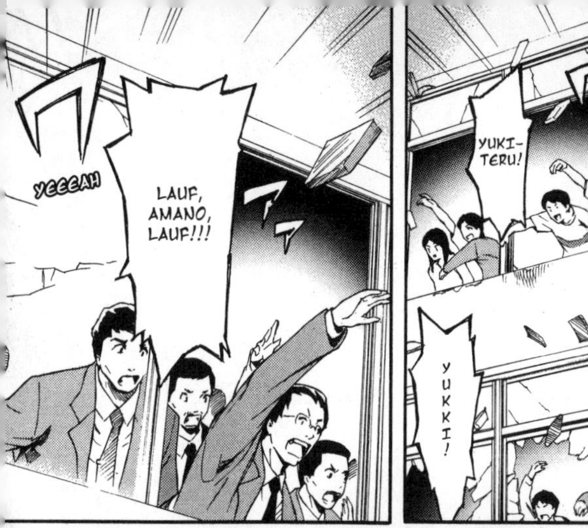
LAUF, AMANO, LAUF!!!
YEEEAH

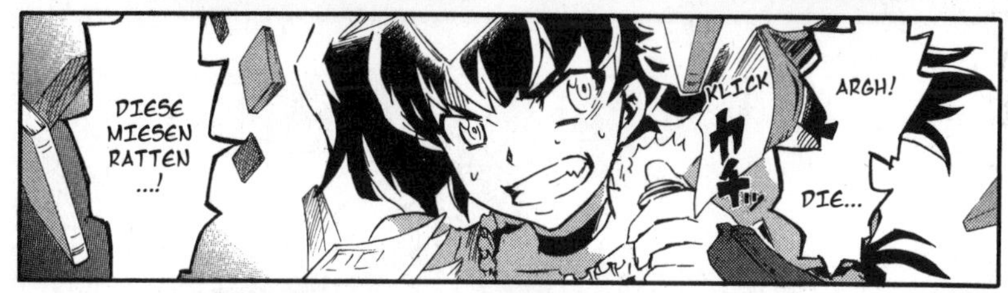
ARGH!
DIE...
KLICK
DIESE MIESEN RATTEN ...!

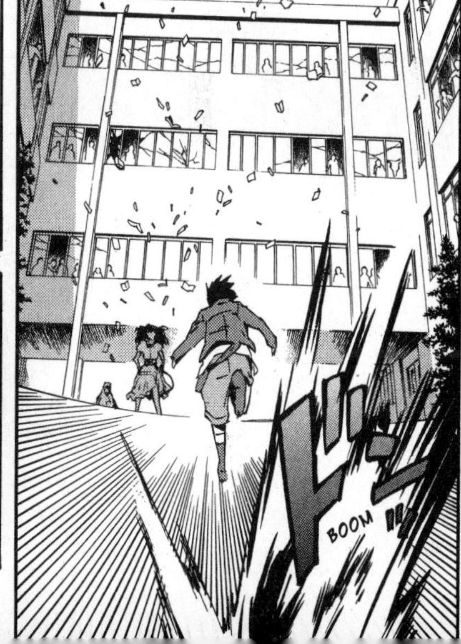
BOOM

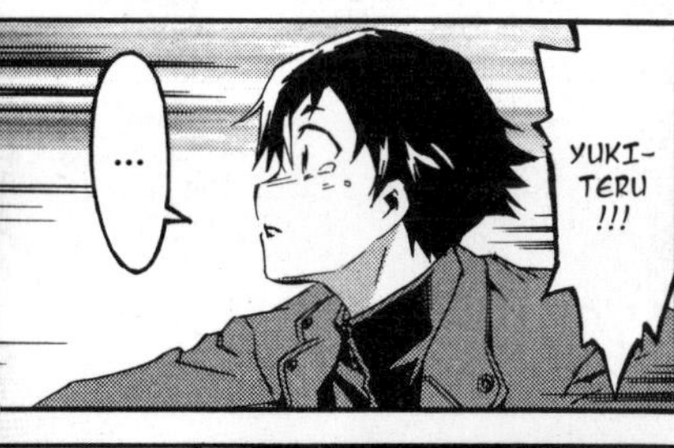
YUKI-TERU!!!
...

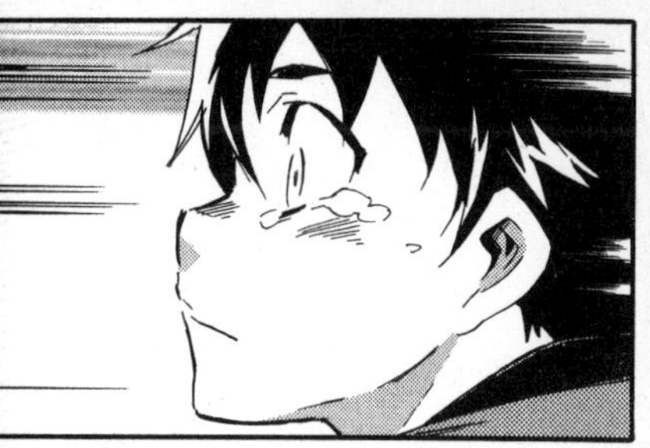

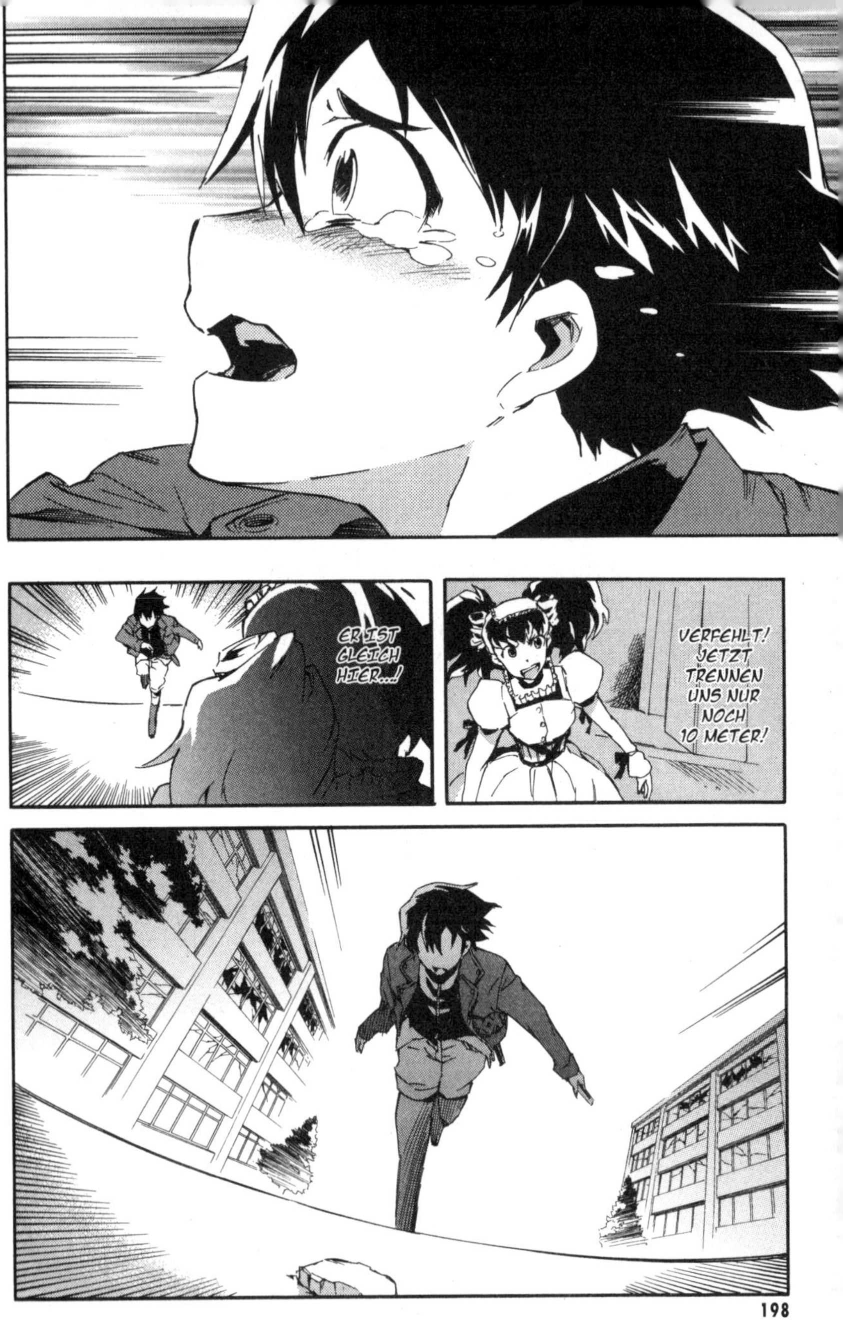

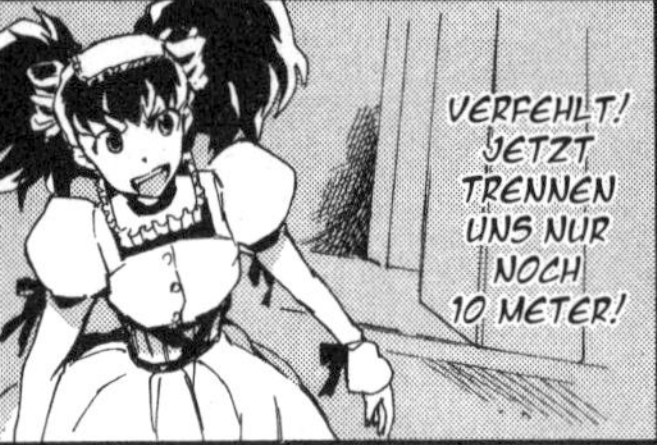
VERFEHLT! JETZT TRENNEN UNS NUR NOCH 10 METER!

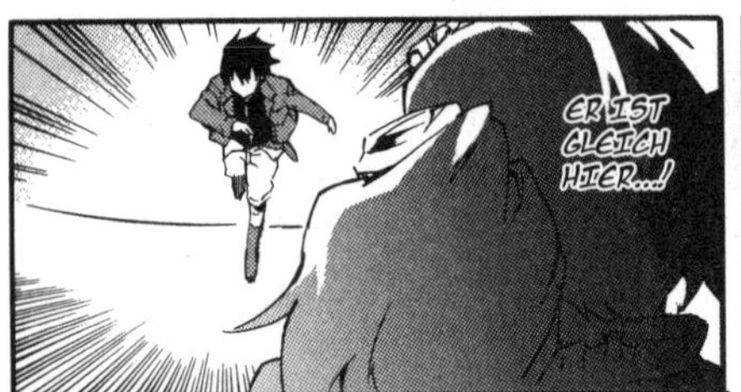
ER IST GLEICH HIER...!

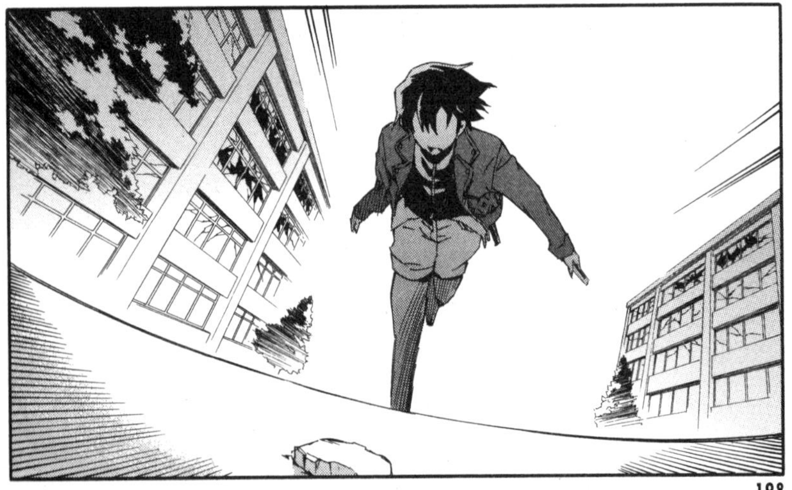

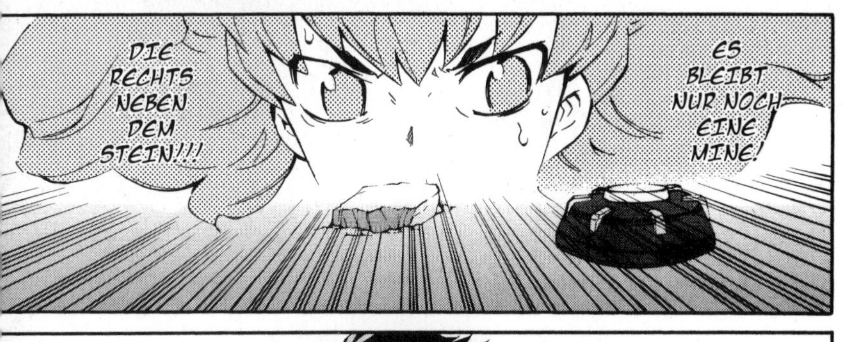
ES BLEIBT NUR NOCH EINE MINE!
DIE RECHTS NEBEN DEM STEIN!!!

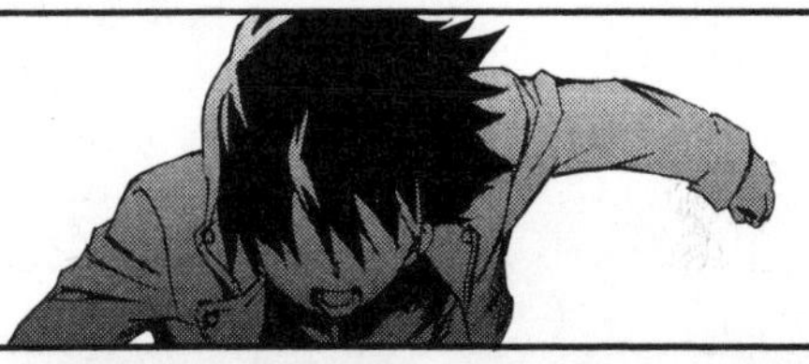

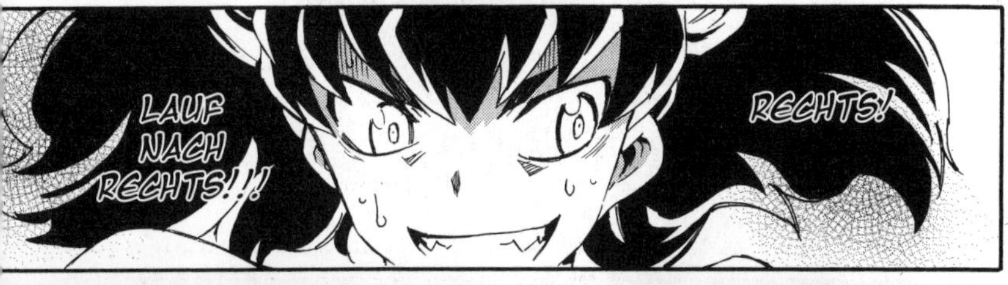
RECHTS!
LAUF NACH RECHTS!!!

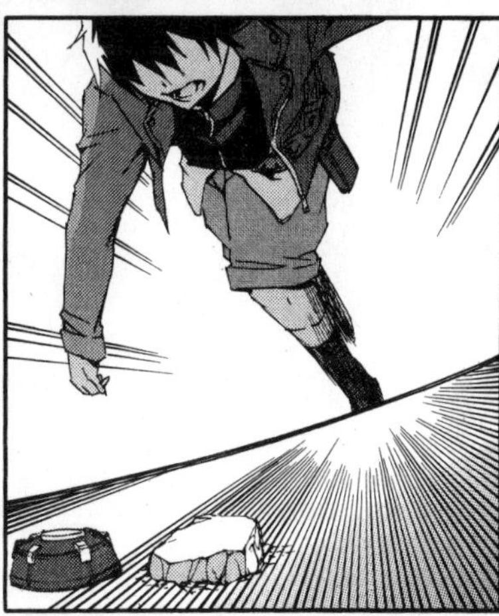

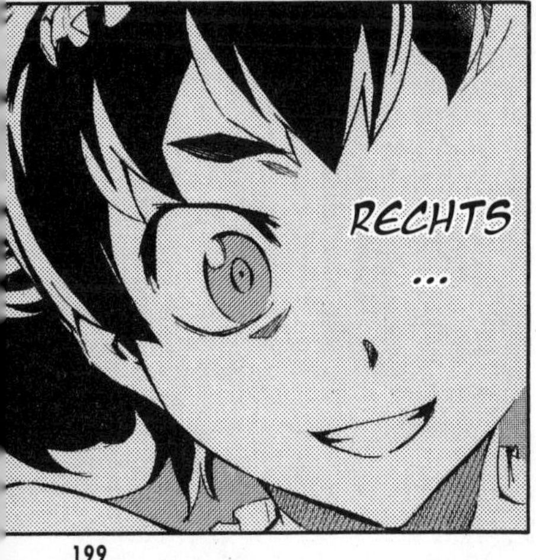
RECHTS ...

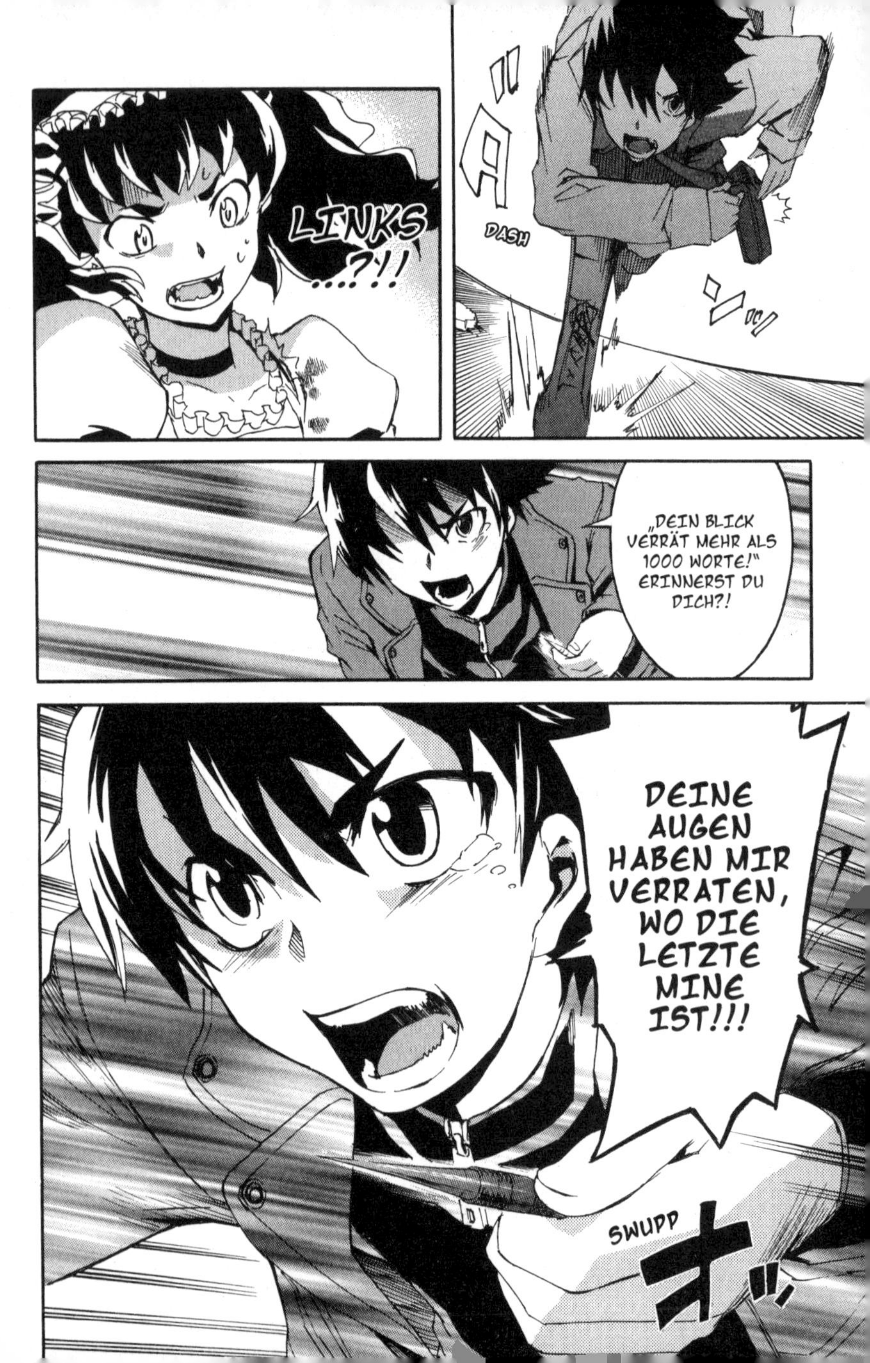

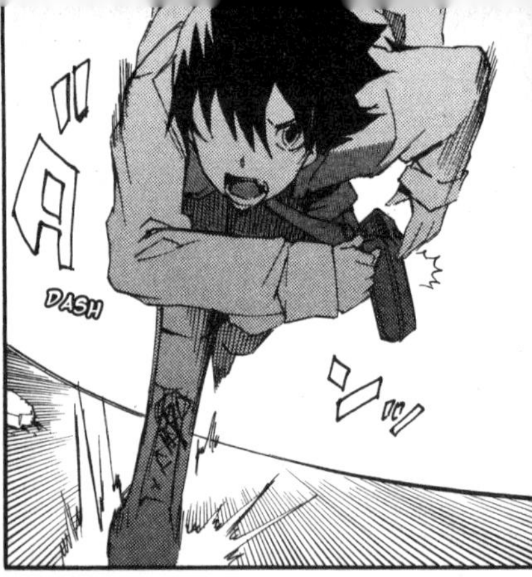


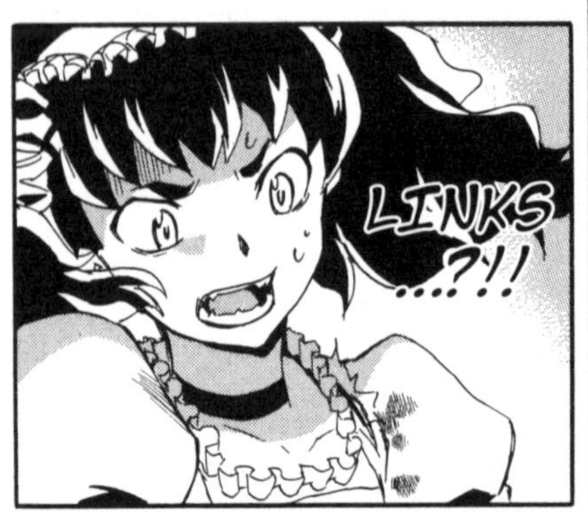


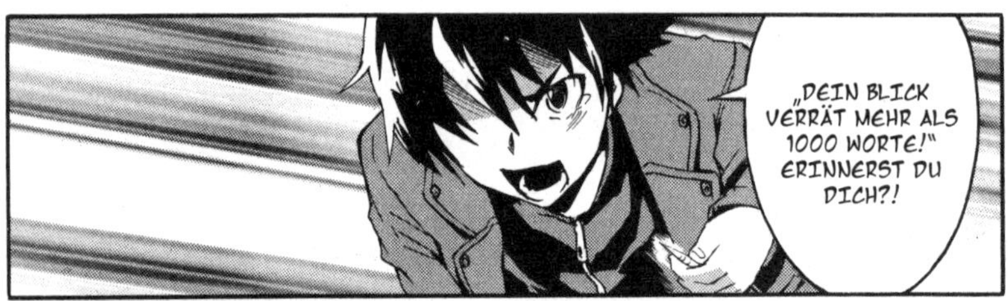


DEINE AUGEN HABEN MIR VERRATEN, WO DIE LETZTE MINE IST!!!

SWUPP

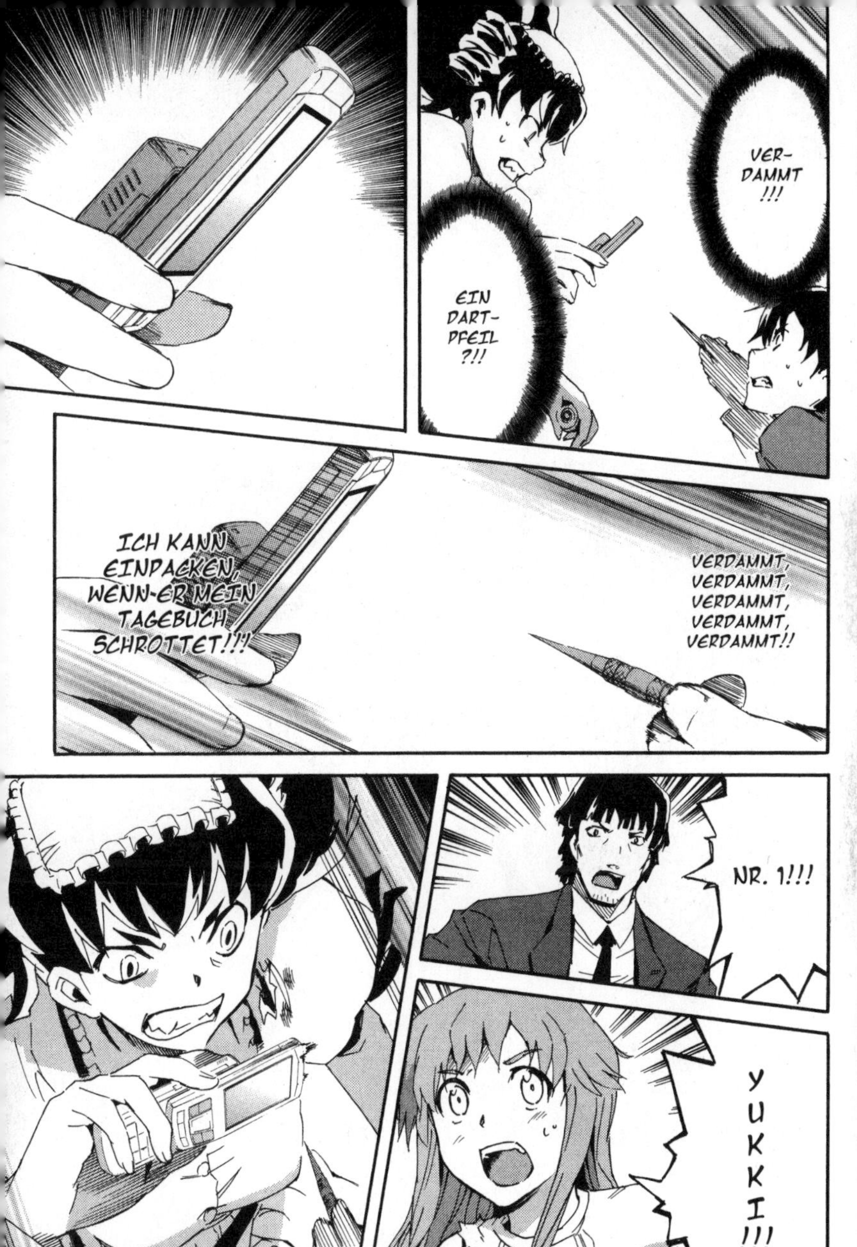

VER-DAMMT!!!
EIN DART-PFEIL?!!
VERDAMMT, VERDAMMT, VERDAMMT, VERDAMMT, VERDAMMT!!
ICH KANN EINPACKEN, WENN ER MEIN TAGEBUCH SCHROTTET!!!
NR. 1!!!
YUKKI!!!

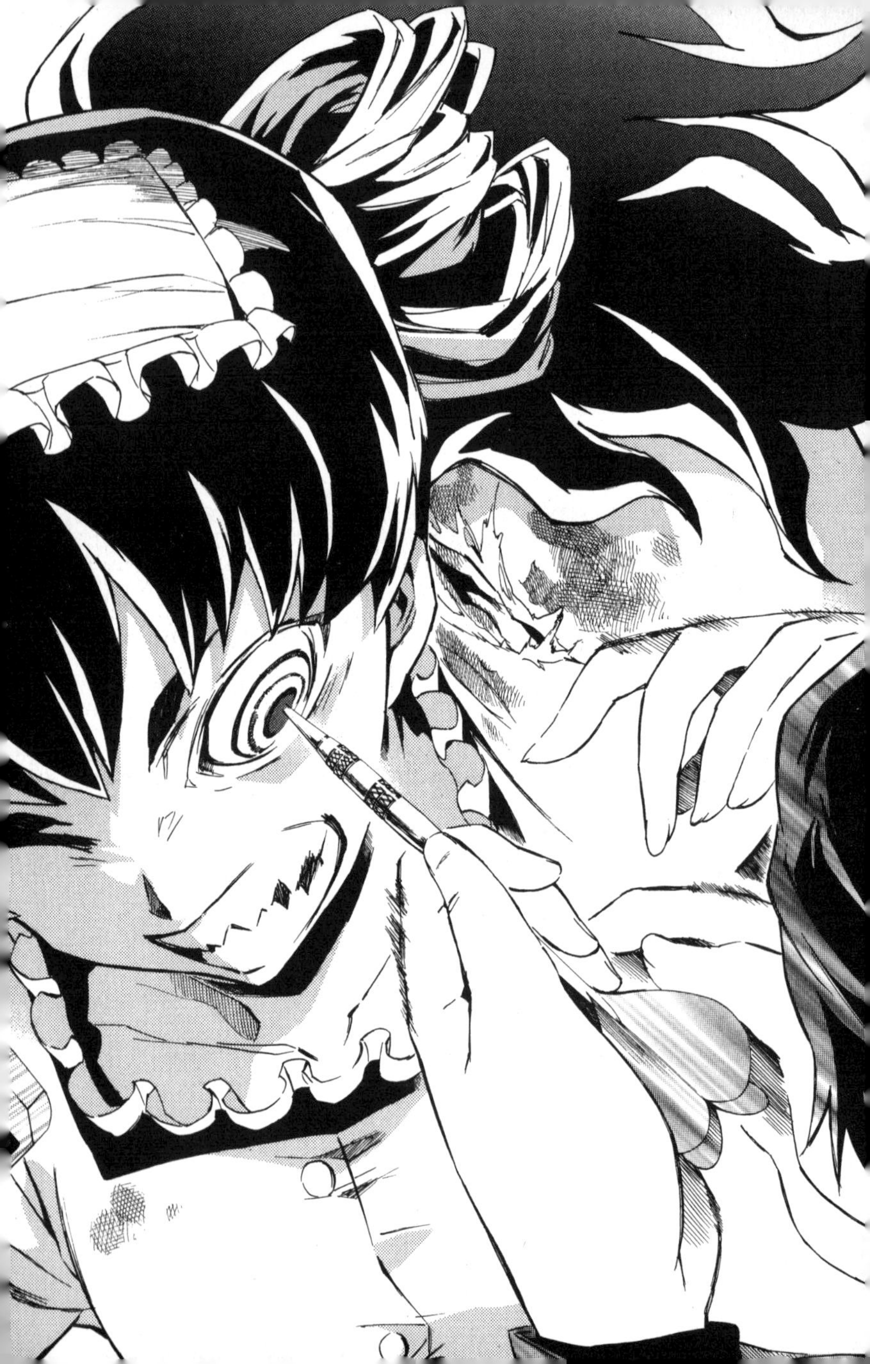

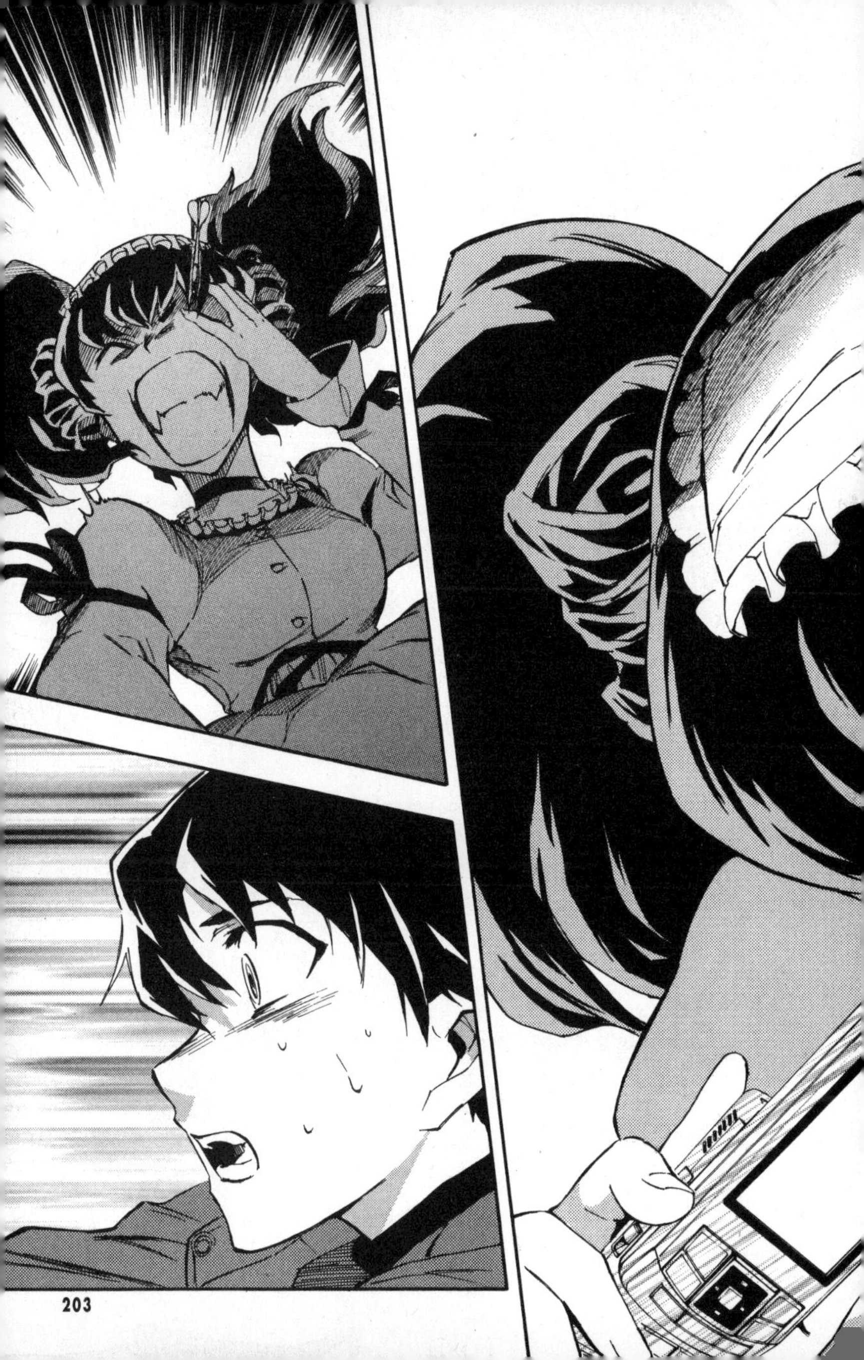

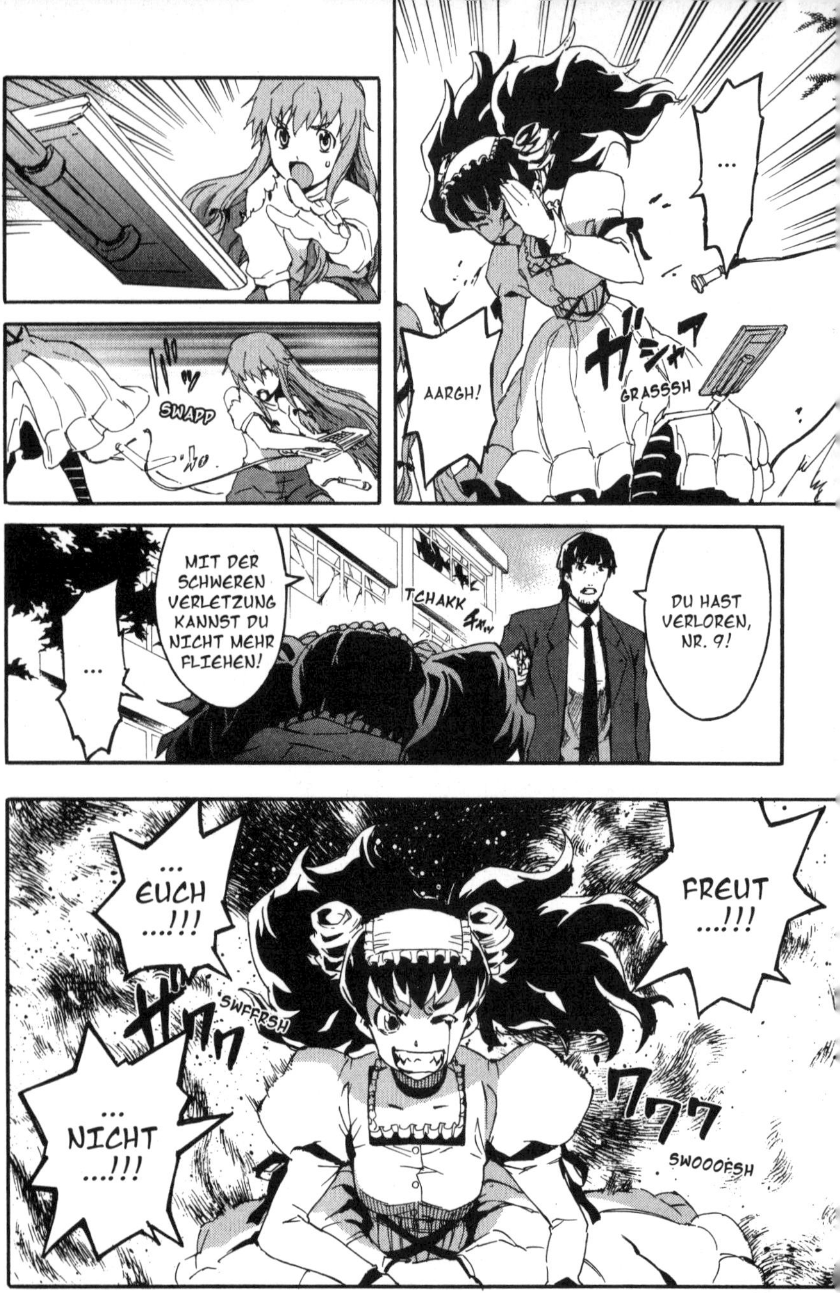

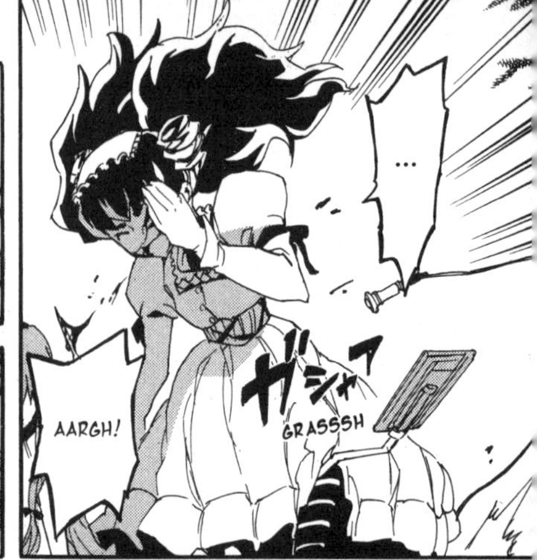


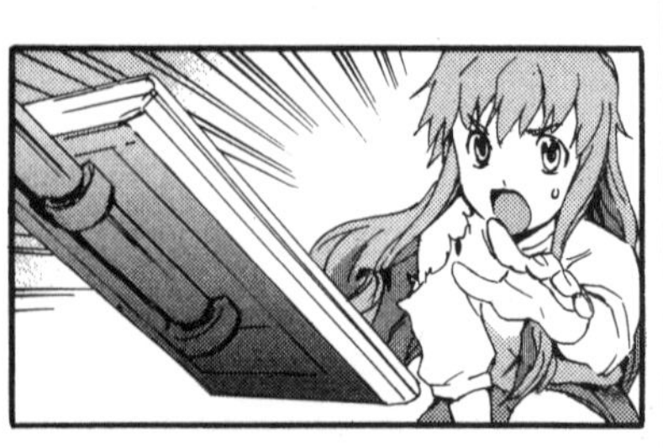

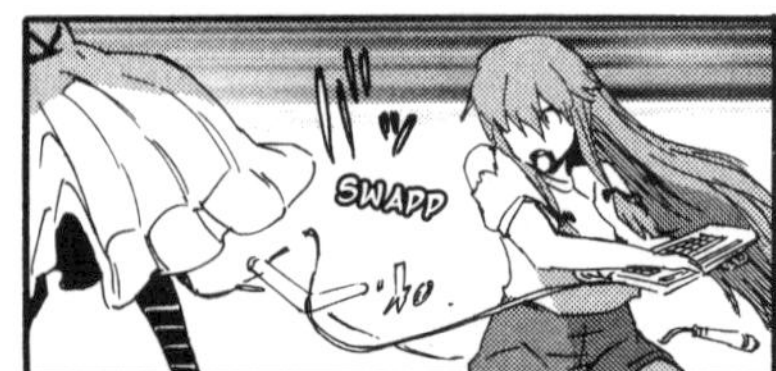


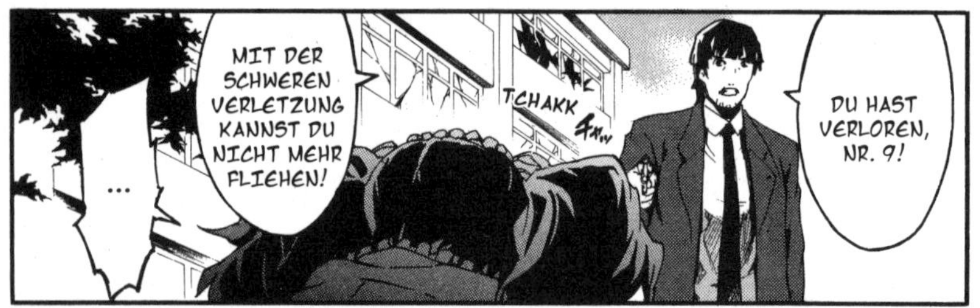


FREUT ...!!!

... EUCH ...!!!

SWFFRSH

SWOOOFSH

... NICHT ...!!!

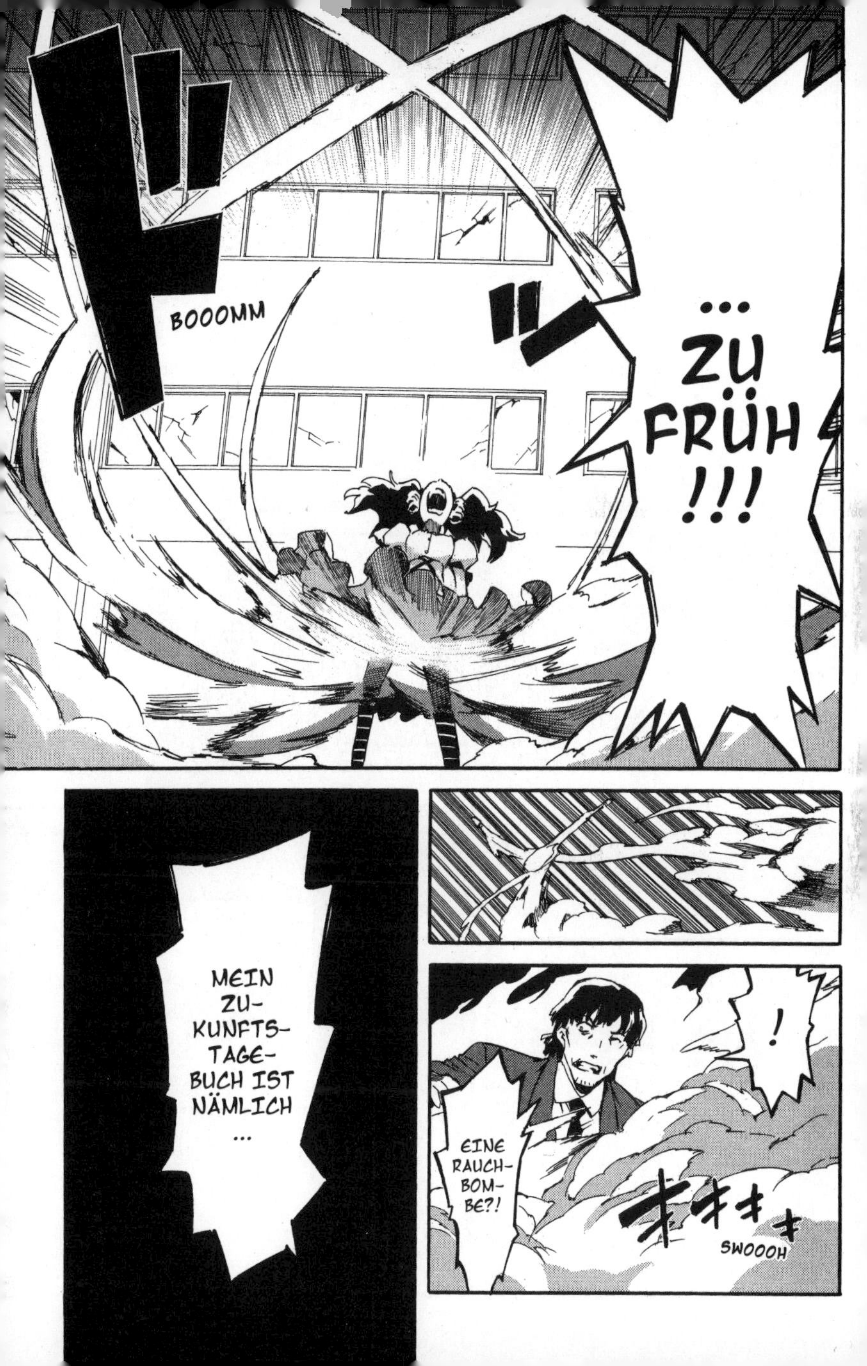

... ZU FRÜH!!!
BOOOMM

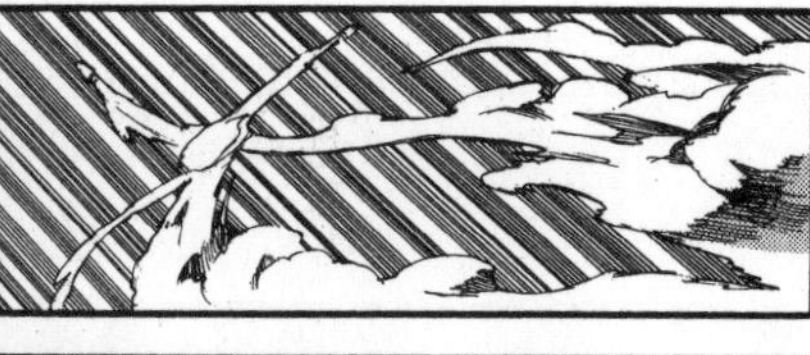

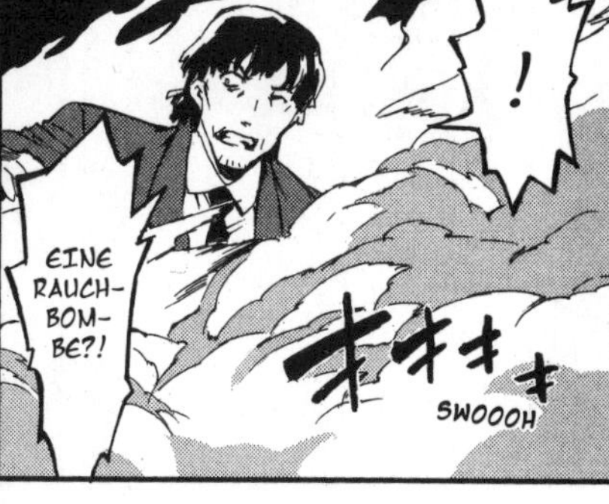


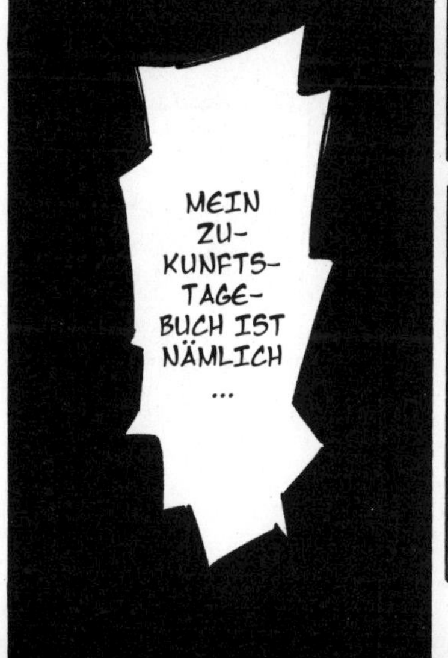

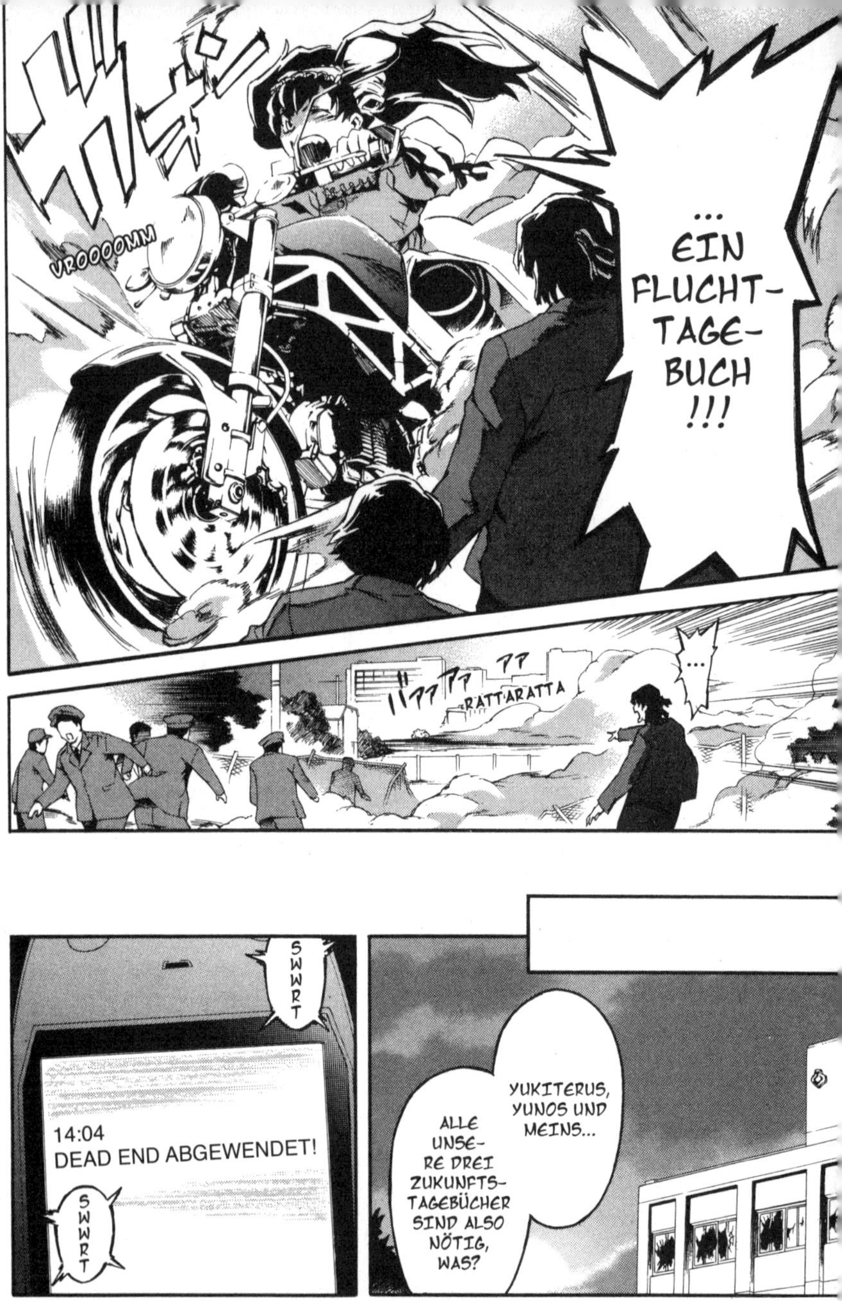

... EIN FLUCHT-TAGEBUCH !!!
VROOOOOMM
RATTARATTA
...

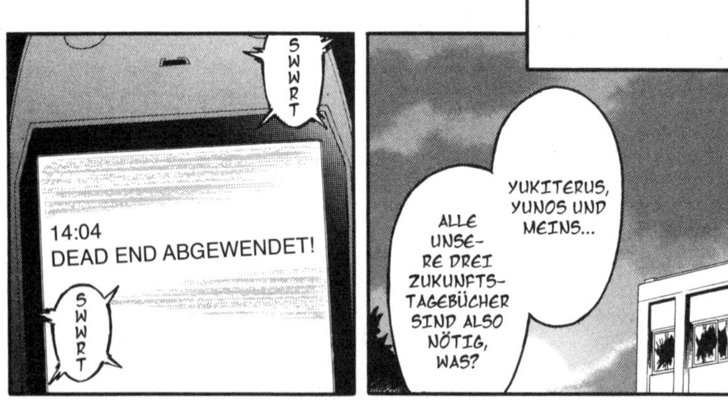

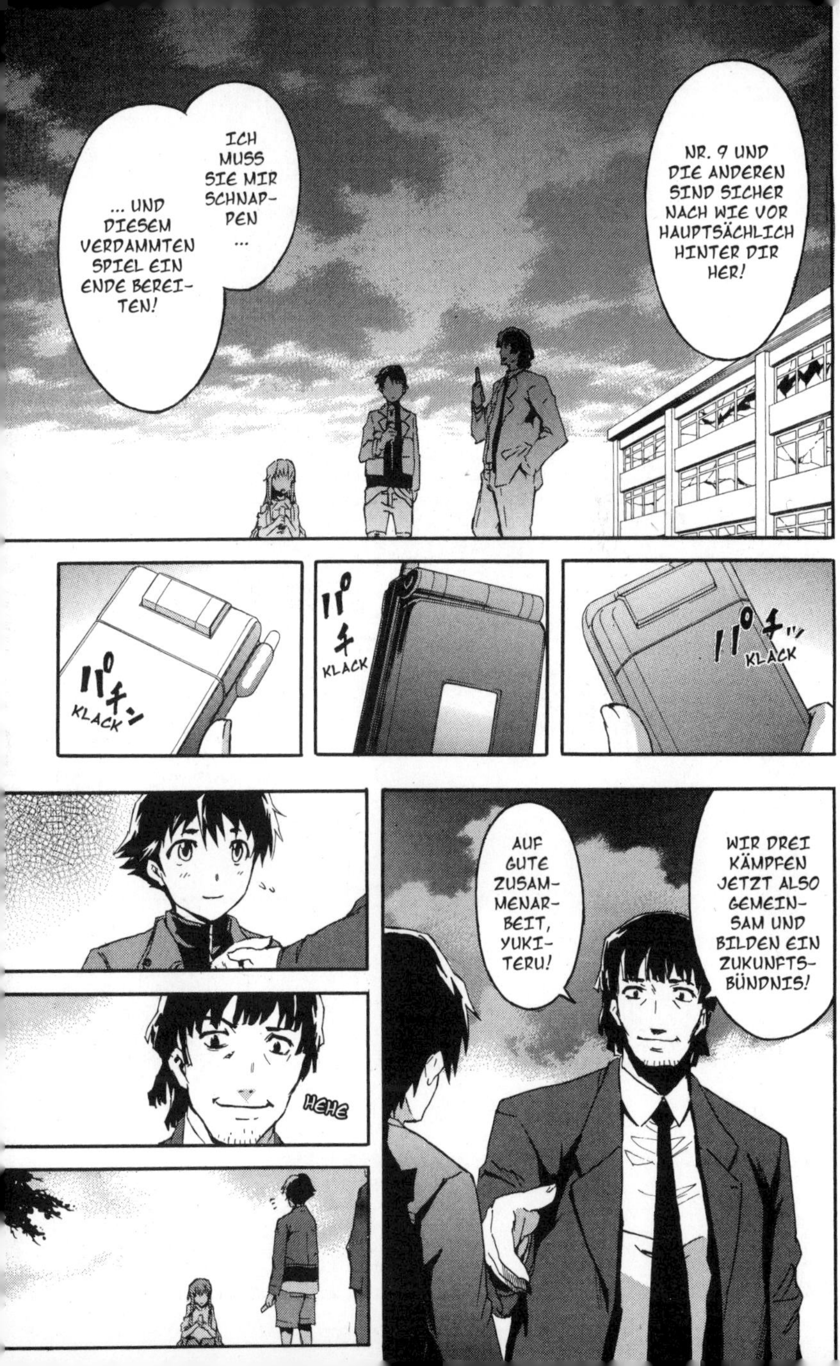

NR. 9 UND DIE ANDEREN SIND SICHER NACH WIE VOR HAUPTSÄCHLICH HINTER DIR HER!

ICH MUSS SIE MIR SCHNAPPEN ...

... UND DIESEM VERDAMMTEN SPIEL EIN ENDE BEREITEN!

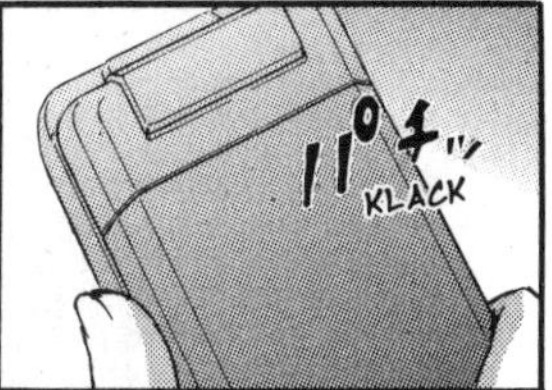


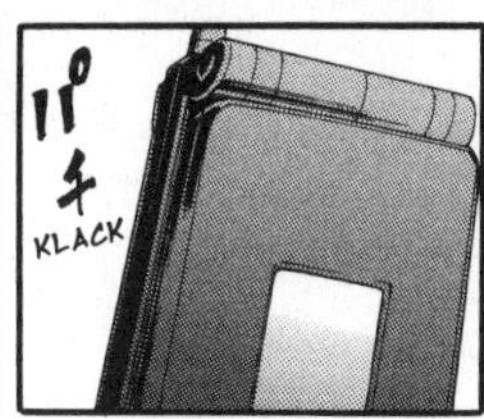


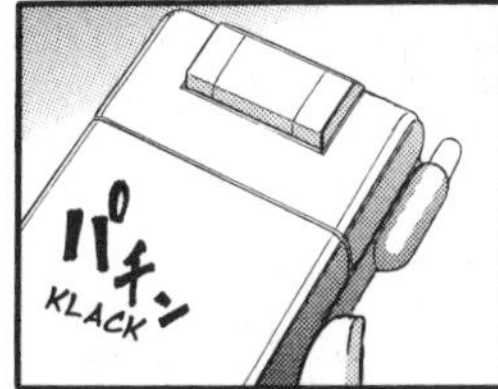


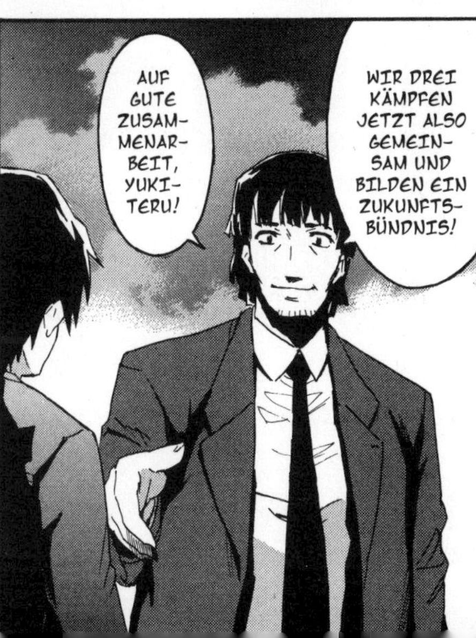


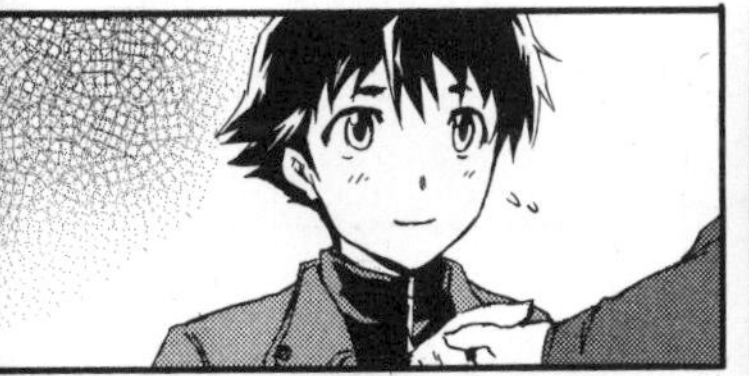

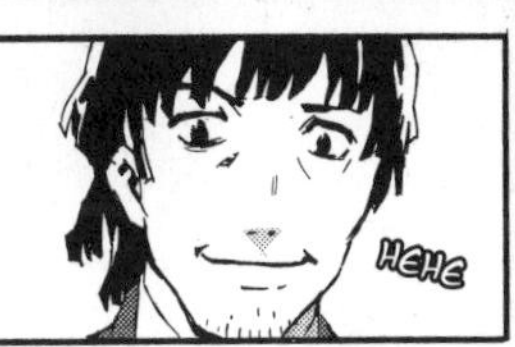


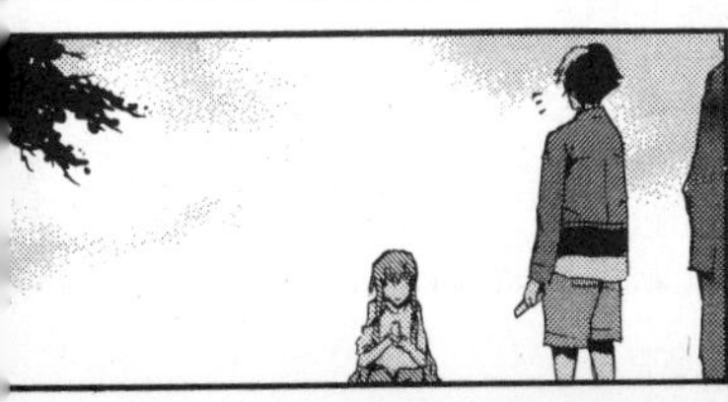

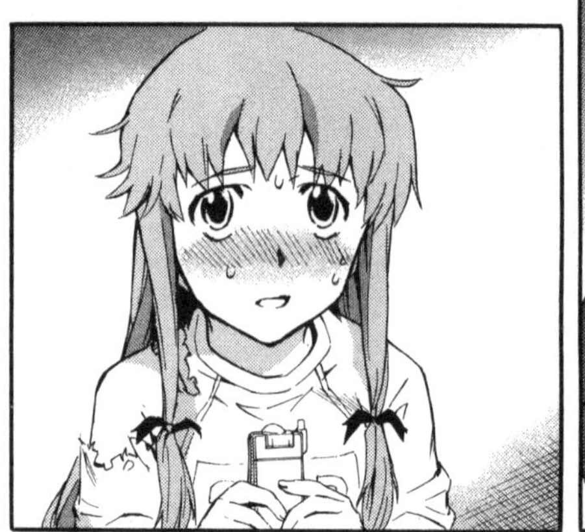

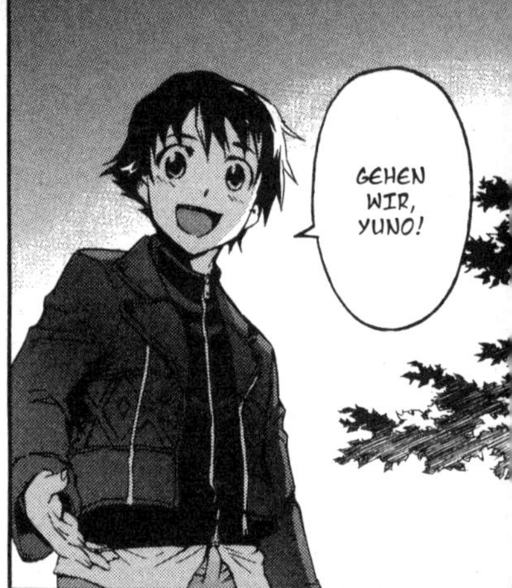


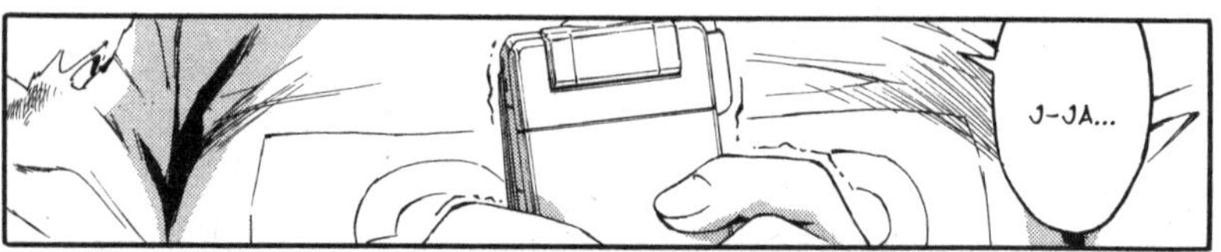


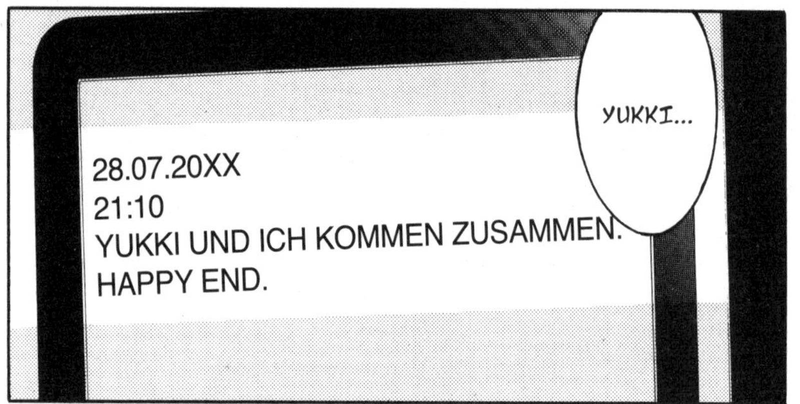


TAGEBUCH 4: ENDE

▸▸▸ NÄCHSTES TAGEBUCH: YUNO GASAIS GEHEIMNIS

FORTSETZUNG FOLGT!

## Die Zukunftstagebücher, die Deus verteilt hat

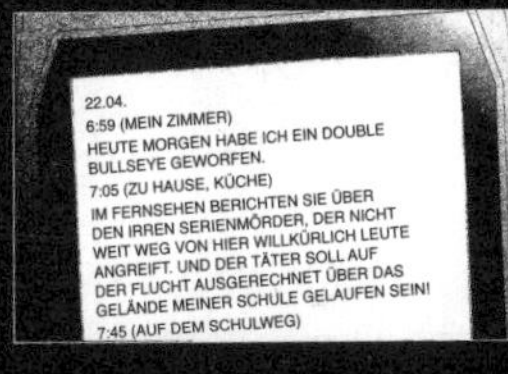


### Das Beobachtertagebuch von

Nr. 1, Yukiteru Amano

Das Tagebuch des ersten Besitzers eines der Zukunftstagebücher, Yukiteru Amano. Es sagt wahllos alle Geschehnisse voraus, die sich um Yukiteru herum ereignen. Es bietet von allen Zukunftstagebüchern den höchsten Informationsgehalt. Ursprünglich hat Yukiteru in diesem Tagebuch alles, was er um sich herum beobachtet hat, niedergeschrieben, um so das Gefühl zu bekommen, Teil von irgendetwas zu sein. Er wollte sich damit über die Tatsache hinwegtrösten, ein Aussenseiter zu sein. Als sein Tagebuch zum Zukunftstagebuch wurde und er so alles um sich herum voraussagen konnte, war er außer sich vor Verzückung, bis er feststellen musste, dass darin streng genommen absolut nichts über seine eigene Zukunft drinsteht. Das ist jetzt der Preis dafür, dass er stets nur ein passiver Beobachter war.

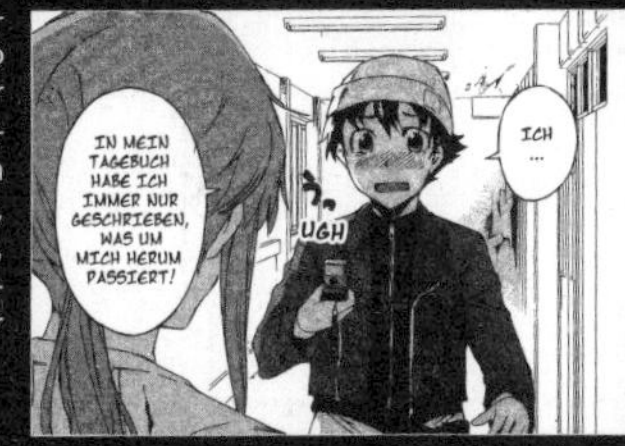


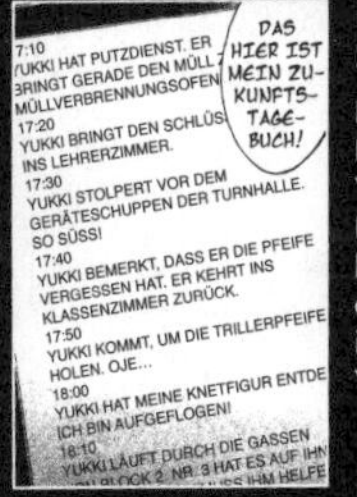


### Das Yukiteru-Tagebuch von

Nr. 2, Yuno Gasai

Das Tagebuch des zweiten Besitzers eines der Zukunftstagebücher, Yuno Gasai. Das Tagebuch einer Stalkerin, das in 10-Minuten-Schritten Auskunft über Yukiterus Zukunft gibt. Die Einträge drehen sich dabei ausschliesslich um Yukiterus Handlungen. Da die Einträge aber aus Yunos verliebter Sicht geschrieben sind, kommen Yukiteru und sein Tun immer bestens weg. Für ein Zukunftstagebuch ist es etwas sehr speziell, doch in Kombination mit Yukiterus Beobachtertagebuch ist es möglich, vollständige Zukunftsvoraussagen zu machen. Yukiteru ist also auf Yunos Hilfe angewiesen.

### Das Mördertagebuch von

Nr. 3, Takao Hiyama

Das Tagebuch des dritten Besitzers eines der Zukunftstagebücher, Takao Hiyama. Darin steht alles über die Morde geschrieben, die Takao Hiyama verüben wird. Opfer, Ort, Tatumstände… Kurzum, Tatrekonstruktionen von Morden, die noch gar nicht geschehen sind. Im ersten Kapitel war die Rede vom Serienmörder, der auf dem Gelände der Sakurami-Mittelschule gesichtet worden war, was natürlich daran liegt, dass Hiyama dort als Lehrer unterrichtet. Es war für Hiyama nicht schwer, aus Yukiterus gewandeltem Verhalten zu schließen, dass er einer der Tagebuchträger sein muss.

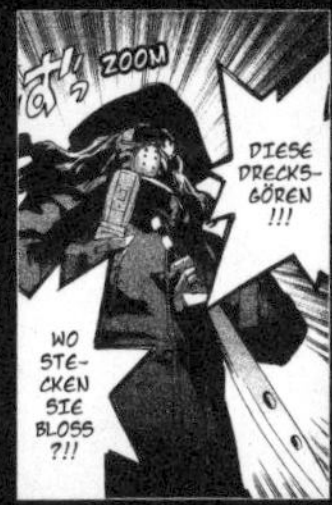

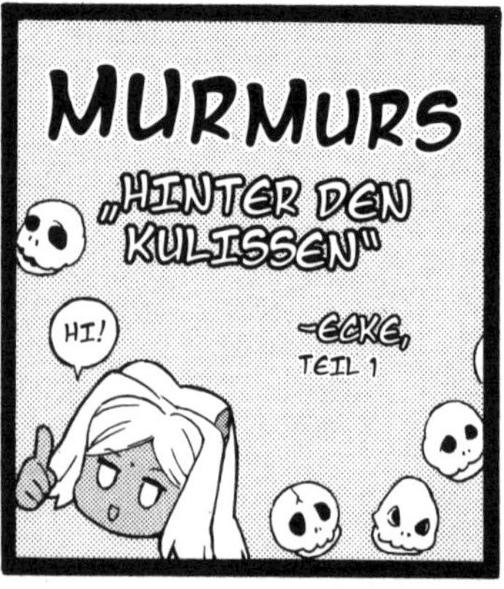
MURMURS
„HINTER DEN KULISSEN"
-ECKE,
TEIL 1
HI!

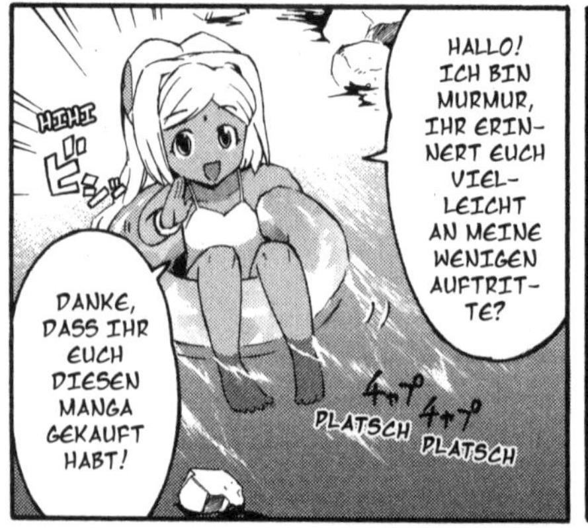
HIHI
HALLO! ICH BIN MURMUR, IHR ERINNERT EUCH VIELLEICHT AN MEINE WENIGEN AUFTRITTE?
DANKE, DASS IHR EUCH DIESEN MANGA GEKAUFT HABT!
PLATSCH
PLATSCH

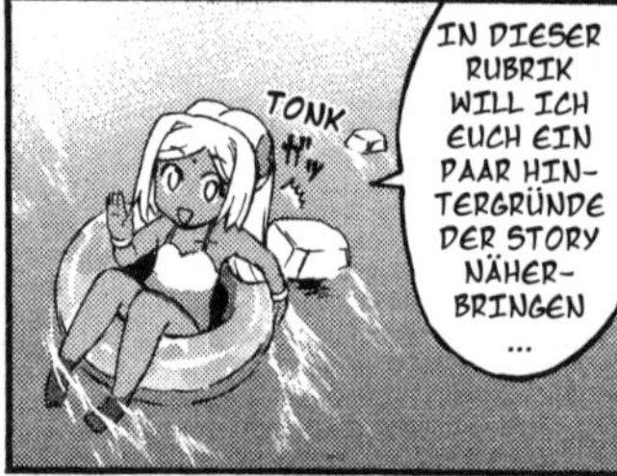
TONK
IN DIESER RUBRIK WILL ICH EUCH EIN PAAR HINTERGRÜNDE DER STORY NÄHERBRINGEN ...

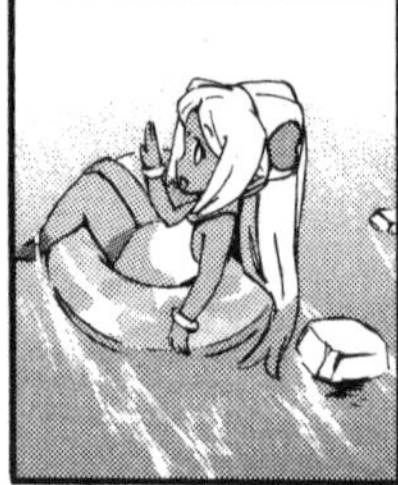

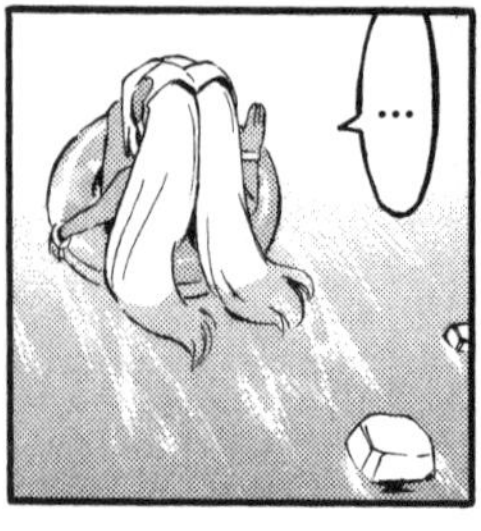
...

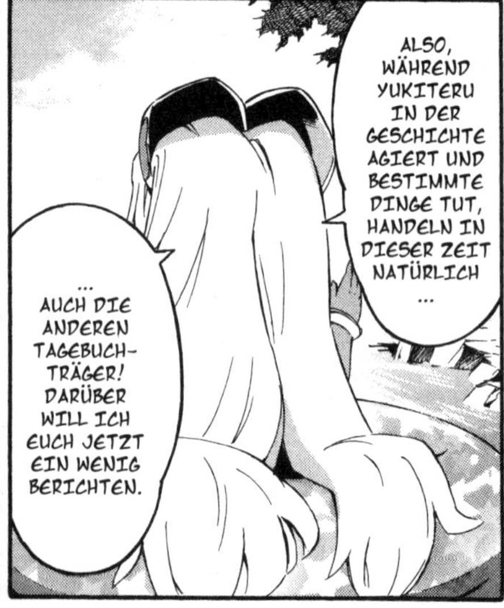
ALSO, WÄHREND YUKITERU IN DER GESCHICHTE AGIERT UND BESTIMMTE DINGE TUT, HANDELN IN DIESER ZEIT NATÜRLICH ...
... AUCH DIE ANDEREN TAGEBUCHTRÄGER! DARÜBER WILL ICH EUCH JETZT EIN WENIG BERICHTEN.

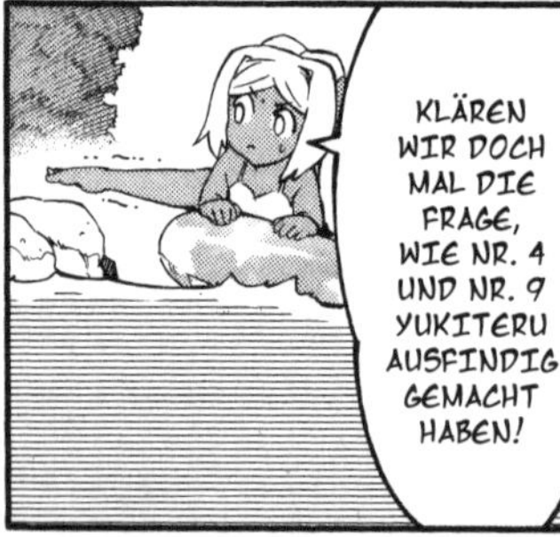
KLÄREN WIR DOCH MAL DIE FRAGE, WIE NR. 4 UND NR. 9 YUKITERU AUSFINDIG GEMACHT HABEN!

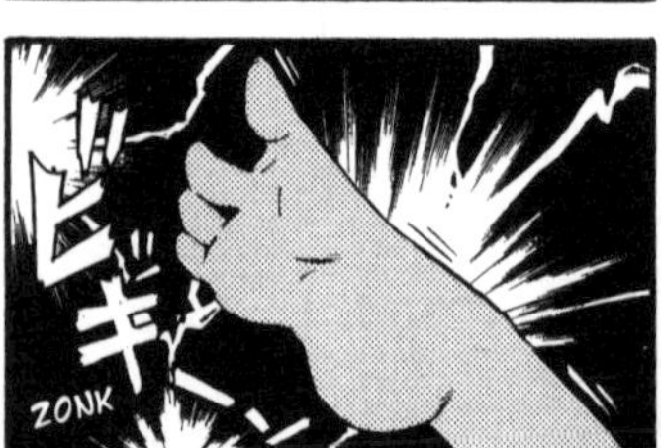
ZONK

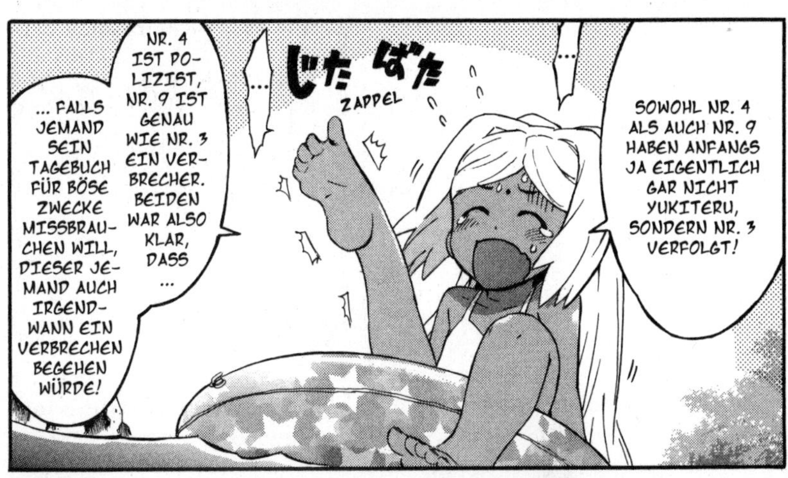


AUF SEITE 174 KÖNNEN WIR DEN TAGEBUCHEINTRÄGEN VON NR. 4 DEUTLICH ENTNEHMEN, DASS ER TAKAO HIYAMA AUF DEN FERSEN WAR!

22.04.20XX
9:15
WIEDER EIN MEETING ZUM SERIENMÖRDERFALL, ES GEHT UM DIE TATVERDÄCHTIGEN. TAKAO HIYAMA IST JETZT UNSER HAUPTVERDÄCHTIGER. ZWEI BEAMTE WERDEN IHN BEOBACHTEN.
13:21
DIE ABTEILUNG FÜR ÖFFENTLICHE SICHERHEIT MELDET, DASS SICH DIE TERRORISTIN MINENE URYU IRGENDWO IM STADTTEIL SAKURAMI AUFHALTEN SOLL.
15:31
ICH SCHICKE ZWEI VON NISHIJIMAS LEUTEN ZUR SCHULE, DIE SOLLEN SICH DORT UMHÖREN.
16:30
ERNEUTES MEETING. TAKAO HIYAMA HAT KEIN ALIBI. ICH HABE SEINE WEITERE BEOBACHTUNG ANGEORDNET.

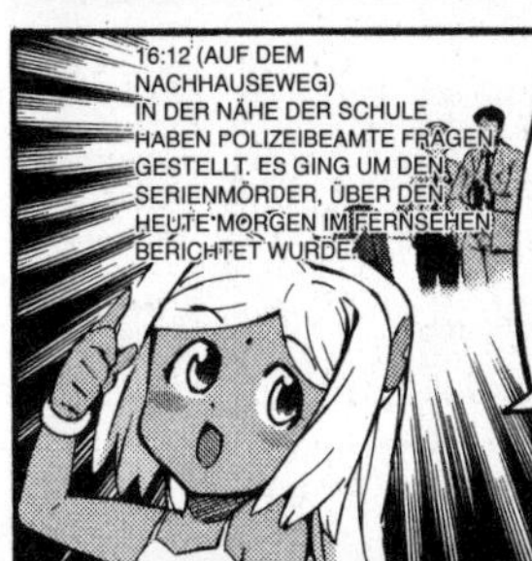


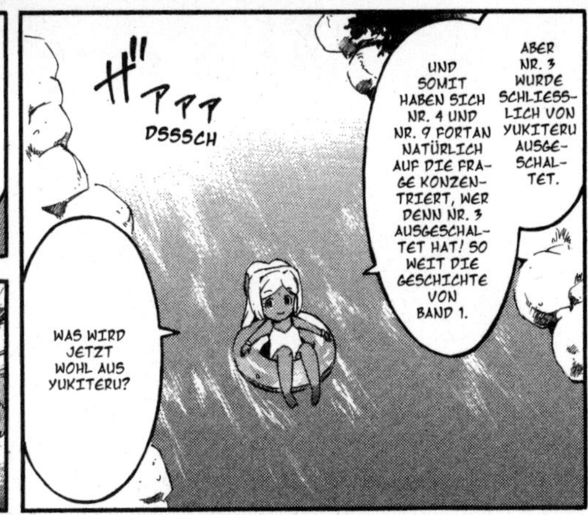


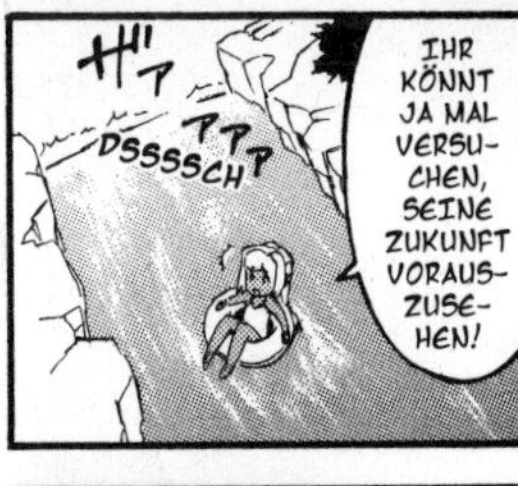


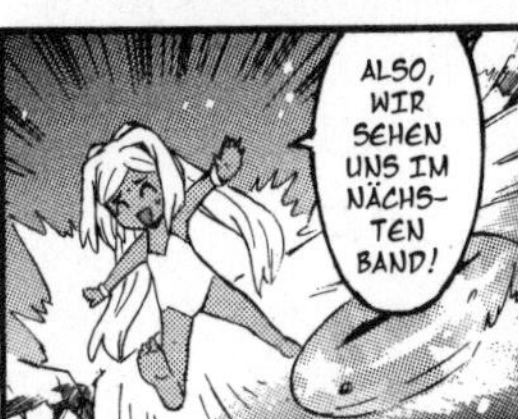

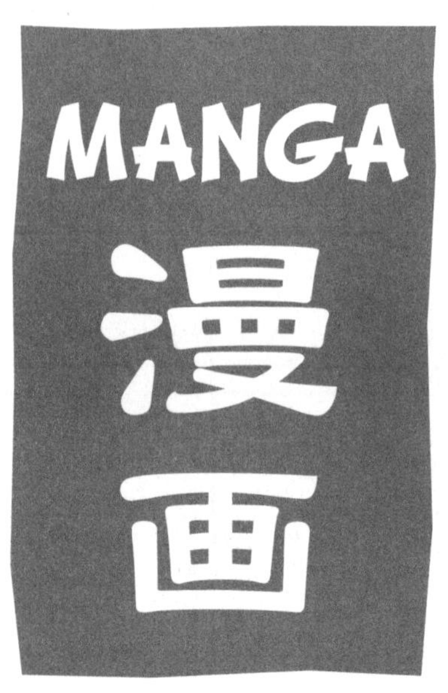


EGMONT

www.egmont-manga.de
facebook.com/EgmontManga
instagram.com/EgmontManga
twitter.com/EgmontManga

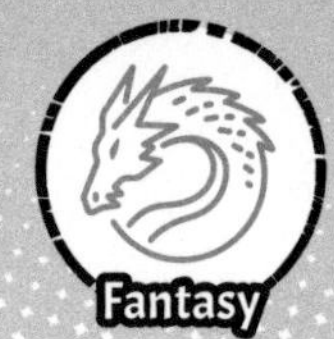


Iida Pochi

# MY ELDER SISTER

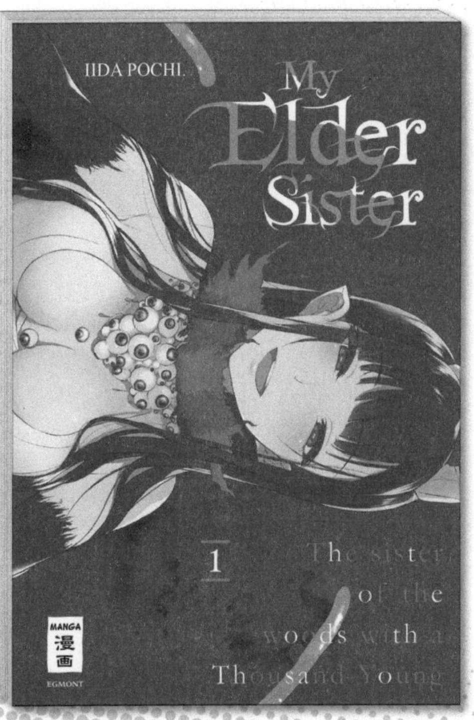


Nachdem Yus Eltern bei einem Autounfall ums Leben kamen, nehmen ihn Verwandte widerwillig bei sich auf. Als er eines Tages im Haus seines Onkels auf einen mysteriösen Raum voller okkulter Artefakte stößt, beschwört er versehentlich eine uralte Dämonenkönigin, die bereit ist, ihm einen Wunsch zu erfüllen. Doch Yu wünscht sich weder Reichtum noch Superkräfte – mehr als alles andere sehnt er sich nach einer Familie …

**My Elder Sister**

**Band 1** ISBN 978-3-7704-5686-4
**€ 7,50 [D], € 7,80 [A]**

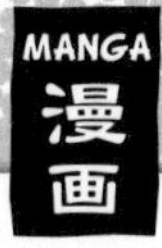

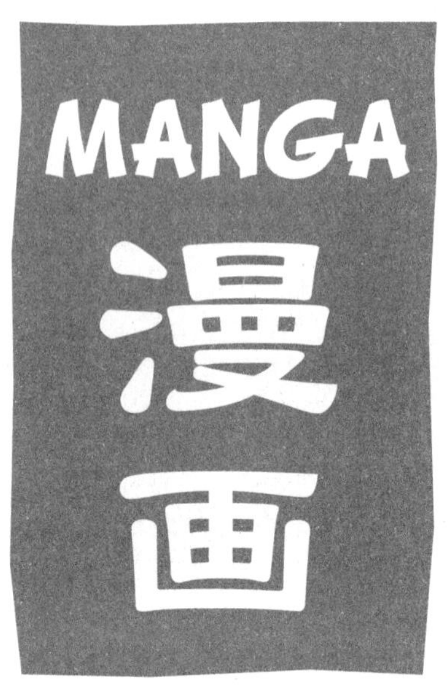


EGMONT

www.egmont-manga.de
facebook.com/EgmontManga
instagram.com/EgmontManga
twitter.com/EgmontManga

Comedy

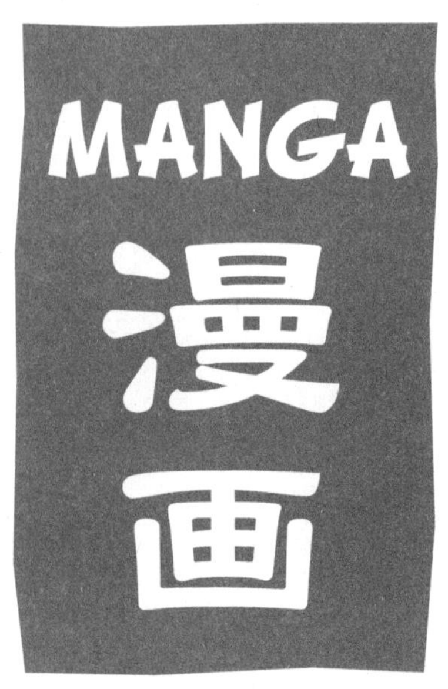


EGMONT

www.egmont-manga.de
facebook.com/EgmontManga
instagram.com/EgmontManga
twitter.com/EgmontManga

## CLAMP

# CHOBITS - LUXURY EDITION

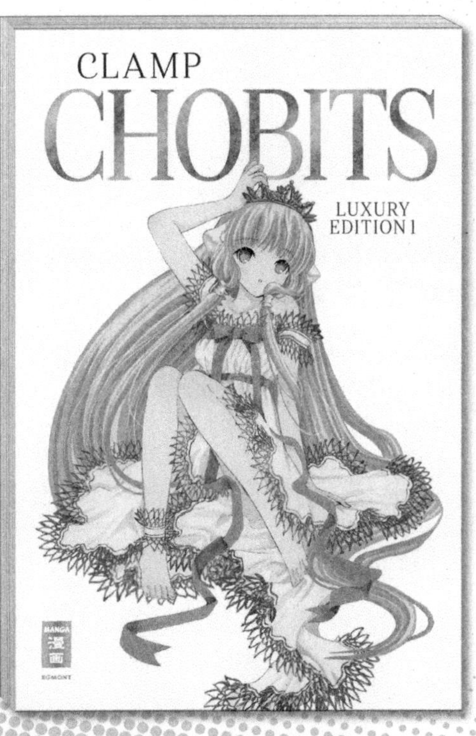


Hideki traut seinen Augen kaum: Liegt da wirklich ein Computer auf dem Müll? Seine Skepsis ist berechtigt. Schließlich kosten Computer in seiner Welt ein kleines Vermögen, denn sie können fast alles und haben eine menschliche Gestalt! Überglücklich trägt er das schwere Gerät in Form eines jungen Mädchens nach Hause. Nur übersieht er dabei, dass eine kleine Disc zurückbleibt…

**Chobits - Luxury Edition**

**Band 1** ISBN 978-3-7704-5933-9
**€ 30,00 [D]**

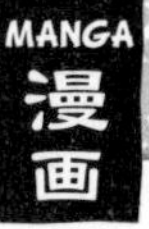


www.egmont-manga.de

EGMONT

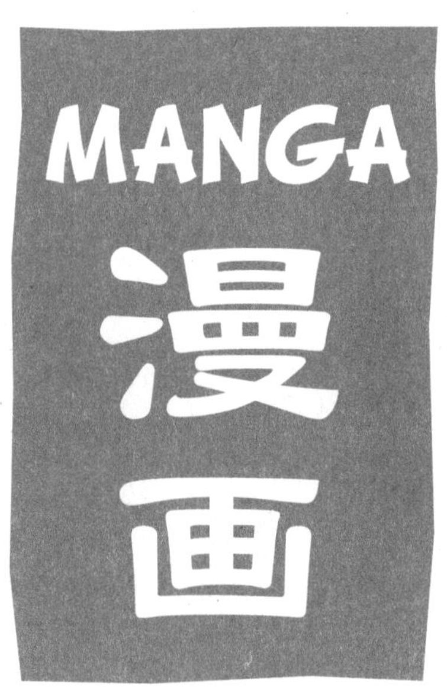


EGMONT

www.egmont-manga.de
facebook.com/EgmontManga
instagram.com/EgmontManga
twitter.com/EgmontManga

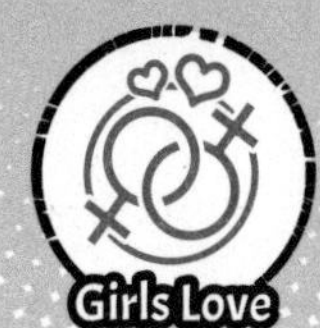


akili

# VAMPEERZ

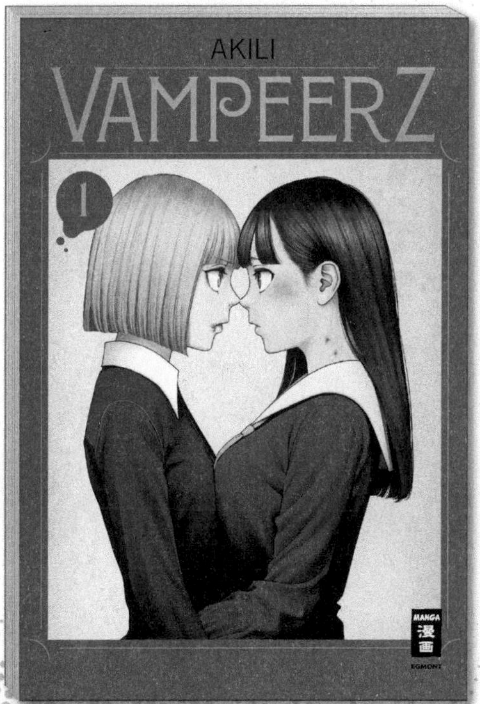


Auf der Trauerfeier für Ichikas Großmutter taucht ein unbekanntes Mädchen auf und stellt sich als Aria vor. Ichika ist hin und weg, denn die Fremde ist nicht nur supersüß, sondern auch extrem stark. Als am Abend ein Einbrecher ins Haus eindringt, schlägt Aria ihn spektakulär in die Flucht! Da macht es auch nichts, dass sie zur Stärkung erstmal zwei Fangzähne in Ichikas Hals schlägt und beginnt, ihr Blut zu trinken...

**Beeindruckendes Artwork im Großformat**

**Vampeerz**

**Band 1** ISBN 978-3-7704-2874-8
**€ 10,00 [D]**

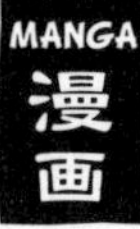


www.egmont-manga.de

EGMONT

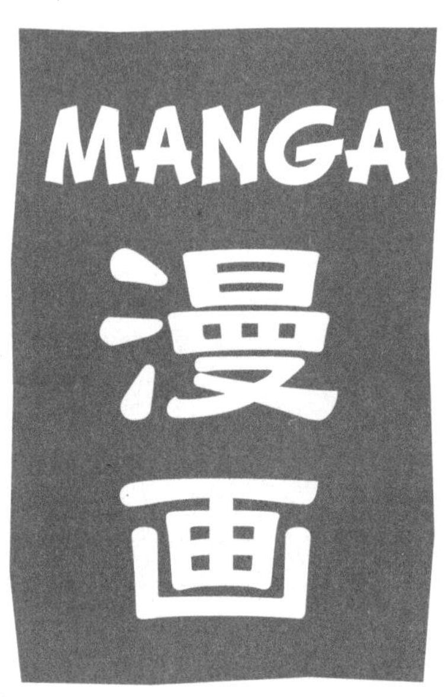


EGMONT

www.egmont-manga.de
facebook.com/EgmontManga
instagram.com/EgmontManga
twitter.com/EgmontManga

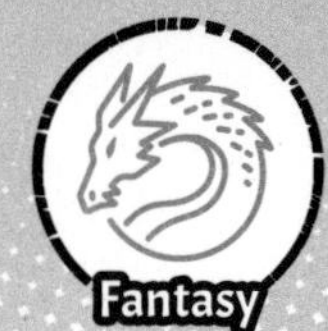


Adachitoka

# NORAGAMI

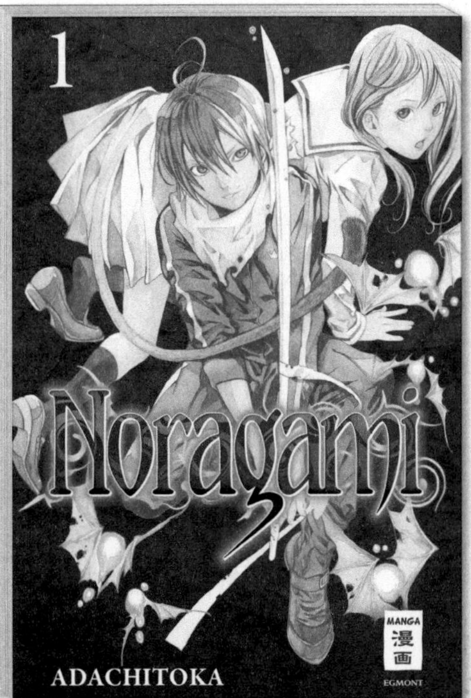


„Ob im Frühling, Sommer oder Winter – Ich löse deine Probleme!", steht an die Wand der Schultoilette gekritzelt und die verzweifelte Mutsumi wählt die angegebene Telefonnummer. Yato, ein Junge im Jogginganzug erscheint, ohne echten Job oder festen Wohnsitz. Er ist derb, er ist frech und… hält sich für einen Gott!

So ganz weit hergeholt scheint das aber gar nicht zu sein, denn Yato kann jenen bösen Geistern, die zwischen Diesseits und Jenseits umherspuken, ganz gehörig einheizen!

**Noragami**

**Band 1** ISBN 978-3-7704-7944-3
**€ 7,50 [D]**

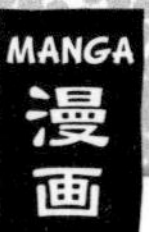


www.egmont-manga.de

EGMONT

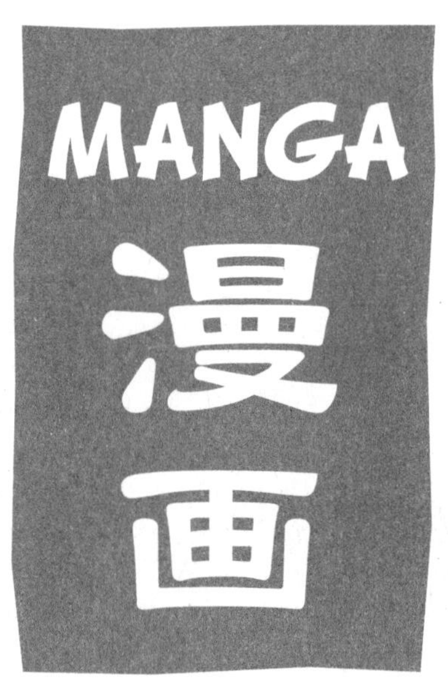


EGMONT

www.egmont-manga.de
facebook.com/EgmontManga
instagram.com/EgmontManga
twitter.com/EgmontManga

## Tatsuki Fujimoto
# CHAINSAW MAN

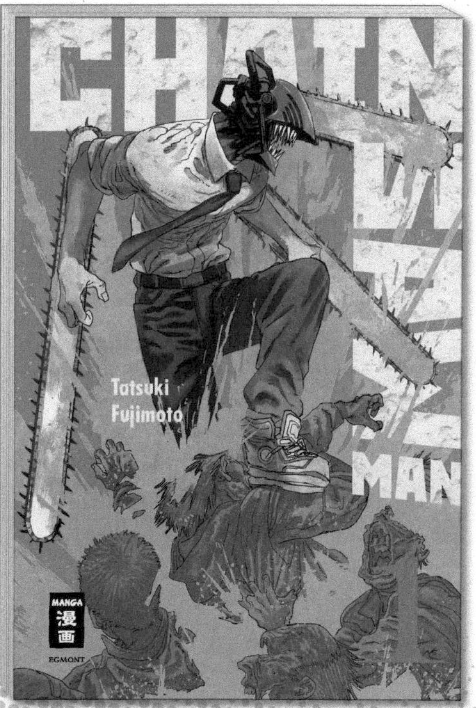


Denjis größter Wunsch ist es, ein ganz normales Leben zu führen. Doch er hat von seinem Vater nichts als Schulden bei der Mafia geerbt. Als Denji dem kleinen Teufel Pochita das Leben rettet, schenkt dieser ihm die Fähigkeit, sich in den Chainsaw Man zu verwandeln. Es dauert nicht lange, bis die Regierung auf den Jungen mit der Kettensäge als Kopf aufmerksam wird...

**Chainsaw Man**

**Band 1** ISBN 978-3-7704-2847-2
**€ 7,00 [D]**

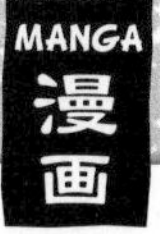

# SUTOPPU!

**Koko wa kono manga no owari dayo.**
**Hantaigawa kara yomihajimete ne!**
**Dewa omatase shimashita!**
**Tanoshii hitotoki wo dozo!**

**Egmont-Manga-Chiimu**

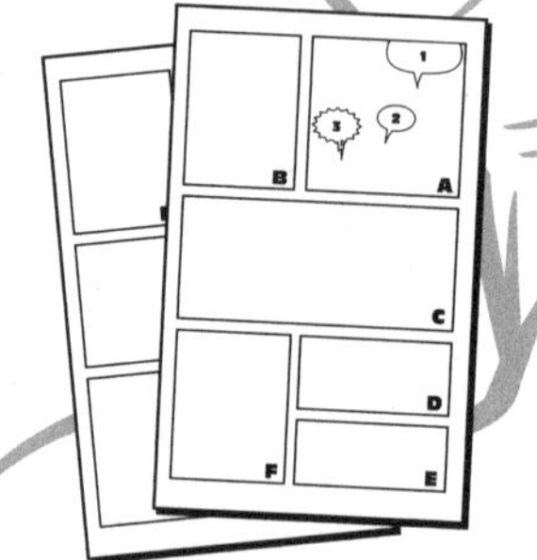


# STOPP!

**Das ist der Schluss des Mangas.**
**Fangt bitte am anderen Ende an!**
**Und nun genug der Vorrede,**
**viel Spaß beim Lesen!**

**Euer Egmont-Manga-Team**

„Mirai Nikki“ von Sakae ESUNO
Aus dem Japanischen von Josef Shanel
und Matthias Wissnet
Originaltitel: „Mirai Nikki“ Vol. 01

Originalausgabe:

First published in Japan in 2006 by
KADOKAWA SHOTEN Co., Ltd., Tokyo.
German translation rights arranged with
KADOKAWA SHOTEN Co., Ltd., Tokyo
through TOHAN CORPORATION, Tokyo.

Deutschsprachige Ausgabe:

verlegt durch Egmont
Verlagsgesellschaften mbH,
Ritterstraße 26, 10969 Berlin

15. Auflage 2024
Verantwortlicher Redakteur: Christopher
Willmann
Textbearbeitung: Christian Schmidt &
Elvira Brändle
Lettering: asiatype
Gestaltung: Wolfgang Schütte
Koordination: Nadin Stein-Kreisel
Printed in the EU
ISBN 978-3-7704-7554-4



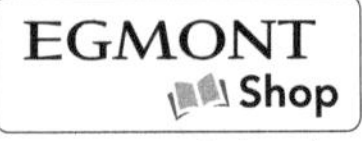